**Eine Arbeitsgemeinschaft der Verlage**

Böhlau Verlag · Wien · Köln · Weimar
Verlag Barbara Budrich · Opladen · Toronto
facultas.wuv · Wien
Wilhelm Fink · München
A. Francke Verlag · Tübingen und Basel
Haupt Verlag · Bern
Verlag Julius Klinkhardt · Bad Heilbrunn
Mohr Siebeck · Tübingen
Nomos Verlagsgesellschaft · Baden-Baden
Ernst Reinhardt Verlag · München · Basel
Ferdinand Schöningh · Paderborn · München · Wien · Zürich
Eugen Ulmer Verlag · Stuttgart
UVK Verlagsgesellschaft · Konstanz, mit UVK / Lucius · München
Vandenhoeck & Ruprecht · Göttingen · Bristol
vdf Hochschulverlag AG an der ETH Zürich

JUNEJA / WENZLHUEMER

# Die Neuzeit
# 1789 – 1914

UTB basics

UVK Verlagsgesellschaft

**Die Autoren:**
Monica Juneja lehrt und forscht als Professorin für Globale Kunstgeschichte am Exzellenzcluster „Asien und Europa im globalen Kontext"
an der Universität Heidelberg.
Dr. Roland Wenzlhuemer ist Privatdozent und lehrt Neuere Geschichte
an der Universität Heidelberg.

Umschlagmotiv: „Die Freiheit führt das Volk an". Gemälde (Öl auf Leinwand) des französischen Malers Eugène Delacroix (1798 – 1863), das
1830 als eine Allegorie auf die Julirevolution entstand und sich heute im
Kunstmuseum Louvre-Lens in Lens (Frankreich) befindet.
Foto: akg-images/Erich Lessing

Bibliografische Information der Deutschen Nationalbibliothek
Die Deutsche Nationalbibliothek verzeichnet diese Publikation
in der Deutschen Nationalbibliografie; detaillierte
bibliografische Daten sind im Internet über
http://dnb.d-nb.de abrufbar.

© UVK Verlagsgesellschaft mbH, Konstanz und München, 2013
Lektorat: David Bruder, Konstanz
Bildredaktion: Form & Inhalt verlagsservice,
Martin H. Bredol, Marburg
Gestaltung: Atelier Reichert, Stuttgart
Prepress: schreiberVIS, Bickenbach
Druck und Bindung:
fgb · freiburger graphische betriebe, Freiburg

UVK Verlagsgesellschaft mbH
Schützenstr. 24 · D-78462 Konstanz
Tel. 07531-9053-0 · Fax 07531-9053-98
www.uvk.de

UTB-Band Nr. 3082
**ISBN 978-3-8252-3082-1**

## Inhalt

## Inhalt

Ein in eine bestimmte Epoche einführendes Buch zu verfassen, ist immer eine ganz besondere Herausforderung. Der Anspruch der Wissenschaftlichkeit gebietet es komplexe Zusammenhänge nicht zu übersimplifizieren und in einfache Kausalitäten oder sogar Determinismen abzugleiten. Gleichzeitig macht es einem die nötige Verständlichkeit unmöglich, sich hinter offenen Formulierungen und vagen Aussagen zu verstecken. Vielleicht mehr als jedes andere Fachbuch zwingt ein Einführungswerk die Autoren daher, sich selbst über ihr Verhältnis zur Geschichte klar zu werden und auf diesem Hintergrund die entscheidenden Entwicklungen der Epoche in klare Worte zu fassen.

Nun führt der vorliegende Band in die Geschichte des so genannten „langen" 19. Jahrhunderts ein. Liegt der eigene fachliche Schwerpunkt in dieser Epoche, so empfindet man ihre zugrunde liegenden sozialen, ökonomischen und kulturellen Prozesse natürlich als über die Maßen komplex und scheut zuerst einmal vor der Aufgabe zurück, diese in einer knapp 250-seitigen Einführung auf angemessene Weise darstellen zu dürfen. Die tatsächliche Herausforderung einer Einführung in die Zeit zwischen 1789 und 1914 liegt bei genauerem Hinsehen aber nicht in der sicherlich vorhandenen historischen Komplexität der Epoche. Als Zwischensumme menschlichen Denkens und Handelns neigt die Geschichte generell dazu, verwoben, vielschichtig, widersprüchlich, gegenläufig und ungleichzeitig zu sein. Das trifft auf praktisch jede Epoche der Menschheitsgeschichte zu. Was eine Einführung in das „lange" 19. Jahrhundert aber tatsächlich zu einer anspruchsvollen Aufgabe macht, ist die enge Rückbindung dieser Zeit an unsere eigene Lebenswelt. Die grundlegenden Prozesse dieser Periode – zum Beispiel Nationsbildung, Industrialisierung, Globalisierung, Säkularisierung, Aufstieg des Bürgertums um nur einige Beispiele zu nennen – prägen die heutigen westlichen Gesellschaften. Sie schufen den strukturellen Rahmen, in dem sich die Geschichte Europas seither zugetragen hat.

Der Versuch, diesen in unserer Gegenwart noch so deutlich präsenten Prozessen und Bedingungen aus einer historischen Perspektive gerecht zu werden, hat uns gefordert und gleichzeitig großes Vergnügen bereitet. Für die große Unterstützung, die wir bei diesem Unterfangen von unzähligen Kolleginnen und Kollegen erhalten haben, sind wir überaus dankbar. Unser besonderer Dank aber gilt Martin Bredol, der das vorliegende Buch praktisch von der ersten Idee an mit riesigem Engagement und größter Kompetenz begleitet hat, und Uta Preimesser und David Bruder, die mit ihrem Erfahrungsschatz und einem beeindru-

## Vorwort

ckenden Fachwissen dafür Sorge getragen haben, dass es auch zu Ende kommt. Bedanken möchten wir uns auch für die große Unterstützung von Brigitte Berger-Goeken, Daniel Beeker und Michael Offermann. Ihr waches Auge und ihre direkte, immer zweckdienliche Kritik waren für uns ein unverzichtbares Korrektiv.

Heidelberg im August 2013　　　　　　　　　　Monica Juneja und
　　　　　　　　　　　　　　　　　　　　　　　Roland Wenzlhuemer

# Europäische Geschichte in der Neuzeit: Zugänge und Herausforderungen

**Überblick**

Dass Europa aus mehreren Nationen besteht und zugleich eine Einheit bildet, wird uns heute zunehmend bewusst. Was bedeutet dies für unsere Beschäftigung mit der Geschichte Europas in der Neuzeit? Nach welchen Kriterien legen wir die Grenzen dieser Epoche fest? Bringt das Zeitalter der Globalisierung neue Perspektiven auf die Geschichte des europäischen Kontinents? Welche Methodenkompetenzen verlangen neue Themen und Fragestellungen in der Geschichtswissenschaft? Das Kapitel geht auf diese Fragen ein, um eine historiographisch-methodische Orientierung in die Epoche Neuere Zeit zu bieten.

## Grundfragen, Epochengrenzen

Die ökonomische und politische Einigung Europas schreitet fort. Der heutige Historiker, der eine Geschichte Europas schreibt, die mehr als eine Addition von Nationalgeschichten bilden soll, sieht sich mit vielen Fragen und Herausforderungen konfrontiert. Gibt es trotz der Vielfalt von Kulturen und Staaten, neben regionalen Unterschieden und wirtschaftlichem Gefälle, auch Entwicklungsprozesse, die wir als gemeineuropäisch verstehen können? Haben die in Europa lebenden Menschen eine gemeinsame historische Vergangenheit? Was verbindet sie jenseits von Gefühlen der nationalen Zugehörigkeit? Welche Beziehungen gab es zwischen dem Kontinent und anderen Weltregionen? Wie hat sich Europa von nichteuropäischen Ländern und Kulturen abgegrenzt? Solchen Fragen werden wir in diesem Band nachgehen, und zwar für den Zeitraum zwischen der Französischen Revolution und dem Ausbruch des Ersten Weltkrieges.

Die in der Forschung als „langes 19. Jahrhundert" bezeichnete Zeitspanne bildet einen Einschnitt, in dem die Konturen einer gemeinsamen europäischen Geschichte der Neuzeit Gestalt annahmen. Ihre wichtigsten Bestandteile waren einerseits die Menschenrechte und die Demokratie, der Übergang von einer Ständeordnung zur bürgerlichen Gesellschaft, die globale Vernetzung der Wirtschaft, der wissenschaftliche und technische Fortschritt. Andererseits kennzeichneten ein militanter Nationalismus sowie die politische Unterwerfung und wirtschaftliche Ausbeutung anderer Kontinente durch die europäischen Nationen ebenso die neuzeitliche Entwicklung Europas.

Nach welchen Kriterien bezeichnen Historiker heute die Epoche zwischen der Französischen Revolution und dem Ersten Weltkrieg als Neuzeit? Eine historische Epoche abzugrenzen ist oft ein schwieriges und umstrittenes Unternehmen: Langfristige historische Kontinuitäten wirken über Epochengrenzen hinweg verbindend, oder das Nebeneinander von Altem und Neuem innerhalb eines Zeitabschnitts stellt jede Zäsur infrage. Dennoch sind Epochengrenzen eine Gliederungshilfe für den Historiker. Sie ermöglichen es ihm, in der unüberschaubaren Fülle vergangener Ereignisse Strukturen und Zusammenhänge erkennbar zu machen. Zeitabschnitte sind daher analytische Mittel und zugleich Vorstellungen, die wir uns von der Vergangenheit machen, um sie besser erschließen zu können. So hängt jeder Vorschlag zur Periodisierung vom zeitlichen und kulturellen Standort des Historikers ab. Das Etikett „neue Zeit" zum Beispiel wurde in verschiedenen Epochen von Zeitgenossen verwendet, um ihre Gegenwart zu bezeichnen, die sie in Bezug auf die vorausgegangene Epoche als „neu" empfanden.

Aus der Perspektive des 21. Jahrhunderts betrachten Historiker – und hier herrscht ein gewisser Konsens – das Zeitalter der Französischen Revolution als Epochenbruch der europäischen Geschichte, den sie als Anfang der Neuzeit oder Moderne deuten. Grenzmarkierungen beziehen sich aus pragmatischen Gründen häufig auf ein herausragendes Ereignis: Gemeint ist hier nicht ein bestimmter Tag, etwa der Sturm auf die Bastille, sondern ein Komplex von Entwicklungen, die wir im kollektiven Sinne als Revolution bezeichnen. Zusammen mit der parallel verlaufenden Industriellen Revolution veränderten diese Umwälzungen die Gesellschaft und die politischen Institutionen der europäischen Regionen auf entscheidende Weise, auch wenn der Wandel sehr unterschiedlich verlief und widersprüchliche Wirkungen hervorbrachte. Der englische Historiker Eric Hobsbawm hat den Begriff der „Doppelrevolution" geprägt, um den gesamteuropäischen sowie nordamerikanischen Zusammenhang des ausgehenden 18. und des 19. Jahrhunderts zu bezeichnen. Das 19. Jahrhundert kann als die Zeit verstanden werden, in der die durch die „Doppelrevolution" ausgelösten politischen, sozialen, ökonomischen und kulturellen Wirkungen sich zunächst über den europäischen Kontinent und dann, vermittelt über imperiale Beziehungen, in andere Teile der Welt ausbreiteten. Durch mehrfache Aneignung in neuen außereuropäischen Kontexten erlebten europäische Errungenschaften – etwa Ideen von Freiheit und Gleichheit sowie der Verfassungsgedanke – eine kulturelle Pluralisierung. Die zivilisatorische Rhetorik der Kolonialmächte ließ sich auf diese Weise von den Kolonisierten als emanzipatorisches Instrument aneignen.

Der Ausbruch des Ersten Weltkrieges im Jahre 1914 bildet die abschließende Markierung unseres Untersuchungszeitraumes. Auch dieses Datum ist im prozessualen Sinne zu verstehen. Der Krieg bildete einen Knotenpunkt der zentralen Entwicklungen des 19. Jahrhunderts – Nationalgefühl und internationaler Wettbewerb erzeugten wachsende Spannungen innerhalb der bürgerlich-kapitalistischen Gesellschaften Europas. Er war der erste industriell geführte Krieg, ein Massenphänomen von bislang unbekanntem Ausmaß. Mit ihm brach einerseits die bürgerliche Welt des 19. Jahrhunderts auseinander. Andererseits trieben die Erfordernisse des ersten vollindustrialisierten Krieges weitere Veränderungsprozesse an, die das 20. Jahrhundert hervorbrachten.

Auch wenn die Neuzeit nicht mit dem Kriegsbeginn 1914 abrupt endete, entstand bei vielen Zeitzeugen während und nach dem Krieg das Gefühl, die alte Welt sei untergegangen. Die Erfahrung des Umbruchs brachte den Impuls mit sich, die Geschichtsschreibung solle zur Erklärung der nationalen Katastrophe beitragen. Der Erste Weltkrieg, schreibt Jürgen Osterhammel, „hatte den Westen entzaubert", die zwanziger Jahre verlangten eine Neuorientierung und wurden zu einer „Scharnierperiode" zwischen den Jahrhunderten.

## Europa und die Welt | 1.2

Im Zeitalter der Globalisierung nehmen wir eine durch Migration, Handel und Massenkommunikation vernetzte Welt intensiver als je wahr. Da Historiker von ihrer Gegenwart ausgehen, so stellt sich für die Geschichtswissenschaft die Frage, ob die europäische Geschichte ohne Bezug auf andere Weltregionen verstanden und dargestellt werden kann. Jüngere Ansätze, etwa die transnationale Geschichte, Globalgeschichte oder die postkolonialen Studien (s. Kasten), betonen die Verschränkung von Entwicklungen, die auf der lokalen und nationalen Ebene stattfinden, mit globalen Prozessen, die für alle beteiligten Regionen und Gesellschaften konstitutiv wirken sollen. Die vielfältigen Beziehungen zwischen Europa und anderen Kontinenten der Welt – Amerika, Afrika und Asien – die in-

**Abb. 1**

*Preußischer Orient: Die „Moschee von Potsdam"*
Das Dampfmaschinenhaus entstand zwischen 1841 und 1843 unter der Leitung von Ludwig Persius, um die Große Fontäne vor dem Schloss Sanssouci zu betreiben. Erst um die Mitte des 19. Jahrhunderts machte die Dampfkraft es technisch möglich, die Fontänenanlage und den Botanischen Garten über eine 1,8 Kilometer lange Druckleitung mit dem Wasser der Havel zu versorgen. Das Gebäude wurde auf Wunsch König Friedrich Wilhelms IV. im maurischen Stil, eine Moschee nachahmend, errichtet.

folge der Entdeckungen zustande kamen, verdichteten sich über die Jahrhunderte, bis sie im Zeitalter der „Doppelrevolution" eine neue Dynamik erlangten. Der in Cambridge lehrende Historiker Christopher Bayly deutet die Entstehung zentraler Institutionen der modernen Welt, etwa den modernen Staat, wirtschaftliche Organisationen, Stadtplanung, oder auch die Art wie Menschen sich kleiden, essen oder ihre familiären Beziehungen regeln, als Teil einer Beziehungsgeschichte zwischen Europa und verschiedenen Weltregionen im „langen" 19. Jahrhundert. Unsere moderne Welt, so Bayly, könne nicht ausschließlich aus der Erfahrung eines einzigen Kontinents heraus erklärt werden.

Die seit dem 19. Jahrhundert wachsenden Gemeinsamkeiten in verschiedenen Lebensbereichen rund um den Globus dürfen aber nicht als eine Einbahnstraße wahrgenommen werden, als Diffusion westlicher zivilisatorischer Errungenschaften in die restliche Welt. Sowohl Bayly als auch die postkolonialen Ansätze argumentieren, dass die historischen Erfahrungen, welche die Europäer in ihren Kolonien in Asien und Afrika während des 19. und 20. Jahrhunderts machten, auch viele Entwicklungen in den Mutterländern entscheidend mitprägten. Zum Beispiel dienten die hoch professionalisierten Kolonialbürokratien, etwa die britische Administration in Indien, als Muster für die Entstehung von modernen

Verwaltungsapparaten in Europa bis zum Aufbau des Wohlfahrtsstaates. Diese Sichtweise bedeutet aber nicht, dass wir die Geschichte Europas künftig als umfassende „Weltgeschichte" studieren sollen, was forschungs- und unterrichtstechnisch wenig praktikabel wäre. Vielmehr soll sie den Impuls liefern, auch in der Vergangenheit globale Zusammenhänge zu erkennen und den Wirkungen von grenzüberschreitenden Beziehungen nachzuspüren.

Auch wenn eine globalgeschichtliche Perspektive auf Europa uns für den durchlässigen Charakter von nationalen und kulturellen Grenzen sensibilisiert, lässt sich feststellen, dass das Gefühl einer gemeineuropäischen Identität immer wieder durch Abgrenzung oder gegen die Folie eines gefahrdrohenden Anderen konstituiert wurde, sei es wenn die Türken vor Wien standen oder sei es während des Boxer-Aufstands in China, als im Jahre 1900 ein gesamteuropäisches Expeditionskorps gegen die „gelbe Gefahr" auszog. Auch innerhalb Europas bedienten sich die bürgerlichen Eliten einer ähnlichen Abgrenzung gegen Kräfte, die bedrohlich erschienen – die Jakobiner, die sozialistisch gesinnten Arbeiter oder die Juden. Einerseits ließen sich die urbane Kultur des 19. Jahrhunderts sowie die moderne Kunst von japanischen Drucken, islamischen Bauten oder afrikanischer Plastik inspirieren, andererseits schufen neue wissenschaftliche Theorien Kriterien wie etwa Körperbeschaffenheit und Hautfarbe, um die Menschheit in ein hierarchisches Schema zivilisatorischer Entwicklung einzuordnen. So sprechen Historiker und Kulturwissenschaftler von der Mehrdeutigkeit der Moderne: Nicht ausschließlich für Demokratie, Vernunft und technischen Fortschritt stehe der Begriff, er besitze auch ein negatives Potenzial, das zu Unfreiheit, Ungleichheit und Zerstörung führen könne. Inwieweit die großen Krisen des 20. Jahrhunderts – der totale Krieg, der Völkermord – eine Zuspitzung von Prozessen bilden, deren Wurzeln in der historischen Entfaltung des 19. Jahrhunderts liegen, das ist noch eine umstrittene Frage.

Info

▶ Das 19. Jahrhundert war das Zeitalter der Nationen. Seit ihren Anfängen beschäftigt sich die moderne Geschichtsschreibung in starkem Maße mit Entwicklungen im Rahmen des Nationalstaates. Für die einzelnen Staaten Europas war es damals selbstverständlich, dass die eigene Entstehungs- und Entwicklungsgeschichte den Hauptgegenstand der historischen Forschung bilde. Doch die Beziehungen zwischen Europa und der Welt seit der Aufklärung brachten bereits im 19. Jahrhundert eine weitere, übernationale Form der Geschichtsschreibung hervor, die Universalgeschichte. Diese untersuchte den Aufstieg und Verfall von großen Weltzivilisationen. So lieferte die Universalgeschichte eine Folie, um die zivilisatorische Leistung der europäischen Gegenwart zu messen.

**Geschichte schreiben jenseits des Nationalstaates**

**Info**

**Geschichte schreiben jenseits des National-staates**

Die zunehmende Globalisierung der jüngsten Zeit hat auch die Historiker dazu angeregt, neben einer nationalzentrierten Geschichtsschreibung, die weiterhin eine Relevanz zu besitzen scheint, von den Beziehungen zwischen Nationen und Kontinenten auszugehen. So untersucht die Globalgeschichte die Vergangenheit der Globalisierung, die sie bis in die frühe Neuzeit zurückverfolgt. Ihr Gegenstand sind vor allem Handelsnetzwerke, die Europa, Afrika, Asien und Amerika seit dem 16. Jahrhundert miteinander verbanden. Der Begriff transnationale Geschichte bezieht sich ebenfalls auf grenzüberschreitende Beziehungen in ökonomischen sowie kulturellen Bereichen. Die Grenzen zwischen den beiden Ansätzen sind nicht immer trennscharf, wobei die transnationale Geschichte weniger systemtheoretisch vorgeht. Das Spektrum der Akteure in transnationalen Beziehungen ist weit gefasst und reicht vom Kolonialbeamten über Unternehmer bis zum Anthropologen und Weltausstellungsmacher. Transnational grenzt sich von internationalen Beziehungen ab: Letztere behandeln außenpolitische Beziehungen zwischen klar bestimmten Nationalstaaten.

Parallel zu diesen Ansätzen liegen die postkolonialen Studien, die sich intensiv, wie der Name suggeriert, mit Beziehungen in kolonialen Gesellschaften und der nachkolonialen Ordnung beschäftigen. Sie betrachten die Kolonialgesellschaften nicht mehr als passive Empfänger eines westlichen Kulturgutes, sondern lenken die Aufmerksamkeit auf die Präsenz des Kolonialen in der europäischen Metropole und untersuchen die Rückwirkungen der kolonialen Beziehung auf die Kolonialmacht selbst. Kulturelle Aspekte des Kolonialismus in den urbanen Räumen der europäischen Nationen – zum Beispiel die wissenschaftliche Beschäftigung mit dem „Fremden", die museale Inszenierung von nichteuropäischen Kulturen und Völkern in Weltausstellungen sowie Völkerschauen – gehören zu den bevorzugten Themen der postkolonialen Studien.

## 1.3 | Herausforderungen

Die thematische und methodische Erweiterung der Geschichtswissenschaft der letzten Jahrzehnte fordert uns besonders heraus. Die Geschichtsschreibung heute beschränkt sich nicht mehr auf die Geschichte der Staaten und ihre auswärtigen Beziehungen. Ihr Interesse gilt vielmehr dem Beziehungsgefüge zwischen Staat, Gesellschaft und Individuum. Darüber hinaus fragen wir nach den Wahrnehmungen und Mythen von Individuen und Gruppen, nach den Kommunikationsformen und Erinnerungspraktiken innerhalb von Gesellschaften. Um diese Aspekte der historischen Erfahrung genauer zu untersuchen, müssen wir neben

den kanonischen Textquellen auch Medien aller Art – Bilder, Film, Ton-
dokumente – sowie gegenständliche Quellen erschließen. Jede dieser
Quellengattungen fordert eine Auseinandersetzung mit Inhalten und
gattungsspezifischen Darstellungsformen. So müssen wir uns besondere
Medienkompetenzen aneignen. Nachbardisziplinen wie etwa die Kunstgeschichte, die Film- oder Literaturwissenschaft können behilflich sein,
um die spezifischen Regeln des jeweiligen Mediums zu begreifen.

Unser Zugang zu den vielfältigen Spuren des 19. Jahrhunderts wird
häufig über die hinterlassenen Selbstbilder jener Zeit vermittelt. Laut
Osterhammel ist die Neuzeit im besonderen Maße eine Zeit der Selbstre-
flexionen und Entwürfe, die Menschen hervorbrachten, um ihre Gegenwart umfassend zu begreifen. Diese Zeitdokumente sind uns in den unterschiedlichsten Medien und Formen überliefert – etwa in politischen
Schriften, Romanen, Autobiographien, Photographien, Film, Ausstel-
lungskonzepten und Künstlermanifesten. Die meisten sind zugänglich
über Institutionen, die das Jahrhundert selbst schuf, um Wissen und Erinnerungen aufzubewahren: Museen, Archive, Sammlungen von Kunst,
ethnographischen Objekten und archäologischen Funden. Als Historiker
und Historikerinnen sind wir herausgefordert, die reichhaltigen Selbst-
zeugnisse einer Epoche nicht als transparente Quelle zu lesen, sondern
als Prozess der Erinnerungsarbeit zeitgenössischer Akteure und Institutionen zu reflektieren und in die Analyse kritisch einzubeziehen.

**Literatur**

Franz J. Bauer, **Das „lange" 19. Jahrhundert (1789–1987). Profil einer Epoche**, Stuttgart 2004.
Christopher A. Bayly, **Die Geburt der modernen Welt. Eine Globalgeschichte 1780–1914**, Frank-
furt a. Main / New York 2006.
Sebastian Conrad / Ulrike Freitag (Hg.), **Globalgeschichte. Theorien, Ansätze, Themen**, Frankfurt
a. Main / New York 2007.
Gordon A. Craig, **Geschichte Europas 1815–1980**, München 1983.
Jörg Fisch, **Europa zwischen Wachstum und Gleichheit: 1815–1914**, Stuttgart 2002.
Eric J. Hobsbawm, **Europäische Revolutionen**, München 1978.
Eric J. Hobsbawm, **Die Blütezeit des Kapitals. eine Kulturgeschichte der Jahre 1848–1875**, Mün-
chen 1977.
J. Hobsbawm, **Das imperiale Zeitalter: 1875–1914**, Frankfurt a. Main / New York 1989.
Jürgen Osterhammel, **Die Verwandlung der Welt. Eine Geschichte des 19. Jahrhunderts**, München
2009.
Margrit Pernau, **Transnationale Geschichte**, Göttingen 2011.
Matthias Schulz, **Das 19. Jahrhundert (1789–1914)**, Stuttgart 2011.
Hagen Schulze, **Europäische Geschichte. Quellen und Materialien**, München 1994.
Hagen Schulze, **Phoenix Europa: die Moderne, von 1740 bis heute**, Berlin 1998.
Winfried Schulze, **Einführung in die neuere Geschichte**, Stuttgart 2002

# Das Europa des Ancien Régime |2

Dieses Kapitel hat den umfassenden Wandel zum Thema, der sich in der zweiten Hälfte des 18. Jahrhunderts innerhalb Europas vollzog. Langfristige Prozesse wie die demographische und wirtschaftliche Entwicklung bewirkten eine Auflösung der Ständegesellschaft. Die Ideen der Aufklärung lieferten alten und neuen sozialen Gruppen Maßstäbe, um die politische Grundlage des herkömmlichen Herrschaftssystems in Frage zu stellen und ihr eigenes politisches Handeln zu legitimieren. Es waren jedoch sehr heterogene Interessengruppen, die am Vorabend der Französischen Revolution im Bündnis agierten und die Umwälzungen der folgenden Jahrzehnte auslösten.

## Begriffe – Ancien Régime, Absolutismus, Aufklärung |2.1

Der französische Begriff **Ancien Régime** (die alte Herrschaftsordnung) bezeichnet allgemein das europäische Zeitalter vor der Französischen Revolution und den napoleonischen Kriegen. In der Geschichtsschreibung setzte sich der Begriff mit der 1856 in Paris erschienenen Schrift des Historikers **Alexis de Tocqueville**, *L'Ancien Régime et la Révolution* (dt. Der alte Staat und die Revolution) durch. De Tocqueville beschrieb die politisch-gesellschaftlichen Institutionen in Frankreich unter der Herrschaft der Bourbonen, bevor sie von den Umwälzungen der Revolutionsjahre gestürzt wurden. Das Etikett Ancien Régime wurde seit der Mitte des 20. Jahrhunderts auf das ganze vorindustrielle und frühmoderne Europa angewandt.

Eine weitere, im frühen 19. Jahrhundert entstandene Bezeichnung für das europäische Herrschaftssystem am Vorabend der Moderne ist

der Begriff **Absolutismus**. Er wurde zur Zeit seiner Prägung zugleich als
Epochenbegriff verstanden und verwendet. Quellen der frühen Neuzeit,
etwa die Staatstheorie von **Jean Bodin** (1529–1596), sprechen zwar von
einer *monarchie absolue*, doch war der Substantiv Absolutismus im politischen Denken des 19. Jahrhunderts verankert, das ihm die Funktion
zuschrieb, die eigene Zeit von der vorrevolutionären Epoche abzugrenzen. Der Begriff eines Zeitalters des Absolutismus war also pejorativ
konnotiert, denn er akzentuierte den Gegensatz zwischen der zentralisierenden Staatsgewalt der Monarchie und der Souveränität des Volkes.
Absolutismus war zur Zeit seiner Entstehung ein kritischer Begriff der
Liberalen, bevor er im späten 19. Jahrhundert unter dem deutschen Kaiserreich eine idealisierende Deutung gewann. Als Epochenbezeichnung
entspricht er einem Geschichtsbild, das den Staat als zentrale Triebfeder
der historischen Entwicklung ansieht.

Im Gegensatz zum Absolutismus ist die Chiffre vom **Zeitalter der
Aufklärung** als Kennzeichen für das 18. Jahrhundert keine retrospektive
Erfindung von Historikern gewesen, sondern gehörte zum Selbstbild
zeitgenössischer europäischer Intellektueller, zu ihrer Überzeugung, in
ein Jahrhundert der Lichter (*siècle des lumières*) eingetreten zu sein. Sie betrachteten die Aufklärung als Errungenschaft ihrer Zeit, mit dem Licht
der Vernunft in allen Lebensbereichen den Nebel des Aberglaubens, der
Vorurteile und der geistigen Bevormundung vertrieben zu haben, hielten aber diesen Prozess noch nicht für beendet. Vielmehr war der Weg
zum Fortschritt ein Ziel für die Zukunft, eine „regulative Idee", wie Kant
es 1784 formulierte. Diese Sicht änderte sich im folgenden Jahrhundert.
Die Ereignisse der Französischen Revolutionen sowie der durch die Industrialisierung erzeugte, immer schneller verlaufende Wandel wurden
von den Menschen des 19. Jahrhunderts als tiefer Bruch mit der Vergangenheit empfunden und dargestellt, so dass die Aufklärung in ihrer
Wahrnehmung als etwas unwiderruflich Vergangenes galt. Später, im
Laufe des 19. Jahrhunderts, wurde sie vor allem als geistesgeschichtliche
Strömung eines vergangenen Zeitalters verstanden. Diese Dimension ist
für heutige Historiker des 18. Jahrhunderts weiterhin maßgebend geblieben. Dennoch bezieht die moderne Geschichtsschreibung über die
Aufklärung die gesellschaftlichen und politischen Strukturen, in denen
die neuen Gedanken entstanden und auf die sie zurückwirkten, in die
Analyse mit ein.

Wenn wir in diesem Kapitel den Begriff des Ancien Régime verwenden, um die institutionelle sowie soziale Ordnung in ganz Europa am
Vorabend der **Doppelrevolution** zu bezeichnen, so gehen wir auf Distanz
zu seiner Deutung im 19. Jahrhundert. Für die meisten Menschen damals deutete der Begriff auf einen tiefen Einschnitt in ihren Lebens

welten hin, wobei sie, je nach Perspektive, entweder einer verlorenen Welt nachtrauerten oder diesen als Fortschritt begrüßten. Die politisch-historische Analyse de Tocquevilles betonte dagegen die Kontinuität zwischen Ancien Régime und revolutionärem Zeitalter: Die größten Ergebnisse der Revolution, so sehr er sie bejahte, sah de Tocqueville als Bestandteil eines langfristigen Reformprozesses, der sich im Herzen der alten Herrschaftsordnung vollzog. Auch wenn die ergiebige Forschung zur Französischen Revolution, die uns heute verfügbar ist, ein differenzierteres Bild der historischen Dynamik dieses Zeitalters präsentiert, regen de Tocquevilles Beobachtungen dazu an, den Übergang vom vorrevolutionären in das revolutionäre Zeitalter als Prozess zu erfassen.

Für den modernen Historiker ist der umfassende Begriff des Ancien Régime insofern tragfähig, als er der Bemühung der gegenwärtigen Geschichtswissenschaft entspricht, die Vergangenheit nicht aus dem Blickfeld einzelner Erscheinungen zu betrachten, sondern sie als gesamtgesellschaftlichen Prozess zu verstehen, der langfristigen demographischen, sozial-ökonomischen und kulturellen Wandel einschließt. Der Begriff ist hilfreich, nicht nur in Hinblick auf das, was in der Zeit „alt" war, aber auch um „moderne" Entwicklungen, etwa die Aufklärung sowie den sich vollziehenden Wandel in allen Bereichen der vorrevolutionären Gesellschaft zu erschließen. Der Begriff des Ancien Régime deutet in der modernen Wissenschaftssprache nicht auf eine bloße, statische „Vorgeschichte" der durch die Doppelrevolution eingeleiteten Umwälzungen hin, sondern problematisiert die Frage, wie es zur Revolution kam, oder welche Bedingungen innerhalb der alten Gesellschafts- und Herrschaftsordnung den Strukturwandel ermöglichten.

## Bevölkerung und Wirtschaft | 2.2

### Die Bevölkerung nimmt zu | 2.2.1

Seit der Mitte des 18. Jahrhunderts vermehrte sich die Bevölkerung europaweit so deutlich und sprunghaft, dass der Historiker Hagen Schulze geradezu von einer „Inflation von Menschen" spricht. Die Bevölkerungsgeschichte stützt sich auf Daten, die aus der Verwaltungstätigkeit von Staaten, Kirchen und ähnlichen Institutionen hervorgegangen sind. In der frühen Neuzeit waren es vor allem die Kirchen, die katholische wie auch die protestantische, die ihre Geistlichen verpflichteten, in den Kirchenbüchern alle Geburten, Eheschließungen und Sterbefälle zu verzeichnen. In der Französischen Revolution wurde diese Tätigkeit von den Kirchen auf staatliche Organe übertragen. Zivilstandsregister wurden unter napoleonischer Herrschaft auch in Teilen Deutschlands eingeführt und blieben auch nach 1815 in Kraft. Dennoch bleibt die verfügbare Bevölkerungsstatistik für die europäischen Länder während des 18. Jahrhunderts approximativ. 1750 zählte der Kontinent ungefähr 130 Millionen Einwohner, um 1800 waren es bereits etwa 180 Millionen. Fünfzig Jahre später lebten in Europa circa 266 Millionen Menschen, um 1900 um 401 Millionen und am Vorabend des ersten Weltkrieges 468 Millionen.

Die Ursachen für diese Entwicklung, die auch durch die periodischen Hungerkrisen, wie etwa in Schlesien um 1770/71, wo circa 50 000 Menschen starben, nicht abgebremst wurde, sind vielfältig. Zum einen nahm das durchschnittliche Lebensalter der Menschen zu, zum anderen stieg die Geburtenrate. Eine verbesserte Nahrungsgrundlage sowie eine Lockerung des zünftischen und ständischen Rechts führten dazu, dass die Menschen häufiger und früher heirateten. Dies galt vor allem für die Unterschichten, etwa die Bauern in Ost- und Mitteleuropa. Neue Mittel zur Krankheitsbekämpfung trugen dazu bei, Seuchen wie die Pest oder die Pocken einzudämmen: Die letzte große Pestwelle gab es in Südfrankreich um das Jahr 1720.

Angesichts dieser Entwicklung stellte der schottische Geistliche **Thomas Malthus** in seinem 1798 erschienenen *Essay on Population* die Prognose, das andauernde Bevölkerungswachstum müsse wegen eines viel geringeren Wachstums der Ressourcen unweigerlich zur menschlichen Katastrophe führen. Dass dies aber nicht geschah, liegt an der gleichzeitig anlaufenden wirtschaftlichen Entwicklung während des Ancien Régime.

### 2.2.2 | Agrarproduktion und ländliche Gesellschaft

Die europäische Wirtschaft im Ancien Régime war überwiegend eine **Agrarwirtschaft**. Denn vier Fünftel der Europäer lebten am Ende des 18. Jahrhunderts auf dem Lande. Gewiss, es herrschten erhebliche regionale Unterschiede. In Russland waren nur vier Prozent der Menschen Stadtbewohner, in Polen acht, in Deutschland 20 und in England waren es 35 Prozent. In Frankreich lebten am Vorabend der Revolution, trotz der Pracht von Städten und Höfen, immer noch 84 Prozent der Bevölkerung auf dem Land.

Das Bevölkerungswachstum hatte zur Folge, dass die Nachfrage nach Grundnahrungsmitteln, also Agrarprodukten, stieg und damit auch der Wert des Bodens und seiner Erträge. Im 18. Jahrhundert kam es zur großen Expansion der landwirtschaftlichen Anbauflächen: Wälder wurden

gerodet, Sumpfgebiete trockengelegt, Landflächen an der Küste einge-
deicht. Neue Anbaumethoden hatten das Ziel, die Erträge zu steigern. So
wurde zum Beispiel bei der Dreifelderwirtschaft die Brachphase durch
den Anbau von Hülsenfrüchten, Flachs oder Rüben genutzt. Verbesserte
landwirtschaftliche Geräte – etwa die Sense statt der Sichel – unterstütz-
ten die Intensivierung des Ackerbaus.

Eine wichtige Entwicklungstendenz war die **Kommerzialisierung der
Landwirtschaft**, die aber keineswegs europaweit in gleicher Weise gegeben war. Dies bedeutete zugleich eine zunehmende Spezialisierung, das
heißt, die Produktion wurde gezielt für den Absatzmarkt bestimmt. Am
weitesten vorangetrieben war dieser Prozess in England durch die **EINHE-
GUNGEN** („enclosures") der noch offenen Felder des Gemeindelandes und
der unbebauten Flächen des Ödlandes. So entstanden ertragsintensive
Großgüter und Mittelbetriebe. Die Kleinbauern, die dem Konkurrenzdruck der reicheren Grundbesitzer erlagen, wurden zu Pächtern oder
landlosen Lohnarbeitern. In anderen Regionen Europas konnten neben
den adeligen Grundherren auch die größeren Bauern für den Markt produzieren und aus der Kommerzialisierung der Landwirtschaft Nutzen
ziehen. Diese Möglichkeit hing aber von den Rechts- und Eigentumsver-
hältnissen der jeweiligen Agrargesellschaft ab.

In den meisten europäischen Regionen unterlag die Landwirtschaft
einem feudalen Herrschaftssystem, sodass die Erträge der bäuerlichen
Produktion von den Grundherren – in unterschiedlicher Höhe und
unter unterschiedlichen rechtlichen Bedingungen – beansprucht wurden. Darüber hinaus erhoben ihrerseits der Staat sowie die Kirche weitere Abgaben. Die meisten Bauern in Europa lebten also unfrei, dabei
allerdings in sehr unterschiedlichen Formen von Grundherrschaft. Historiker unterscheiden idealtypisch zwischen der osteuropäischen und
der westeuropäischen Grundherrschaft mit der Elbe als Grenze, obwohl
es in der Tat etliche Mischformen gab. In den weniger dicht besiedelten
Territorien des Ostens – Ostpreußen, Polen, Ungarn und Russland – verfügte der Grundherr nicht nur direkt über Grund und Boden, sondern
auch über die Arbeitskraft der Bauern, die unter einer erdrückenden
so genannten **„zweiten Leibeigenschaft"** lebten. Umfangreiche bäuerliche
Frondienste ermöglichten es den osteuropäischen Grundherren, die
landwirtschaftlichen Erträge selbst abzuschöpfen und zu vermarkten.
In den dichter besiedelten westeuropäischen Regionen dagegen dominierte die bäuerliche Familienwirtschaft. Die Grundherren bezogen ihre
Abgaben überwiegend in Form von Grundrenten, ohne sich selbst an
dem Produktionsprozess zu beteiligen. Es herrschten wieder verschiedene Abhängigkeitsverhältnisse der Bauern – von freiem bäuerlichem
Eigentum in wenigen abgelegenen Gebieten, etwa den Alpen, über ver-

**EINHEGUNGEN**
Umwandlung von
Gemeinde- und Ödland
in privates Ackerland.
Eine Bewegung von eng-
lischen Großgrundbesit-
zern, die der industriel-
len Revolution
vorausging.

schiedene Formen der Pacht in Frankreich bis hin zu persönlicher Abhängigkeit.

Sowohl im Osten als auch im Westen machte die Dynamik der landwirtschaftlichen Kommerzialisierung die grundherrschaftlichen Abhängigkeitsverhältnisse zunehmend anachronistisch. Wirtschaftlich vorteilhafter für den Agrarunternehmer wäre die Lohnarbeit des Bauern gewesen, um eine gewisse Mobilität der Arbeitskraft zu gewährleisten. Feudale Abhängigkeiten wurden zunehmend zu Wachstumshemmnissen.

Die wachsenden Erträge der Landwirtschaft schlossen den Hunger aus dem Leben der meisten Zeitgenossen allerdings nicht aus. Die langfristige Entwicklung wurde immer wieder durch saisonale Schwankungen überlagert, deren Ursachen meist Missernten waren. So kletterten die Preise für Weizen, Roggen und damit auch für Brot. Hungerrevolten und Brotunruhen gab es wiederholt im Ancien Régime. Paradoxerweise war diese Epoche eine Zeit der gesteigerten Produktion und zugleich des Hungers. Beide gaben auf ihre eigene Art der umfassenden Krise des Ancien Régime einen Antrieb.

### 2.2.3 | Gewerbe, Industrie, Fernhandel

**SUBSISTENZÖKONOMIE**
Eine Wirtschaftsform, die in lokalen oder regionalen Einheiten auf Selbstversorgung ausgerichtet ist.

Betrachten wir die Ablösung der traditionellen **SUBSISTENZÖKONOMIE** durch die **kapitalistische Marktwirtschaft** als zentrale Entwicklungstendenz des späten 18. Jahrhunderts, so bestimmte eine Reihe von sich reziprok verstärkenden Faktoren diesen Prozess. Die Kommerzialisierung der Landwirtschaft hing mit der Entwicklung von Gewerben unterschiedlicher Art sowie dem Welthandel so eng zusammen, dass es wenig sinnvoll ist, Stadt und Land als voneinander getrennte Wirtschaftsräume zu betrachten.

Im wirtschaftlichen Transformationsprozess, der sich im Herzen des Ancien Régime vollzog, wird den englischen Anfängen der industriellen Produktion eine besondere Bedeutung zugemessen. Wichtig ist es aber zu bemerken, dass verschiedene nebeneinander florierende Produktionsformen, zu denen die Fabrik hinzukam, den Wandel anregten. Das seit der frühen Neuzeit bestehende städtische **Handwerk**, weiterhin in Zünften organisiert, erwies sich über die Jahrhunderte als flexibler und wachstumsfähiger, als die ältere Forschung es ihm zugestand. Es produzierte vor allem für den örtlichen Grundbedarf der Bevölkerung an Bekleidung, Wohnung und Nahrung. Im späten 18. Jahrhundert sah sich das überwiegend familienbetrieblich organisierte Handwerk der Konkurrenz der von Zunftrestriktionen freien Produktionsbetriebe ausgesetzt. Hierzu zählte vor allem die **Protoindustrie** (Verlagswesen) auf

**| Abb. 2**

*Gobelinmanufaktur, Kupferstich aus Diderot,* Enyclopédie ou dictionnaire raisonné
des sciences, des arts et des métiers, 35 Bde., Paris 1751–1777.
*Die Darstellung der Manufaktur zeigt vor allem einen riesigen mechanischen Produk-
tionsapparat, die Arbeiter werden zu seinen Anhängseln.*

dem Land, wo Kapital leichter investiert werden konnte, wo das Bevölkerungswachstum Arbeitskräfte freisetzte, und wo Energiequellen wie
Holz und Wasser leichter zugänglich waren. Ein Verleger beschaffte in
der Regel die Rohstoffe, dirigierte zunehmend den Herstellungsprozess,
vertrieb die fertigen Güter und schöpfte den Gewinn ab. Vor allem im
Bereich der Massenproduktion von Textilien und einfachen Konsumgütern verdrängten die protoindustriellen Betriebe das Zunfthandwerk
zunehmend. Einen weiteren arbeitsteiligen, ebenfalls nichtzünftischen
Großbetrieb bildete die **Manufaktur**. Sie produzierte manuell, oft mit mechanischen Hilfsmitteln, und nach dem Prinzip der Spezialisierung, das
heißt, die Herstellung wurde an einem Ort in mehrere Arbeitsgänge zer-
legt. Manufakturarbeit war oft kapital- sowie arbeitskraftintensiv, produzierte teils Massen-, teils Luxusgüter – etwa Porzellan, Seide, Teppiche
oder Gläser – für den Binnen- wie auch für den Fernhandel.

Die gewerbliche Produktion, so sehr sie expandierte und ihre Her-
stellungsweise verfeinerte, unterlag der Einschränkung, dass ihr Ener-
giebedarf von natürlichen Bedingungen abhängig war – vom Antrieb
durch Wasser und Wind. Ihre Produktionsstätten befanden sich meistens in der Nähe einer Wasserquelle, was erhebliche Transportkosten

verursachte und der räumlichen Konzentration eine Grenze setzte. Das 1776 von James Watt perfektionierte Modell der Dampfmaschine ermöglichte es der englischen Produktion, sich nun in der Stadt oder an der Küste zu konzentrieren. Über den Einsatz von Dampf führte der Weg zur Fabrik: Er generierte an einem Standort ausreichend Energie, um eine viel größere Zahl von Arbeitern als bisher zu beschäftigen und eine noch spezialisiertere Arbeitsteilung vorzunehmen. Voraussetzung der Entwicklung war die überall verfügbare Energie in Form von Steinkohle, die kostengünstig über See, auf den schiffbaren Flüssen und auf einem dichter werdenden Netz künstlicher Kanäle transportiert werden konnte.

Es waren vor allem die klappernden Webstühle, welche die Industrialisierung einläuteten. Grundlegend für die spektakulären Entwicklungen der englischen Wirtschaft im späten 18. Jahrhundert war die Textilindustrie. Die Nachfrage nach Stoffen hatte sich erheblich erhöht: Die Bevölkerungszunahme, die immer größer werdenden Armeen, der Handel mit den Kolonien, all dies erforderte eine große Menge billiger Textilien. Die klassischen Rohstoffe Wolle und Flachs konnten den steigenden Bedarf nicht decken, an ihre Stelle trat die Baumwolle. Der Rohstoff stammte aus den von Sklaven bewirtschafteten Plantagen der amerikanischen Südstaaten. Er wurde in den englischen Industriestädten von Spinnmaschinen zu Garn verarbeitet. Der 1787 von Edmund Cartwright erfundene mechanische Webstuhl erleichterte die **Massenproduktion** von Baumwollstoff, die bis zur Jahrhundertwende die Konkurrenz von den Märkten in Europa und der Welt verdrängte.

Diese Wirtschaftsdynamik wäre allerdings kaum zu erklären ohne die fördernde Wirkung des Fernhandels. Bei der Expansion des gesamteuropäischen Welthandels im 18. Jahrhundert gelang es England, durch erfolgreiche Handelskriege mit Frankreich und den Niederlanden die führende Rolle zu erringen. Der außereuropäische Handel, dessen Schwerpunkt sich vom Mittelmeer auf den Atlantik verlagert hatte, wuchs zu einem weltumspannenden, multipolaren Handelssystem. England lieferte inländische Produkte sowie indische Baumwollstoffe (die später durch die eigene Massenproduktion von Textilien ersetzt wurden) nach Afrika, kaufte dort Sklaven, Elfenbein und Gold. Die Sklaven wurden nach Amerika „exportiert", dafür erwarb man Rohbaumwolle, Zucker und Tabak. In Asien wurden das afrikanische Gold und Elfenbein gegen Tee, Kaffee, Gewürze und (vor dem industriellen „take-off") Textilien aller Art eingetauscht.

Auch das französische Außenhandelsvolumen hatte sich im späten 18. Jahrhundert trotz des Verlustes der Kolonien vervierfacht. In den Hafenstädten wie Bordeaux, Nantes und Marseille entwickelte sich ein

*Spiridon Roma,* The East offering riches to Brittania *(Der Osten bietet Britannien seine Reichtümer), Deckengemälde für das 1778 in London neu eingerichtete Bürogebäude der englischen Ostindischen Handelskompanie. Brittania, Beschützerin der Ostindischen Handelskompanie, thront auf einem Fels, unter ihren Füßen fließt der majestätische Fluss Indiens, der Ganges. Indien sowie weitere asiatische Länder bieten ihre Waren an – Perlen, Edelsteine, Porzellan, Teekisten, Baumwollbündel, Seide. Das Deckenbild hatte die ideologische Funktion, bei seinen englischen Betrachtern patriotische Gefühle zu wecken, die über den materiellen Wohlstand definiert wurden. Eine verklärende Sicht auf den Handelserfolg, die die entscheidende Rolle der Kriege mit europäischen Konkurrenten und asiatischen Mächten ausblendet.*

wirtschaftlich mächtiges Handelsbürgertum. Einige wichtige Industriezentren besaß Frankreich auch, etwa die Minen von Anzin, in denen Steinkohle zur Erzeugung von Eisenerz gefördert wurde, oder die Eisenfabrik von Le Creusot. Profitorientierte Aristokraten investierten in Handel und Industrie. Beide, Adelige und Handelsbürger, nutzten einen erheblichen Teil ihrer Gewinne für den Kauf von Ländereien auf Kosten der Kleinbauern. Das städtische Kapital drängte aufs Land, die zunehmende Kommerzialisierung führte dazu, dass die herkömmlichen feudalen Abgaben an wirtschaftlicher Bedeutung von den kapitalisierten Grundrenten übertroffen wurden. Das Ancien Régime war dem wirtschaftlichen Wandel unterworfen, längst bevor die politische Krise die revolutionären Umwälzungen auslöste.

## 2.3 | Gesellschaft zwischen Aufklärung und Doppelrevolution

### 2.3.1 | Die Ständegesellschaft im Umbruch

Idealtypisch wird der **Ständegesellschaft** ein aus Klerus, Adel und Drittem Stand bestehendes dreigliedriges Deutungsschema zugrunde gelegt. Die jüngere Forschung zur frühen Neuzeit bringt jedoch ein Gesellschaftsmodell zum Vorschein, das in der historischen Praxis von innerer Differenzierung und sozialer Mobilität zwischen den Ständegruppen gekennzeichnet war. Festzuhalten ist die Tatsache, dass die sozialen Unterschiede innerhalb der Ständegesellschaft – Unterschiede der Erwerbstätigkeit, der Bildung, der politischen Partizipation, der Alltagspraktiken – rechtlich definierte Unterschiede waren. Gleich waren die Menschen vor Gott, aber nicht vor dem Gesetz. Erst im ausgehenden Ancien Régime trugen Dimensionen des umfassenden Wandels – im Bereich der Wirtschaft, der politischen Ideen und der Reformpolitik des aufgeklärten Absolutismus – dazu bei, das Grundprinzip der ständischen Rechtsungleichheit in Frage zu stellen.

Seit dem Mittelalter hatte sich europaweit der Adel zu einem Stand gebildet, der seine Macht vom Grundbesitz sowie von uneingeschränktem Zugang zu den höchsten Stellen am Hof, im Militär- und Staatsdienst sowie in der Kirche bezog. Zu den adeligen Vorzugsrechten gehörten die Steuerfreiheit, der privilegierte Gerichtsstand, etliche Monopole – etwa Jagd, Fischerei, Brauerei – und zahlreiche Ehrentitel. Zwar bildete der Adel einen Geburtsstand, das schloss aber nicht aus, dass das Adelsprivileg auch gekauft werden konnte. Überall in Europa bewirkte das Bedürfnis der Monarchen nach zuverlässigen Beamten und Offizieren, dass eine erhebliche Zahl von Erhebungen in den Adelsstand stattfanden: Ämter wurden käuflich, mit Titeln verbundene Rittergüter wechselten oft die Besitzer. In Frankreich etwa verfestigte sich über mehr als ein Jahrhundert die Distinktion zwischen dem **Schwert- oder Geburtsadel** (*noblesse d'épée*) und dem durch Ämterkauf entstandenen und weniger angesehenen **Amtsadel** (*noblesse de robe*).

Die wirtschaftliche Dynamik des späten 18. Jahrhunderts beschleunigte den Prozess der Grenzverschiebungen innerhalb der Ständegesellschaft. Am stärksten ausgeprägt war die Auflösung von Standesgrenzen in England, wo die jüngeren, nichterbenden Adelssöhne Erwerbstätigkeiten als Unternehmer, Ärzte, Kaufleute oder Anwälte eingingen. So entstand eine Interessenkonvergenz zwischen Adel und Großbürgertum, deren Lebenswelten sich zunehmend miteinander verflochten. Die

in Frankreich noch herrschenden Vorurteile des Adels gegen Handels-
und Geschäftsberufe bewirkten paradoxerweise eine vergleichbare Auflösung von Standesunterschieden. Sie regten Großhändler, Manufaktur-
besitzer und Bankiers dazu an, mit ihrem Reichtum Ämter, Titel und
Landgüter zu kaufen und adelig zu leben. Andererseits suchten auch die
Adeligen sich am **bürgerlichen Kapitalvermögen** zu beteiligen: Sie stiegen in
die marktorientierte Landwirtschaft ein sowie in den Binnen- und See-
handel. Gegen Ende des Ancien Régime hatten in Frankreich zahlreiche
Industrieunternehmen, Bergwerke und Manufakturen Eigentümer aus
dem Hochadel.

In den ländlichen Gebieten Europas, von Ostpreußen bis Frankreich
und England, bildete die Grundherrschaft weniger ein Hindernis als
vielmehr eine Antriebskraft für den **Agrarkapitalismus**. Historiker sprechen von einer aus adeligen Grundherren und Städtern entstandenen
„**unternehmerischen Landbourgeoisie**", die über einen wachsenden Teil des
Grundbesitzes verfügte. Der vergrößerte Landbesitz wurde häufig an ka-
pitalkräftige Pächter ausgegeben, und neben den älteren Feudalabgaben
kamen noch bedeutsame Einnahmen aus der Pacht und den ansteigen-
den Agrarpreisen hinzu. Die Folge war, dass zum Beispiel in Frankreich
die Bauern im ausgehenden Ancien Régime nur noch ein Drittel des Bodens besaßen. In den Dorfgemeinschaften vertiefte sich die Kluft zwischen den reichen, oft ortsfremden Pächtern oder Gutsverwaltern und
der bäuerlichen Bevölkerung, sodass sich das wechselseitige Treuever-
hältnis von Schutz und Hilfe zunehmend auflöste. Konzentration von
Grundbesitz, steigende Preise sowie das Bevölkerungswachstum generierten eine immer größer werdende Schicht von Tagelöhnern, Saisonar-
beitern und Vagabunden, einem kleinen Gesinde, dem „Gesindel", das in
manchen Gebieten bis zu 60 Prozent der Landbevölkerung ausmachte.
Seit 1750 entlud sich dieses Konfliktpotential in regelmäßigen Hungerrevolten und Unruhen.

Der Dritte Stand, der keineswegs aus einer amorphen Masse bestand,
ließ sich in den ländlichen und städtischen Lebensbereich unterglie-
dern. Die so genannten städtischen „Bürger" bildeten im 18. Jahrhundert
schon lange nicht mehr eine einheitliche Rechtsgemeinschaft wie noch
in der frühen Neuzeit. Verwenden wir das Etikett **Bürgertum**, so können
wir es zu dieser Zeit nur noch im negativen Sinn verstehen, als Abgren-
zungsbegriff zum Adel einerseits und zum „gemeinen Volk" andererseits. Innerhalb der wachsenden Schicht von Bürgern unterscheidet die
Forschung zwischen zwei wichtigen Gruppen, die sie als Besitz- und
Bildungsbürger bezeichnet. Die **Besitzbürger** waren überwiegend die Ge-
winner der wirtschaftlichen Expansion der Zeit – zu ihnen zählten Unternehmer, Großhändler und Bankiers, aber auch kleinere Handwerks-

| **Abb. 4**

*Cornelia, Mutter der Gracchen, Ölgemälde von Philipp Friedrich Hetsch, 1794. Histo-
rische Themen aus der Antike fungierten als Fundgrube für Künstler des späten
18. Jahrhunderts, um einen neuen bürgerlichen Geschmack zu gestalten. Eine beliebte
Geschichte war die von Cornelia, Mutter der späteren römischen Volkstribunen Tibe-
rius und Gaius Gracchus. Als eine Nachbarin ihr stolz ihren kostbaren Schmuck zeigt,
weist Cornelia auf ihre beiden Söhne: „Das ist mein Schmuck". Themen wie diese
drückten eine eindeutige Kritik am unerhörten Luxusaufwand des Adels aus. Indem
Cornelia den Inbegriff bürgerlicher Frauentugend verkörpert, sollte ihr Handeln für
Frauen (und Männer) des gebildeten Bürgertums identitätsstiftend wirken.*

meister und, in Frankreich, Staatspächter. Die Gruppe der **Bildungsbürger**
war meistens akademisch gebildet, ihre Mitglieder übten entweder
einen gelehrten Beruf aus – als Jurist, Arzt, Professor oder Pfarrer – oder
bekleideten ein Amt. Die Zunahme der staatlichen Tätigkeiten machte
diese Schicht zu einer Funktionselite, die sich in der Justiz, im Militärwe-
sen, im Bildungsbereich und in der Verwaltung auszeichnete. Allerdings
wuchs im Laufe des 18. Jahrhunderts die Gruppe der Bildungsbürger
schneller als der Stellenbedarf, so dass viele von ihnen ihren Lebensun-
terhalt mit Gelegenheitstätigkeiten – als Privatlehrer oder Pamphlet-
schreiber – verdienen mussten. Der Ärger über die fortwährende Unter-
privilegierung und Aufstiegsbarrieren war eine Quelle der Unruhe, die
das Bildungsbürgertum in Frankreich am Vorabend der Revolution in
die Opposition trieb.

Verbindend für das städtische Bürgertum des späten Ancien Régime war weder eine gemeinsame berufliche Basis noch ein gemeinsamer Rechtsstatus, sondern das neue Selbstgefühl, die individuelle Leistung – sei es die Bildung, sei es der erworbene Reichtum – bildete die Grundlage des sozialen Status anstatt der Geburt. Aus der Aufklärung schöpfte diese Gruppe die Utopie einer Republik des Geistes, die keine Standesunterschiede kenne. Über neue Formen der Öffentlichkeit strebte sie an, diesen Traum zu verwirklichen. Personale Netzwerke verbanden solche Gebildete einerseits grenzüberschreitend, andererseits trennten sie innerhalb des Dritten Standes die „gebildeten Bürger" vom „Pöbel": Zur letzten Gruppe zählte nicht nur die Landbevölkerung, sondern das städtische „menu peuple" – kleine Handwerker, Ladenbesitzer, Tagelöhner, die unter der Teuerung der Lebensmittel zu leiden hatten und später den Kern der französischen **Sansculotten-Bewegung** bildeten.

## Soziabilität und Öffentlichkeit | 2.3.2

Das aufklärerische Ideal einer neuen zukunftsorientierten bürgerlichen Elite, welche die Gesellschaft der Privilegien unterminieren würde, realisierte sich durch etliche sich herausbildende Formen des sozialen Austausches. Ihr Ziel war es, mittels der Kommunikation frei gewählte, standesübergreifende soziale Verknüpfungen herzustellen, die das Gegenstück zur höfischen Gesellschaft bilden würden. Die Kommunikation lief sowohl über persönliche Netzwerke und Räume – etwa in Salons, Lesegesellschaften, Kaffeehäusern – als auch über die Druckmedien, die den Austausch von persönlichen Beziehungen unabhängig machten.

In der Praxis war es oft eine gemischte Form der Geselligkeit, die sich entfaltete: Künstler, Schriftsteller, Gelehrte adliger wie auch bürgerlicher Herkunft trafen sich zum Ideenaustausch, zur Vorstellung neuer Konzepte und zur Planung gemeinsamer Projekte. Der Salon bot einen Raum, in dem auch die Geschlechtergrenzen überwunden wurden. Hier war Frankreich ein Vorreiter: Die seit dem 17. Jahrhundert von höfischen Frauen geführten Salons zogen im 18. Jahrhundert prominente Intellektuelle aus ganz Europa nach Paris, die von sozialen und zeremoniellen Zwängen weitgehend befreit, ihre Entwürfe zur Diskussion stellten, nach neuen Sinngebungen suchten und anschließend in ihren Heimatländern neue Impulse gaben. Die Salons in Deutschland – von Caroline Schlegel in Jena, von Henriette Herz oder Rahel Varnhagen in Berlin – lehnten sich zwar an das französische Vorbild an, entwickelten aber zugleich eine hofkritische Haltung, da ihre Gastgeberinnen nicht vom Adel stammten, sondern fast alle dem jüdischen Bürgertum angehörten. In mehrerlei Hinsicht versprach der Salon also emanzipatorische Entfaltungsräume.

Abb. 5

*Richters Kaffeehaus in Leipzig, Kupferstich von J. Wagner, 1794. Geburtsstätte des Börsenvereins der Deutschen Buchhändler.*

Weitere Netzwerke, etwa die englischen Clubs oder die politischen Debattierzirkel in Frankreich, bildeten, anders als die Salons, eine exklusive Männergesellschaft. Ebenfalls ausgeschlossen waren Frauen aus den öffentlichen Kaffeehäusern, die zuerst in England Mode wurden, sich dann aber rasch über Europa verbreiteten. Der florierende Kolonialhandel machte Tee und Kaffee zu Lieblingsgetränken der neuen europäischen bürgerlichen Elite. Im Gegensatz zum plebejischen Bier galten sie als den Intellekt fördernd und sollten dem Kaffeehaus in Abgrenzung zur Trinkstube eine gepflegte Atmosphäre verleihen. Die beispiellose Expansion der Druckmedien, die Massenproduktion von Büchern, Zeitungen und Wochenzeitschriften, schuf einen öffentlichen Raum, der den Zugang zu Ideen und Konzepten der Aufklärer über die Grenze des persönlichen Kontakts hinaus ermöglichte. Die verbreitete Zirkulation von Ideen unterlag in verschiedenen Ländern den Einschränkungen der staatlichen Zensur, was wiederum der Produktion von „Literatur im Untergrund", wie der Historiker Robert Darnton es nennt, einen wichtigen Impuls lieferte.

Die Gesamtheit der Räume der Geselligkeit sowie der Medienproduktion hat Jürgen Habermas als Herausbildung einer **„bürgerlichen Öffentlichkeit"** bezeichnet. Der Begriff bezieht sich sowohl auf neue Kommunikationspraktiken als auch auf Formen der Vergesellschaftung. Der „kritisch räsonierende" Diskurs, so Habermas, erstreckte sich auf alle Sphären der Gesellschaft und Politik, stellte die Grundsätze von Stand und Staatswillkür in Frage und öffnete vielen Menschen den Weg zur Partizipation in der Meinungsbildung, die als Ersatz für fehlende politische Rechte fungierte.

## Politische Entwürfe | 2.4

### Die Grundlage der Staatsgewalt | 2.4.1

Über längere Zeit hat der Begriff des Absolutismus unser Verständnis von dem europäischen Herrschaftssystem, das sich seit der frühen Neuzeit herausbildete, mitbestimmt. Unter Absolutismus verstand man im Allgemeinen einen Staat, der seine Macht weitgehend unabhängig von Gesetzen und gesellschaftlicher Konsensbildung ausübte. Die jüngere Forschung hat diesen Begriff in zweierlei Hinsicht kritisch hinterfragt. Zum einen haben etliche Studien zu den europäischen Staaten gezeigt, dass sich die Herrschaft der europäischen Monarchen, auch wenn wir zahlreiche regionale Variationen berücksichtigen, kaum uneingeschränkt und losgelöst von den **ständischen Gewalten** entfaltet hatte. Vielmehr bildete sich die Staatsmacht, wie etwa im Frankreich der Bourbonen, das häufig als klassisches Beispiel für die absolutistische Monarchie gilt, aus einer Verflechtung von Institutionen und Kräfteverhältnissen der Eliten: **STÄNDEVERTRETUNGEN** auf National- und Provinzebene, kirchliche und städtische Korporationen. Zum anderen lenkt die neue Geschichtsschreibung unsere Aufmerksamkeit auf die Prägung des Absolutismus-Begriffes (s.o), der aus der liberalen Kritik an der zentralisierenden Staatsgewalt des 19. Jahrhunderts seine polemische Stoßrichtung erhielt.

Wenn kritische Stimmen im späten 18. Jahrhundert, inspiriert durch die Ideen der Aufklärung, die „willkürliche Despotie" der Staatsmacht anprangerten oder für die **GEWALTENTEILUNG** zwischen den Staatsorganen plädierten, galt ihre Kritik der fundamentalen Ungleichheit der Rechte, die für alle europäischen Staaten dieser Zeit eine gemeinsame Grundlage bildete. Das politische Partizipationsrecht, zum Beispiel an Ständeversammlungen, hing vor allem von Geburt und Privilegien ab, es entsprang nicht allgemeingültigen Grundsätzen. Keiner der europä-

**STÄNDEVERTRETUNGEN**
Körperschaften, in denen Mitglieder der Stände ihre Interessen vertreten konnten. Auch hier bestimmte Geburt das Partizipationsrecht.

**GEWALTENTEILUNG**
Prinzip der Verteilung der Staatsmacht unter den drei Organen, die in einer Demokratie für Gesetzgebung, Vollziehung und Rechtsprechung zuständig sind. Das Prinzip geht auf die Schrift *Vom Geist der Gesetze* (1748) von Montesquieu (1688–1755) zurück.

ischen Staaten des ausgehenden Ancien Régime besaß eine **Verfassung**, wie wir sie heute kennen und in der die Rechte jedes Menschen verankert gewesen wären. Bis zu den politischen Transformationen der Französischen Revolution blieb das Recht ein unüberschaubares, sehr kompliziertes und über die Jahrhunderte gewachsenes Geflecht von Privilegien, überlieferten Gewohnheiten und Verträgen: Das Gesetz wurde entweder vom Staat erlassen oder zwischen Herrscher und Ständen vertraglich vereinbart. Hinzu kam in vielen Ländern, etwa in Frankreich, das **Kirchenrecht**, das Angelegenheiten wie die Ehe oder das Erziehungswesen regelte. Die Legitimation der Staatsgewalt berief sich entweder auf das **Gottesgnadentum** oder auf alt überlieferte Praxis oder auf einen Konsens der Stände.

Politische Zukunftsentwürfe der Aufklärung, die das Ende der Privilegien anstrebten, mussten also eine neue Basis suchen, um die Staatsgewalt zu legitimieren. In diesem Rahmen entstand das moderne **Naturrecht**. Das Grundprinzip des Naturrechtes war die Auffassung, die Natur habe allen Menschen aller Zeiten, unabhängig von menschlichen Rechtsordnungen und Herrschaftsverhältnissen, gleiche und **unveräußerliche Rechte** verliehen. Darauf gründend würde jede Form der rechtmäßigen Gemeinschaft aus einem freiwilligen Vertrag mit der Herrschaft entstehen. Über zwei Jahrhunderte interpretierten verschiedene Theoretiker dieses Grundprinzip unterschiedlich und entwarfen Staatsmodelle, die teilweise weit auseinandergingen. 1651 entwickelte **Thomas Hobbes** in der Abhandlung *Leviathan* ein radikales Modell des souveränen Staates. Ging er von einem **Naturzustand** der Rechtlosigkeit und potentiellen Gewalt aus, so bildete der aus dem **Gesellschaftsvertrag** entstandene Souverän die alleinige Quelle des Rechtes und war seinerseits an keinen Vertrag gebunden. Von Hobbes pessimistischem Menschenbild wich der englische Philosoph **John Locke** ab. Seine zur Zeit der englischen **Glorious Revolution** (1688–1689) entstandene Schrift *Two Treatises of Government* (Zwei Abhandlungen über die Regierung) begründete die Staatsgewalt mit dem Prinzip der Nützlichkeit: Die Bürger gründen den Staat vor allem zu dem Zweck, um ihre natürlichen Rechte auf Leben, Freiheit und Eigentum zu sichern. Sollte der Staat sich anmaßen, die Rechte der Bürger anzutasten, so gelte der Vertrag als gebrochen, der Widerstand der Bürger als legitim. Bei **Jean-Jacques Rousseau**, auf den sich die Revolutionäre in Frankreich später beriefen, waren die vertragsschließenden Bürger die alleinigen Träger der Souveränität. Auf die Frage nach der Vereinbarkeit der staatlichen Autorität mit der Freiheit des Individuums schlug Rousseau als Antwort das Prinzip der *volonté générale* (allgemeiner Wille des Volkes) vor: Die Bürger herrschen zwar als Gemeinschaft, sie hätten aber den Gesetzen zu gehorchen, die sie sich selber schaffen.

Die Naturrechtstheorien lieferten den kritischen Bürgern des ausgehenden Ancien Régime neue Kriterien, um die herkömmliche Legitimierung der Herrschaft in Frage zu stellen. Das Volk als Summe der Einzelnen bilde die Quelle der Staatsgewalt und nicht mehr die ständischen Amtsträger. Jedoch konnten die Theorien zu unterschiedlichen Zeiten von unterschiedlichen Interessengruppen unterschiedlich interpretiert und eingesetzt werden. Viele Aufklärer befürworteten die uneingeschränkte Gewalt des Monarchen, da sie erwarteten, er würde Reformen gegen die Vorrechte von Adel und Kirche im Interesse des ganzen Volkes einführen. Im Namen der Freiheit, einem der wichtigsten Schlagwörter der Zeit, konnten gegensätzliche Interessen zum Ausdruck gebracht werden: die gleiche Freiheit aller Staatsbürger oder die Vielzahl von ständischen Freiheiten gegen die Herrschaft des Monarchen. Die Vorstellungen von Rousseau räumten dem Einzelnen zwar die Freiheit der Selbstbestimmung ein, sie zwangen aber auch jeden, die Regeln absolut einzuhalten, verbargen somit auch potentielle Unfreiheit. In letzterem Sinne dienten sie zur Grundlage totalitärer Experimente, beginnend mit der **Schreckensherrschaft** der **Jakobiner**.

Im letzten Drittel des 18. Jahrhunderts kam es zu politischen Experimenten, die sich auf Prinzipien des Naturrechts stützten und zu ihrer Konkretisierung einen wichtigen Beitrag leisteten. Das hervorragende Beispiel bildet der Kampf der nordamerikanischen Kolonien um die Unabhängigkeit.

### Die erste moderne Demokratie                                    | 2.4.2

1773 begannen die 13 englischen Kolonien in Nordamerika ihren Widerstand gegen das Mutterland, der 1783 in die Unabhängigkeit führte. Die zentrale Ursache des Konfliktes war die Frage, ob das englische Parlament auch für die Kolonien, die dort keinen gewählten Vertreter hatten, die letzte legislative Instanz bildete. Nach dem 1763 beendeten kostspieligen Siebenjährigen Krieg erließ England etliche neue Steuern, die eine Protestbewegung in Nordamerika entzündeten, da die Steuergesetze ohne Mitbestimmung der davon betroffenen Kolonien verabschiedet worden waren. Es kam zu Solidaritätskundgebungen unter den Kolonisten, anschließend zur militärischen Auseinandersetzung mit England. Die 1776 von **Thomas Jefferson** verfasste **Unabhängigkeitserklärung** begründete die Auflösung der Bindung an das Mutterland mit dem Argument, England hätte gegen die natürlichen Rechte der nordamerikanischen Staaten verstoßen.

Die neu gegründeten Vereinigten Staaten von Amerika wurden zum ersten Land, das sich eine geschriebene moderne Verfassung schuf. Der amerikanischen **Bundesverfassung** waren die **Verfassungen der Einzelstaaten** vorausgegangen. Am bekanntesten wurde die *Virginia Declaration of Rights* vom 12. Juni 1776, die zum ersten Mal in der Geschichte das aufklärerische Ideal von unveräußerlichen Menschenrechten für rechtsgültig erklärte. Alle Menschen seien als Menschen gleich und frei geboren, sie besäßen auf Grund ihrer Natur das Recht auf Leben, Freiheit, Eigentum und das Streben nach Glück. Die Bundesverfassung der USA erhielt 1791 zehn Zusatzartikel, die, **Bill of Rights** genannt, einen Katalog von gerichtlich einklagbaren Grundrechten enthielten. Das Prinzip der **Volkssouveränität**, das Rousseau zur alleinigen Grundlage der Staatsgewalt erhoben hatte, wurde in der neuen amerikanischen Verfassung in die Praxis umgesetzt, aber dabei auch Kontrollmechanismen unterworfen. Im System der „checks and balances" verwirklichte sich Montesquieus Forderung nach Gewaltenteilung in einer spezifischen Form.

**Quelle**

**Die Grundrechte (Virginia Declaration of Rights) aus der Verfassung von Virginia, 1776**

▶ Alle Menschen sind von Natur aus gleichermaßen frei und besitzen gewisse angeborene Rechte [....].

Alle Macht kommt dem Volke zu und wird folglich von ihm hergeleitet [...].

Die Regierung ist oder sollte eingerichtet sein für das gemeinsame Beste, für den Schutz und die Sicherheit des Volkes [....].

Die gesetzgebenden und ausführenden Gewalten des Staates sollen von der richterlichen getrennt und geschieden sein [...].

Die Wahlen für die Vertretung des Volkes in Volksversammlung sollen frei sein; alle Männer, die ihr dauerndes Interesse an der Gemeinschaft und ihre dauernde Anhänglichkeit an sie hinlänglich erhärtet haben, haben das Recht abzustimmen [....].

Bei allen Anklagen wegen Kapitalverbrechen oder sonstiger krimineller Handlungen hat ein Mensch das Recht, Grund und Art der Anschuldigung zu erfahren, Anklägern und Zeugen gegenübergestellt zu werden, und das Recht auf baldiges Verhör vor einem unparteiischen Gerichtshof von zwölf Männern aus seiner Gegend, ohne deren einstimmigen Spruch er nicht als schuldig befunden werden kann [...].

Die Menschenrechte. Erklärungen, Verfassungsartikel, Internationale Abkommen. (Hg. Wolfgang Heidelmeyer), Paderborn, 1972, S. 54–57, gekürzt.

Seit der amerikanischen Proklamation von Volkssouveränität und Menschenrechten wussten die diskussionsfreudigen Intellektuellen in den Kaffeehäusern und Debattierclubs Europas, dass eine neue Staatsform im Sinne des Naturrechts realisierbar war. Die Umsetzung der Ideen aus Europa durch die amerikanischen Bürger wirkte auf die europäische Geschichte zurück.

Das Experiment mit der Demokratie verkörperte seit der Geburt auch die Widersprüche des **bürgerlichen Liberalismus**. Der universalistische Gedanke – „All men are created free and equal" – war in der Verfassung der Vereinigten Staaten verfestigt, in der Praxis aber genossen nur weiße Männer mit Grundbesitz das Wahlrecht sowie das Recht, ein politisches Amt zu bekleiden. Frauen, Sklaven und wirtschaftlich abhängigen Menschen blieben lange Zeit die politischen Rechte vorenthalten. Auch die europäische Geschichte war im Zeitalter der bürgerlichen Revolutionen von den Folgen dieser Kluft zwischen Prinzipien und Realität tief geprägt.

## Die Krise des Ancien Régime                    | 2.5

### Politische Unruhen in Europa                    | 2.5.1

Seit den siebziger Jahren des 18. Jahrhunderts erfassten politische Unruhen etliche europäische Staaten. Die Folgen von Kriegen, die finanzielle Notlage der Regierungen, die steigende Armut in den unteren Sozialschichten führten alle zum Legitimationsverlust der absolutistischen Herrschaft. Sowohl die etablierten Interessengruppen – Adel und Geistlichkeit – als auch die Vertreter des aufgeklärten Bürgertums sahen die Gelegenheit, ihre durch die absolutistische Monarchie eingeschränkten alten Vorrechte zurückzugewinnen, bzw. ein Mitspracherecht in der Politik zu erkämpfen. In den meisten Fällen gelang es den rebellierenden adeligen Ständen, im Bündnis mit den bürgerlichen und unterprivilegierten Schichten zu handeln. Der Ruf nach Freiheit konnte also auf die Wiederherstellung der alten ständischen Macht zielen oder er konnte das Vorbild der amerikanischen Revolution hochhalten.

Fast ganz Europa wurde von Aufständen erschüttert. Selbst England, das Idealbild der Gewaltenteilung und parlamentarischen Regierung, erlebte im letzten Drittel des 18. Jahrhunderts mehrere Wellen politischer Unruhen. Diese richteten sich vor allem gegen die in der Praxis ungerechte Teilung der Macht zwischen Krone, Aristokratie und Volk. Das **Wahlrecht** schloss etliche Bevölkerungsgruppen aus, die **Wahlkreise** wurden infolge der demographischen Verschiebungen der Zeit zunehmend ungleichmäßig eingeteilt, die Krone übte weiterhin einen großen Einfluss auf das Parlament aus. In anderen europäischen Staaten dagegen, etwa in den habsburgischen Niederlanden – dem späteren Belgien – oder in Schweden, waren es die Adeligen, die Widerstand gegen die aufgeklärten Reformmaßnahmen der Monarchen leisteten. Anderswo, in den Vereinigten Niederlanden, einer Union aus sieben Provinzen, bildeten Vertreter des Besitz- und Bildungsbürgertums eine **„patriotische"** **Front** gegen die monarchische Regierung des Erbstatthalters Wilhelm V. von Oranien. Ihre entschlossene demokratische Radikalität entliehen sie dem amerikanischen Vorbild. Der Aufstand scheiterte jedoch, als der König von Preußen im September 1787 Truppen nach Holland schickte.

### 2.5.2 | Die politische Krise in Frankreich

Schließlich war es die Staatskrise in Frankreich, die diejenige Kette von Ereignissen in Gang brachte, welche die Historiographie als Revolution bezeichnet. Der Auslöser war eine katastrophale Finanzsituation des französischen Staates, verursacht hauptsächlich durch kostspielige Kriege. Erst der verlorene Siebenjährige Krieg, dann das Engagement im amerikanischen Unabhängigkeitskrieg – die französische Krone sah sich mit einem Schuldenberg konfrontiert. Von den jährlichen Ausgaben des Staates mussten 50 Prozent allein für die Verzinsung der Schulden ausgegeben werden. Um an mehr Geld zu kommen, war eine durchgreifende **Steuerreform** nötig, welche die Steuerprivilegien von Adel und Klerus abschaffen würde. Diesen Weg schlug zuerst der Generalkontrolleur der Finanzen **Turgot** (1774–1776) vor und dann **Alexandre de Calonne**, der dieses Amt 1783–1787 innehatte. Der Plan scheiterte wiederholt am Widerstand der *parlements*, der französischen Gerichtshöfe. Ihre Mitglieder stammten zumeist aus dem Amtsadel und nutzten ihr Amt, um Widerstand gegen die Krone zu leisten und diese in der Öffentlichkeit als Kampf gegen den höfischen Despotismus auszugeben. Da die allgemeine Ständevertretung, die **Generalstände** (*Les Etats généraux*), seit 1614 vom König nicht mehr einberufen worden war, gelang es den

| **Abb. 6**

*Die Notabelnversammlung von 1787, anonyme französische Karikatur.*
*Die Tierkarikatur prangert die Steuerpolitik der französischen Krone an. Der als Affe dargestellte Minister Calonne preist den versammelten Notabeln sein Steuerprogramm wie einen üppigen Speiseplan an. In der Wirklichkeit aber betrachtet er die Notabeln nur als Schlachtvieh, das wählen darf, mit welcher Sauce es verspeist wird – vom Hof in Versailles, wie aus dem Wirtshausschild zu lesen ist.*

**Abb. 7**

Dette nationale. Le temps présent veux que chacun supporte le grand fardeau (*Die Staatsschulden. Heute muss jeder die schwere Last mittragen*), anonyme *französische Karikatur, 1788–89. Absicht dieser Radierung ist die Forderung nach Gleichheit der Steuerpflicht. Zugleich visualisiert sie eine überwältigende kollektive Hoffnung der Jahre 1788–89 auf soziale Versöhnung der alten Stände, die nun zusammen die Steuerlast tragen.*

*parlements*, selbst als „Vertreter der Nation" aufzutreten. So führte der Machtkampf zwischen dem König und den ständischen „Zwischengewalten", der den französischen Absolutismus während seiner gesamten historischen Entwicklung prägte, am Ende des 18. Jahrhundert zur Staatskrise.

Um seine Steuermaßnahmen gegen die Opposition der privilegierten Stände durchzusetzen, versuchte nun die Monarchie, das vermögende Bürgertum für die Reformen zu gewinnen. Der zwischen 1776–1781 amtierende Finanzminister Necker hoffte, die Staatsausgaben durch Anleihen beim Bürgertum zu decken. Ein wichtiger Schritt in die Richtung, der Öffentlichkeit politische Konzessionen zu machen, war die Veröffentlichung eines Rechenschaftsberichts über die Finanzen. Auch wenn der 1781 erschienene Bericht die wirkliche Finanzlage verschleierte, signalisierte das Prinzip, dass der Staat überhaupt Rechenschaft gab, eine Beschränkung der Königsmacht. Als Necker für die Beendigung der französischen Kriegsbeteiligung in Amerika eintrat, wurde er entlassen.

Zur gleichen Zeit wuchs unter dem „gemeinen Volk" das aufständische Potential. Seit den siebziger Jahren trieben regelmäßige Missernten die Getreide- und Brotpreise in die Höhe: In Zeiten der Teuerung verschlang allein das Brot 80 Prozent des Familieneinkommens eines städtischen Handwerkers. In den achtziger Jahren wurde die Landwirtschaft auf mehreren Kontinenten von extremen Klima-Anomalien – sehr kalten Wintern folgten verregnete Frühlingsmonate und Sommerdürre – heimgesucht, einem globalen Phänomen, das Klimaforscher heute als **El Niño** bezeichnen. Die Steuern erhöhten sich auf das Doppelte, ihre Hauptlast fiel auf die unteren Schichten. Die Klagen über Steuern waren im Volk allgemein verbreitet, kritisiert wurde aber zunehmend vor allem die Ungerechtigkeit des Steuersystems.

Dennoch waren es nicht die Bauernaufstände, welche die Revolution auslösten. Als die **Notabeln** (Versammlung der Adeligen und Geistlichen) und *parlements* die Reformvorschläge des Königs erneut ablehnten, erließ der Justizminister im Mai 1788 ein Gesetz, das die Kompetenzen der *parlements* verminderte. Daraufhin brachen in mehreren Städten Aufstände aus. Am 21. Juli fand in der Nähe von Grenoble im Schloss von Vizille eine Provinzialversammlung aller drei Stände statt, die unter anderem die Einberufung der Generalstände forderte mit dem Ziel, die Königsgewalt ständischen Einrichtungen zu unterwerfen. Für einige ging es um die Wiederherstellung von vorabsolutistischen Zuständen, für andere um die Realisierung von Zukunftsentwürfen. Dieses Bündnis von prinzipiell einander entgegengesetzten Interessen, das es zustande brachte, das Ancien Régime zu beseitigen, wurde im revolutionären Zeitalter zu einer Quelle tiefgreifender Spannungen.

## Aufgaben zum Selbsttest

- Erläutern Sie den Zusammenhang zwischen der demographischen Entwicklung und dem wirtschaftlichen Wandel während des 18. Jahrhunderts.
- Inwieweit waren die Transformationen der europäischen Gesellschaften des Ancien Régime Teil eines globalen Prozesses?
- Nehmen Sie Stellung zum Urteil: Infolge der amerikanischen Revolution fand eine „Politisierung der Aufklärung" in Europa statt.
- Beschreiben Sie die Interessenkonstellation, die die politische Krise des französischen Staates auslöste.

## Literatur

### Überblicksdarstellungen
Christopher A. Bayly, **Die Geburt der modernen Welt. Eine Globalgeschichte 1780–1914**, Frankfurt a. Main/New York 2006.
Louis Bergeron/François Furet/Reinhart Koselleck, **Das Zeitalter der europäischen Revolutionen 1780–1848** (Fischer Weltgeschichte Band 26), Frankfurt a. Main 2003.
Tim C. W. Blanning, **Das Alte Europa 1660–1789. Kultur der Macht und Macht der Kultur**, Darmstadt 2006.

William Doyle, **The Old European Order 1660–1800**, 2. Aufl., Oxford 1992.

Heinz Duchhardt, **Barock und Aufklärung** (Oldenbourg Grundriss der Geschichte 11), 4. Aufl., München 2007.

Elisabeth Fehrenbach, **Vom Ancien Régime zum Wiener Kongress** (Oldenbourg Grundriss der Geschichte 12), 4. Aufl., München 2001.

Helmut Neuhaus (Hg.), **Aufbruch aus dem Ancien Régime. Beiträge zur Geschichte des 18. Jahrhunderts**, Köln / Weimar / Wien 1993.

Barbara Stollberg-Rillinger, **Europa im Jahrhundert der Aufklärung**, Stuttgart 2006.

Rudolf Vierhaus, **Deutschland im 18. Jahrhundert: Politische Verfassung, soziales Gefüge, geistige Bewegungen**, Göttingen 1987.

Anette Völker-Rasor (Hg.), **Frühe Neuzeit**, München 2000.

### Demographie und Wirtschaftsgeschichte

Knut Borchardt / Carlo C. M. Cipolla, **Die industrielle Revolution** (Europäische Wirtschaftsgeschichte, orig. The Fontana Economic History of Europe, Bd. 3), Stuttgart 1985.

Markus Cerman / Sheilagh C. Ogilvie (Hg.), **Protoindustrialisierung in Europa. Industrielle Produktion vor dem Fabrikalter** (Historische Sozialkunde Beiheft 5), Wien 1994.

Joseph Ehmer, Art. Bevölkerung, in: **Enzyklopädie der Neuzeit**, Bd. 2 (hg. von Friedrich Jäger), S. 94–119, Stuttgart / Weimar 2005.

Peter Kriedte / Hans Medick / Jürgen Schlumbohm, **Industrialisierung vor der Industrialisierung. Gewerbliche Warenproduktion auf dem Land in der Formationsperiode des Kapitalismus**, Göttingen 1978.

Peter Kriedte, **Spätfeudalismus und Handelskapital. Grundlinien der europäischen Wirtschaftsgeschichte vom 16. bis zum Ausgang des 18. Jahrhunderts**, Göttingen 1980.

Wolfgang Mager, **Frankreich vom Ancien Régime zur Moderne. Wirtschafts-, Gesellschafts- und politische Institutionengeschichte 1630–1830**, Stuttgart 1980.

M. Neeson, **Commoners: Common Right, Enclosure and Social Change in England 1700–1820**, Cambridge 1996.

Jan Peters (Hg.), **Gutsherrschaft als soziales Modell. Vergleichende Betrachtungen zur Funktionsweise frühneuzeitlicher Agrargesellschaften** (Historische Zeitschrift Beiheft N. F. 18), München 1995.

Hannes Siegrist / Hartmut Kaelble / Jürgen Kocka (Hg.), **Europäische Konsumgeschichte. Zur Gesellschafts- und Kulturgeschichte des Konsums (18. bis 20. Jh.)**, Frankfurt a. Main / New York 1997.

### Gesellschaftsgeschichte

Guy Chaussinand-Nogaret, **La noblesse au XVIIIe siècle. De la féodalité aux lumières**, 2. Aufl., Brüssel 2000.

Arlette Farge, **Das brüchige Leben. Verführung und Aufruhr im Paris des 18. Jahrhunderts** (aus d. Franz. von Wolfgang Kaiser), Berlin 1989.

Lothar Gall (Hg.), **Stadt und Bürgertum im Übergang von der traditionellen zur modernen Gesellschaft** (Historische Zeitschrift Beiheft N. F. 16), München 1993.

Bronislaw Geremek, **Geschichte der Armut. Elend und Barmherzigkeit in Europa**, Frankfurt a. Main 1988.

Pierre Goubert / Daniel Roche, **Les Français et l'Ancien Régime**, 2 Bde., Paris 1984.

Peter Jones (Hg.), **The European Peasantry on the Eve of the French Revolution** (History of European Ideas 12, 3), Oxford 1990.

Michael Maurer, **Die Biographie des Bürgers. Lebensformen und Denkweisen in der formativen Phasen des deutschen Bürgertums (1680–1815)**, Göttingen 1996.

## Literatur

Winfried Schulze (Hg.), **Ständische Gesellschaft und soziale Mobilität** (Schriften des Historischen Kollegs 12), München 1988.
Edward P. Thompson, **Plebeische Kultur und moralische Ökonomie. Aufsätze zur englischen Sozialgeschichte des 18. und 19. Jahrhunderts**, Berlin/Frankfurt a. Main/Wien 1980.
Hans-Ulrich Wehler, **Deutsche Gesellschaftsgeschichte, Bd. 1: Vom Feudalismus des Alten Reiches bis zur Defensiven Modernisierung der Reformära 1700–1815**, 2. Aufl., München 1989.

### Kultur und Öffentlichkeit
Roger Chartier, **Die kulturellen Ursprünge der Französischen Revolution**, Frankfurt a. Main/New York 1995.
Roger Chartier/Alfred Messerli (Hg.), **Lesen und Schreiben in Europa 1500–1900. vergleichende Perspektiven**, Basel 2000.
Robert Darnton, **Poesie und Polizei. Öffentliche Meinung und Kommunikationsnetzwerke im Paris des 18. Jahrhunderts**, Frankfurt a. Main 2002.
Robert Darnton, **Literaten im Untergrund. Lesen, Schreiben und Publizieren im vorrevolutionären Frankreich**, Frankfurt a. Main 1988.
Richard van Dülmen, **Die Gesellschaft der Aufklärer. Zur bürgerlichen Emanzipation und aufklärerischen Kultur in Deutschland**, überarb. Neuaufl., Frankfurt a. Main 1996.
Jürgen Habermas, **Strukturwandel der Öffentlichkeit. Untersuchungen zu einer Kategorie der bürgerlichen Gesellschaft**, Darmstadt/Neuwied 1962.
Ulla Heise, **Kaffee und Kaffeehaus. Eine Kulturgeschichte**, Hildesheim/Zürich/New York 1987.
Dorinda Outram, **The Enlightenment**, 2. Aufl., Cambridge 2006.
Daniel Roche, **La France des Lumières**, Paris 1993.
Gesa Stedman/Margarete Zimmermann (Hg.), **Höfe – Salons – Akademien. Kulturtransfer und Gender im Europa der Frühen Neuzeit**, Hildesheim/Zürich/New York 2007.
Michel Vovelle (Hg.), **Der Mensch der Aufklärung**, 2. Aufl., Essen 2004.

### Politik – Institutionen, Theorien, Praxis
Willi Paul Adams, **Republikanische Verfassung und bürgerliche Freiheit. Die Verfassungen und politischen Ideen der amerikanischen Revolution** (Politica 37), Darmstadt 1973.
Bernard Bailyn, **Faces of Revolution: Personalities and Themes in the Struggle for American Independence**, 2. Aufl., New York 1990.
Keith Michael Baker (Hg.), **The Political Culture of the Old Regime** (The French Revolution and the Creation of Modern Political Culture, Bd. 1), Oxford 1987.
Hans-Erich Boedeker/Etienne François (Hg.), **Aufklärung/Lumières und Politik. Zur politischen Kultur der deutschen und französischen Aufklärung**, Leipzig 1996.
Otto Dann/Diethelm Klippel (Hg.), **Naturrecht – Spätaufklärung – Revolution** (Studien zum achtzehnten Jahrhundert, Bd. 16), Hamburg 1995.
Iring Fetscher/Herfried Münkler (Hg.), **Pipers Handbuch der politischen Ideen, Bd. 3: Neuzeit**, München/Zürich 1989.
Dick Howard, **Die Grundlegung der amerikanischen Demokratie** (aus d. Amerik. von Ulrich Rödel), Frankfurt a. M. 2001.
Johannes Kunisch, **Absolutismus. Europäische Geschichte vom Westfälischen Frieden bis zur Krise des Ancien Régime**, 2. Aufl., Göttingen 1999.
Wolfgang Reinhard, **Geschichte der Staatsgewalt. Eine vergleichende Verfassungsgeschichte Europas von den Anfängen bis zur Gegenwart**, 2. durchges. Aufl., München 2000.
Hermann Wellenreuther (Hg.), **The Revolution of the People: Thoughts and Documents on the Revolutionary Process in North America 1774–1776**, Göttingen 2006.

# Die atlantischen Revolutionen | 3

**Überblick**

Mit der Bezeichnung der „atlantischen" Revolutionen weist dieses Kapitel auf die miteinander verflochtenen revolutionären Prozesse hin, die auf beiden Seiten des Atlantiks den politischen Wandel einleiteten. Die zwischen dem amerikanischen Unabhängigkeitskrieg und dem Ende der napoleonischen Herrschaft liegenden Jahre waren gekennzeichnet durch die Entstehung von repräsentativ-demokratischen Staaten sowie antikoloniale Kämpfe auf beiden Kontinenten. Die „Menschenrechte" wurden zum Schlüsselbegriff von Individuen und Staaten weltweit, das Volk als Verkörperung revolutionärer Kraft zum globalen Symbol. Beginnend mit der Französischen Revolution, die tiefe Spuren über die Grenzen Frankreichs hinaus hinterließ und lange wirkende Mythen hervorbrachte, kam in ganz Europa eine Dynamik von Erhebung, Widerstand und Reaktion zustande, die das Zeitalter zu einer Experimentierphase unterschiedlicher politischer Modelle machte.

## Die Französische Revolution | 3.1

### Die Abschaffung der Ständegesellschaft | 3.1.1

Am 8. August 1788 berief der französische König Ludwig XVI., dem Druck der öffentlichen Meinung nachgebend, die Generalstände ein. Sie sollten eine Steuerreform beschließen und dann wieder aufgelöst werden. Während der folgenden Monate setzte eine erregte öffentliche Diskussion über die Zusammensetzung und Abstimmungsprinzipien der seit 1614 nicht mehr einberufenen Ständeversammlung ein. Im Mittelpunkt stand die Frage, nach welchem Prinzip eine „gerechte Repräsentation" der französischen Bevölkerung durch die Ständevertretung gewährleistet werden könnte. Die Parlamente befürworteten eine Zusammensetzung nach der alten Regelung vor 1614, derzufolge jeder der drei Stände die gleiche Zahl von Abgeordneten und eine Stimme haben sollte. Dies hätte es den ersten beiden Ständen, Klerus und Adel, ermöglicht, jederzeit den Dritten Stand überstimmen zu können. Die Vertreter des Dritten Standes hingegen forderten ein neues Prinzip, und zwar die Abstimmung nach Köpfen, zumal der Stand eine verdoppelte Abgeordnetenzahl vom König zugestanden bekommen hatte und darüber hinaus mit Stimmen von aufgeklärten Adeligen und dem niederen Klerus rechnen konnte. So entstand eine Kluft in dem Bündnis zwischen Mitgliedern des politisch engagierten Bürgertums und des Adels, das bislang den Kampf der Standesvertretungen gegen die Krone geführt hatte (→ Kap. 2).

In den acht Monaten zwischen der Einberufung und Eröffnung der Generalstände herrschte in weiten Teilen Frankreichs eine aufgeheizte politische Stimmung, die sich in den Wahlversammlungen niederschlug. Jede Versammlung verfasste eine Liste von Beschwerden (*cahiers de doléances*), welche die Abgeordneten nach Versailles mitnehmen und dem König vorlegen sollten. Die etwa 60.000 erhalten gebliebenen Beschwerdehefte offenbaren, dass Politik nicht nur eine Sache von Eliten war, sondern auch das einfache Volk in den Willensbildungsprozess einbezogen wurde. Bei der Verwendung dieses Bestandes als historische Quelle raten die Historiker allerdings zur Vorsicht: Da die Mehrheit der Bevölkerung nicht schreiben konnte, musste jemand, etwa der Dorfpfarrer oder Lehrer oder Notar, die Beschwerde aufschreiben und das Verfahren mitbestimmen. Nichtsdestotrotz kann aus den *Cahiers* die politische Stimmungslage Frankreichs wenige Monate vor dem revolutionären Ausbruch abgelesen werden. Die darin verfassten Forderungen und Formulierungen sind vielfältig: Sie betreffen staatsbürgerliche Rechte, steuerliche Gleichheit, Ausbildungsmöglichkeiten für Frauen oder die Beseitigung lokaler Missstände. Insgesamt bringen die Hefte ein Vertrauen des Volkes in ihren König zum Ausdruck. In den Jahren 1788–1789 wollten nur die allerwenigsten Franzosen die Monarchie abschaffen, auch wenn sie sich eine neue Gesellschaftsordnung erhofften.

Zur wachsenden Politisierung der französischen Öffentlichkeit während dieser Zeit trug eine Flut von Reformschriften entscheidend bei. Eins der großen Themen war die Erkenntnis, dass nicht Klerus und Adel, sondern der Dritte Stand die französische Nation ausmache. Dieser Einsicht gab der Abbé Emmanuel-Joseph Sieyès in seiner berühmten Schrift vom Januar 1789, *Was ist der Dritte Stand?* eine programmatische Stoßrichtung. Sieyès Antwort auf die Frage lautete, dass er alles sei, aber bisher nichts zu sagen habe. Adel und Klerus, so argumentierte er weiter, gehörten wegen ihres Müßiggangs nicht zur Nation. Die Schrift formulierte auch

**Abb. 8**

J'somm' du Tier Etat *(Ich bin der Dritte Stand)*, kolorierte Radierung, anonym, 1789.
*Eine Flut von Bildern und Schriften im Frühjahr 1789 trugen zum Selbstbewusstwer-*
*den des Dritten Standes bei. Diese Radierung konzipiert den Dritten Stand als zu*
*gleichen Teilen aus Männern und Frauen bestehend. Der Handwerker und die*
*Wäscherin, mit ihren jeweiligen Arbeitsgeräten und in nichthierarchischer Beziehung*
*zueinander dargestellt, bringen ein Ideal der Geschlechtergleichheit innerhalb des*
*Dritten Standes zum Ausdruck. Unter den Beschwerdeheften, die in jenen Monaten*
*verfasst wurden, sind Forderungen von Frauen in diesem Sinne zu lesen, denn sie ver-*
*langten, durch Frauen in den Generalständen vertreten zu werden.*

ein neues, über die Beseitigung der Finanzkrise hinausführendes Ziel für
die Vertreter der Nation: Frankreich eine geschriebene Verfassung nach
aufgeklärten Grundsätzen zu geben. Diese Selbstdeutung war in den Köpfen vieler, als die Generalstände am 5. Mai 1789 in Versailles zusammen-
traten. Nachdem die Versammlungen von Adel und Klerus das Prinzip der
Abstimmung nach Köpfen abgelehnt hatten, erklärten sich die Vertreter
des Dritten Standes zur Nationalversammlung (*Assemblée nationale*), die
sich auf das Rousseau'sche Konzept der *volonté générale* berief. Als sie die
Tür zu ihrem Versammlungssaal verschlossen fanden, zogen sie ins nah
gelegene Ballhaus (*Jeu de Paume*) und leisteten dort unter ihrem Vorsitzen-
den Bailly am 20. Juni 1789 den Schwur, sich nicht zu trennen, bevor für
Frankreich eine Verfassung geschaffen sei.

| **Abb. 9**

Le serment du Jeu de Paume *(Der Ballhausschwur, benannt nach der Sporthalle für das Jeu de Paume, ein Vorläufer des Tennis), kolorierte Zeichnung von Jacques-Louis David, 1791. Dies war eine Vorzeichnung für ein großes, für den Sitzungssaal der Nationalversammlung vorgesehenes Gemälde, das nie fertiggestellt wurde. Sein Auftraggeber war nicht der König, sondern zunächst eine private politische Vereinigung von „Verfassungsfreunden" und anschließend die Nationalversammlung, die stellvertretend für die Nation das Projekt übernahm. Das lebensgroße Bild sollte das neue Ideal des Staatskörpers visualisieren: In seinem Mittelpunkt steht nicht der König, sondern die Vertreter des Volkes. Davids Deputierte repräsentieren nicht nur idealtypisch die Nation, sondern zugleich wird ihre Individualität betont. Der Künstler entwickelt eine Bildsprache, um die Menge nicht mehr als bedrohliche oder unterdrückte Masse darzustellen, sondern sie als demokratische Einheit zu würdigen, die aus selbstbestimmten Identitäten besteht und Zusammenhalt, Ehre und Begeisterung ausstrahlt. Die in der Mitte abgebildete Dreiergruppe zeigt den katholischen Mönch Dom Gerlé, den protestantischen Pfarrer Saint-Etienne und den Weltgeistlichen Abbé Sieyès, obwohl der erstgenannte beim Ballhausschwur nicht anwesend war. Doch die Gruppe sollte vermitteln, dass sich im neuen Staatskörper Menschen verschiedener religiöser Bekenntnisse zur brüderlichen Vereinigung finden.*

Indem sich die Nationalversammlung die legislative Gewalt aneignete, strebte ihr Handeln die Realisierung der Volkssouveränität an. Das Volk selbst, getrieben durch Hunger und Angst vor einem Massaker durch königliche Truppen, griff in den folgenden Wochen in das Geschehen ein. Ein wichtiges Ereignis der Volksrevolution war am 14. Juli 1789 der Sturm auf die Bastille, das verhasste Sinnbild despotischer Herrschaft. Hinter den Mauern des Gefängnisses fand die aufgebrachte Menschenmenge lediglich sieben Gefangene, doch der Akt der Demolierung der Festung ist seitdem im kollektiven Gedächtnis zum symbolträchtigsten Beispiel revolutionärer Handlung geworden. Im selben Sommer breiteten sich in etlichen Regionen Frankreichs Bauernunruhen aus, geschürt von Massenpanik, die der Historiker Georges Lefebvre *la Grande Peur* nannte. Gerüchte über ein aristokratisches Komplott, die Ernte vernichten zu lassen, trieben bewaffnete Bauern dazu, Schlösser und Klöster zu stürmen, um die Dokumente ihrer feudalen Abhängigkeit zu verbrennen.

Die Volkserhebung wirkte auf die Nationalversammlung zurück. In der Nacht des 4. August 1789 stimmte die überwiegende Mehrheit der erschrockenen Abgeordneten der Abschaffung der Feudalrechte und Standesprivilegien zu. Mit anderen Worten fielen Frondienste und noch verbliebene Reste der Leibeigenschaft sowie alle persönlichen, mit der Grundherrschaft verbundenen Rechte – etwa Jagd- oder Weiderechte – fort. Zugleich trennte das Gesetz Abgaben, die auf feudalrechtlichen Grundlagen beruhten, von solchen Abgaben, die durch den Kauf von Ländereien entstanden und somit vertraglich begründbar waren. Die letzteren waren nur gegen Entschädigung ablösbar, die nicht alle Bauern aufbringen konnten. So entstand eine Eigentumsordnung, in der Ansprüche nur noch auf der Grundlage des Vertragsrechts geltend gemacht werden konnten. Dies war ein bürgerlicher Eigentumsbegriff, der später in den napoleonischen Code Civil einging und von dort auf andere europäische Länder übertragen wurde.

Die Nationalversammlung entschied, die Staatsschuld zunächst durch die Aufteilung und den Verkauf der Güter des Klerus, die zum Nationalbesitz erklärt wurden, später durch den der emigrierten Adligen abzutragen. Es waren vor allem die Bürger und reichen Bauern, die vom großen Landverkauf profitierten, auch wenn nicht alle Kleinbauern leer ausgingen. So wurden die französischen Bauern von besitzlosen Fronarbeitern zu selbstständigen Landwirten. Auch das Bürgertum blieb über den Grundkauf lange Zeit eng mit den ländlichen Gebieten verbunden.

In den fünf Monaten von Mai bis Oktober 1789 brach das *Ancien Régime* in Frankreich zusammen. Triebfeder dieser Entwicklung waren zwei zum Teil parallel verlaufende Bewegungen: die Verhandlungen der Abgeordneten der Nationalversammlung und die Erhebungen des Volkes in den Straßen von Paris sowie auf dem Lande. Der letzte wichtige Massenaufstand dieser Phase, der auf die Einschränkung der königlichen Macht zielte, war am 5. Oktober 1789 der Zug von 7000 mit Knüppeln, Piken und zwei erbeuteten Kanonen bewaffneten Frauen von Paris nach Versailles. Am folgenden Tag brachten sie das Königspaar nach Paris, wo es im Tuilerienschloss inmitten der Hauptstadt geradezu wie Gefangene lebte. Dem König folgte die Nationalversammlung. Sie musste nicht nur unter dem Schutz, sondern auch unter dem Druck der

Massen leben und verhandeln. Die Erhebungen dieser *journées d'octobre* übertrafen den Bastillesturm insofern an Radikalität, als sie die wachsenden Spannungen zwischen Verfassungs- und städtischer Volksrevolution stärker zum Ausdruck brachten.

### 3.1.2   Von der konstitutionellen Monarchie zur Republik

Die Ereignisse der Revolutionsjahre in Frankreich bieten ein Spektrum politischer Modelle, einen Erfahrungsschatz, auf den unterschiedliche Gruppen im Laufe des 19. Jahrhunderts wiederholt zurückgriffen.

Das zentrale Ergebnis der ersten Revolutionsphase war die **Verfassung von 1791**. Sie beruhte auf den Prinzipien der Gewaltenteilung und der Volkssouveränität. Eine **konstitutionelle Monarchie** wurde eingeführt, das heißt, die bisherige absolute Macht des Königs wurde von der Verfassung bestimmt und eingeschränkt. Der Verfassung ging eine Erklärung der Menschen- und Bürgerrechte (Déclaration des droits de l'homme et du citoyen) voran, ihr Vorbild war die Virginia Bill of Rights von 1776 (→ Kap. 2). Die französische Déclaration vereinigte zwei verschiedene Arten von Rechten: die Rechte des Menschen gegenüber dem Staat und die demokratischen Rechte des Bürgers im Staat. Die ersten beinhalten Freiheit, Recht auf Eigentum, Sicherheit und Widerstand gegen Unterdrückung. Die zweiten nennen Teilnahme an der Gesetzgebung, gleichen Zugang zu den Ämtern, Steuergleichheit, Steuerbewilligungsrecht, das Recht, von Beamten Rechenschaft zu fordern, die Gewaltenteilung. Unter dem Gleichheitsgrundsatz beschloss die Nationalversammlung die rechtliche Gleichstellung der Juden, was bislang in keinem anderen europäischen Land geschehen war.

Die Nutznießer der politischen und gesellschaftlichen Neuordnung waren vor allem Teile des Bürgertums, die in der Nationalversammlung den Ton angaben. Das zeigte eine Reihe von Gesetzen, die bessere Rahmenbedingungen für Handel und industrielle Geschäfte schufen: Binnenzölle und Zünfte wurden abgeschafft, das Gesetz *Le Chapelier* untersagte im Namen der Freiheit von Industrie und Handel den Arbeitnehmern das Streikrecht, neue Steuern hingen von der Zustimmung der Nationalversammlung ab. Mit diesen Gesetzen wurden die wesentlichen Voraussetzungen einer liberalen Wirtschaftsordnung hergestellt.

Der Historiker Lefebvre hat die erste Phase der Revolution, die 1792 mit der Abschaffung der Monarchie endete, die *Révolution de la liberté* genannt: In ihrer politischen Umsetzung des Freiheitsbegriffes gelang es der Nationalversammlung, die Grundsätze einer liberalen, den Interessen des wohlhabenden Bürgertums entsprechenden Gesellschaftsordnung zu formulieren.

**Richterliche Gewalt**
Richter

**Ausführende Gewalt**
König
Minister

Kontrolle
Veto
Kontrolle

**Gesetzgebende Gewalt**
Nationalversammlung
(745 Abgeordnete
je min. 52 Livres Steuern)
Wahlmänner
(50 000 Männer bezahlen
5–10 Livres Steuern)

Wahl
Wahl
Wahl

**Wahrecht: Aktivbürger**
ca. 60% der Männer über 25 Jahren = etwa 4 Mill. zahlen je 1,5 – 3 Livres Steuern.
(Gesamtbevölkerung ca. 25 Mill.)

**kein Wahrecht: Passivbürger**
2,7 Mill. Männer (keine o. geringe Steuern)
**Frauen, Kinder, „Jugendliche" bis 25 Jahre**

| **Abb. 10**

*Die Verfassung von 1791 führte die **Zensuswahl** ein. Die Nationalversammlung ging aus indirekter Wahl hervor. Vom aktiven Wahlrecht sowie dem Recht, ein Amt zu bekleiden, waren die Passivbürger – die niedrig besteuerten Armen, Dienstboten und alle Frauen – ausgeschlossen.*

Zu dem Versprechen der Freiheit gesellte sich auf das Drängen der demokratischen Volksbewegung hin die Parole der Gleichheit, meist verstanden als Gleichheit der Lebens- und Erwerbschancen, aber auch als Gleichheit der politischen Partizipationsrechte. Träger dieser noch nicht vollzogenen revolutionären Erwartungen waren überwiegend Männer und Frauen des *menu peuple*, bestehend aus kleinen Ladenbesitzern, Handwerkern und Lohnarbeitern. Sie bevölkerten die vielfältigen Vereine (*sociétés populaires*) und Clubs, die seit der Bildung einer politischen Öffentlichkeit in Frankreich an Zahl und Verbreitung zugenommen hatten. Am einflussreichsten unter den politischen Clubs waren die **Jakobiner**, die seit Oktober 1789 im vormaligen Kloster der Jakobiner tagten. In der Nationalversammlung wurden sie von 136 Abgeordneten vertreten, die dort einen linken Flügel bildeten. Viele kamen aus dem Département Gironde – daher nannte man sie **Girondisten**. Sie stammten zwar aus dem besitzenden Bürgertum, waren jedoch zumeist Republikaner. Zu ihnen zählten der Philosoph **Condorcet** und ein glänzender Redner, der Anwalt Jacques Pierre Brissot.

▶ Condorcet war ein Philosoph, Mathematiker und Politiker adeliger Herkunft, der sich während der Revolution für eine tief greifende, für die ganze Menschheit geltende Umsetzung der Ideen der Aufklärung engagierte. 1791 wurde er als Pariser Abgeordneter in die Nationalversammlung gewählt, danach trat er den Girondisten bei. Er sprach sich für die Einführung des Frauenwahlrechts aus sowie für die Abschaffung der Sklaverei in den französischen Kolonien und die Gleichberechtigung der kolonisierten Bevölkerung. Nach dem Sturz der Girondisten durch Robespierre lebte er eine Zeitlang im Untergrund, 1794 wurde er jedoch verhaftet, zwei Tage später starb er im Gefängnis.

**Info**

**Marie Jean Antoine Nicolas, Marquis de Condorcet (1743–1794)**

Abb. 11

Die Sansculotten tanzen die Carmagnole, während die österreichischen Husaren vor den französischen Kanonen fliehen, anonyme Radierung, koloriert, 1792/93.
Die Hauptkennzeichen der Sansculotten waren die bewusst einfache Kleidung, die rote Freiheitsmütze, die Kokarde (patriotische Anstecker) und die Pike, Zeichen des wehrhaften Bürgers.

REFRAINS PATRIOTIQUES

*Si vous aimez la danse.*
*Venez accourez tous,*
*Boire du Vin de France. (bis)*
*Et danser avec nous.*

*Dansons la carmagnole*
*Vive le son vive le son,*
*Dansons la carmagnole*
*Vive le son du canon.*

*Ah! ça ira ça ira ça ira*
*Le Peuple en ce jour sans cesse repète*
*Ah! ça ira ça ira ça ira,*
*Réjouissons nous le bon temps viendra*

*A Paris Rue de Théâtre François. 91.º 4.*

Die zweite, die Jakobiner unterstützende Fraktion bildeten die **Sansculotten**, diejenigen, die die Kniebundhose (*culotte*) der Adeligen ablehnten und stattdessen die lange Hose des Hafenarbeiters trugen. Sie fanden ihre Basis bei den städtischen Unterschichten und den Bauern, aber auch unter einer lokalen Elite kleiner Juristen, Verwaltungsbeamter und radikaler Intellektueller. Seit den ersten Tagen waren sie am revolutionären Geschehen beteiligt – als Demonstranten, Barrikadenkämpfer und Soldaten. Ihre politischen Aktivitäten fanden vor allem in den Versammlungen der 48 Pariser Wahlbezirke (*sections*) statt, die sich zunehmend eine basisdemokratische Rolle aneigneten. Die Sansculotten forderten mehr Besteuerung und Lenkung durch den Staat, ebenso staatliche Repressionen und Vorsorge, um das Wohl der arbeitenden Bevölkerung zu sichern. Ihre aktive Teilnahme an der Tagespolitik beschleunigte den Ablauf der Revolution und brachte die bürgerlichen Fraktionen der Versammlungen oft in Zugzwang.

Der Übergang von der ersten zur zweiten Phase der Revolution ist ohne den engen Zusammenhang zwischen innenpolitischem Umbruch und außenpolitischem Krieg kaum zu verstehen. Der Ausbruch des Kriegs zwischen Frankreich und den europäischen Mächten – Österreich und Preußen – im Frühjahr 1792 war eine Folge der Umwälzungen seit

1789 und zugleich Auslöser einer zweiten radikalen Revolutionswelle. Aus Furcht vor einer Auswirkung der Revolution auf ihre Länder rückten die bislang rivalisierenden Großmächte zusammen. Zu einer militärischen Auseinandersetzung zwischen Frankreich und den anderen europäischen Mächten trugen verschiedene Faktoren bei. Zunächst waren es die verbitterten französischen Adeligen, die émigrés, die bei Koblenz Zuflucht nahmen und auf Hilfe der europäischen Fürsten hofften. Dazu kam der gescheiterte Fluchtversuch Ludwigs XVI. im Juni 1791. Seine Festnahme bei Varennes und seine Rückkehr nach Paris unter schwerer Bewachung schreckten die europäischen Mächte weiter ab. Die neue politische Ordnung in Frankreich stigmatisierten sie als verbrecherisch und als Verstoß gegen die göttliche Ordnung. In der Pillnitzer Erklärung vom August 1791 forderten Österreich und Preußen die Wiederherstellung der legitimen königlichen Regierung in Frankreich, im Februar 1792 schlossen sich die beiden Mächte zu einem militärischen Bündnis

**Info**

**Jeder Franzose ist ein Soldat**

▶ Bis Ende 1792 gab es in Frankreich noch eine Söldner-Armee aus absolutistischer Zeit, wenn auch unter strenger Kontrolle der Kommissare. Erst die anfänglichen Niederlagen gegen die antifranzösische Koalition der europäischen Mächte erforderten auch im militärischen Bereich revolutionäre Maßnahmen. Mit einem Dekret vom 24. Februar 1793 erklärte der Nationalkonvent, dass alle französischen Bürger vom vollendeten achtzehnten bis zum vierzigsten Lebensjahr den Dienst an der Waffe zu leisten hätten. Die Verfassung vom Juni 1793 bestimmte: „Alle Franzosen sind Soldaten". So entstand unter der Führung des Militärexperten Carnot ein Massenheer von nahezu einer Million Mann. Einige Frauenclubs – vor allem die revolutionären Republikanerinnen – forderten die gleichberechtigte Teilnahme am Kriegsdienst, doch blieb diese Forderung ein umstrittenes Thema.

Als der Krieg 1792 ausbrach, erzeugte der Aufruf „Das Vaterland in Gefahr" eine patriotische Erhebung: Aus dem ganzen Land strömten Freiwillige nach Paris. So entstand die *Marseillaise*, das anfeuernde „Lied der Marseiller", um die Franzosen zu den Waffen zu rufen. Sie wurde gedichtet und komponiert in Straßburg vom Hauptmann Rouget de Lisle. Die französischen Truppen brachten das Lied schnell über die Grenze in andere Länder. In Frankreich wurde die *Marseillaise* mit einem Dekret 1795 erstmals zur Staatshymne erklärt, Napoleon → machte diesen Beschluss rückgängig. Erst die Dritte Republik erklärte das Lied 1879 zur französischen Nationalhymne.

Die Verquickung zwischen Revolution und Krieg hat in zweierlei Hinsicht einen wichtigen Beitrag zur Nationalisierung Frankreichs geleistet. Zum einen brachte der Kriegsdienst einen großen Teil der männlichen Bevölkerung dazu, seine lokale Umgebung zu verlassen und sich in der Nation als wichtigem Bezugspunkt zu verankern. Zum anderen verliehen die propagandistischen Begleitmedien des Kriegs der Nation eine ganz neue emotionale Ausstrahlungskraft.

zusammen. Daraufhin erklärte Frankreich im April 1792 den Krieg. Auf die Pillnitzer Deklaration reagierte die französische Öffentlichkeit mit einem kämpferischen Patriotismus, der sich zugleich gegen die inneren Feinde der Revolution richtete. Somit stilisierte die Revolution den Krieg zum Kreuzzug für die Freiheit, während der Krieg die Revolution in den Radikalismus vorantrieb.

Als Frankreich militärische Rückschläge hinnehmen musste, verschärften sich die innenpolitischen Konflikte zwischen dem König, den Deputierten und der Volksbewegung. Der Krieg verschlimmerte die Teuerungskrise und Lebensmittelknappheit, und damit die Unruhe im Volk. Am 10. August 1792 stürmte eine Volksmasse das Tuilerienschloss, Ludwig XVI. wurde des Amtes enthoben. Das **ZENSUSWAHL**recht wurde abgeschafft, ein Nationalkonvent sollte nach dem allgemeinen Männerwahlrecht gewählt werden und eine neue Verfassung für Frankreich ausarbeiten. Im September 1792 votierte der neu gewählte Konvent gleich für die Abschaffung der Monarchie. Frankreich wurde zur Republik. Im Januar 1793 wurde Ludwig XVI. – und bald danach die Königin Marie Antoinette – auf der Pariser Place de la Révolution (heute Concorde) hingerichtet.

**ZENSUSWAHL** Die Bindung des Wahlrechts an das Steueraufkommen der Bürger.

### 3.1.3 | Die Republik der Gleichheit

Die zweite, republikanische Phase der französischen Revolution, auch die *Révolution d'égalité* genannt, umschließt die Zeit der Konventsherrschaft sowie die so genannte Schreckensherrschaft bis zum Sturz Robespierres im Juli 1794. Im Frühjahr 1793 befand sich das revolutionäre Frankreich nicht nur in der Gefahr, die von außen kam, sondern war auch mit innerem Widerstand konfrontiert. Er ging von kirchen- und königstreuen Bauern aus und nahm die Aushebung von 300.000 freiwilligen neuen Soldaten als Anlass für den offenen Aufstand. Sein Zentrum lag in der Vendée, einem Département im Westen Frankreichs. Zu der politischen Krise kam eine wirtschaftliche hinzu: Die im Jahre 1789 eingeführten Pfandbriefe, die so genannten **ASSIGNATEN**, die durch die nationalisierten Kirchengüter gedeckt waren, verwandelten sich praktisch in ein Papiergeld, welches rasch an Wert verlor. Daraufhin weigerten sich die Grundbesitzer, Getreide auf dem Markt gegen abgewertetes Papiergeld zu verkaufen.

Angesichts der gravierenden Versorgungslage forderte die Fraktion der Sansculotten die staatliche Regulierung der Wirtschaft. Die Girondisten dagegen vertraten die Interessen des besitzenden Bürgertums und sprachen sich für die Freiheit des Handels aus. Im folgenden Machtkampf der Fraktionen umstellten die Soldaten der Nationalgarde auf

**ASSIGNATEN** Von der französischen Regierung 1790 ausgegebenes Papiergeld. Es handelte sich um zinstragende Schuldverschreibungen, die gegen die verstaatlichten Kirchengüter eingetauscht werden konnten. Sie wurden aber überwiegend als Zahlungsmittel verwendet und verloren rasch an Wert.

Befehl der Sansculotten den Konvent, verhafteten die Girondisten und ließen sie hinrichten. Danach begann die **Herrschaft der Jakobiner** unter Maximilien Robespierre, dem Anführer der **BERGPARTEI**. Während dieser Zeit gab es keine gültige Verfassung, denn die im Juni 1793 vom Konvent angenommene Verfassung wurde suspendiert. Aufgrund der „inneren und äußeren Gegenrevolution" hielten die Abgeordneten eine diktatorische Form der Staatsgewalt für sinnvoller. Als provisorische Regierung wurde ein **Wohlfahrtsausschuss** (*Comité de salut public*) mit Exekutivgewalt ausgestattet. Das geheim tagende Gremium bestand aus zwölf Mitgliedern mit Robespierre als Vorsitzendem. Die Beschlüsse des Wohlfahrtsausschusses wurden im Jakobinerklub vorbereitet und aufgrund der Mehrheit der Bergpartei im Konvent verabschiedet.

Die Verfassung der ersten französischen Republik, die allerdings nie in Kraft trat, entsprach den Idealen der Sansculotten, die nicht nur die rechtliche, sondern auch die **wirtschaftliche Gleichheit** beanspruchten. In der Verfassung wurden zum ersten Mal **soziale Grundrechte** festgelegt: das Recht auf Arbeit, das Recht der Armen auf Förderung, das Recht auf Bildung. Die jakobinische Wirtschaftspolitik griff zu verschiedenen Mitteln, um diese Vorstellungen in die Praxis umzusetzen. Sie reglementierte Löhne und Preise, vor allem Preise der knappen Lebensmittel. Im Rahmen einer Politik der Sozialisierung von Konsumgütern, welche die Grundsätze der liberalen Wirtschaftspolitik der früheren Revolutionsphase revidierte, verabschiedete die republikanische Regierung drakonische Gesetze, um die Hortung von Gebrauchsgütern und Lebensmitteln zu verbieten. Der Verkauf von Emigranten- und Kirchengütern wurde neu geregelt: Die Grundstücke wurden in kleinere Parzellen eingeteilt. Darüber hinaus ermöglichte die Abzahlung in zehn Jahresraten auch den kleinen Bauern, Besitz zu erwerben. Die Sansculotten forderten sogar die grundsätzliche Neuverteilung des Bodens, die allen bedürftigen Revolutionsanhängern kostenloses Land zuweisen sollte. Doch diese radikale Forderung wurde nie realisiert.

**BERGPARTEI** (fr. La Montagne). Politische Gruppe im Nationalkonvent, die aus dem Jakobinerklub hervorging. Sie erhielt ihren Namen dadurch, dass ihre Mitglieder in der Nationalversammlung die höchsten Sitzreihen besetzten.

**Info**

**Die Revolution und die Kirche**

▶ Die Gesetze zur Abschaffung der Feudalgesellschaft hatten bewirkt, dass die Kirche einen erheblichen Teil ihrer Einnahmequellen verlor. Um die Kirche in das Staatswesen einzugliedern, beschloss die Nationalversammlung im Juli 1790 die **Zivilstandsverfassung des Klerus**. Alle Geistlichen mussten einen Eid auf die Verfassung ablegen, Pfarrer und Bischöfe bezogen nun ihr Gehalt vom Staat. Landesweit wurden zahlreiche Orden und Klöster aufgehoben. Im Jahre 1793 setzte, infolge der Radikalisierung der Revolution, eine **Entchristianisierungsbewegung** ein, die nicht nur auf die Einschränkung der institutionellen Macht der Kirche zielte, sondern auch bemüht war, den in den Mentalitäten und im Alltagsleben der Bevölkerung tief ver-

**Info**

**Die Revolution und die Kirche**

wurzelten christlichen Glauben zu verdrängen. Den Eid verweigernde Priester wurden in großer Zahl verhaftet, deportiert oder gar hingerichtet, Kirchen geplündert und geschlossen, Kultgegenstände zerstört. Dagegen sollte die Revolutionskultur selbst zur Religion werden: Neue Feste und symbolische Handlungen wurden eingeführt, die Revolution begann ihre eigenen Märtyrer zu verehren und schuf den christlichen Kalender ab (s. u.). Die Kathedrale Notre Dame wurde zu einem Tempel der Vernunft umgestaltet und eine Zeremonie nach antikem Vorbild zur Ehren der Freiheit hier zelebriert. Die Unterordnung der Kirche unter die Idee der Nation erzeugte erheblichen Widerstand in der Bevölkerung. Dem ländlichen Klerus gelang es, kirchentreue Bauern gegen den Staat zu mobilisieren, etwa in der Vendée. Die „konstitutionelle" Kirche konnte nur etwa 30 Prozent der Katholiken Frankreichs für sich gewinnen.

Der systematische Einsatz von Gewalt als Herrschaftsmittel bildete ein Grundprinzip der Jakobinerrepublik, die in der Geschichtsschreibung auch das Etikett der **Schreckensherrschaft** trägt. Unter Berufung auf die akute Bedrohung der Republik durch innere und äußere Feinde begründete der jakobinische Redner Saint-Just am 10. Oktober 1793 im Konvent die Erhebung der *Terreur* zum Regierungsprinzip: „Das Schwert des Gesetzes muss allerorts mit reißender Geschwindigkeit dazwischenfahren, und eure Macht muss allgegenwärtig sein, um den Verbrechen Einhalt zu gebieten". Ein Gesetz über die Verdächtigen gab etwa 20.000 im ganzen Land neu eingerichteten Überwachungsausschüssen die Vollmacht, Listen verdächtiger Personen zu erstellen und Verhaftungsbefehle gegen sie auszusprechen. Den Verhafteten wurde von einem **Revolutionstribunal**, einem Gerichtshof ohne Berufungsmöglichkeiten, der Prozess gemacht. Als verdächtig galten alle Personen, die aufgrund ihrer Ansichten und ihrer Haltung als „Feinde der Freiheit" betrachtet werden konnten. Gegen jeden Verdächtigen durfte das Tribunal, auch ohne eine Beweisaufnahme zu führen, die Inhaftierung oder die Todesstrafe aussprechen. Die Guillotine, die „Sichel der Gleichheit", blieb ständig im Einsatz. Als sich die Zahl der Verurteilten innerhalb kurzer Zeit mehr als verdoppelte, wurde sie vom Zentrum an den Stadtrand verlegt, um weniger Anstoß zu erregen.

**GEORGES DANTON (1759–1794)** Staatsanwalt, engagierter Vertreter der Republik, 1792 wurde er Justizminister. Verbündete sich mit Robespierre, um die Girondisten zu stürzen.

Die Diktatur im Namen des Gemeinwohls spaltete die Anhänger der Revolution weiter. Robespierre setzte sich von jenen Verbündeten ab, die sich, wie **GEORGES DANTON** oder der Journalist **Camille Desmoulins**, für eine Mäßigung des Terrors aussprachen. Zusammen mit anderen Kritikern des Regimes wurden sie als Verschwörer gegen die Revolution denunziert und hingerichtet. Auch von der demokratischen Volksbe-

**Abb. 12**

La Liberté ou la Mort *(Die Freiheit oder der Tod)*, Jean-Baptiste Regnault, *Ölgemälde, 1794. Der Genius Frankreichs schwebt zwischen den allegorischen Gestalten von Republik und Tod über den Erdball. Er sieht fragend den Betrachter an, scheint ein Abwägen zwischen Republik/Freiheit und Tod zu fordern. Links thront die Republik, umgeben von Symbolen der Freiheit (Mütze), Gleichheit (Winkelmaß), Ewigkeit (Schlange), Brüderlichkeit, Stärke (Faszienbündel). Rechts der Tod, ein in Schwarz eingehülltes Gerippe, das sich auf seine Sense stützt. Zudem trägt er einen Eichenkranz (Verdienste um das Vaterland). Das Bild visualisiert die Schwarzweißsicht der Schreckensherrschaft, die jeden Bürger zur Entscheidung zwischen Gut und Böse zwang. Bei seiner Ausstellung 1795 erweckte das Gemälde bei den Salonbesuchern schmerzhafte Erinnerungen an die jüngere Vergangenheit.*

wegung entfremdete sich das Regime. Die Frauenclubs wurden verboten, **OLYMPE DE GOUGES** sowie andere Aktivistinnen kamen unter die Guillotine, ebenso zahlreiche Anhänger der Sansculotten, die sich der jakobinischen Diktatur nicht unterwarfen. Am Ende wurde Robespierre selbst von einer Gruppe der Abgeordneten im Konvent gestürzt und am 27. Juli 1794 zusammen mit 105 seiner Anhänger guillotiniert. Das gewaltsame Ende der Schreckensherrschaft lag in der Logik einer Sicht des politischen Lebens in den Kategorien von Verschwörung und Revolution, welche die Grundprinzipien der Revolution außer Kraft gesetzt hatten. Von den etwa 35.000 Opfern des Terrors gehörten nicht weniger als 85 Prozent dem Dritten Stand an.

**OLYMPE DE GOUGES (1748–1793)** Schriftstellerin, Frauenrechtlerin. Sie war Autorin etlicher Theaterstücke, verfasste eine Denkschrift gegen die Sklaverei, wurde ab 1789 für die Bürgerrechte der Frauen politisch aktiv.

## Ein Direktorium regiert Frankreich

3.1.4

Die dritte Revolutionsphase, die vom August 1794 bis November 1799 verlief, hat der Historiker Axel Kuhn als die „Restauration des besitzenden Bürgertums" bezeichnet. Ihr Ziel war es, die städtische Volksrevolution – die politischen Tätigkeiten der Pariser Sektionen und Clubs – zurückzudrängen, um die Errungenschaften der ersten, gemäßigten

**Abb. 13**

Conjuration de Babeuf l'an IV *(Die Ver-schwörung Babeufs im Jahr IV)*, anony-me Radierung, 1796. *Ein Soldat, dessen General im Hintergrund das Heer zur Wachsamkeit mahnt, durchbohrt recht-zeitig mit seinem Speer die als Furie abgebildete Verschwörung der Gleichen, bevor sie den geplanten Mord an der wehrlosen Francia durchführen kann. Diese, als junge Mutter mit Kind darge-stellt, blickt bewundernd in die strahlen-de Gloriole, die Direktorialverfassung, die Frankreich eine glückliche Zukunft verspricht. In den Revolutionsallegorien wird Weiblichkeit häufig als gut oder böse, aktiv oder passiv dargestellt. Der Gegensatz wurde als symbolisches Mittel verwendet.*

Revolutionsphase zu sichern. Nach einer Übergangsphase verkündete der Nationalkonvent im August 1795 eine neue Verfassung. Sie führte ein Parlament mit zwei Kammern ein, dem Rat der Fünfhundert und dem Rat der Ältesten. Die Exekutive lag in der Hand eines fünfköpfi-gen Direktoriums. Dessen Mitglieder wurden vom Ältestenrat aus einer Liste, welche der Rat der Fünfhundert erstellte, gewählt. Wahlen wurden wieder indirekt über Wahlmänner abgewickelt. Aktivbürger war jeder Mann, der eine direkte Steuer bezahlte. Das Direktorium ernannte die Minister und besaß Aufsichtsrechte über die gewählten lokalen Verwal-tungen und die Justiz. Der Volkswille sollte auf diese Weise vielfältig ge-filtert werden, um nicht mehr wie zuvor eine Sprengkraft entfalten zu können.

Während dieser Zeit bemühten sich die Fraktionen des gemäßigten Bürgertums, die Bedrohungen sowohl von links – Sansculotten und Ja-kobiner – als auch von rechts – Royalisten, die eine Rückkehr zur Mon-archie anstrebten – abzuwehren. Da aber die Volksbewegung im Laufe der Revolutionsjahre zu demokratiebewusst geworden war, um sogleich in die politische Passivität zurückzusinken, setzte die Direktoriums-regierung die Unterdrückungsmaßnahmen der *Terreur* gegen sie fort. Vor dem Hintergrund der andauernden Finanz- und Versorgungskrise des Landes entwickelten sich immer wieder Oppositionsbewegungen und Aufstände in der Provinz. Im Mai 1796 plante François-Noël Bab-euf (auch „Gracchus" genannt), Gründer einer Untergrundzeitung und -partei sozialrevolutionärer Prägung, zusammen mit ehemaligen Jakobinern einen Aufstand gegen das Direktorium. Diese „Verschwörung für die Gleichheit" sah eine Regierung mit einem vorkommunistischen Programm vor, das heißt eine Gemeinschaft ohne Privateigentum, in der alle Menschen die gleichen Rechte und die gleichen Pflichten zur Arbeit hätten, und die Früchte der Arbeit allen gemeinsam gehören würden. Aber bevor die Verschwörer ihren Plan ausführen konnten, wurden sie verraten und verhaftet, und nach einem aufsehenerregenden Prozess zum Tode verurteilt.

Um die innenpolitische Stabilität gegen die Drohung von links und rechts zu sichern, stützte sich das Direktorium zunehmend auf die Macht des Militärs. Durch die Erfolge im äußeren Krieg war die Armee zu einem wichtigen Machtfaktor auch in der Innenpolitik geworden. In dem wachsenden Einfluss der Generäle lag ein deutlicher Unterschied zu den vorangegangenen Phasen der Revolution. Um einen royalistischen Aufstand in Paris niederzuschlagen, griff das Direktorium auf einen jungen General zurück: Er hieß Napoleon Bonaparte. In einem Staatsstreich am 9. November 1799 löste er die Parlamentskammer auf, ersetzte das Direktorium durch drei Konsuln und ernannte sich selbst zum Ersten Konsul.

## Die Revolution zu Ende? 3.1.5

Das Programm seiner Herrschaft, die bis 1815 andauerte, formulierte Napoleon Bonaparte mit der folgenden Erklärung: „Bürger, die Revolution ist auf die Prinzipien gebracht, von denen sie ausgegangen ist. Sie ist zu Ende." In der Tat verfestigte das napoleonische Regime mehrere Errungenschaften der Revolutionsjahre. Vor allem sicherte die Konsulatsverfassung, dass der Verkauf von Nationalgütern, also vor allem der Güter des Königs, des emigrierten Adels und der Kirche, gesetzmäßig anerkannt wurde. Da die durch die Revolution bewirkte Besitzverschiebung nicht rückgängig gemacht wurde, konnte Napoleon die Nutznießer der Revolution an seine Herrschaft binden. Mit dem *Franc Germinal* schuf das Regime eine stabile Währung und mit der *Banque de France* eine Geld- und Kreditgeschäfte koordinierende Institution. Der 1804 verabschiedete Code Civil, das Zivilgesetzbuch, setzte das geschriebene Recht der Revolution durch und damit die endgültige Abkehr von den vielfältigen Gewohnheitsrechten des Ancien Régime. Außer dem besonderen Schutz von Grundeigentum schrieb das Gesetz die Gewissens- und Vertragsfreiheit ebenso wie die Trennung von Staat und Kirche fest. Zugleich erkannte der französische Staat den Katholizismus als die Religion der Mehrheit der Franzosen an. Die Kodifizierung der Rechte des Individuums schloss allerdings die Sklaven in den französischen Kolonien sowie alle Frauen aus. Der napoleonische Code Civil machte viele Geset-

**Abb. 14**

Napoleon I. im Krönungsornat, *François Gérard, Ölge-mälde, 1806.* Ganz im Stil der französischen Herrscher-porträts des 17. und frühen 18. Jahrhunderts ließ sich Napoleon Bonaparte von seinem Hofmaler Gérard abbil-den. Den Machtanspruch des Kaisers vermitteln die auf der Bildoberfläche, einem barockem Schema folgend, plat-zierten Gegenstände: das Adlerzepter, die Lorbeerkrone, das Tabouret mit dem Reichsapfel und der „Hand der Gerechtigkeit", der Thron im Hintergrund. Die ikonische Frontalansicht betont den Kultbildcharakter der Darstel-lung. Doch in den Augen der alten Royalisten blieb Bona-parte ein Emporkömmling, der seine Herrschaft nicht Gottesgnade, sondern der Revolution verdankte.

ze der Revolutionszeit rückgängig. So wurden Frauen in der Familie der Autorität des Mannes unterworfen, sie durften ohne seine Erlaubnis keine Geschäfte tätigen und wurden vom Erb-recht ausgeschlossen. Der Staat schützte die Fa-milie und erschwerte die Scheidung.

Die Revolution zu beenden, bdeutete nach Ansicht zahlreicher Zeit-genossen vor allem, die Instabilität der innenpolitischen Verhältnisse zu beseitigen. Die Regierungsform beruhte also auf der Auffassung, eine starke Zentralgewalt sei notwendig, um den sozialen Frieden wieder her-zustellen. Die Legislative verfügte über keine mitbestimmende Macht mehr, die stark zentralisierte Verwaltungsordnung wurde vom Konsul an der Spitze kontrolliert. In erster Linie stützte sich Napoleons Macht auf die Armee sowie auf eine umfangreiche Polizeiverwaltung. 1804 wurde Frankreich zum Kaiserreich. In der Kathedrale Notre Dame fand eine pompöse Krönungszeremonie statt. Auch der Papst Pius VII. war an-wesend, doch setzte sich Napoleon die Krone selbst aufs Haupt. Der neue Kaiser Frankreichs umgab sich mit einem Hofstaat, schuf einen erblichen Verdienstadel, den er mit Ländereien ausstattete und von sich abhängig machte. Eine besitzende Elite von Notabeln wurde gefördert, um die Ge-sellschaft zu lenken und zu stabilisieren. Jedoch blieb der militärische Erfolg das wirksamste Mittel, um das *Empire* zu zementieren.

### 3.1.6 | Die Revolution in der Kultur und im Alltag

Die jüngere Forschung zur Französischen Revolution hat uns für eine kulturhistorische Perspektive auf die Ereignisse dieser Jahre sensibili-siert. Mit anderen Worten lenkt sie unsere Aufmerksamkeit auf einen

Wandel der politischen und gesellschaftlichen Grundwerte, der auch eine „Revolution des kollektiven Bewusstseins" war, wie der Historiker Rolf Reichardt formuliert. Um die revolutionären Errungenschaften der neuen politischen Ordnung massenwirksam zu machen, griffen die führenden Protagonisten der Zeit auf alle möglichen Bereiche der Kultur und des Alltagslebens der französischen Bevölkerung zurück – Erziehung, Sprache, Musik, Kunst, Theater, Publizistik, Kleidermode .

Vor allem fand in diesen Jahren eine Medienrevolution statt, ermöglicht durch die grundgesetzliche Verfestigung des Rechts auf freie Meinungsäußerung und die darauf folgende Abschaffung der staatlichen Zensur. Die beispiellose Expansion unterschiedlicher Medien – Flugschriften, gedruckte Bilder, politische Zeitungen – schuf einen Kommunikationsraum, in dem der gesellschaftliche Wandel einen konkreten Ausdruck gewann, der aber zugleich das politische Handeln der Menschen vorantrieb und damit den revolutionären Prozess mitgestaltete. Die Grundlage eines solchen Kommunikationsraumes hatte bereits im späten Ancien Régime Gestalt angenommen, doch blieb diese Öffentlichkeit überwiegend eine Handlungssphäre des gebildeten Bürgertums (→ Kap. 2). Die Massenwirkung der politischen Umwälzungen der Revolutionszeit setzte dagegen neue Medien voraus, die über die gebildeten Mittelschichten hinaus eine breitere Schicht von Menschen erreichen sollten. Diese didaktische Zielsetzung förderte neuere Kommunikationsmodi, um abstrakte politische Inhalte und aufklärerische Diskurse volksnah und konkret vermitteln zu können. In dieser Hinsicht ist die Geschichte der Französischen Revolution auch Teil einer Geschichte der modernen Kommunikation.

Exemplarisch soll auf einige Merkmale dieser Geschichte eingegangen werden, die sich vor allem in der umfangreichen Bildpublizistik der Zeit entfalteten. Diesem spezifischen Bereich der Medienrevolution hat die Forschung einen besonderen Stellenwert beigemessen. Das Medium Bild eignete sich hervorragend dazu, Menschen direkt anzusprechen und sie für die neuen politisch-sozialen Werte zu begeistern, zumal etwa zwei Drittel der Bevölkerung zu dieser Zeit nicht alphabetisiert waren. Eine wachsende Berufsgruppe von kleinen Bildstechern und -verlegern, teilweise aus der Provinz in die Hauptstadt zugewandert, brachte eine Fülle von meist billigen, schnell hergestellten und flüchtig kolorierten Radierungen auf den Markt, der bislang überwiegend von religiösen Andachtsbildern besetzt war. Die für eine neue Öffentlichkeit in tausenden von Exemplaren gedruckten Blätter erschienen auf den Pariser Boulevards, den Ufern und Brücken der Seine und um das Palais Royal. Indem sie das revolutionäre Tagesgeschehen festhielten, sollten sie als Speicher kollektiver Erinnerung wirken, zugleich als didaktisches Mittel für die

Bürger, um den sich überstürzenden Ereignissen einen Sinn entnehmen zu können. Die Darstellungen bestanden nicht ausschließlich aus Ereignisbildern, sondern aus teils allegorischen, teils satirisch-kritischen Verarbeitungen von revolutionären Erfahrungen, die auch eine besondere Bildsymbolik und Leseweise hervorbrachten. Da das visuelle Medium von unterschiedlichen Gruppen und Fraktionen rasch angeeignet und zum Mittel verwendet wurde, Emotionen für und gegen wichtige Fragen und Grundsätze zu mobilisieren, wurde die Bildpublizistik zum Schauplatz des revolutionären Kampfes um die Deutung des Geschehens. Für den heutigen Historiker bilden diese Medien einen wesentlichen Quellenfundus, aus dem dieser geschichtliche Prozess rekonstruierbar ist.

In der Wahrnehmung vieler Zeitgenossen markierten die Ereignisse, die sie täglich erlebten und beobachteten, eine epochale Zeitenwende. Etliche Bilder, als Paar konzipiert, brachten dieses Zäsurbewusstsein zum Ausdruck, indem sie einen Zustand einmal unter dem Ancien Régime und dann in der „neuen" Zeit nebeneinander darstellten.

Zum Beispiel zeigt ein im Jahre 1789 entstandenes Paar kolorierter Radierungen „den Franzosen von früher", der als erwachsenes Kind in einem Laufställchen eingesperrt ist, während „der Franzose von heute" als emanzipierter Bürger auftritt. Im ersten Bild ist das Laufställchen am Klotz der „Alten Polizei" angekettet, ein als Spielzeugaffe abgebildeter Polizeispitzel schleicht an das „Kind" heran, und von allen Seiten nagen es Ratten an, die Justiz- und Steuergehilfen verkörpern. Diesen unwürdigen Zustand von Gängelung und Schikane habe die Revolution ein für alle Mal beendet, wie das Gegenblatt zeigt. Der selbstbewusste *Citoyen* trägt seine früheren Quälgeister trophäenähnlich auf seiner Pike,

die Banderolen an der Pikenspitze nennen die Stationen seiner Selbstbefreiung, etwa die Beschlüsse der Nationalversammlung aus dem August
1789. Mit seinem Fuß trampelt er auf einen Zettel mit der Aufschrift
„Despotisme". Ein Haufen abgeschlagener Köpfe im Hintergrund deutet
rechtfertigend auf die für den Akt der Emanzipation notwendigen Ge-
walttaten hin.

Über das Medium Bild konnten abstrakte politische Begriffe nicht
nur visualisiert und begreifbar gemacht, sondern zudem mit einem
emotionalen Appellcharakter ausgestattet werden. Weibliche Allegori-
en fungierten als wichtige ikonographische Mittel, um Grundwerte der
Revolution – etwa Freiheit, Gleichheit, Justiz, die Nation oder Republik –
zu personifizieren und damit eine emotionale Bindung zwischen den
Akteuren und den Errungenschaften ihres Handelns herzustellen.

In einem weiteren Beispiel kann eine jugendliche, mit einem flat-
ternden Gewand bekleidete Frauenfigur als Allegorie der Freiheit identifiziert werden, da sie die Freiheitsmütze – das antike Symbol eines
befreiten Sklaven – trägt. In der rechten Hand hält sie die Keule des
Herkules, mit der sie die Hydra des Feudalismus erschlagen hat. Mit
der anderen Hand zeigt sie verheißungsvoll eine
Lorbeerkrone, die sie den verdienten Revolutionären
verleihen wird. Die als Frau personifizierte Freiheit
wirkt zugleich stark und schön, kämpferisch und
verführerisch. Die feministische Kunstgeschichte
hat uns darauf aufmerksam gemacht, dass diese wie
auch unzählige andere allegorische Frauengestalten
der Revolutionsgraphik ausdrücklich auf den männlichen Blick abzielten. Ihre erotische Ausstrahlung
sollte die Freiheitsliebe des männlichen Akteurs
mobilisieren. Welche Wirkung die weibliche Perso-
nifizierung der revolutionären Grundwerte auf die
im Revolutionsgeschehen ebenfalls politisch aktiven
Frauen hatte, bleibt eine offene Frage.

Als sich die Fraktionskämpfe innerhalb des politischen Geschehens intensivierten, wurde auch die
Druckgraphik zum Schauplatz des Kampfes verschiedener Auffassungen. Vor allem zur Frage der Monar-

**Abb. 16**

*La Liberté (Die Freiheit), kolorierter Druck nach einer Zeichnung
von Pierre Thomas Le Clerc, 1793.*

**Abb. 17**

Le nouveau calvaire *(Der neue Kalvarienberg)*, Radierung von *Michel Webert, 1792.*

chie und ihrer Abschaffung dokumentierte der Bilderstreit eine rasche Abfolge von Einstellungen. Es schien so, als ob die Bilder selbst eine polemische Auseinandersetzung miteinander führten. Der Kampf wurde auch über stilistische und ikonographische Wege ausgetragen. Als sich zum Beispiel die offizielle Politik gegen die Kirche richtete, griff ein Teil der Bildpublizistik auf christliche Themen und Symbole zurück.

Ein royalistisches Blatt, das die Hinrichtung Ludwigs XVI. neun Monate vorwegnahm, hatte eine warnende Funktion. Die Darstellung vereint die Kreuzigungssymbolik mit der verspottenden Tierkarikatur: auf einem Kentauren, der für die Verfassung steht, reitet Robespierre und presst dem gekreuzigten Ludwig einen auf seiner Pike befestigten, mit „königsmörderischen Anträgen" getränkten Schwamm an die Lippen. Die Menschenrechtstafeln sind in Ächtungstafeln verwandelt und stellen weitere Hinrichtungen in Aussicht. Die an Kreuzigungsbilder erinnernden, trauernden Frauen aus der königlichen Familie sowie der Prinz Condé müssen verzweifelt und ohnmächtig zusehen, die Zeichen der revolutionären Amtsgewalt – Freiheitsmütze, Rutenbündel und Gesetzestafeln – bilden eine stabile vertikale Achse. Diese Darstellung prägte nachträglich die Wahrnehmung vieler Sympathisanten des Königs, die in seiner Hinrichtung eine Art Gottesmord sahen. Der Stecher des Bildes musste dafür im Mai 1794 mit dem Leben bezahlen.

Zur kulturellen Praxis der Revolution gehörte die Bestärkung der nationalen Gemeinschaft durch öffentliche Feste. Mehrere Medien – Lied und Instrumentalmusik, Skulptur und Architektur, Schauspiel, Aufmärsche, Schrift, Bild, Reden – wirkten bei diesen aufwändig geplanten Massenveranstaltungen zusammen, um ihnen einen gezielten, europaweit wirksamen Propagandawert zu verleihen. Als „kollektive Symbolhandlungen" (Rolf Reichardt) inszenierten sie verschiedene Facetten des revolutionären Selbstverständnisses. Die ersten Feste um

1790–1791, etwa das Föderationsfest, das landesweit zum Jahrestag des Bastillesturms gefeiert wurde, hatten noch einen Volkscharakter: An ihren Vorbereitungen nahmen Männer und Frauen aus verschiedenen Sozialschichten teil, Spott auf die „Aristocrates" (eine Bezeichnung, die in der revolutionären Sprache zu einem Gesinnungsbegriff aller Revolutionsfeinde umfunktioniert wurde) bildete einen gemeinsamen Nenner des Verbrüderungsrituals. Eine andere Art von Ritual, einen revolutionären Totenkult, bildete die feierliche Beisetzung der „großen Männer" der Nation im Pariser Pantheon, der zum Ruhmestempel umfunktionierten Kirche Sainte-Geneviève. Dem pompösen Ritual lag ein zweifacher revolutionärer Anspruch zugrunde: den christlichen Auferstehungsgedanken zu säkularisieren sowie das politische Erbe der Aufklärung zu vollenden. So wurden die sterblichen Überreste von Voltaire 13 Jahre nach seinem Tod von einem Triumphzug begleitet in das Pantheon überführt. Dem geistigen Wegbereiter der Revolution folgte die Verehrung zeitgenössischer „Freiheitsmärtyrer", eine revolutionäre Praxis, die zugleich die Funktion einer religiösen Ersatzhandlung annahm. Staatsfeiern erreichten unter dem Direktorium einen Höhepunkt: Abgesehen von Festen um die politischen Gedenktage, führte das Regime Feste für Ehe-

**Abb. 18**

*La Fontaine de la Régénération (Der Brunnen der Erneuerung), Kupferstich gezeichnet von Monnet, gestochen von Helmann, 1793.*
*Das Pariser Einheits- und Verbrüderungsfest vom 10. August 1793 feierte die neue Jakobinische Verfassung, die nie in Kraft getreten ist. Das Fest war aber notwendig, um Stärke und Geschlossenheit zu signalisieren. Es war als Prozession geplant, die an sechs wichtigen Stationen der „heiligen Handlungen" der Revolution verweilen und sie als Erinnerungsorte markieren sollte. Den Anfang machte der Bastilleplatz: Auf den Trümmern der Festung hatte der Künstler Jacques-Louis David einen Brunnen der Wiedergeburt (aus vergänglichem Baumaterial) errichtet, mit einer Naturgöttin – verkörpert durch die ägyptische Fruchtbarkeitsgöttin Isis – die aus ihren Brüsten Wasser presst. In einem feierlichen Akt, begleitet durch Gesang und Trompeten, trank jeder der Vertreter der französischen Departements aus einem „Kelch der Freiheit und Gleichheit" diese „Milch der Erneuerung". Bewusst wurde eine sakramentale Kollektivhandlung – eine „politische Taufe" – inszeniert, eine einheitsstiftende neue republikanische Religion. Darstellungen von öffentlichen Festen stilisierten die Menschenmenge zur disziplinierten und zugleich begeisterten Volksgemeinschaft. (Coburg, Kunstsammlung der Veste Coburg)*

gatten, Jugend, Alter bis hin zu Trauerfeiern für die im Krieg gegen die europäischen Mächte gefallenen Generäle ein. Charakteristisch für die Revolutionskultur dieser Zeit war die Distanzierung von den populären Kräften der Revolution.

Mit der Revolution in Frankreich kam die Überzeugung ihrer Protagonisten, ein neues Zeitalter für die Menschheit eröffnet zu haben. Um dieses Bewusstsein auszudrücken und im Alltagsleben jedes Franzosen umzusetzen, wurde eine neue Zeitrechnung eingeführt. Zunächst zählte man die „Jahre der Freiheit" ab 1789, dann nach „Jahren der Republik" ab September 1792. Ein Kalendergesetz ersetzte die Woche durch die Dekade (zehn Tage), die alten Monatsnamen durch Namen der Jahreszeiten, mit der Absicht, die Menschen vom christlichen Wochenrhythmus zum Lebensrhythmus der Natur zu bringen. Zugleich tilgte das Gesetz alle Heiligennamen und Kirchenfeste aus dem Kalender, was einen tiefen Eingriff in die Alltagsgewohnheiten der Menschen bedeutete. Bei den 1,3 Millionen Taufen, die während der Republik registriert wurden, erhielten rund 150.000 Neugeborene revolutionäre Vornamen nach den Grundwerten, etwa *Liberté, Vertu,* oder nach den Monatsnamen des republikanischen Kalenders, z. B. *Germinal* oder *Floréal.* Diese Erneuerungen der Revolutionszeit fanden unter der napoleonischen Herrschaft keine feste Verankerung, unter anderem wurde der gregorianische Kalender wieder eingeführt.

### 3.1.7 | Historiographische Debatten und Erinnerungspraktiken

Die Geschichte der Französischen Revolution gehört zum Themenkanon der neueren Geschichte weltweit. Doch an der Interpretation dieses Schlüsselereignisses der Moderne scheiden sich die Geister seit den Anfängen. Denn wie kaum ein anderes Thema ist die Geschichtsschreibung über die Französische Revolution von politisch-weltanschaulichen Positionen geprägt. Die bis heute fortdauernden historiographischen Diskussionen haben bewirkt, dass immer wieder neuere Themenfelder untersucht, neuere methodische Zugriffe und Ansätze erprobt werden. Damit ist eine in vielen Sprachen vorhandene, üppige Revolutionsforschung entstanden. An dieser Stelle werden wir versuchen, die wichtigsten Ansätze und Standpunkte dieser Geschichtsschreibung knapp zusammenzufassen.

In den ersten um die Mitte des 19. Jahrhunderts verfassten Nationalgeschichten Frankreichs wurde die Revolution von 1789 zur Geburtsstunde der Nation und der politischen Demokratie stilisiert. Schon damals herrschte ein Meinungskampf zwischen einer liberal-bürgerlichen und einer konservativen Deutung. Die Darstellung der Liberalen, etwa des Politikers Adolphe Thiers oder des Historikers Jules Michelet, hob die Menschenrechte, den Verfassungsstaat sowie die „gute" Volksbewegung von 1789–1790 als wichtigste Errungenschaften der Revolution hervor. Die konservative Sicht dagegen betrachtete die Terrorherrschaft, in der sie eine Verschwörung der Jakobiner und ihrer Anhänger, des „niedrigsten Pöbels", sah, als maßgebend für den gesamten Charakter der Zeit. Eine Modernisierung der französischen Gesellschaft hätte, der konservativen Meinung nach, auch ohne Revolution stattgefunden.

Während des späten 19. und frühen 20. Jahrhunderts regten sozialistische Ideen eine dritte Interpretationslinie an, welche die jakobinische Phase ebenfalls zum Höhepunkt der Revolution erhob, verstand sie jedoch als Vorstufe eines egalitären Gesellschaftsmodells und schrieb die Terrormaßnahmen den Zwängen der Kriegssituation zu. In dieser Denktradition entstand eine Reihe ertragreicher empirischer Fallstudien sowie Gesamtdarstellungen, die vielfältige Dimensionen der revolutionären Volksbewegung untersuchten, welche sie unterschiedlich und zum Teil sehr differenziert gewichteten. Während Albert Mathiez die wirtschafts- und sozialpolitischen Maßnahmen der Jakobiner erforschte, widmeten sich Georges Lefebvre und Albert Soboul jeweils den Bewegungen der Bauern und der Sansculotten. Im deutschsprachigen Raum stand der Leipziger Historiker Walter Markov dieser historiographischen Strömung nahe. Bis in die siebziger Jahre des 20. Jahrhunderts dominierte eine sozioökonomische Perspektive die Revolutionsforschung, auch unter denjenigen Historikern, die eine orthodoxe marxistische Interpretation kritisch in Frage stellten. Zu den bekanntesten Vertretern eines „revisionistischen" Ansatzes zählen die französischen Historiker François Furet und Denis Richet. Erstmals 1965 veröffentlichten sie die These, die Jakobinische Herrschaft sei eine „Entgleisung" (*dérapage*) der Revolution gewesen, weil sie die im historischen Sinne „fortschrittliche" bürgerlich-politische Bewegung mit den „rückwärtsgewandten" Bewegungen der Sansculotten und den Bauern verbunden habe. Dem äußerst produktiven wissenschaftlichen Streit zwischen marxistisch geprägten und revisionistischen Interpretationen verdanken wir etliche Standardwerke zu sozial- und wirtschaftsgeschichtlichen Dimensionen der Revolutionsjahre, die es uns ermöglicht haben, die strukturellen Rahmenbedingungen der Revolution mit Blick auf längerfristige Entwicklungsprozesse genauer zu bestimmen.

Mit Beginn der achtziger Jahre setzte sich eine kulturgeschichtliche Perspektive in der Revolutionsforschung durch. Angeregt durch verschiedene historiographische Strömungen – etwa die französische Mentalitätsgeschichte, die jüngste kulturelle Wende in der angloamerikanischen Geschichtswissenschaft, die sozial- und kulturgeschichtliche Aufklärungsforschung in Frankreich und Deutschland – maß dieser Ansatz die Tragweite der Revolution in erster Linie an den kollektiven Erfahrungen der Menschen, an der Art, wie sie ihre Erlebnisse zum Ausdruck brachten. Die Interpretation der Revolution als Kultur- und Bewusstseinsrevolution, als Herausbildung einer demokratischen Kultur in einer neuartigen Öffentlichkeit anhand von neuen Kommunikationsmodi eröffnete ein weites Forschungsfeld. Heute verfügen wir über zahlreiche Studien zu Sprache, Publizistik und Literatur der Revolution, über Kunstproduktion und Symbolsprache, Feste und Denkmäler, Architektur, Musik und Alltagspraktiken.

Die Beschäftigung mit der Revolutionskultur hat wiederum eine Erneuerung in der traditionellen Politikgeschichte angeregt, die „neue" Politikgeschichte versteht ihren Gegenstand als „Kommunikationsraum". Themen und Verknüpfungen, die ihr nahe liegen, sind etwa die Wahlforschung, politische Partizipation oder die Geschichte politischer Grundwerte mit Ansätzen aus der Mediengeschichte, der Ikonographie, der Rhetorik oder der Verhaltensforschung. Eine Pionierstudie aus diesem Feld war das bereits 1984 erschienene Werk der amerikanischen Historikerin Lynn Hunt, *Politics, Culture and Class in the French Revolution* (dt. *Symbole der Macht. Macht der Symbole*). In Deutschland sind es vor allem die kulturwissenschaftlichen Untersuchungen von Rolf Reichardt, der diesen methodischen Zugriff erfolgreich auf die Revolutionshistorie anwendete.

Parallel zu diesen Strömungen beschäftigte sich seit den späten siebziger Jahren die Frauen- und Geschlechterforschung mit der Revolutionsgeschichte. Ihr erstes Anliegen war es, das „große Schweigen" der Historiographie über die Partizipation der Frauen an etlichen revolutionären Aktivitäten – der Volksbewegung, den Klubs, den politischen Ideen – zu brechen und den entscheidenden Beitrag der Frauen zum Revolutionsprozess zu würdigen. In einem weiteren Schritt analysierte die Forschung das Motiv der Geschlechterdifferenz innerhalb der Revolutionskultur – etwa in den zahlreichen Revolutionsallegorien und Historienbildern, in politischen Festen und Ritualen –, um die durch die zeitgenössischen Medien konstituierten Repräsentationen von Weiblichkeit und Männlichkeit zu hinterfragen. Geschlechtergeschichtlichen Studien zur Französischen Revolution ist es also gelungen, Ansätze aus der Politik-, Sozial-, Kunst- und Kulturgeschichte miteinander zu verknüpfen. Mittlerweile beziehen auch Werke zur Politik- oder Kulturgeschichte der Revolution Anregungen aus der Geschlechtergeschichte in ihre Fragestellung mit ein.

Das revolutionäre Zeitalter, reich an Erhebungen, neuen politischen Strukturen und sozialen Konstellationen, ist notwendigerweise auch in einem übernationalen, europäischen sowie globalen Zusammenhang interpretiert worden. Untersuchungen in vergleichender Perspektive über jakobinische Gruppen in Deutschland, England, Polen, Italien und den Niederlanden, sowie über die revolutionäre Publizistik in den europäischen Regionen regen dazu an, die Revolution „als Katalysator der politischen Kulturen in Europa" (Rolf Reichardt) zu verstehen. Schauen wir über die Grenzen Europas hinaus, so prägten bereits 1959 die Historiker Robert Palmer und Jacques Godechot den Begriff der „Atlantischen Revolution", um die amerikanischen und französischen Revolutionen als Teil eines gemeinsamen Wandlungsprozesses zu begreifen, der die Gesellschaften auf beiden Seiten des Atlantiks in das Zeitalter von repräsentativ-demokratischen Staaten hinüberleitete. Die jüngere Forschung hat dieses Modell auf antikoloniale Bewegungen und Emanzipationskämpfe in der Karibik und Südamerika erweitert. Und nach Meinung des Historikers Christopher Bayly trugen die wechselseitigen Beziehungen zwischen Revolution und Krieg seit dem späten 18. Jahrhundert zur aggressiven Expansionspolitik vieler beteiligter Staaten bei. Zum Beispiel beschleunigte die amerikanische Revolution die gewaltsame Ausbreitung weißer Siedler in die westlichen und südpazifischen Gebiete des Kontinents, und der napoleonischen Invasion Ägyptens folgte die rasche Expansion europäischer Mächte in Indien, Südostasien sowie in das südliche Afrika. Auf diese Fragen werden wir im dritten Abschnitt dieses Kapitels (Globale Verflechtungen) eingehen.

Die Französische Revolution ist nie ein Gegenstand ausschließlich der Forschung gewesen. Seit dem Anfang lebte sie in den Erinnerungen von Menschen und blieb damit ein Teil ihrer Gegenwart. Seit dem 19. Jahrhundert bildet die Revolution im kollektiven Bewusstsein der Franzosen den Kern ihrer nationalen Identität, so sehr sie die Ereignisse der Revolutionsjahre unterschiedlich deuteten und gewichteten. Dieser historischen Zäsur verdanken sie den Verfassungsstaat, die Menschenrechte, die Trikolore, die Nationalhymne. Seit 1879, als sich die Mehrheit der französischen Bürger im Anschluss an sukzessive politische Experimente für eine republikanische Regierungsform entschied, führten viele stolze Republikaner auch dieses politische Erbe auf die Revolution zurück. Allerdings blieb das Jahr 1789 in ihrer Wahrnehmung das große Datum, vor dem sie sich verbeugten, obwohl die Republik erst am 21. September 1792 in einer Art zweiter Revolution entstand. Das letztere Datum erwies sich aber als nicht konsensfähig, denn damit waren auch weitere Erinnerungen verbunden – etwa an die totgeborene republikanische Verfassung von 1793 und an die so genannte Wohlfahrtsdiktatur. Dieses Beispiel verdeutlicht den Gegensatz zwischen Wissenschaft und Erinnerung, wie ihn der Historiker Jan Assmann treffend beschrieben hat. Während die Geschichtsschreibung durch Forschungskontroverse und Pluralität von Deutungen lebt und bereichert wird, zielt die Erinnerung, das „kollektive Gedächtnis", auf Konsens und Harmonie innerhalb einer Gemeinschaft. Die Geschichtswissenschaft untersucht Wandel, verdeutlicht Strukturen und deckt Widersprüche, Antagonismen und Ambivalenzen auf, das kollektive Gedächtnis dagegen verdichtet sich um einen bestimmten Ort, ein bestimmtes Datum oder Ereignis, das symbolisch für das Ganze steht, was der Historiker Pierre Nora im Begriff des *lieu de mémoire* gefasst hat.

Das einprägsamste Symbol der Französischen Revolution, das über mehr als 200 Jahre zum „Ort der kollektiven Erinnerung" geworden ist, ist die Bastille. Dieses Zeichen der alten Herrschaft fungiert als effektives Medium, um das revolutionäre Erbe mit den Ansichten der Gegenwart in Einklang zu bringen. 1989 hielten die Französinnen und Franzosen laut einer Umfrage den Sturm auf die Bastille für das wichtigste Ereignis der Revolution. Dies war von Anfang an so im Bewusstsein der Menschen. Gleich nach der Erstürmung der alten Zwingburg zeigen die ersten Bilder die Schleifung des Baus, der in wörtlichem Sinne – stellvertretend für das Ancien Régime – wie Schutt weggeräumt wurde. Bastillesteine wurden anschließend als „Votivbilder der Freiheit" verkauft. Ein Jahr später wurde zum Jubiläumstag das große Verbrüderungsfest des französischen Volkes gefeiert, und ein zur hundertsten Jahresfeier erschienenes Bilderpaar stilisierte den Bastillesturm zum Scheidepunkt, um die „schlechte" von der „guten" Zeit zu trennen.

**Abb. 19**

14. Juli 1789 bis
14. Juli 1880,
Farblithographien-
paar, verlegt von
H. Laas, 1880.

**Abb. 20**

LA COHABITATION DU 14 JUILLET

La Cohabitation du 14. Juillet *(Die Cohabitation des 14. Juli)*, Federzeichnung, Le Canard enchaîné, no. 3429, vom 16. Juli 1986, S. 8

Zweihundert Jahre später, als die Vorbereitungen für die offiziellen Feierlichkeiten von 1989 voll im Gange waren, druckte die französische Wochenzeitung *Le Canard enchaîné* eine Karikatur mit den politischen Kontrahenten François Mitterand und Jacques Chirac, beide als Bastille-Sieger dargestellt. Während Mitterand als Sansculotte mit Jakobinermütze abgebildet ist, erscheint Chirac im Adelsgewand, beide singen das revolutionäre Lied Ça ira. Sie sind zutiefst verfeindet, denn jeder trägt den Kopf des anderen aufgespießt, aber es vereint sie die Bastille, das Symbol der nationalen Identität Frankreichs.

Bis heute gilt der 14. Juli als französischer Nationalfeiertag, der sowohl mit Militärparaden als auch mit einem Volksfest auf der Place de la Bastille und in ganz Frankreich gefeiert wird. In ihrem faszinierenden Buch über die Symbolgeschichte der Bastille gehen Hans-Jürgen Lüsebrink und Rolf Reichardt auf die Gründe für diesen Kollektivkonsens ein. Da der Sturm auf die Bastille das einzige revolutionäre Ereignis darstelle, das nicht mit einer der großen Persönlichkeiten der Revolution in Verbindung stehe, ermögliche er den Auftritt des Volkes als „demokratischer Kollektivheld". Und da dieses Volk noch nicht die umstrittenen Züge einer bestimmten sozialen Gruppe trägt, wie später die Sansculotten, kann er stellvertretend für die Nation als Ganzes stehen.

Paradoxerweise verdeutlicht gerade die relative Offenheit des Symbols auch die Grenzen seiner Konsensfähigkeit. Als Gesamtheit verkörpern Gegenstand und Ereignis – das heißt Festung und Erstürmung – sowohl den alten Despotismus als auch die neue Freiheit. Der Begriff der Bastille fand über zweihundert Jahre Verwendung, um beides auszudrücken. Anlässlich des *Bicentenaire* im Jahre 1989 protestierte eine Gruppe gegen die pompösen offiziellen Feierlichkeiten und rief dazu auf, „die Bastillen von heute" zu stürmen – die Armut, die Arbeitslosigkeit, den Rassismus. Der französische Kolonialdiskurs des 19. Jahrhunderts vergleicht die koloniale Unterwerfung von Ländern in Asien und Afrika mit dem Bastillesturm, der die Kolonien von korrupt-despotischer Herrschaft befreit und den Fortschritt eingeleitet habe. Im 20. Jahrhundert beriefen sich antikoloniale Bewegungen wiederum auf die emanzipatorische Bedeutung des Symbols. Die „Fernwirkung und Aktualität" des Symbols sensibilisieren für die Art und Weise, wie „kollektive Bilder" eines Ereignisses von Zeit zu Zeit historisch erneuerbar sind.

## 3.2 | Die Revolution in Europa

### 3.2.1 | Revolution, Krieg, Expansion

Das Ideengut des Revolutionszeitalters sprach der Vaterlandsliebe den Rang der höchsten Tugend zu, und zur gleichen Zeit verliehen die zeitgenössischen Ereignisse dem gefühlsbetonten Patriotismus militante Züge, sodass er rasch in einen kriegerischen Nationalismus überging. Die revolutionären und napoleonischen Kriege hatten ein vieldeutiges Gesicht: Sie waren Vaterlandsverteidigung, Kreuzzüge für die Freiheit der Völker und Eroberungskriege in einem. Die militärisch exportierte Revolution begegnete an der Peripherie Frankreichs Bewegungen revolutionären Charakters, die teilweise ähnliche Strömungen verkörperten wie die Umwälzungen in Frankreich. Ihre Beteiligten waren überwiegend bürgerlicher, aber auch einfacher Herkunft, waren von liberalem, konstitutionellem und gelegentlich demokratisch-egalitärem Geist getragen. Denn dort wo die revolutionären – und später die napoleonischen – Armeen vordrangen, trafen sie auf Menschen, die eine Veränderung der alten, korrupten Herrschaftssysteme ersehnten. Häufig trieben diese Kräfte die Annexionsbestrebungen der französischen Politik voran. In den Jahren 1794–1799 schuf sich Frankreich eine direkte Einflusszone von Amsterdam über Brüssel, Mainz, Genf bis Mailand.

In den Gebieten an der nördlichen und südöstlichen Peripherie Frankreichs – in Holland, den Habsburgischen Niederlanden (später Belgien), der Schweiz und Norditalien – hatten lokale Entwicklungen den geeigneten Boden für eine liberal-bürgerliche Revolution geschaffen. In diesen Ländern hatte der Kapitalismus im späten 18. Jahrhundert in Handel und Gewerbe einen Aufschwung erlebt. Ihre enge wirtschaftliche und kulturelle Verbundenheit zu Frankreich bereitete der politischen Solidarität den Weg. In der Provinz Holland der Vereinigten Niederlande behauptete sich seit 1778 die Patriotische Partei gegen die absolutistische Regierung des Statthalters Wilhelm V. von Oranien sowie die offizielle Kirche. Ihre Mitglieder kamen aus dem bürgerlichen Gewerbe, der Handels- und Finanzwelt sowie den städtischen Berufsgruppen und strebten nach politischen Partizipationsrechten. In Anlehnung an das amerikanische Vorbild wurde bereits 1787 in Den Haag eine Nationalversammlung gebildet, die das Prinzip der Volkssouveränität geltend machte. Es brach ein bewaffneter Konflikt zwischen Aufständischen und den Truppen des Statthalters aus, die „Patrioten" wurden von Frankreich unterstützt, während der Oranier von Preußen Hilfe erhielt und sich militärisch durchsetzte. Acht Jahre später, 1795, marschierte die französische Revolutionsarmee in die Niederlande ein und wurde von der Anhängerschaft der Patriotischen Partei als Befreier begrüßt.

Die Revolte in den belgischen Regionen, die einen Teil der Habsburgischen Niederlande bildeten, war in mancher Hinsicht vergleichbar mit dem Aufstand des nördlichen Nachbarn, obwohl die lokalen Voraussetzungen andere waren. In Belgien, wo die Entwicklung der Wirtschaft in den ländlichen Gebieten stagnierte, blieb in den Ständeversammlungen die Macht der privilegierten Stände, Adel und Klerus, beträchtlich. Dagegen war in den Städten Brüssel, Antwerpen und Löwen der Dritte Stand vertreten. Der allgemeine Widerstand, der sich 1788 in der Provinz Brabant formierte, richtete sich gegen die zunehmenden Eingriffe der habsburgischen Herrschaft in die ständische Autonomie der belgischen Regionen. Dank der Pressefreiheit in den Niederlanden fanden französische politische Schriften hier große Verbreitung. Unter der Führung Brabants wurden Steuern verweigert, anschließend ein „Nationalkonvent" gebildet. Man berief sich darauf, dass der habsburgische Herrscher den Herrschaftsvertrag zwischen Monarch und Ständen gebrochen habe, das Volk befinde sich also im Naturzustand und sei berechtigt, die Unabhängigkeit von der despotischen Fremdherrschaft zu erklären. In dieser Bewegung kamen jedoch sehr heterogene Gruppen, Interessen und Absichten zusammen. Während die aristokratischen Eliten danach strebten, ihre ständischen Rechte gegen die habsburgischen Angriffe wiederherzustellen, zielten die Mitglieder des städtischen Bürgertums auf die Abschaffung eben dieser Privilegien. Der habsburgische Kaiser Leopold II. setzte sich 1790 gegen die Aufständischen militärisch durch, wenig später verhalfen die französischen Truppen der Bewegung des Dritten Standes zum Sieg. Im Jahr 1794 wurde Brabant von Frankreich annektiert.

Sowohl in der Schweiz als auch in Italien bildeten sich in unterschiedlichem Maße Klassenbündnisse, die denen ähnelten, welche die Revolution in Frankreich vorantrieben. Flüchtlinge aus beiden Ländern nahmen in Frankreich Zuflucht und befürworteten die Annexion ihrer jeweiligen Regionen. In der Schweiz waren es Mitglieder des aufstrebenden Bürgertums in den Städten Zürich, Genf und Basel – wohlhabende

**FILIPPO BUONAROTTI**
(**1761 – 1837**) Italienischer Publizist und Politiker, Mitarbeiter der Zei-
tung *Gazzetta Universale*
und Autor revolutionärer
Flugschriften. Buonarotti
sympathisierte mit den
sozialistischen Ideen von
Babeuf und war ein Vor-
kämpfer für die staat-
liche Einheit Italiens.

Tuchfabrikanten, Intellektuelle, Juristen, unterstützt durch die Volks-
partei der Handwerker und Händler, die sich gegen die oligarchische
Regierung zusammentaten. Demokratisch gesinnte ländliche Kantone
bildeten eine zweite Trägergruppe dieses Bündnisses. In Italien dagegen
waren es vor allem Intellektuelle und höhere Beamte, die ihre Sympathi-
en für den revolutionären Wandel in Frankreich und das damit verbundene Verlangen nach Reformen offenkundig werden ließen. Da ihnen
aber die Zustimmung durch den Mehrheitswillen fehlte, mussten sie
sich entweder heimlich organisieren oder ins Exil gehen – wie etwa der
Publizist und Politiker **FILIPPO BUONARROTI**, der ein fest an das revolutionäre Frankreich gebundenes, geeintes Italien anstrebte.

In weniger als zehn Jahren nach 1789 zählte eine ganze Reihe von
Tochterrepubliken zu den Besetzungen Frankreichs: Nicht nur waren
Belgien und das Rheinland (→ Kap. 3.2.2) annektiert, die einstigen Niederlande hießen nun Batavische Republik, die Schweizerische Eidgenos-
senschaft firmierte als die Helvetische Republik, die Cisalpine Republik
hatte ihre Hauptstadt in Mailand, die Ligurische Republik in Genua.
Dazu kamen noch die Republik Lucca, die Römische Republik und die
Parthenopäische, die das bisherige Königreich Neapel umfasste. In allen
diesen Satellitenstaaten wurden Verfassungen erlassen, die Grundherrschaft wurde abgeschafft, die Privilegien des Adels und der Geistlichkeit
verkündet und die rechtliche Gleichheit eingeführt. Jedoch fanden die
französischen Sieger nicht überall vor Ort die Zustimmung breiterer
Bevölkerungsschichten und Eliten, die bereit gewesen wären, die Regie-
rungs- und Verwaltungsaufgaben zu übernehmen.

In weiten Teilen Europas kam es ebenfalls zu Revolten und Verfas-
sungskonflikten – auf die hier nicht im Einzelnen eingegangen werden
kann –, deren politische Sprache und Aktionsformen den Stempel des
Revolutionszeitalters trugen. Die Rückwirkung dieser tiefgreifenden Politisierung älterer Konflikte auf die Verhältnisse der europäischen Großmächte zeigt das Beispiel Polens. Die aus dem Großfürstentum Litauen
und Polen bestehende Adelsrepublik Polen geriet im späten 18. Jahrhundert unter die Dominanz europäischer Mächte, die 1771 das Land unter
sich aufteilten. Der Schock der ersten Teilung löste eine Reformpolitik
aus, eine aufgeklärte politische Öffentlichkeit suchte in den Naturrechtstheorien der Zeit (→ Kap. 2.4.1) nach einer Lösung der politischen
Krise. Der polnische Reichstag, der 1788 zusammentrat, erarbeitete eine
Verfassung für Polen, die im Mai 1791 – noch vier Monate vor der ersten französischen Revolutionsverfassung – in Kraft trat. Die Verfassung
übertrug die „Souveränität der Nation" dem Reichstag, den sie zum einzigen legislativen Organ machte. Nach dem Prinzip der Gewaltenteilung
wurde die Exekutive einer Regierung anvertraut, die dem Parlament ver-

Abb. 21

Die neue Polnische Constitution, *Stich von Daniel Chodo-wiecki, 1792. Der allegorische Stich stellt König Stanislaw August Poniatowski dar, der im Stil einer Schutzmantel-madonna mit seinem weiten Königsmantel alle Stände, die sich bittend zu ihm wenden, umgibt. Links und rechts neben dem König die Wappen Litauens (Reiter) und Polens (Adler) als Symbol für die seit 1386 existierende Personalunion zwischen Polen und Litauen. Zu Füßen der Gruppe liegt ein zerbrochenes Joch, das wohl die Befreiung Polens von äußerer Fremdbestimmung symbolisieren soll.*

antwortlich war. Allerdings blieb die Verfassung auf der sozialen Ebene äußerst gemäßigt: Die neue politische „Nation", Träger der souveränen Macht, war nicht das ganze Volk, sondern sie bestand weiterhin aus dem Adel und einem kleinen städtischen Bürgertum. Die politische Rechtlosigkeit der Bauern, sogar die Leibeigenschaft, blieb unangetastet. Nichtsdestotrotz ging diese „französische Pest an der Weichsel", wie Katharina II. empört bemerkte, für die Nachbarmächte, Russland und Preußen, zu weit, sodass es 1793 zur zweiten Teilung Polens kam. Es folgte die Vorbereitung eines „nationalen" Aufstands durch die Vertreter der Partei der Patrioten, die bemüht waren, sich in Warschau die Methoden der Pariser Revolution zu eigen zu machen. Unter ihnen war Tadeusz Kosciuszko, ehemaliger Emigrant und französischer Ehrenbürger, der die Rückeroberung der Unabhängigkeit mit dem Übergang zu einer egalitären Republik nach dem jakobinischen Modell verband. Indem Kosciuszko die Revolution nach Warschau trug, lieferte er, so der Historiker Georges Lefebvre, den gegenrevolutionären Unternehmungen von Russland, Preußen und den Habsburgern einen Angriffspunkt. Der polnische Aufstand ersparte es Frankreich, den kostspieligen militärischen Einsatz hinauszuziehen zu müssen. Die vernichtende Niederlage der Aufständischen führte 1795 zur dritten Teilung Polens.

Der jakobinische Politiker Chaumette prophezeite 1792: „Das Gebiet zwischen Paris, Petersburg und Moskau wird bald französisiert, munizipalisiert und jakobinisiert sein." Die französische Politik, Tochterrepubliken zu gründen, wurde allerdings zunehmend zu einer Wirtschaftspolitik der Ausbeutung: Die Satellitenstaaten trugen ebenso den Charakter von Nutzkolonien, wie sie Nachahmungen der französischen Institutionen waren. Unter dem Direktorium und während der anschließenden

**| Abb. 22**

Con razon ó sin ella (*Zu Recht oder zu Unrecht*). *Radierung von Francisco de Goya, 1810. Der Titel des Bildes aus dem Zyklus* Desastres de la Guerra *(Die Schrecken des Krieges) liefert einen lakonischen Kommentar über die Grausamkeit der napoleonischen Kriege auf der iberischen Halbinsel. In der gesamten Bildfolge verwendet der Künstler visuelle Strategien, etwa wiederholte Wendungen oder die Ununterscheidbarkeit der verfeindeten Parteien und der Konfliktursachen, um die Botschaft einer sinnlosen Gewalt zu vermitteln. Die Nahaufnahme betont den Kontrast zwischen den schwer bewaffneten französischen Soldaten und den spanischen Aufständischen. Uniform und Bajonette, als Fortsetzung der als gesichtslose Gestalten dargestellten französischen Soldaten, wirken durch die gesamte Bildfolge als beklemmendes Sinnbild der modernen Militärmaschinerie.*

napoleonischen Regierung war nicht mehr von „Befreiung" die Rede, sondern von *investis*, einer Bezeichnung für Länder, aus denen Reichtümer aller Art – Getreide, Vieh, Rohstoffe, Ausrüstungen für die Industrie einerseits, Geld, Kulturgüter und erzwungene Arbeitsleistungen andererseits – zu vereinnahmen wären, um Frankreich für die Opfer zu entschädigen, die es für die Sache der Revolution gebracht hatte. Von 1795 an wurde der Krieg zunehmend Angelegenheit nicht nur der Regierung, sondern der Armee und der großen Wirtschaftsinteressen.

Die revolutionäre *levée en masse*, die 1793 die pathetische Formel einer „Nation in Waffen" proklamierte (→ Kap. 3.1.2), erwies sich im Laufe der Jahre als Mythos. Die französische Besetzung Europas wurde weniger von Soldaten aus Frankreich als über die Rekrutierung aus den europäischen Staaten selbst erreicht. Der Kern der napoleonischen Armeen bestand aus professionellen Veteranen, das organisatorische Zentrum des

Imperiums bildete, so Jürgen Osterhammel, eine „gigantische Konskriptionsmaschine", die das gesamte französische Reich samt Satellitenstaaten erfasste. Belgier wurden eingezogen, um Preußen zu erobern, Italiener kämpften in Spanien, Niederländer in Polen, und alle zusammen wurden im Jahre 1811 für die Invasion Russlands gebraucht. Die Größe der napoleonischen Armee während des Russland-Feldzugs wird auf etwa 700.000 Mann geschätzt. Diese Zahl blieb während des gesamten 19. Jahrhunderts und bis zum Ersten Weltkrieg unübertroffen.

## Auswirkungen im Deutschen Reich

3.2.2

„Frankreich schuf sich frei. Des Jahrhunderts edelste That hub da sich zu dem Olympus empor". Mit dieser Huldigung an Frankreich appellierte der 65-jährige deutsche Dichter Friedrich Gottlieb Klopstock an die Deutschen, es den „Franken" gleichzutun. Die Nachrichten vom politischen Umsturz der alten Ordnung in Frankreich empfing ein großer Teil der deutschen Bildungsbürger mit wahrer Begeisterung. Viele brachen noch im Juli 1789 nach Paris auf, um den Ort des revolutionären Geschehens mit eigenen Augen zu sehen und darüber zu berichten, wie etwa der Braunschweiger Pädagoge und Schriftsteller Joachim Heinrich Campe. Dass die Reiseberichte von Campe wie auch die Flut von aus Frankreich stammender Publizistik in einem der Zentren der Aufklärung ein enthusiastisches Echo fanden, ist kaum bestreitbar. Komplizierter ist es dennoch, ein Gesamtbild der deutschen Rezeption der französischen Revolution jenseits von intellektuellen Kreisen und über die unmittelbaren Ereignisse von 1789/90 hinaus bis in die napoleonische Zeit zu zeichnen. Welche Auswirkungen hatte das Geschehen in Frankreich auf die Herausbildung eines neuen politischen Bewusstseins in Deutschland? In welchem Verhältnis standen die Errungenschaften der französischen Revolution zu den politischen Veränderungen in den deutschen Gebieten während des Revolutionszeitalters? Bildeten die sozialen Bewegungen hier eher eine Fortsetzung von älteren Krisen und politischen Traditionen oder wurden sie durch das französische Beispiel ausgelöst? Wofür steht die Bezeichnung „Revolution von oben" in Bezug auf Deutschland? In welcher Weise haben die unterschiedlichen revolutionären Phasen der französischen Revolution auf die politischen und sozialen Unruhen in Deutschland gewirkt? Die jüngere regionalgeschichtliche Forschung hat uns eine differenzierte Sicht auf diese Fragen ermöglicht.

Zu dieser Zeit bestand „Deutschland" aus einer Vielzahl von kleinen Territorien, die formell unter dem gemeinsamen Dach des **HEILIGEN RÖMISCHEN REICHS DEUTSCHER NATION** zusammengehalten wurden. Zu den

**HEILIGES RÖMISCHES REICH DEUTSCHER NATION** Offizielle Bezeichnung für den Herrschaftsbereich der deutschen Könige und römischen Kaiser bis 1806. Wird auch als das Alte Reich bezeichnet. Ein vor- und übernationales Gebilde, das neben deutschsprachigen Gebieten auch Bevölkerungsgruppen aus Mittel-, Ost- und Südeuropa umschloss.

über 300 souveränen Staaten gehörten auch die zwei miteinander konkurrierenden Großmächte, Preußen und Österreich. An der Spitze des Reichs stand der Kaiser, er wurde von den Kurfürsten gewählt. Die wichtigen politischen Entscheidungen jedoch lagen im Kompetenzbereich der einzelnen Territorialstaaten. Die Ständeordnung mit ihren klar definierten Rechtsprivilegien bestimmte die innere Struktur des Reichs. Die Herrscher der Territorien regierten nach dem Modell des Absolutismus, einige waren Vertreter eines **AUFGEKLÄRTEN ABSOLUTISMUS.**

**AUFGEKLÄRTER ABSOLUTISMUS** Regierungsform, in der sich die Herrscher freiwillig an Gesetze binden und Untertanenrechte anerkennen. Als vorbildliche Maßnahmen eines aufgeklärten Monarchen gelten die Lockerung der Pressezensur, die Glaubensfreiheit und die Reform des Bildungswesens.

Im Jahr 1789 war die öffentliche Meinung in Deutschland weitgehend revolutionsfreundlich gestimmt. Dies galt vor allem, aber keineswegs ausschließlich, für die rheinischen Gebiete. Das städtische Bürgertum, das von Handel und Handwerk lebte, war für neue Ideen aufnahmebereit. Zudem herrschte in den Städten ein reges intellektuelles Leben: Zeitungen, Denkergesellschaften, Freimaurerlogen und wichtige Universitäten zählten zu den Zentren einer liberalen Öffentlichkeit, die zum Teil unabhängig von der Einmischung der Fürsten Gestalt annahm. Sie trug in erheblichem Maße zur Bildung eines aufgeklärten politischen Bewusstseins bei. Viele liberal gesinnte Menschen begrüßten die Französische Revolution vor allem als geistige Befreiung. Nicht jeder verstand sie sofort als soziale Revolution, die auf die Abschaffung der hierarchischen Ständeordnung zielte. Spätestens ab 1792 nahm ein Teil der liberalen Positionen von der radikal gewordenen Revolution in Frankreich Abstand. Andere, demokratisch gesinnte Gruppen setzten ihre Aktivitäten fort. Es entstanden in etlichen deutschen Städten – in Stuttgart, Landau, Hamburg, Mannheim, sowie an den Universitäten wie etwa Tübingen und Jena – Verfassungsgesellschaften und politische Klubs, die sich häufig Jakobinerklubs nannten und für die Demokratisierung der politischen Institutionen arbeiteten.

Zugleich bewirkte die Französische Revolution eine Polarisierung der deutschen öffentlichen Meinung. Von Anfang an gab es eine konservative gegenrevolutionäre Reaktion, die ebenfalls über Schriften und Zeitungen eine kritische Position bezog und sich daran beteiligte, Emigranten aus Frankreich Zuflucht zu ermöglichen. Konservative sahen überall Verschwörer am Werke, sodass es häufig eine Hexenjagd auf vermeintliche Jakobiner gab.

Infolge der Niederlage der verbündeten Mächte Preußen und Österreich bei Valmy im Jahre 1792 nahmen die französischen Revolutionstruppen die linksrheinischen Gebiete von Mainz, Worms und Speyer, zwei Jahre später das gesamte linke Rheinufer in Besitz. 1796 überschritten sie den Rhein, drangen bis in die Oberpfalz und nach Oberbayern vor. Zwar schuf die französische Besetzung die Voraussetzungen für demokratische Bewegungen im ganzen linksrheinischen Gebiet, ihre treibende

**Abb. 23**

Die Bastillen zu Paris und Kassel, *Umschlagbilder zum Obskuranten Almanach auf das Jahr 1798, Hrsg. von Andreas Georg Friedrich Rebmann. Der deutsche Publizist Rebmann macht das Kasseler Kastell an der Fulda zur „Bastille", zum Zeichen der despotischen Herrschaft des Landesfürsten Landgraf Wilhelms IX. Die Gegenüberstellung der beiden Bastillen kommt einem Aufruf an die Deutschen gleich, es ihren französischen Nachbarn gleichzutun.*

Kraft bildeten jedoch lokale Gruppen. In Mainz gründeten bereits am Tag nach der Besetzung 20 Mainzer einen Jakobinerklub, die „Gesellschaft der Freunde der Freiheit und Gleichheit". Zu den Begründern gehörte der Universitätsbibliothekar und Naturforscher **GEORG FORSTER**. Aus dieser Bewegung entstand die Mainzer Republik, die von Ende Oktober 1792 bis April 1793 fünf Monate lang bestand. Hier trat zum ersten Mal in der deutschen Geschichte ein Landesparlament, der rheinisch-deutsche Nationalkonvent, zusammen, dessen Abgeordnete über ein allgemeines Männerwahlrecht gewählt wurden. 130 Städte und Dörfer aus den linksrheinischen Gebieten zwischen Landau und Bingen sandten ihre Abgeordneten nach Mainz. Der Mainzer Konvent erklärte sich auf seiner zweiten Sitzung am 18. März als vom Deutschen Reich unabhängig, von nun an sei das „freie Volk" der einzige rechtmäßige Souverän des neuen

**GEORG FORSTER (1754–1794)** Reiseschriftsteller, Journalist und Revolutionär, gilt als Begründer der wissenschaftlich fundierten Reiseliteratur. Von Januar bis März 1793 war er Redakteur der *Neuen Mainzer Zeitung*, auch *Der Volksfreund* genannt.

**Abb. 24**

Sitzung des Mainzer Jakobinerklubs im Akademiesaal des Kurfürstlichen Schlosses
in Mainz, Feder- und Tintenzeichnung von Johann Jakob Hoch, 1792. Die Zeichnung
stellt das Neue und Unerhörte dar: Eine Gruppe von Menschen aus unterschiedlichen
Bevölkerungsgruppen – die Kleidung charakterisiert ihre jeweilige soziale Zugehörigkeit – hat in den prunkvollen Akademiesaal des kurfürstlichen Schlosses Einzug
gehalten. Unter ihnen stehen aufmerksam, rechts am Bildrand, auch zwei Juden,
denen die Revolution die Bürgerrechte gebracht hat. Die demokratischen Absichten
des Volkes vermittelt einerseits die revolutionäre Symbolik. Andererseits bringt der
unterschiedliche Grad an Aufmerksamkeit der Zuhörer – teils interessiert, teils skeptisch, teils mit Unverständnis – die eigene Skepsis des Künstlers gegenüber der neuen
demokratischen Willensbildung zum Ausdruck. Obwohl Frauen die Mitgliedschaft
im Klub verwehrt war, sind sie im Saal zahlreich vertreten. Allerdings betrachtet der
Maler ihre Anwesenheit nicht unbedingt als Zeichen des politischen Interesses, vielmehr scheint sie die Männer von der Politik abzulenken.

Staates. Drei Tage später beschlossen die Abgeordneten, beim Konvent in
Paris die Angliederung an Frankreich zu beantragen.

In Mainz, Rheinhessen und der Pfalz begann eine demokratische Kultur zu entstehen, die ganz ähnlich wie in Frankreich aus einer neuen politischen Sozialität, einer volksnahen Publizistik und nicht zuletzt aus
einer republikanischen Freiheitssymbolik bestand. Freiheitsbäume mit
roten Freiheitsmützen am Wipfel wurden dem französischen Vorbild
folgend in den Dörfern und Städten errichtet. Am 13. Januar 1793 organisierte Forster das große Mainzer „Volksfest für Freiheit und Gleichheit". Unter den Klängen der Marseillaise führte der Festzug Reichsinsi-

gnien und als Sklaven verkleidete Klubmitglieder zum Marktplatz, wo die Umkehrung der alten politischen Ordnung zur Republik inszeniert wurde: Auf einem Vaterlandsaltar vernichtete ein Flammenopfer die Herrschaftszeichen des Alten Reichs und verwandelte die „Sklaven" in freie Bürger.

Wie tragfähig diese demokratischen Ansätze auf Dauer gewesen wären, bleibt offen, denn das Experiment der Mainzer Republik wurde mit dem Einzug der preußischen Truppen und der Rückkehr der kurfürstlichen Regierung im Juli 1793 gewaltsam abgebrochen. In breiten Teilen von Süddeutschland gab es republikanische Bestrebungen, die oft unter dem Sammelbegriff „süddeutscher Jakobinismus" betrachtet werden. Diese Bewegungen umfassten einen heterogenen Kreis von Aktivisten: Anhänger der helvetischen Republik, die von Basel aus ihre Tätigkeit auf Süddeutschland ausdehnten, studentische Aufstandszirkel, die untereinander in Verbindung traten, die Mitglieder der Ständeopposition in Württemberg und Bayern sowie oppositionelle Gruppen in anderen Reichsstädten. Einig waren sich diese verschiedenen Gruppen nur in der Ablehnung der alten Ordnung. Überall lieferten die Freiheits- und Gleichheitsparolen der französischen Revolution ein Mittel, um die eigenen Forderungen und Ziele, die längst vor 1789 bestanden, nachdrücklicher als bisher zu vertreten.

In den letzten Jahren des 18. Jahrhunderts nahmen quer über die deutschen Gebiete städtische und ländliche Unruhen zu, die oft unabhängig voneinander abliefen. Diese Protestbewegungen zielten meistens auf örtliche Missstände. In Nürnberg zum Beispiel zogen die Zünfte der Schlosser, Schreiner und Schneider auf die Straße und versuchten, die Stürmer der Bastille nachzuahmen. Weitere Beispiele waren der Hamburger Generalstreik von 1791, die Augsburger Weberunruhen 1794 und der Aufstand der Stuttgarter Schuhmacher im selben Jahr. Alle nahmen zwar neue zunftübergreifende Formen an, konnten sich aber nicht über die Stadtgrenzen hinaus ausbreiten.

Ähnliches gilt für die Bauernrevolten. Einer der größten Bauernaufstände, an dem etwa 10.000 Bauern beteiligt waren, fand 1790 in Sachsen statt. Seine Ursachen lagen in den traditionellen Abhängigkeitsverhältnissen der Bauern, vor allem im Jagdprivileg der Grundbesitzer. Ganze Dorfschaften stellten im Laufe des Aufstandes den Frondienst ein, griffen Schlösser und Gutshöfe an und befreiten ihre Anführer aus den Gefängnissen. Unter den revoltierenden Bauern wirkte auch der Handwerker Christian Benjamin Geissler. Zusammen mit den Bauern plante er, ähnlich dem Zug der Pariser Frauen nach Versailles, den Kurfürsten aus seiner Sommerresidenz Pillnitz nach Dresden zu holen. Geissler wurde bald verhaftet, die Bauern ergaben sich angesichts des Einsatzes der sächsischen Truppen nahezu kampflos. Solche Unruhen hatten zwar eine lange Tradition, auch änderten sich ihre Protestformen und Ziele gegenüber früheren Zeiten wenig, dennoch verstärkte ihre zunehmende Zahl das Protestpotential in der Gesellschaft. Symbolische Handlungen, etwa die Errichtung von Freiheitsbäumen, das Mitführen von Kokarden oder die Anwendung revolutionärer Begriffe verliehen den Volkserhebungen eine neue Bedeutung und größere Wirksamkeit. Es bestand das Potential, traditionelle Unruhen in eine revolutionäre Erhebung umzuwandeln. Dass dies jedoch nicht geschah, dass sich in Deutschland, anders als in Frankreich, die Unruhen der Handwerker, Bauern und Studenten nicht mit einer politischen Revolution des Bürgertums zusammen taten, liegt daran, so Axel Kuhn, dass in Deutschland ein politisches Zentrum fehlte, das die Rolle hätte übernehmen können, die Paris für Frankreich spielte.

In Deutschland schien die Reform der bevorzugte Weg zu sein, um die alte Ordnung zu modernisieren. Dafür gab erst die napoleonische Politik den Anstoß. 1803 erzwang Napoleon eine umfassende territoriale Neuordnung des Alten Reichs. Die geistlichen Fürstentümer, alle freien Reichsstädte bis auf sechs und viele kleine Fürstentümer wurden abgeschafft. Die süddeutschen Staaten Baden, Bayern und Württemberg wurden zu Mittelstaaten und banden sich immer enger an Frankreich. Aufgelöst wurde es 1806. Im napoleonischen Familienstaat Westfalen brachte die direkte französische Herrschaft weitere Modernisierungsmaßnahmen – die Abschaffung der feudalen Ordnung, die Freiheit von Handel und Gewerbe, die Gleichheit vor dem Gesetz, die Emanzipation der Juden.

Auch in den mit Frankreich zwangsweise verbundenen Staaten wie Preußen und Österreich kam es zu umfassenden Reformen, um unter anderem die militärische Schlagkraft für einen weiteren Krieg gegen Frankreich zu stärken. Der Begriff „Revolution von oben" stammte in diesem Zusammenhang aus dem Umfeld der preußischen Reformer, die vielfach die Notwendigkeit von gezielten Reformmaßnahmen hervorhoben, um Vorgängen wie in Frankreich vorzubeugen. Das absolutistische Söldnerheer wurde in eine moderne Armee umgewandelt: Die Reform führte die militärische Schulung auf einer Kriegsakademie und die Beförderung nach Verdienst ein. 1814 ging Preußen zur allgemeinen Wehrpflicht über. Die Gründung der Berliner Universität durch Wilhelm von Humboldt im Jahre 1810 war Teil einer Bildungsreform, die sich von ständischen Sonderinteressen trennte. Ihr lag das Ideal einer zweckfreien „allgemeinen" Bildung zugrunde, die, so Humboldt, nur aus der Freiheit wachsen könne. Die Vorstellung einer modernen Bildung knüpfte an dem neu entstehenden Nationalgedanken an, denn die Menschen müssten erst gebildet werden, bevor sie politisch verantwortlich tätig sein und sich Staat und Nation hingeben könnten. Umfassende Agrarreformen, die **STEIN-HARDENBERG'SCHEN REFORMEN**, brachten die Befreiung der Bauern. Bis 1807 waren die preußischen Bauern durch die Erbuntertänigkeit leibeigen. Ein Edikt von 1807 verkündete die Abschaffung der Erbuntertänigkeit, nach dem Regulierungsedikt von 1811 konnten sich die Bauern durch die Abtretung von Land an den Grundherren befreien. Die Frondienste der Bauern wurden in Dienstgelder umgerechnet und, zahlbar in Raten, ablösbar gemacht. Die Reformen riefen den Widerstand des Adels hervor, der nicht entmachtet wurde, sodass es der Revolution von 1848 bedurfte, um dessen Widerstand vollends zu brechen.

Bereits 1799 hatte der preußische Minister Carl August von Struensee den französischen Gesandten prophezeit, dass die „heilsame Revolution, die Ihr von unten nach oben gemacht habt", sich „in Preußen langsam von oben nach unten vollziehen" werde. Nur teilweise entsprach die deutsche Reformpolitik der Tradition des aufgeklärten Absolutismus, denn sie ist ohne die Strömungen und Errungenschaften des Revolutionszeitalters kaum denkbar. Etliche Grundgedanken des revolutionären Erbes flossen in die preußische Reformagenda ein, selbst gegen den Willen ihrer Träger. Statt Revolution und Reform als Gegensätze zu postulieren, plädiert Axel Kuhn dafür, sie als „zwei miteinander verwandte Strategien zur Veränderung der Gesellschaft" im Übergang vom 18. ins 19. Jahrhundert zu begreifen.

**STEIN-HARDEN-BERG'SCHE REFORMEN**
Sammelbegriff für die preußischen Reformen im Staat, in der Verwaltung, Bildung und Wirtschaft. Ihre Hauptinitiatoren waren Karl Freiherr vom Stein und sein Nachfolger Karl August Freiherr von Hardenberg. Die Reformen waren eine Reaktion auf die Niederlage Preußens gegen Napoleon in der Schlacht bei Jena und Auerstedt im Jahre 1806.

## Globale Verflechtungen | 3.3

### Menschenrechte und Sklaverei | 3.3.1

Revolutionsideologien bevorzugen fast immer die Einzigartigkeit des Neuen. Sie erheben den Anspruch, die alleinigen Urheber eines Fortschrittsideals zu sein. Da moderne Revolutionen, etwa die französische oder die nordamerikanische, oft als Gründungsereignisse von Nationen betrachtet werden, schließt die geschriebene Revolutionsgeschichte, die zugleich die Nationalgeschichte bildet, transnationale Verbindungen und Verflechtungen weitgehend aus. Im Mittelpunkt der Revolutionshistoriographie stehen häufig die lokalen Wurzeln, und das Geschehen wird von innen heraus erschlossen. Die Auffassung, dass es nicht reiche, die großen Revolutionen des späten 18. Jahrhunderts in Nordamerika und Europa ausschließlich im Rahmen von einzelnen Nationalgeschichten zu verstehen, wurde zuerst in den 1950er Jahren von dem Modell einer transatlantischen Revolution und dann in jüngerer Zeit durch globalgeschichtliche Ansätze vertreten. (→ Kap. 3.1.7) Jürgen Osterhammel unterscheidet dabei zwischen der unmittelbaren, in konkreten Verflechtungen greifbaren globalen Wirkung der Französischen Revolution und den zeitlich und räumlich weitreichenderen geistigen Wirkungen ihres Repertoires von Gedanken, Symbolen und Aktionsformen.

Aus der Kritik am globalen Sklavenhandel erwuchsen im Zeitalter der Revolutionen auf beiden Seiten des Atlantiks unterschiedliche Formen des politischen Handelns: sowohl ein gewaltsamer, revolutionärer Kampf als auch eine Bürgerbewegung. Beide sind im unmittelbaren Wirkungszusammenhang der Französischen Revolution zu verstehen, beiden Formen des Handelns lagen das Prinzip der Menschenrechte und der Freiheitsdiskurs zugrunde. Ein zentraler, fortdauernder Widerspruch der Revolutionen im transatlantischen Raum bestand zwischen dem Prinzip der universellen Menschenrechte und deren konkreter Verweigerung in der politischen Praxis der neu entstandenen Verfassungsstaaten. Auffallend war die bittere Ironie, dass sich die Revolutionssymbolik der Freiheit des Motivs der gebrochenen Sklavenkette bediente und es über eine Flut von Bildern weltweit verbreitete, während etliche Träger der Revolution an dem Fortbestand von Sklavenhaltung in den Kolonien beteiligt waren.

Ausgerechnet die zweite Hälfte des 18. Jahrhunderts. die Epoche der Aufklärung und des Durchbruchs in die Moderne, bildete den Höhepunkt des transatlantischen Sklavenhandels. Die zu dieser Zeit florierende Weltwirtschaft beruhte in großem Ausmaß auf der Plantagensklaverei in den Südstaaten der USA sowie in den französischen, spanischen und den britischen Kolonien der Karibik und in Südamerika. Europäische, vorwiegend britische Unternehmer kauften von Händlern und Stammesfürsten der afrikanischen Küstengebiete in großer Zahl Menschen aus dem Binnenland, die sie nach Amerika und in die Karibik verschifften und an die dortigen Plantagenbesitzer verkauften. Historiker des Sklavenhandels schätzen, dass im 18. Jahrhundert über sechs Millionen Sklaven von Afrika aus über den Atlantik transportiert wurden. Die Arbeitskraft der Sklaven war die Grundlage für den Welthandel mit Waren wie etwa Zucker, Kaffee, Tabak, Baumwolle und Indigo, für die es in Europa einen wachsenden Markt gab.

Blieb in Frankreich in den Jahrzehnten vor 1789 eine industrielle Revolution aus, so erlebte das Land einen regelrechten Handelsboom, der seine Dynamik weitgehend dem Geschäft mit den Kolonialwaren verdankte. Hafenstädte wie etwa Bordeaux, Bayonne, La Rochelle und Le Havre profitierten insbesondere vom karibischen Handel, während sich Nantes auf den Sklavenhandel spezialisiert hatte. Neben Paris stellten

diese Städte und ihr Umland den größten Teil der karibischen Plantagenbesitzer. Bei der Plantagenwirtschaft handelte es sich um eine der
brutalsten Formen der Ausbeutung menschlicher Arbeitskraft. Die aufgrund von Krankheit und extremer physischer Erschöpfung äußerst
niedrige Fortpflanzungsrate der Sklaven erforderte stets neuen Nach-
schub, hielt die Preise der Sklaven hoch und den Sklavenhandel in Gang.
Bei der Sklaverei ging es allerdings um mehr als Betriebswirtschaft. Sklavenhaltung war ein kultureller Bestandteil der Kolonialgesellschaften.
Herr zu sein erforderte Sklaven, die ein wichtiges Symbol des sozialen
Status und der männlichen Identität waren. Ebenfalls zu einem Status-
symbol wurde der Konsum tropischer Waren für wohlhabende Bürger
in Europa.

   Erst im späten 18. Jahrhundert wurden kritische Stimmen gegen die
Sklaverei vernehmbar. Dabei flossen ökonomische Argumente mit humanitären Motiven zusammen. Wirtschaftstheoretiker wie Adam Smith
waren der Auffassung, freie Arbeit sei produktiver als erzwungene, die
Sklaverei, wie sie in der Plantagenwirtschaft betrieben wurde, rechne
sich auf die Dauer nicht. In aufklärerischen Kreisen erfuhr die Natur-
rechtslehre von Locke (→Kap. 2.4.1), die bisher die Argumente für die Rechte der englischen Bürger gegenüber der Krone vorlegte, ihre Universa-
lisierung und wurde zum Argument gegen die Sklaverei gemacht. Die
einflussreichste Schrift, an der auch Diderot anonym mitgewirkt hatte,
stammte aus der Feder von Guillaume-Thomas Raynal. Die zehnbändige
*Histoire des deux Indes* war eine umfassende Darstellung von den Umständen in Asien, Afrika, Süd-, Mittel- und Nordamerika infolge der europäischen Expansion. In mehrere europäische Sprachen übersetzt, wurde das
Werk trotz Zensur zu einem der meistverkauften Bücher der Zeit. Die Autoren argumentieren zugleich humanitär und ökonomisch. Man solle die
Arbeits- und Lebensbedingungen der Sklaven verbessern, die Willkür der
Sklavenhalter effektiver kontrollieren, es den Sklaven ermöglichen, Familien zu gründen, um sie für die Arbeit zu motivieren. Denn der Handel
diene dem allgemeinen Fortschritt und der Völkerverständigung. Auch
wenn die Argumente nicht ohne Ambivalenz waren, rief die plastische
Beschreibung des Elends unter den Plantagensklaven in liberalen Kreisen
eine Welle der Empörung hervor. 1788 wurde die Gesellschaft für die Abschaffung der Sklaverei, „Amis des Noirs", gegründet.

   Zwar schrieb der menschenrechtliche Diskurs der Französischen Revolution einen Universalismus auf seine Fahnen, wich aber der Frage
des Interessenkonfliktes in Bezug auf einzelne soziale Gruppen im
nationalen Rahmen aus. Lange zögerte die revolutionäre Nationalversammlung, in der die Interessen der Plantagenbesitzer vertreten waren,
Stellung zur Sklavenhaltung in den französischen Besitzungen zu neh-

men. In April 1792 verkündete die Nationalversammlung das Prinzip gleicher politischer Rechte für weiße Bürger und freie schwarze Männer in den Kolonien. Damit waren die Sklaven noch nicht befreit, aber es war ein wichtiger Schritt in die Richtung einer nicht von der Hautfarbe abhängigen Staatsbürgerschaft. 1794 erklärte der Konvent die Sklaverei für unrechtmäßig und dehnte die Staatsbürgerschaft auf alle Männer in Frankreich und den Kolonien aus. Doch machte Napoleon Bonaparte im Jahre 1802 diesen Schritt rückgängig und legalisierte den Sklavenhandel erneut.

Die Antwort auf das revolutionäre Taktieren und Handeln in Frankreich kam aus zwei Richtungen. In der französischen Kolonie Saint Domingue, heute Haiti, lösten diese Ereignisse eine Unabhängigkeitsbewegung und gewaltsame Sklavenrevolution aus. In England dagegen entwickelte sich eine breite, christlich geprägte Bürgerbewegung, die 1807 die gesetzliche Abschaffung des Sklavenhandels erreichte.

### 3.3.2 Sklavenrevolution und *Abolitionismus*

Die französische Kolonie Saint Domingue bestand aus dem westlichen Teil der Antillen-Insel Hispaniola. Sie zählte zu den wertvollsten Plantagenwirtschaften ihrer Zeit, gestützt auf die Arbeit von etwa einer halben Million Sklaven. Die soziale Ordnung der Sklavengesellschaft unterteilte sich in drei soziale Gruppen: die große Mehrheit schwarzer Sklaven, eine kleine Minderheit von weißen Plantagenbesitzern und kolonialen Verwaltern, und dazwischen eine Gruppe der so genannten *gens de couleur*, freien Farbigen. Als die Französische Revolution ausbrach, begann in Saint-Domingue eine eigene karibische Revolution, die zunächst von der dort ansässigen weißen Elite getragen, bald jedoch von den schwarzen Sklaven übernommen wurde. Die Revolte der Weißen richtete sich zunächst gegen die als despotisch angeprangerte Kolonialverwaltung und ihre Politik, die Sklaven zum Frondienst für öffentliche Arbeiten heranzuziehen, was für die Plantagenbesitzer einen Verlust von Arbeitskräften bedeutete. Diese erste Phase verlieh der Kolonialgesellschaft für kurze Zeit Zusammenhalt. Die Bruchlinien vertieften sich bald, als die konservativen Pflanzer den Kritikern der Sklaverei in der Pariser Nationalversammlung Widerstand leisteten. Die Spannungen wurden von einer weiteren Ebene überlagert, als die freien Farbigen, gestärkt durch die Erklärung der Menschenrechte, sich gegen die rassische Diskriminierung durch die weißen Eliten erhoben. Ihr Aufstand wurde brutal unterdrückt, die Führer zum Tode verurteilt und es folgten in vielen Städten pogromartige Ausschreitungen gegen Farbige.

Die von Raynal und Diderot formulierten publizistischen Attacken gegen die Sklaverei gelangten auch nach Saint Domingue, wo sie in die Hände belesener Haussklaven fielen. Die sich verändernde politische Landschaft in Paris sicherte den *gens de couleur* Partizipationsrechte sowohl in der Kolonie als auch in der französischen Politik. Unter der Führung eines ehemaligen Sklaven, François Dominique Toussaint de l'Ouverture, des „schwarzen Jakobiners" (Infokasten mit Text und Bild), begann eine Bewegung für die Unabhängigkeit der Kolonie, die zugleich eine Bewegung für die politische Gleichheit war. 1797 wurde er zum Gouverneur von Saint Domingue ernannt, der Höhepunkt der Macht, den er erreichte, indem er die Großmächte Spanien und England gegen Frankreich ausspielte. Das napoleonische Regime setzte den Autonomieversuchen von Toussaint L'Ouverture ein gewalsames Ende: Der französische Machtinhaber sandte eine militärische Expedition in die Karibik, nahm den Gouverneur gefangen und führte die Sklaverei wieder ein. Der letzte Schritt ließ sich jedoch nicht durchsetzten. Die schwarze Bevölkerung erhob sich, es folgte ein verheerender Guerillakrieg, der 1803 mit der vernichtenden Niederlage der französischen Armee endete. Die Kolonie erklärte sich am 1. Januar 1804 unabhängig und nahm den Namen Haiti („Land der Berge") an.

Die Sklavenrevolution in Haiti war ein einmaliges Geschehen, denn es folgte in keiner anderen Sklavengesellschaft eine vergleichbare, erfolgreiche Selbstbefreiung. Zwei wichtige revolutionäre Grundsätze lagen der Bewegung zu Grunde: die Kritik an der unfreien Arbeit und das Prinzip einer universellen Staatsbürgerschaft, die keinen rassischen Unterschied kennt.

Eine andere Form des politischen Handelns gegen die Sklaverei bildete das *Abolitionist Movement*, auch *Anti-Slavery* genannt, in England und der britischen Kolonie Jamaika. Bereits 1787 wurde die erste abolitionistische Vereinigung, *The Society for Effecting the Abolition of Slavery,* von dem anglikanischen Geistlichen Thomas Clarkson und dem Juristen Granville Sharp in London gegründet. Rasch entwickelte sich diese Strömung zu einer breiten, von Frauen und Männern der Mittelschichten getragenen

Info

**François Dominique Toussaint de l'Ouverture (L'Ouverture = „der den Sklaven die Freiheit eröffnete", 1743–1803)**

▶ Der Sohn eines aus Westafrika verschleppten Sklaven wuchs in Saint Domingue auf. Als Haussklave hatte er eine privilegiertere Stellung als diejenigen, die auf den Zuckerrohrplantagen schufteten. 1776 wurde er freigelassen, heiratete und wurde Vater von zwei Kindern. Seine Biografen sind sich darüber einig, dass er ein machtbewusster Mensch war mit einem guten Instinkt für die richtigen Entscheidungen zum richtigen Zeitpunkt. Toussaint L'Ouverture selbst betonte oft, er sei der Mann, dessen Ankunft Raynal und Diderot prophezeit hatten: „Er wird die heilige Standarte der Freiheit hochhalten und seine Leidensgenossen um sich scharen [...]". 1793 trat Toussaint L'Ouverture in spanische Dienste ein, doch nachdem der Konvent in Paris im Februar 1794 die Sklaverei beendet hatte, erhielt er den Rang eines französischen Brigadegenerals. Im Januar 1801 rückte er in Santo Domingo ein, um den spanischen Teil der Insel in Besitz zu nehmen. Wenige Monate später erließ er eine für die ganze vereinigte Insel gültige Verfassung, die einer Unabhängigkeitserklärung gleichkam. 1803 brachten ihn die napoleonischen Truppen nach Pontarlier im französischen Jura ins Gefängnis, wo er bald darauf starb.

**Abb. 26**

Toussaint L'Ouverture, *Lithographie von Nicolas Eustache Maurin, erschienen in der Sammlung* Iconographie des Contemporains, *1832.*

außerparlamentarischen Bürgerbewegung, inspiriert von einem humanitären, christlich geprägten Ideal der Brüderlichkeit. Sie bediente sich eines breiten Spektrums von gewaltlosen Aktionsformen – beginnend mit Massenveranstaltungen, um die Öffentlichkeit über die Schrecken des Sklavenhandels sowie die Verhältnisse auf den Plantagen in den fernen Kolonien aufzuklären. Die Bewegung sammelte bis zu 400.000 Unterschriften, reichte Petitionen ins Parlament ein und rief zum Käuferboykott gegen den karibischen Zucker auf, um einen konkreten Druck auf die wirtschaftlichen Interessen an der Sklaverei auszuüben. In dem evangelikalen Politiker William Wilberforce hatte die Bewegung ihren eloquentesten parlamentarischen Sprecher.

Metropole und Kolonie, christliche Zivilisierungsmission und menschliche Sympathien mit den Opfern brutaler Unterdrückung waren in der englischen *Anti-Slavery*-Kampagne eng miteinander verwoben. Die in Jamaika tätigen Missionare der Baptist Missionary Society pflegten eine regelmäßige Verbindung zu ihren Heimatstädten in England. Die Darstellungen von afrikanischen Sklaven in der Kolonie, die sie nach England sandten, bewirkten in erheblichem Maß die beispiellose Mobilisierung der englischen Bevölkerung für politische Reformen, wie die Historikerin Catherine Hall gezeigt hat. Der Selbstdeutung der Missionare lagen zwei Gewissheiten zugrunde: ein christliches Sendungsbewusstsein den afrikanischen „Heiden" in Jamaika gegenüber und die Überzeugung, die „unchristlichen" Taten einiger weißer Kolonialherren, die sie im Namen der Rechte eines „frei geborenen Engländers" verteidigten, könnten durch das pflichtbewusste Handeln anderer Christen reingewaschen werden. Die baptistische Zukunftsvision für die Sklaven in Jamaika bediente sich zwar der Rhetorik der universellen Menschenrechte, sie imaginierte aber zugleich eine ideale Gesellschaft nach dem Bilde der europäischen, bürgerlichen Kleinfamilie. An der Spitze dieser „Familie der Menschheit" stand der weiße Mann, seine abhängigen Angehörigen folgten dem von ihm bereiteten Weg. Die Abschaffung der Sklaverei und die Bekehrung zum Christentum bildeten demnach die beiden Dimensionen des einen Zivilisierungsprozesses, der versprach, den brutalen Alltag der schwarzen Bevölkerung in den Kolonien durch eine harmonische christliche Gemeinschaft fleißiger Kleinbauern zu ersetzen.

Die *Anti-Slavery*-Bewegung bildete einen wichtigen Schritt im modernen Demokratisierungsprozess, indem sie zum ersten Mal zahlreiche Frauen aus den städtischen Mittelschichten für das politische Handlungsgeschehen mobilisierte. Aus dem Kampf für die Befreiung der Sklaven schöpften Frauen ein Subjektbewusstsein. Für ihre Tätigkeiten suchten sie andere Wege als die Männer, da ihnen viele öffentliche Räume weniger zugänglich waren. Sowohl für Männer als auch für Frauen war ein liberal gesinnter Patriotismus eine wichtige Quelle des politischen Handlungswillens. Konstitutiv für die nationale Identität war die Selbstdeutung als Akteure im Verbreitungsprozess von liberalen Institutionen rund um den Globus. Die Vorstellung, Großbritannien habe eine Vorreiterrolle in der Abschaffung von Willkürherrschaft weltweit, fand in der gesetzlichen Wiedereinführung der Sklaverei in Frankreich unter Napoleon ihre Bestätigung.

Das gesetzliche Verbot des Sklavenhandels durch das englische Parlament im Jahr 1807 zählt zu den wichtigen Errungenschaften der Bürgerbewegung gegen die Sklaverei. Ebenfalls 1807 beendete der amerika-

**| Abb. 27**

Am I not a Man and Brother? *Medaillon mit Logo der britischen Abolitionisten aus der Porzellanmanufaktur von Josiah Wedgewood, 1795.*

nische Kongress die legale Einfuhr von afrikanischen Sklaven. Von nun an nahm sich die britische Marine das Recht, Schiffe dritter Staaten zu durchsuchen und Sklaven, die auf ihnen gefunden wurden, zu befreien, ungeachtet der Eigentumsverhältnisse. Freilich endete damit die Sklaverei nicht. Selbst in den britischen Gebieten wurde die Sklavenhaltung erst 1834 abgeschafft, ihre Folgen blieben noch länger spürbar. Spanische und portugiesische Sklavenhändler entwickelten ausgeklügelte Systeme, um die britische Patrouille zu umgehen. Erst 1848 schaffte Frankreich die Sklaverei ab, 1863 folgten die Niederlande mit dem Abolitions-Gesetz.

### 3.3.3 | Die napoleonischen Kriege als globales Ereignis

**SIMON BOLIVAR (1783–1830)** In Caracas geborener Freiheitskämpfer südamerikanischer Länder. Reiste durch viele Länder Europas und war mit den politischen Institutionen und Ideen des Revolutionszeitalters vertraut. Er gehörte der kreolischen Elite an und wird heute in vielen Ländern Südamerikas als Nationalheld gefeiert.

**JOSÉ DE SAN MARTIN (1778–1850)** In Argentinien geborener südamerikanischer Unabhängigkeitskämpfer. Er wuchs in Europa auf und diente zwanzig Jahre in der spanischen Armee, bevor er nach Argentinien zurückkehrte und dort die Revolutionsarmee für den Befreiungskampf der spanischen Kolonien ausbildete.

Die Wellen der napoleonischen Veränderungen Europas breiteten sich weit über die europäischen Grenzen aus. Ein prägnantes Beispiel bildet der Zusammenbruch des spanischen Imperiums in Lateinamerika, das infolge der Niederlage Spaniens durch Napoleons Armeen in eine Zahl unabhängiger Republiken zerfiel, ein Transformationsprozess, der auf die Jahre zwischen 1810 und 1836 datierbar ist. Eine große ethnische und soziale Vielfalt kennzeichnete das spanische Kolonialreich, das mit Ausnahme Brasiliens das gesamte süd- und mittelamerikanische Gebiet umfasste. Die an den Unabhängigkeitsbewegungen beteiligten wichtigen sozialen Gruppen waren zum einen die Kreolen, die in den Kolonien geborenen Weißen spanischer Abstammung, und zweitens die freien Farbigen, *pardos* genannt. Die Kreolen erwiesen sich als Sympathisanten einer liberalen Verfassungsstaatlichkeit. Nachdem der absolutistische spanische König Ferdinand VII. zum Gefangenen Napoleons geworden war und in Spanien die erste Nationalversammlung einberufen wurde, hofften sie zunächst für die spanischen Territorien in Lateinamerika auf einen autonomen Status mit einer föderalen Bindung an Spanien. Zwar waren in der Nationalversammlung auch Vertreter der Kolonien vorgesehen, doch entstanden etliche Konfliktpunkte etwa um die Steuerpolitik und vor allem um die Frage der Sklaverei und des Wahlrechts in den multiethnischen Gebieten Südamerikas.

Die Rückkehr des spanischen Königs im Mai 1814 machte allerdings die gemeinsamen Versuche in Richtung Verfassungsstaat und imperialer Föderation zunichte und löste den militärischen Widerstand der spanischen Kolonien aus. Eine tragende Rolle im Freiheitskampf spielten gebildete kreolische Anführer wie etwa **SIMON BOLIVAR** aus Caracas oder der Argentinier **JOSÉ DE SAN MARTIN**. Im September 1821 wurde die Republik Großkolumbien gegründet, ein Staat, der die Territorien Venezuela, Ecuador und Neu Granada (heute Kolumbien) umfasste. Im Süden führte San Martin den Befreiungskrieg gegen Spanien, in dem zuerst Argentinien sowie Chile und anschließend Peru zu unabhängigen Staaten wurden. Auch wenn die Unabhängigkeitsrevolutionen in Hispanoamerika durch machtpolitische Faktoren ausgelöst wurden, hatten sie zwei fundamentale Folgen, die im Zusammenhang mit dem revolutionären Zeitalter standen: Untertanen wurden zu Staatsbürgern und das Gefüge der alten hierarchischen Gesellschaften geriet ins Wanken. Längerfristig bewirkten die Erhebungen die andauernde Politisierung breiter Bevölkerungskreise, die jede Rückkehr zu vorrevolutionären Verhältnissen ausschloss. Geführt wurden die Aufstände häufig von Männern aus privilegierten Kreisen, insgesamt aber blieb die Vorstellung, das Volk könne als revolutionäre Kraft in der Politik wirken, ein wichtiges Exportgut der Revolutionen auf globaler Ebene.

Wenden wir uns im letzten Abschnitt dem Nahen Osten zu, einem Weltteil, in dem ebenfalls die Wirkungen der revolutionären Umwälzungen in Europa dauerhaft spürbar sind. Entscheidend war hier die napoleonische Invasion dieses Gebiets, die das revolutionäre Erbe mittransportierte. Der Feldzug gegen Ägypten war geopolitisch gesehen eine Fortsetzung der französischen Expansion im Mittelmeerraum. Er war der Versuch, die strategische Verbindung zwischen England und Indien zu trennen und zugleich eine neue Kolonie zu erobern. Nominell gehörte Ägypten zum Osmanischen Reich, doch es war den Machtinhabern, den **MAMELUKEN**, gelungen, sich von der Kontrolle des osmanischen Sultans weitgehend zu befreien. Die französische Besatzung Ägyptens im Juli 1798 infolge der Schlacht bei den Pyramiden beendete die Macht der Mameluken, ein Aufstand in Kairo im Oktober 1798 wurde von den napoleonischen Truppen niedergeschlagen. Die Grundsteuer Ägyptens wurde durchorganisiert, um Napoleon monatlich eine Million Francs zur Verfügung zu stellen. Das Ende der Mameluken-Herrschaft öffnete den Weg für den Aufstieg neuer Gruppen: Nach dem Abzug der Franzosen übernahm Muhammad Ali Pascha die Herrschaft in Ägypten und begann eine eigene Politik der Reichsbildung. Mit Hilfe einer neuen, europäisch gebildeten Führungsschicht passte er die napoleonischen Verwaltungsstrukturen an die lokalen Bedürfnisse an. Der Abschaffung von feudaler Herrschaft folgte die Einführung einer auf *cash crops* beruhenden Landwirtschaft: Das Nildelta wurde zum riesigen Baumwollfeld, Ägypten zum wichtigen Exporteur von Rohbaumwolle nach Europa. Muhammad Ali übernahm die Expansion des ägyptischen Reichs am Ostufer des Nils entlang, was das Verhältnis sowohl zu den Osmanen als auch zu Großbritannien unter Spannung setzte.

Das Osmanische Reich, aus britischer Sicht ein wichtiger Sicherheitsfaktor im Mittelmeerraum, war nach dem Verlust Ägyptens neuem mi-

**MAMELUKEN** Herrscherdynastie, die seit 1270 in Ägypten die Macht hatte. 1517 wurde sie von den Osmanen unterworfen, ab dem 18. Jahrhundert machten sich die Gouverneure autonom und verfügten bis zur napoleonischen Invasion über die Macht in Ägypten.

**Abb. 28**

Vivant Denon entouré des objets d'art (*Vivant Denon umgeben von Kunstwerken*), Kupferstich 1812.
*Die Einrichtung des Louvre 1802 bis 1815 ist mit Vivant Denon eng verknüpft, den Napoleon zum Direktor des Louvre ernannte. Dargestellt ist Denon im griechischen Saal. Die vor ihm aufgeschlagenen Bücher,* Campagne en Egypte *und* Campagne en Italie et Allemagne *weisen auf die Ursprünge der hinzugekommenen Kunstschätze hin. Denon nahm an den Feldzügen Napoleons teil, um die erbeuteten Kunstwerke in das Land der Freiheit zu bringen, wo nach zeitgenössischer Meinung der wahre Wert der Kunst erst zur Geltung kommen könnte. Hinten im Mittelfeld ragt der Obelisk von Luxor auf, weiter rechts steht der afrikanische Elefant, der den Platz der Bastille bis zu seiner Zerstörung im Jahre 1848 schmückte. Kulturreiche begegnen sich – Antike, Ägypten, Afrika. Vergangenheit und Gegenwart stehen in der Welt der Kunst nebeneinander.*

litärischem Druck durch das wieder erstarkte Russland ausgesetzt, nachdem der Zar 1812 Napoleon besiegt hatte. Die militärische Bedrohung führte zu politischem Reformdruck. So wirkte die von den europäischen Staaten ausgehende neue militärische Kraft verstärkend auf internationale Konflikte und Gegensätze.

Im Gefolge der Truppen Napoleons brachen Wissenschaftler und Künstler nach Ägypten auf und machten das Land und seine Kultur zur europäischen Mode. Seit der Aufklärung hatte Ägypten in der Phantasie der Europäer eine bedeutende Rolle gespielt: Freimaurer bedienten sich ägyptischer Formensprache, Mozart ließ in der *Zauberflöte* die Prüflinge in den ägyptischen Weisheitstempel eintreten. Mit riesigem Publikumserfolg veröffentlichte der Künstler und Sammler Dominique Vivant Denon 1802 seine *Voyages dans la Basse et la Haute Egypte* (*Reisen in Nieder- und Oberägypten*). Jean-François Champollion entdeckte während Napoleons Feldzug den Stein von Rosette, mit Hilfe dessen ihm die Entzifferung der Hieroglyphen gelang. Das wachsende Interesse der europäischen Bildungselite fungierte als Geburtshelfer der Ägyptologie.

● Erläutern Sie den Begriff „atlantische Revolutionen".
● Untersuchen Sie das reziproke Verhältnis zwischen den revolutionären Erhebungen in Frankreich und dem Krieg in Europa.
● Beschreiben Sie die Rolle der Bildmedien in der Französischen Revolution.
● Schildern Sie die jüngeren Ansätze in der Historiographie zur Französischen Revolution.

**Literatur**

Christopher A. Bayly, **Die Geburt der modernen Welt. Eine Globalgeschichte 1780–1914**, Frankfurt a. Main/New York 2004.
Louis Bergeron/François Furet/Reinhart Koselleck, **Das Zeitalter der europäischen Revolutionen 1780–1848** (Fischer Weltgeschichte, Bd. 26), Frankfurt a. Main 2003.
Elisabeth Fehrenbach, **Vom Ancien Régime zum Wiener Kongress** (Oldenbourg Grundriss der Geschichte 12), 4. Aufl., München 2001.
François Furet/Denis Richet, **Die Französische Revolution**, Frankfurt a. Main 1997.
David P. Geggus (ed.), **The World of the Haitian Revolution,** Bloomington 2009.
Lynn Hunt, **Symbole der Macht. Macht der Symbole. Die Französische Revolution und der Entwurf einer politischen Kultur**, Frankfurt a. Main 1989.
Axel Kuhn, **Die Französische Revolution**, Stuttgart 1999.
Hans-Jürgen Lüsebrink/Rolf Reichardt, **Die Bastille. Zur Symbolgeschichte von Herrschaft und Freiheit**, Frankfurt a. Main, 1990.
Jürgen Osterhammel, **Die Verwandlung der Welt**, München 2009.
Susanne Petersen, **Marktweiber und Amazonen. Frauen in der Französischen Revolution – Dokumente, Kommentare, Bilder**, 2. Aufl., Köln 1989.
Rolf Reichardt, **Das Blut der Freiheit. Französische Revolution und demokratische Kultur**, 2. Aufl., Frankfurt a. Main 1999.
Viktoria Schmidt-Linsenhoff (Hg.), **Sklavin oder Bürgerin? Französische Revolution und neue Weiblichkeit 1760–1830**, Ausstellungskatalog, Marburg 1989.
Albert Soboul, **Kurze Geschichte der Französischen Revolution**, Neuausgabe, Berlin 2000.
Michel Vovelle, **Die Französische Revolution Soziale Bewegung und Umbruch der Mentalitäten**, Frankfurt a. Main 1993.

# Restauration und Revolution | 4

**Überblick**

Dieses Kapitel untersucht die Dynamik der Jahre, die auf die napoleonische Herrschaft folgten. Der zwischen 1815 und 1848 liegende Epochenabschnitt umfasst sowohl wichtige politische Ereignisse als auch die fortschreitende industrielle Entwicklung Europas. Diese Prozesse brachten die Verwandlung des Kontinents von einer ständisch-agrarischen Gesellschaft in eine industrielle Bürgergesellschaft in Gang. Zugleich entfaltete sich die historische Entwicklung in der ersten Hälfte des 19. Jahrhunderts Jahre als Teil eines Spannungsverhältnisses zwischen konservativen Kräften und den Forderungen nach einem auf den Prinzipien der Volkssouveränität und nationalen Einheit ruhenden Staatswesen.

## Die gescheiterte Restauration | 4.1

### Der Wiener Kongress und die europäischen Staaten | 4.1.1

Vor seinem Sturz äußerte Napoleon einmal, dass nach ihm das Ideengut der Revolution mit erneuter Kraft wieder aufleben würde. Die ganze Anstrengung der europäischen Staatsmänner, die im Herbst 1814 in Wien zusammentrafen, richtete sich darauf, diese Prognose zu widerlegen. Die Verquickung von Volksaufstand, Revolution und Krieg, die Europa während der vergangenen Jahrzehnte erschüttert hatte und an die die alte politische Elite mit Schrecken zurückdachte, sollte es künftig nie wieder geben. Friedenssicherung und Revolutionsvermeidung bildeten in den Augen der europäischen Großmächte zwei Seiten derselben Medaille: Der Schutz gegen Volksbewegungen sowie Volksvertretungen und der internationale Frieden bedingten sich aus dieser Sicht gegenseitig. Der Wiener Kongress, der seine Ergebnisse überwiegend in einzelnen

**Abb. 29** |

*Der Kuchen der Könige, Zeichnung, Frankreich 1815.*
*Obwohl der Kongress nie im Plenum getagt hat, stellt die Zeichnung die um den Tisch beim Grenzziehen versammelten europäischen Herrscher und Fürsten dar.*

Kommissionen erarbeitete und damit eine Neuheit in der Geschichte der Diplomatie bildete, bestand aus den Vertretern von rund 200 europäischen Staaten, Körperschaften und Städten. Die zentrale Rolle spielten die fünf Großmächte Russland, Österreich, Preußen, England und die wiederhergestellte französische Monarchie. Die Führung übernahm der österreichische Fürst und erfahrene Diplomat Metternich. Das gemeinsame Ziel war es, die politische und territoriale Basis für eine Neuordnung Europas zu legen.

Der Versuch der europäischen Mächte, das Zeitalter der revolutionären Umwälzungen zu beenden, indem sie das Prinzip des **Verfassungsstaates** als Legitimationsgrundlage für politische Herrschaft zugunsten des Prinzips monarchisch-dynastischer **LEGITIMITÄT** verwarfen, wurde schon damals mit dem Begriff der **Restauration** zum Ausdruck gebracht. Auch wenn wir ihm in der modernen Geschichtsschreibung hin und wieder begegnen, wird seine Angemessenheit als Etikett für eine Epoche stets kritisch hinterfragt. Politisch bedeutete damals der Begriff der Restauration zunächst die Wiederherstellung alter Zustände. Allerdings konnten mit der Rückkehr des Bourbonen-Herrschers Ludwig XVIII. auf den Thron Frankreichs nicht alle seit 1789 in Europa eingetretenen politischen und gesellschaftlichen Veränderungen rückgängig gemacht werden. Die Restauration wurde vielmehr zu einem Begriff im parteilichen Sinne: In ihm sahen die Liberalen ein Verbrechen gegen die Revolution, für die konservativen Kräfte blieb er ein unerfülltes politisches Programm. Die als Restauration bezeichnete Epoche weist auf

**LEGITIMITÄT**

Rechtmäßigkeit der Herrschaft

die zwischen dem Wiener Kongress und den Konvulsionen der Jahrhundertmitte liegenden Jahrzehnte hin. Ihr Verlauf wurde bestimmt durch ein Spannungsverhältnis zwischen den wachsenden Emanzipationsbestrebungen der sozialen Gruppen und Interessen, die sich während der Revolutionsjahre und der napoleonischen Zeit in zaleichen Regionen Europas herausgebildet hatten, und den Kräften der Verteidigung traditionell legitimierter Staats- und Herrschaftsformen.

Um die Eroberungen des revolutionären und napoleonischen Frankreich rückgängig zu machen, nahmen die in Wien versammelten Diplomaten eine Neugliederung europäischer Territorien vor. Frankreich wurde in seine Grenzen vor 1792 zurückgewiesen. Im Nordosten des Landes entstand das Königreichder Vereinigten Niederlande, das sich aus dem ehemaligen habsburgischen Gebiet, den Vereinigten Provinzen sowie dem Großherzogtum Luxemburg zusammensetzte. Im Südosten Frankreichs wurde ein vergrößertes Königreich Sardinien-Piemont restauriert. Beide Staaten wurden dem besonderen Schutz Großbritanniens unterstellt und sollten als Barrieren gegen Frankreich dienen. Das Habsburgische Reich zog sich aus seinen ehemaligen westdeutschen Gebieten zurück, wuchs aber über Salzburg, Oberitalien und die italienischen Mittelstaaten in Richtung Südwesten. Die umgekehrte Richtung schlug Preußen ein. Einerseits erlangte es nicht mehr seinen friesischen Zugang zur Nordseeküste, dem England-Hannover einen Riegel vorschob; ebenso wenig erhielt es alle seine polnischen Teilungsgebiete zurück noch konnte es sich Sachsen vollständig einverleiben. Andererseits wurde es mit den Territorien am Rhein, in Westfalen und im Saarland entschädigt, um die Militärgrenze gegen Frankreich sichern zu können. Die Ausbreitung Preußens in die deutschen Territorien hinein, ohne allerdings ein geographisch zusammenhängender Staat zu werden, bereitete schon das nationalpolitische Programm vor, das sich in der zweiten Jahrhunderthälfte unter Bismarck vollzog. Die Westausdehnung Preußens erfolgte nicht zuletzt unter dem Druck, den Russland nach Europa hinein ausübte. Das eigentliche Opfer war Polen: Kleinere Gebietsteile verblieben bei Preußen und Österreich, der größte Teil wurde als Königreich Polen in Personalunion mit dem russischen Kaiserreich verbunden. Polen wurde so zu einem ständigen revolutionären Unruheherd.

Zur Sicherung des inneuropäischen **GLEICHGEWICHTS DER KRÄFTE**, sollten die Weltmächte, England und Russland ihre Ambitionen sowie ihre Konflikte möglichst weit von Europa entfernt nach Asien tragen und dort ausfechten. Bereits im Vorfeld der Wiener Verhandlungen fielen etliche Entscheidungen mit diesem Ziel. Russland erhielt freie Hand gegenüber der Türkei und Persien. Nachdem Großbritannien während der napoleonischen Kriege die spanische, die französische, die hollän-

**GLEICHGEWICHT DER KRÄFTE** Politischer Zustand, in dem sich das Machtverhältnis zwischen Staaten gegenseitig ausgleicht, um Stabilität zu gewähren.

dische und die dänische Flotte nacheinander ausgeschaltet hatte, konnte es jetzt strategisch wichtige Gebiete – Kapland, Mauritius, Ceylon – einbehalten und darüber hinaus die Durchfahrt zum Fernen Osten für sich öffnen. Vertreten in Wien durch seinen Außenminister, Viscount Castlereagh, hatte Britannien keine territorialen Ambitionen auf dem Kontinent, solange in seine Interessen als führende See- und Welthandelsmacht nicht eingegriffen wurde. Ebenfalls wenig Einfluss fanden die Vereinigten Staaten von Amerika – trotz wachsender Handelsbeziehungen mit Europa. Die Abschottung Europas von den USA entsprach der Furcht europäischer Herrscher vor revolutionären Ansteckungen, die den französischen sogar noch vorausgegangen waren. 1823 begrüßten sie mit Erleichterung die **Monroe-Doktrin**, nach der die USA eine erneute koloniale Intervention europäischer Mächte in der westlichen Hemisphäre nicht zulassen, ihrerseits dagegen auf jede Einmischung in europäische Angelegenheiten verzichten wollten. Diese Trennung zwischen Europa und den USA blieb im Gegensatz zum 18. Jahrhundert, als die großen europäischen Kriege von den Konflikten jenseits des Atlantiks mit bestimmt worden waren, bis zum Ersten Weltkrieg weitgehend bestehen.

Zu den übrigen territorialen Entscheidungen des Kongresses gehörten die folgenden: Spanien und Portugal wurden unter ihren alten Herrscherfamilien restauriert, die Schweiz wurde wiederhergestellt und ihre Neutralität vertraglich anerkannt, Schweden und Norwegen wurden vereinigt.

Noch im Jahr 1815 unterzeichneten Zar Alexander I., der österreichische Kaiser Franz I. und König Friedrich Wilhelm III. von Preußen eine **„Heilige Allianz"**, einen Vertrag, der die Monarchen Europas in einem Bündnis auf der Grundlage der christlichen Religion verband. Die Heilige Allianz sollte die Antwort auf die revolutionäre Herausforderung sein, ein Zeichen der Brüderlichkeit der christlichen Monarchen, die auf diese Weise versuchten, die Solidarität der Völker mit ihren Herrschern zu festigen. In der politischen Praxis der Staaten gewann die Allianz weniger Bedeutung, sie wurde vor allem Inbegriff des reaktionären **KONSERVATISMUS** und erntete häufig spöttische Worte. Bedeutsamer für die europäische Politik war die **Quadrupelallianz**, ein defensives Bündnis zwischen Russland, England, Österreich und Preußen gegen Frankreich. In diesem Rahmen entwickelte sich ein Konferenzsystem zur Regelung europäischer Probleme. Allerdings entstanden in den folgenden Jahren Risse in dem europäischen Mächtesystem, verursacht nicht zuletzt durch gegensätzliche verfassungs- und gesellschaftspolitische Leitideen. Die innenpolitischen Differenzen zwischen autokratischen und konstitutionellen Staaten, überlagert durch ihre machtpolitischen Interessen,

**KONSERVATISMUS**
Politische Ideologie und Bewegung, die die Bewahrung der bestehenden oder die Wiederherstellung von früheren gesellschaftlichen Ordnungen zum Ziel hat.

machten sich bemerkbar bezüglich Fragen von gegenrevolutionären Interventionen, die ab den 1820er Jahren in einer Welle von Revolten in den Mittelpunkt des diplomatischen Vertragswerkes von 1815 traten.

## Erhebungen und Repressionen                                    4.1.2

Das in Wien sorgfältig ausbalancierte europäische System des Gleichgewichts hing davon ab, dass die europäische Mitte zersplittert und fast ohne Macht blieb. Der amorphe Zustand Mitteleuropas, von der Ostsee bis zur Adria, sollte für Distanz zwischen den Großmächten sorgen und unmittelbare Kollisionen verhindern. Eine Hegemonialmacht in der europäischen Mitte hätte im Bündnis mit nur einer weiteren Macht das Gleichgewicht der europäischen Staatenwelt aufgehoben. Mit diesem Gedanken schuf der Wiener Kongress den **Deutschen Bund**, das neue, aus 39 souveränen Einzelstaaten und Städten bestehende überstaatliche Gebilde, das die Auflösung des **Heiligen Römischen Reiches** vollendete. Die Mitgliedsstaaten waren vertreten in der Bundesversammlung zu Frankfurt am Main, dem einzigen gemeinsamen Verfassungsorgan. Seinen Vorsitz hatte der österreichische Kaiser; Zwar machte die Stimmenverteilung die Majorisierung der übrigen Staaten durch Preußen und Österreich unmöglich, doch handlungsfähig war der Bund nur, wenn sich Österreich und Preußen verständigten.

Nicht nur zur Stabilisierung des europäischen Mächtesystems trug der Deutsche Bund bei, er entwickelte sich innenpolitisch zum wirksamen Bollwerk gegen verfassungspolitischen Wandel. Die repressive Politik war nicht von vornherein in der Rahmenvereinbarung des Bundes, der Bundesakte, angelegt. Diese gewährte politische und bürgerliche Rechte – etwa die gleichen Rechte für alle christlichen Konfessionen –, schrieb die Verbesserung der Rechtsstellung der Juden vor, und vor allem versprach Artikel 13 allen Staaten des Bundes eine „landständische Verfassung". Die Umsetzung dieser Absichtserklärung scheiterte nicht zuletzt an den unterschiedlichen Interpretationen, die der Verfassungsbegriff zuließ. Er konnte für die altständische Tradition stehen, in der die Stände relativ autonome Institutionen waren, die nur sich selbst verkörperten. Oder es konnte damit die Forderung nach einem auf dem Prinzip der Volkssouveränität beruhenden konstitutionellen System gemeint sein, wonach Abgeordnete als Repräsentanten der Staatsbürger galten.

Obwohl der Deutsche Bund von der Großmacht Österreich zunehmend als Instrument zur Unterdrückung liberaler Strömungen betrachtet wurde, gelang es nicht, die politischen Bewegungen auszuschalten. Institutionen wie die Universitäten, die studentischen Vereine und die

**Abb. 30**

*Die Zensurbehörde, Karikatur aus dem Jahr 1847.*

Presse fungierten als Ersatz für fehlende Repräsentativorgane: In ihnen formulierten gebildete Bürger am deutlichsten ihre nationalpolitischen Hoffnungen. Nach den Befreiungskriegen gegen Napoleon entstand die Studentenbewegung, die **Burschenschaften**, die sich für die Abschaffung der Vielzahl von monarchischen Einzelstaaten einsetzten. Im Jahr 1818 wurde die Allgemeine Deutsche Burschenschaft gegründet, die ein potentielles republikanisches Verfassungsprogramm formulierte mit gemeinsamer Staatsbürgerschaft, dessen Verwirklichung den Deutschen Bund in Frage gestellt hätte. Einen ersten Höhepunkt in dem Kampf gegen oppositionelle liberale und nationale Strömungen markierten die **Karlsbader Beschlüsse** von 1819, die die Staatsaufsicht über die Universitäten verstärkten und die Burschenschaften verboten. Ein repressives Presserecht wurde eingeführt, das eine präventive Zensur für Bücher, Zeitungen und Zeitschriften im ganzen Bund durchsetzte.

In den 1820er Jahren erfasste eine Welle von Erhebungen den Mittelmeerraum, die das Werk des Wiener Kongresses von den Rändern her zum Zerfasern brachte. Die Revolutionswelle setzte 1820 in Spanien ein, wo König Ferdinand VII. die liberale Verfassung von 1812 beseitigte, sprang im gleichen Jahr nach Portugal über, erreichte danach Neapel und Piemont in Italien, und schließlich folgte 1821 der Aufstand der Griechen. All diese Aufstände schöpften ihre Impulse aus den Parolen der Freiheit und Bürgerrechte, strebten nach einem Verfassungsstaat, wurden aber nicht vom gesamten Volk ausgetragen, sondern von Eliten wie etwa Offizieren, Beamten, Intellektuellen, Kaufleuten, oder Geheimgruppen wie den spanischen FREIMAURERN oder den italienischen CARBONARI. Die einberufenen Kongresse vermochten nicht mehr, eine Einheitsfront gegen diese Unruhen zu bilden: Machtpolitische Interessen und innenpolitische Gegensätze machten die Kluft innerhalb der Kongressdiplomatie sichtbar. 1820/21 ließ sich Metternich zur Intervention in Italien ermächtigen, aber England, das den liberalen Bewegungen mit dosierter Sympathie gegenüber stand, distanzierte sich. Frankreich folgte diesem Beispiel, ließ sich seinerseits 1823 auf dem Kongress zu Verona Vollmacht erteilen, im Namen des europäischen Rechts in Spanien einzugreifen. England hielt sich vollends heraus, um freie Hand in Südamerika zu gewinnen, wo sich die spanischen Kolonien im Laufe der Revolution endgültig verselbstständigten.

Interventions- und Nichtinterventionsprinzipien erwiesen sich als anpassungsfähig, je nach Machtpolitik. Das zeigte sich erneut in der griechischen Frage. Seit dem 15. Jahrhundert war Griechenland ein Bestandteil des Osmanischen Reichs: Ermöglicht wurde die Bewegung zur Unabhängigkeit einerseits durch den Verfall des Reichs, andererseits durch die Unterstützung von Exil-Griechen, durch eine PHILHELLENISCHE BEWEGUNG in Westeuropa und schließlich durch die gemeinsame antitürkische Intervention Großbritanniens, Russlands und Frankreichs. Der russische Zar entschied sich im Widerstreit zwischen Legitimationsprinzip und machtpolitischen Interessen für letztere: Die Schwächung des Osmanischen Reichs ermöglichte seinem Land die freie Durchfahrt durch den Bosporus und weiter ins Mittelmeer. Allein Österreich verfolgte sein existentielles Interesse, nationale Bewegungen zu unterdrücken, die das Bestehen des österreichischen Vielvölkerstaates grundlegend bedrohten.

In der historischen Forschung herrscht Konsens darüber, dass es dem Wiener Kongress gelungen ist, dem europäischen Kontinent tatsächlich für geraume Zeit Frieden zu bescheren. Die von ihm geschaffene Ordnung wurde von Aufständen und Revolutionen um die Jahrhundertmitte erschüttert, doch nicht ganz außer Kraft gesetzt. Zugleich aber setzte das Wiener System eine Art eingefrorenen Status quo des Jahres 1815 voraus, sein Erfolg war auf innenpolitischen Konservatismus angewiesen. Vielen Menschen der Zeit gab der Kongress das, was sie haben wollten: Frieden und Ordnung unter traditionellen Herrschern. Dafür stellte das System sich gegen neu auftretende historische Entwicklungen, sodass es in der zweiten Hälfte des 19. Jahrhunderts Schritt für Schritt demontiert wurde.

**FREIMAURER**

Eine nach den Idealen von Toleranz und Brüderlichkeit begründete, geschlossene Männergesellschaft, organisiert in regional vernetzten Logen. Dort wurden philosophische und gesellschaftliche Themen diskutiert.

**CARBONARI**

Ein Geheimbund, der sich in der napoleonischen Zeit in der Gegend von Neapel entwickelte mit dem Ziel, die politische Einigung der italienischen Staaten zu erreichen, ungeachtet der Wahl der Mittel. Zwischen 1815 und 1820 sollen der geheimen Organisation mehr als 600.000 Menschen angehört haben.

**PHILHELLENISMUS**

(aus d. Griechischen „Freundschaft zum Griechentum") Geistige Strömung des frühen 19. Jahrhunderts in Europa und Nordamerika, deren Anhänger sich als Bewahrer der Zivilisation der griechischen Antike betrachteten.

## 4.2 | Faktoren des Wandels

### 4.2.1 | Industrialisierung und Landwirtschaft

Zwar ist sich die Wissenschaft darüber einig, dass die Industrialisierung einen zentralen Motor des langen 19. Jahrhunderts bildete, doch lässt sich der unter diesem Begriff subsumierte Prozess schlecht auf eine knappe Formel bringen. Über einige Gemeinsamkeiten herrscht Konsens: Es handelte sich um einen Prozess des wirtschaftlichen Wachstums unter den Bedingungen zunehmender Mechanisierung, Arbeitsteilung und Intensivierung des Kapitaleinsatzes. Dazu kamen die Revolutionierung der Energienutzung sowie des Verkehrswesens durch die Eisenbahn. Dennoch: Nicht von der Technologie allein seien die Erneuerung der Produktionsweise sowie das Wachstum angetrieben worden, sondern von vielfältigen institutionellen Faktoren, die wiederum selbst durch den Strukturwandel tiefgreifend neu geformt worden seien. Zu diesen allgemeinen Tendenzen kommt viel Unterschiedliches und Gegenläufiges: Die Industrialisierung war zu keiner Zeit ein gleichmäßiger Prozess, der ganze Nationen einheitlich und synchron geprägt hat. Vielmehr war der Wandel an regionale oder lokale Gegebenheiten – Ressourcen, Infrastruktur, sozialen Rahmenbedingungen – gebunden. Die Industrialisierung einer Region konnte auch De-Industrialisierung einer anderen bedeuten, wenn etwa heimindustrielle Gebiete ihre Konkurrenzfähigkeit verloren. Auch in den ärmeren Ländern Europas, etwa im Osten, gab es regionale Inseln, in denen die Industrie florierte, neben weiten Landstrichen, die weitgehend unberührt von technischem und wirtschaftlichem Wandel blieben.

Die Industrialisierung ereignete sich in England ein halbes Jahrhundert bevor der Strukturwandel die Wirtschaft und Gesellschaft auf dem europäischen Kontinent erfasste. In England wurden der Absolutismus und die Grundherrschaft früher als in anderen europäischen Ländern gelockert, den Zunftzwang gab es hier schon lange nicht mehr. Somit war die Grundlage für die Ausbreitung des Handels, der Kapitalbildung und der technischen Erneuerung vorhanden. Ein weiterer Faktor war die Durchlässigkeit der gesellschaftlichen Stände. Der Umstand, dass nur der älteste Sohn einer Adelsfamilie den Titel und den Besitz seines Vaters erbte, bedeutete, dass die Nachgeborenen häufig auf bürgerlichen Erwerb angewiesen waren. In dieser vergleichsweise offenen Gesellschaft war die Neigung größer, Kapital in expandierenden Industriezweigen anzulegen. Der Aufschwung begann in der Baumwollindustrie, verbunden mit technischen Neuerungen der Webstühle, die dann auch die Wollweberei erfassten. Trotz Zollschranken nahm der europäische Kontinent zu Beginn des 19. Jahrhunderts etwa 60% der britischen Exporte ab. In den folgenden Jahrzehnten erschloss sich Großbritannien dann aber die außereuropäischen Märkte in Lateinamerika und Indien. Der rasche Ausbau des Eisenbahnnetzes seit der zweiten Hälfte der 1830er Jahre förderte die neuen Schlüsselindustrien der zweiten Jahrhunderthälfte: Kohle, Eisen, Stahl.

Im Vergleich zu England war das kontinentale Europa am Anfang des 19. Jahrhunderts überwiegend von der Agrarwirtschaft bestimmt. Die Hauptregion, in der sich die Industrie auf dem Kontinent entwickelte, erstreckte sich von den südlichen Niederlanden ins nördliche Frankreich und nach Rheinland-Westfalen. Eine weitere Industrieregion entstand in Sachsen, Oberschlesien und Böhmen. Um große Städte wie etwa Paris, Lyon, Berlin und St. Petersburg bildeten sich ebenfalls Zentren industrieller Produktion. Zu den wirtschaftsfördernden Aktivitäten der europäischen Staaten gehörte auch die schrittweise Vereinheitlichung der Münzen, Maße und Gewichte. Weitere Maßnahmen betrafen die Beseitigung der Beschränkung der Gewerbefreiheit durch die Zünfte und den Abbau von Zollschranken, die in Süd- und Mitteleuropa die Entstehung nationaler Binnenmärkte behinderten. Ein erster Höhepunkt war die durch Volksaufstände begleitete Gründung des deutschen **ZOLLVEREINS** 1834; in der Schweiz wurden Binnenzölle 1848 beseitigt, im Habsburgerreich erst in 1850. Die Bewegungsfreiheit des gewerblich-industriellen Bürgertums und das damit verbundene wirtschaftliche Potential erreichten in den östlichen und südlichen Regionen Europas ihre Grenze – etwa in Russland, Ungarn oder auf dem Balkan, wo eine protektionistische Finanz- und Zollpolitik und eine archaische Zunftordnung zu einem Entwicklungsgefälle führten.

Erkennbar sind in der Tat regionale Unterschiede im Industrialisierungsprozess. Während sich die belgischen und rheinischen Kohle- und Eisenerzgebiete schnell nach britischem Vorbild entwickelten, kam die Industrialisierung Frankreichs eher langsam voran. Hier erzeugten bis zur Jahrhundertmitte Kleinbetriebe fast 69% der Industrieproduktion und beschäftigten etwa 75% der gewerblichen Arbeitskräfte. Die französischen Städte wuchsen langsamer als die in England oder den deutschen Gebieten, das lange Überleben bäuerlicher und handwerklicher Produktionsformen verhinderte allzu radikale Brüche. Doch andere Bereiche wie der Ausbau von Straßen- und Eisenbahnnetzen erlebten eine raschere Entwicklung. In Deutschland dagegen ließ die Industrialisierung bis Mitte des Jahrhunderts auf sich warten. Dann fand sie jedoch mit solcher Geschwindigkeit statt, dass die übrigen europäischen Staaten zurückblieben. Erst durch den Eisenbahnbau wurde der deutsche

**ZOLLVEREIN**

Der Zollverein war ein Zusammenschluss von Staaten des Deutschen Bundes unter der Leitung Preußens. Sein Ziel war die Schaffung eines wirtschaftlichen Binnenmarktes, damit sich die deutsche Produktion gegen die überlegene englische Konkurrenz behaupten konnte.

Wirtschaftsraum Wirklichkeit: Die Mobilität sorgte dafür, dass der Wett-
bewerbsdruck überall im Zollvereinsgebiet gleichmäßig stark wurde.
Einen Extrempol bildeten die Regionen des Ostens: Hier wurde die Lang-
lebigkeit der feudalen Agrarordnung zum wirtschaftlichen Hindernis,
etwa in Russland, wo bis 1861 die Leibeigenschaft fortbestand.

Die Industrialisierung und Urbanisierung Europas im 19. Jahrhundert bedeuteten lange nicht, dass die Landwirtschaft stagnierte oder
an Bedeutung verlor. Mit der Ausnahme von England behielten alle Gesellschaften in Europa bis zum Ersten Weltkrieg eine starke agrarische
Prägung. Im kontinentalen Europa schwankte der agrarische Beschäfti-
gungsanteil während der ersten Hälfte des 19. Jahrhunderts zwischen
etwa zwei Drittel – Frankreich – und über 90% im Osten. Bis zur Jahrhundertmitte blieb Großbritannien das einzige Land, dessen Bevölkerung bereits zur Hälfte in Städten lebte.

Angesichts des oben genannten Entwicklungsgefälles innerhalb der
Regionen Europas liegt es nahe, dass die Landwirtschaft in völlig verschiedene soziale, politische und rechtliche Systeme eingebettet war.
Die Spannweite der Agrarverfassungen reichte von der völligen Ablösung von personenrechtlichen Bindungen im Westen bis zur noch ungebrochenen Leibeigenschaft in Russland. Grob gesprochen kann zwischen drei Zonen unterschieden werden. In der ersten handelte es sich
um die Gebiete, in denen grundherrschaftliche Vorrechte beseitigt worden waren. Dies galt für Großbritannien und Irland, dann Frankreich
und die Gebiete des *Code Napoléon*, in dessen Geltungsbereich die rechtliche Gleichheit aller Einwohner erklärt worden war. Neben Frankreich
schloss diese Gruppe etwa die Niederlande, die rheinisch-pfälzischen
Territorien und Oberitalien ein. In vielen dieser Regionen galten individuelle Eigentumsrechte an Grund und Boden. Die zweite Zone umfasst
den Raum, in dem sich die Emanzipation der ländlichen Unterschicht
auf dem Weg einzelner Reformen vollzog, die von den napoleonischen
Jahren bis zur Mitte des Jahrhunderts reichten. Gemeint sind zum einen
die Gebiete von der Schweiz und Tirol bis nach Mitteldeutschland hinein
und zweitens die Gebiete östlich der Elbe bis zum Baltikum. Die dritte
Zone schloss jene Länder ein, in denen die absolutistischen Bauernre-
formen, soweit sie bereits stattgefunden hatten, seit der Französischen
Revolution stehen geblieben waren. Dies war der Fall in Süditalien, der
österreichischen Monarchie samt Ungarn, sowie Polen und Russland.
Sporadisch wurden zwar in all diesen Ländern einzelne Vorrechte des
Adels oder der Kirche legislativ abgebaut, aber unterschiedliche Faktoren machten diese Entwicklung illusorisch.

Erst in der zweiten Hälfte des 19. Jahrhunderts geriet die Landwirtschaft in Europa langsam in den Sog der industriellen Technik. Auch

dann dauerte es bis zum 20. Jahrhundert, bevor die Mechanisierung und Verwissenschaftlichung der Landwirtschaft vollständig umgesetzt wurden. Die aus Britannien stammende Dreschmaschine wurde dort noch 1830 von aufständischen Arbeitern zerstört; 1834 wurde die erste Mähmaschine gebaut, aber erst nach der Jahrhundertmitte setzte ihre Serienherstellung ein. Und noch um 1900 wurde auf dem europäischen Kontinent der größte Teil des Getreides mit der Sense gemäht. Kunstdünger, zuerst in Deutschland und den Niederlanden verbreitet genutzt, wurde europaweit erst im 20. Jahrhundert Wirklichkeit.

Die europäische Landwirtschaft musste eine Bevölkerung ernähren, die seit dem 18. Jahrhundert stetig zunahm. In der ersten Hälfte des 19. Jahrhunderts beschleunigte sich nochmals das Bevölkerungswachstum und schuf damit eine Voraussetzung für die Industrialisierung, indem es das notwendige Arbeitskräftepotential bereitstellte. Die landwirtschaftliche Produktion wurde zwar durch verbesserte Anbaumethoden, extensivere Nutzung und Erschließung neuer Agrarflächen und den Anbau ertragreicherer Nutzpflanzen gesteigert, doch die oben genannte Langsamkeit im Bereich der Mechanisierung verzögerte ebenfalls den Übergang von der extensiven zur intensiven Agrarwirtschaft. 1816/1817 und 1846/1847 erlebte Europa schwere Wirtschaftskrisen, die agrarisch und nicht industriell bestimmt waren. Es waren Unterproduktionskrisen infolge schwerer Missernten. 1816/17 wurde die Getreideernte weitgehend vernichtet, 1846/47 die lebensnotwendige Kartoffelernte durch Fäulnis verdorben. Die Eigenversorgung vieler Regionen brach zusammen, und da noch vor dem Entstehen eines Eisenbahnnetzes die Versorgung durch andere Regionen nicht möglich war oder zu spät kam, stiegen die Sterblichkeitsziffern, und die rapide Preissteigerung provozierte Unruhen. Erst die Erweiterung der Transport- und Kommunikationswege in der zweiten Hälfte des Jahrhunderts ermöglichte es, Ernteausfälle wirksam interregional auszugleichen. Die Krise von 1846/47 war noch eine Naturkatastrophe, die die Revolutionen der Jahrhundertmitte auslöste.

## Der politisch-wirtschaftliche Liberalismus                4.2.2

In einem Zeitalter der großen politischen, sozialen und wirtschaftlichen Umbrüche suchten die Menschen nach neuen Sinngebungen, um die eigene Gegenwart zu begreifen. Die Reflexionen nahmen sehr unterschiedliche Formen und Strukturen an, die Antwort auf den Ruf nach neuen sinnerfüllten Gemeinschaftsformen kam aus vielen Richtungen. Zu den politischen Leitideologien des 19. Jahrhunderts zählte zweifellos der Liberalismus, ein Begriff, der sich schwerlich auf ein einziges Interessenfeld reduzieren lässt. Liberale äußerten sich zu Fragen der Politik, des Handels, der Bildung und der Religion, den zentralen Gedanken bildete bei jedem Bereich der Ruf nach Freiheit. Diese wurde meist verstanden als persönliche Freiheit: Versammlungs-, Rede- und Pressefreiheit, Freiheit von Staatswillkür, überhaupt Einschränkung staatlicher Eingriffe in das gesellschaftliche, wirtschaftliche und private Leben. Hervorgegangen ist der Liberalismus aus den wichtigen politischen Umwälzungen des 17. und 18. Jahrhunderts: aus der englischen Revolution von 1688 sowie den amerikanischen und französischen Revolutionen des darauf folgenden Jahrhunderts. Daher ist es gerechtfertigt, den Liberalismus in erster Linie als eine politische Verfassungsbewegung zu betrachten, die auf die Rechtsbindung von Macht und Herrschaft durch schriftliches Gesetz zielte. Der Begriff des **Rechtsstaates** im Gegensatz zum Machtstaat des Absolutismus enthält diese Idee. Die Verfassung sollte Grundrechte garantieren – das Recht auf Eigentum sowie seine Unverletzlichkeit, Meinungsfreiheit, Gleichheit vor dem Gesetz – und das Prinzip der Gewaltenteilung festschreiben.

Das Prinzip der Freiheit, verstanden als Abwesenheit staatlicher Einschränkungen, bildete die Grundlage des **Wirtschaftsliberalismus**. Seine zentrale intellektuelle Quelle war das 1776 erschienene Werk von Adam Smith *Der Wohlstand der Nationen*, das eine Wirtschaft vorsieht, die sich ohne staatliche Einmischung über den Markt selbst steuert. Es sei der Markt, dessen Ordnung die Interessen der Individuen und der Gesellschaft in Einklang bringe. Aus der Grundforderung nach Freiheit ergaben sich im Bereich wirtschaftlicher Handlungen Forderungen nach Vertrags-, Gewerbe-, Berufs- und Konsumentenfreiheit. In seinem Plädoyer für den Freihandel entwickelte Adam Smith die Theorie der **ABSOLUTEN KOSTENVORTEILE**, wonach bei unterschiedlicher Produktivität die Länder vom Handel untereinander profitierten, dem keine staatliche Steuerung unterlag.

Liberale Ideen trieben im 19. Jahrhundert politisch-soziale Bewegungen voran, die in den europäischen Revolutionen der Jahrhundertmitte kulminierten. Die Idee der Freiheit nahm zweierlei Gestalt an: die Freiheit der Menschen, in selbstbestimmten Nationalstaaten zu leben, verbunden mit der bürgerlichen Freiheit in diesen Staaten. In den Staaten Mitteleuropas verbanden sich also die Bestrebungen nach politischer Reform mit nationalstaatlichen Forderungen. Zur Mitte des 19. Jahrhunderts hin erreichte der Liberalismus mit einer sozial relativ breitgefächerten Anhängerschaft den Höhepunkt seiner Dynamik. Dabei wurde er konfrontiert mit konkurrierenden Ideologien – dem **Konservatismus** und dem **Sozialismus**, mit denen er in Konflikt kam. Der Konservatismus zielte auf die Verteidigung der Institutionen des Absolutismus und der

**THEORIE DER ABSOLUTEN KOSTENVORTEILE**
Die vom Ökonomen Adam Smith 1776 entwickelte Theorie besagt, dass Außenhandel und Arbeitsteilung allen daran beteiligten Ländern Vorteile bringen. Jedes Land soll sich auf die Herstellung derjenigen Güter spezialisieren, die es kostengünstiger produzieren kann als andere Länder, bei denen es also einen Kostenvorteil hat.

Werte der vorindustriellen Eliten. Sein geistiger Vater war der englische
Philosoph Edmund Burke, der sich eloquent gegen die verfassungspoli-
tischen Ideale der Französischen Revolution äußerte. In der Zeit nach
Napoleon handelten die konservativen Kräfte häufig mit repressiven
Mitteln gegen Bewegungen für Presse- und Vereinsfreiheit, die Bauern-
befreiung, städtische Selbstverwaltung oder die Emanzipation der Juden.

Eine zweite, noch fundamentalere Oppositionsideologie, die im Verlauf der zweiten Hälfte des 19. Jahrhunderts auftrat, war der Sozialismus.
Zunächst entwickelte sich die sozialistische Opposition aus radikaleren
Spielarten des Liberalismus. Anstelle der Freiheit des Einzelnen befürworteten ihre Anhänger die Gleichheit aller. Mit fortschreitender Industrialisierung, die die große Spannweite der sozialen Verhältnisse zum
Vorschein kommen ließ, wurde das Credo staatlicher Nichteinmischung
in die Belange des Marktes und der Gesellschaft zunehmend kritisch in
Frage gestellt. Immer mehr Kritiker prangerten die staatliche Untätigkeit
angesichts sozialer Not an. Im 19. Jahrhundert hielten die Väter und Müt-
ter des Sozialismus Demokratie und Sozialismus noch für untrennbar.

Die politischen Massenbewegungen, die zunächst von liberalen Grundsätzen inspiriert waren, brachten neue Forderungen zutage, welche die
Grenzen der liberalen Ideologien offenlegten. Zentral war hier die Forderung nach dem allgemeinen und gleichen Wahlrecht, betrachtet als
Grundlage für die Legitimität der gesellschaftlichen Ordnung. In der Auseinandersetzung um das Wahlrecht wurden in den 1848er Revolutionen
bereits die Trennlinien zwischen den Liberalen und den Demokraten bestimmt. Und in der zweiten Jahrhunderthälfte rückte das egalitäre Wahlrecht ins Zentrum des Forderungskatalogs, mit dem die sozialistischen
Gruppierungen sowie die Frauenbewegung die Zukunft gestalten wollten.

## Revolutionen                                                4.3

### Die Julirevolution von 1830                                4.3.1

Die drei Tage vom 27. bis 29. Juli 1830 nannten die Pariser „les trois glo-
rieuses" (die drei Herrlichen). Es waren die Tage, als das Volk auf die
**BARRIKADEN** stieg, getrieben durch erhöhte Brotpreise und den Versuch
des Königs, die Vorherrschaft des Adels wieder herzustellen. Ausgelöst
wurde der Aufstand von den sogenannten „Juli-Ordonnanzen" des regierenden Bourbonen-Königs Karl X., mit welchen er die Abgeordneten-
kammer auflöste, das Wahlrecht zum Nachteil der einfachen Bürger veränderte und die Zensur der Presse einführte. Zunächst erinnerten diese

**BARRIKADE**
(aus d. Französischen „barrique" = Fass) Ein Schutzwall im Straßenkampf, der
aus Gegenständen des All-
tagslebens rasch zusam-
mengestellt wird.

Ereignisse und die sich schnell verbreitenden Nachrichten aus Paris an die Erhebungen der Großen Revolution von 1789. Der von Metternich und den europäischen Monarchen gegen den Volksaufstand mühsam errichtete Damm schien zu brechen. Die Welle der Unruhen erreichte die Niederlande, Italien, Polen und die Staaten des Deutschen Bundes, aber am Ende steuerten die Akteure die Ereignisse auf entscheidende Weise, um der Gefahr eines radikaldemokratischen Programms, ähnlich dem der Großen Revolution in ihrer jakobinischen Phase, vorzubeugen. In Frankreich setzte die Julirevolution die Dynastie der Bourbonen ab, auf die Monarchie wurde aber nicht verzichtet. Überall folgten die revolutionären Eliten dem Kurs eines wirtschaftlichen und gemäßigten politischen Liberalismus, der die Verfassungsstaatlichkeit in Erinnerung rief und den Herrscher zum König von Gnaden des Volkes erklärte. Es gelang ihnen, die Massenbewegung der an den Straßenkämpfen beteiligten Handwerker und gelernten Arbeiter, die zum Erfolg der Revolution wesentlich beigetragen hatte, zurückzudrängen.

Die Revolutionen von 1830 brachten eine neue Verschiebung in der gesamteuropäischen Politik, indem es mehreren Ländern gelang, das Prinzip der monarchisch-dynastischen Legitimität zu diskreditieren zugunsten des Verfassungslebens und der nationalen Selbstständigkeit. Der neue französische König, Louis Philippe, verstand sich als „Bürgerkönig", und auf dem Tuilerienpalast ersetzte die Trikolore das Lilienbanner. Frankreich erhielt eine neue Verfassung, die dem Parlament das Recht zu Gesetzesinitiativen sicherte, königliche Notstandsgesetze verbot und die Pressefreiheit einführte. Zugleich machte die Wahlrechtsreform die begrenzte soziale Reichweite der neuen Verfassung deutlich. Das **ZENSUSWAHLRECHT** wurde zwar ausgedehnt, aber aufgrund der immer noch hohen Besitzbestimmungen blieb es auf das gehobene Bürgertum beschränkt. Die Wirtschaftspolitik der neuen Regierung trieb die Erweiterung des Transportwegnetzes voran, wobei staatliches und privates Kapital beim Eisenbahnbau zusammenwirkten. Um die Rahmenbedingungen für die Industrialisierung zu verbessern, erleichterte der Staat die Gründung von Kapitalgesellschaften mit beschränkter Haftung. Ein 1841 verabschiedetes Gesetz zur Regelung der Kinderarbeit in Fabriken blieb in seiner Wirkung begrenzt. Die mit der entstehenden Industriegesellschaft hervortretenden Probleme der sozialen Ungleichheit verschärften die Konflikte und intensivierten die Suche nach neuen Gesellschaftskonzepten.

Die französische Julirevolution erreichte das, was die Architekten des Wiener Systems befürchteten: Sie breitete sich jenseits der Grenzen Frankreichs aus. In den Niederlanden, Polen, Mittelitalien, den deutschen Staaten und selbst in England sorgte sie für politische Um-

**ZENSUSWAHLRECHT**
Das an die Höhe des Besitzes bzw. der Steuerleistung gebundene Wahlrecht.

wälzungen. Als erstes griff die Revolution auf den vom Wiener Kongress geschaffenen Pufferstaat, die Vereinigten Niederlande über: Die Vereinigung des katholischen Südens mit dem kalvinistischen Norden erwies sich als unhaltbar. Neben konfessionellen Unterschieden setzte die Frage der Sprache Nationalgefühle frei infolge des Versuchs des niederländischen Königs Wilhelm von Oranien, der überwiegend frankophonen Bevölkerung im Süden des Landes die holländische Sprache aufzuzwingen. Ein nationaler Unabhängigkeitskrieg führte im Winter 1830/31 zur Auflösung der Union mit den Niederlanden und zur Gründung eines unabhängigen belgischen Staates. Diese vollzog sich zwar unter dem Schutz Großbritanniens und Frankreichs, doch sie ging aus einer breiten Revolutionsbewegung hervor, in der die unterschiedlichen Ziele von Teilen der Arbeiter und bürgerlichen Schichten sowie des Klerus in der Forderung nach einem Nationalstaat zusammenfanden.

Auch nach Polen schwappte die Revolutionswelle über. Zwar besaß das Königreich Polen bereits eine liberale Verfassung (→ Kap. 3.2.1), seine Autonomie wurde aber infolge der Wiener Verträge stark durch den russischen Zar eingeschränkt. Im Herbst 1830 erhoben sich in Warschau polnische Patrioten, jagten die russische Besatzungsmacht aus der Stadt und bildeten eine nationale Regierung. Im folgenden Jahr schlug die russische Armee den Aufstand mit harter Hand nieder, Polen wurde russische Provinz und gewaltsam russifiziert. Während die Staaten Preußen und Österreich den russischen Truppen freie Hand in Polen gewährten, entflammten Paris und andere Städte West- und Mitteleuropas, in denen zahlreiche Exilpolen lebten, in Polenbegeisterung: Kundgebungen, Lieder, Vereine warben für die polnische Freiheit. In Deutschland bewirkte der polnische Aufstand die politische Mobilisierung bürgerlicher Gruppen, aber auch städtischer Unterschichten, die unterschiedliche Ziele verfolgten: Verfassungsreform, Lockerung der Pressegesetze, Reform der sozialen Missstände. Schließlich zeigte in England die kontinentale Revolutionswelle Wirkung in Gestalt der Wahlrechtsreform von 1832, die eine Reihe weiterer Reformen einleitete, um den Zugang des wohlhabenden und mittleren Bürgertums zum Parlament auszuweiten.

Die Revolutionen von 1830/31 bezeichnet Jürgen Osterhammel als „janusköpfig", da sie zugleich in die Vergangenheit und in die Zukunft gerichtet waren. Einerseits wurde erstmals seit dem Wiener Kongress das Legitimitätsprinzip gebrochen – sowohl in der Großmacht Frankreich als auch mit der Gründung des belgischen Staates. Andererseits gelang es der Wiener Friedensordnung, dem Druck zu widerstehen, denn nirgends führten die europaweiten Unruhen zum befürchteten Krieg. Nationalismus und Liberalismus, die sich als zwei Seiten derselben Medaille erwiesen, bedrohten zwar das in Wien geschaffene Staatensystem mit dem

Zerfall, aber noch schien das System durch die Einigung der Großmächte standzuhalten. Es war eine wichtige Eigenschaft aller revolutionären Unruhen in Europa um 1830, dass sie durch die Sozialproteste der einfachen Bevölkerungsschichten vorangetrieben wurden, deren Opposition das liberale Bürgertum zu kanalisieren und für eigene Zwecke zu nutzen wusste. Es bediente sich des Erfolges der Massenbewegung, um die Politik auf eingeschränkte Weise zu reformieren und damit zugleich zu stabilisieren. So entfesselte die revolutionäre Bewegung von 1830 eine weitere Spannung, die die europäischen Staaten und Gesellschaftsordnungen in radikaldemokratische und sozialreformerische Richtungen weitertrieb.

## 4.3.2 | Das Revolutionsjahr 1848

Mehr noch als die Aufstände aus dem Jahr 1830/31 wird „die Revolution von 1848" häufig als eine europäische Revolutionswelle betrachtet. Denn die revolutionären Ereignisse, so der Konsens der Forschung, blieben nicht auf einzelne Staaten begrenzt, sondern übersprangen territoriale Grenzen und umfassten den größten Teil des europäischen Kontinents. Zugleich gilt die Beobachtung, dass die einzelnen Schauplätze der Revolution in sehr spezifischen und teilweise höchst unterschiedlichen Zusammenhängen und Ausgangsbedingungen eingebettet waren. Versuchen wir die zahlreichen lokalen Ereignisse unter ein gemeinsames europäisches Dach zu bringen, so stehen drei zentrale politische Belange im Mittelpunkt: das Prinzip der nationalen Vereinigung, die Demokratisierung des Staatsapparates und die soziale Gerechtigkeit. Darüber hinaus erzeugten rasch zirkulierende Nachrichten und Bilder einen geteilten Fundus von Idealen, Medien und Handlungsmustern. Geht man von der Zahl der beteiligten Menschen, der geographischen Ausdehnung und den politischen Auswirkungen der Revolutionen von 1848/49 aus, so war das Geschehen dieser Jahre unübertroffen im Europa des 19. Jahrhunderts.

Die oben genannten gemeinsamen politischen Ziele der revolutionären Bewegung waren in den einzelnen Ländern unterschiedlich gewichtet und prägten entsprechend den Revolutionsverlauf. In Frankreich, von dem wie auch 1830 die ersten Nachrichten im Februar 1848 ausgingen, spielte die nationale Frage eine weniger bedeutsame Rolle, denn Frankreich war bereits ein gefestigter Nationalstaat. Bei der Demokratisierung des Herrschaftssystems ging es in erster Linie um die Durchsetzung egalitärer Staatsbürgerrechte. Die soziale Frage bezog sich nicht mehr auf die Befreiung der Bauern von der Last der Grundherrschaft, sondern auf die Forderungen der städtischen Arbeiter und Handwerker nach einem Recht auf Arbeit und einer Verbesserung der materiellen Lebensverhältnisse. In der Februar-Revolution traf sich das liberale Verlangen nach

Die Barrikade in der Friedrichstraße
Berlin, 18. März 1848, *Kreidelithographie.*
*Zum Repertoire der revolutionären
Handlungsformen gehörte der Barrikadenkampf. Emblematische Bilder
von Barrikaden wanderten zusammen
mit Revolutionsnachrichten quer über
Europa: Zahlreiche Variationen und
Vervielfältigungen an lokalen Schauplätzen machten das Bild der Barrikade zur Ikone heldenhafter politischer
Handlung.*

dem allgemeinen Wahlrecht mit
den Protesten der Arbeiterschaft,
deren Anführer Louis Blanc und
Louis-Auguste Blanqui sich das
Recht auf Arbeit auf die Fahnen
schrieben. Die bürgerlich-demokratische Revolution beendete die
Monarchie und erklärte Frankreich
zum zweiten Mal in der Geschichte
zur Republik. Die Revolutionsregierung bestand aus einer gemischten Gruppe unterschiedlicher Kräfte: Liberale, Demokraten, Vertreter der
konservativen Rechten wie auch Louis Blanc, der Fürsprecher sozialistischer Reformen. Sie beschloss eine Reihe wichtiger Reformen, etwa die
Einführung des allgemeinen Wahlrechts, die Pressefreiheit, entschied
über die Abschaffung der in der napoleonischen Zeit wieder eingeführten
Sklaverei in den Kolonien sowie die Anerkennung des Rechts auf Arbeit.
Doch die Wahlen zu einer verfassunggebenden Nationalversammlung
spalteten diese Konstellation von Kräften: Siegreich waren die Konservativen und die gemäßigten Liberalen, während die Vertreter der radikalen Gruppen ihren Aufstand gegen die Arbeitslosigkeit im Straßenkampf
fortsetzten. Der so genannte Juniaufstand der Arbeiter und Handwerker
wurde gewaltsam niedergeschlagen. Die neue Verfassung sah die Wahl
eines Staatspräsidenten vor; im Dezember 1848 wurde der aus dem Exil
zurückgekehrte Neffe von Napoleon Bonaparte, Louis Napoleon, mit gro
ßer Mehrheit als Präsident der Zweiten Französischen Republik gewählt.
Drei Jahre bestand die Republik: In einem Staatsstreich von 1851 erklärte
sich Louis Bonaparte zum Kaiser der Franzosen.

Mit Ausnahme von Frankreich stand die Bildung von Nationalstaaten ganz oben auf der revolutionären Agenda der europäischen Bürger. Allerdings stellte sich die Problematik der Nation in den Regionen auf sehr unterschiedliche Weise. Für die deutsche und italienische Nationalbewegung ging es darum, bestehende Staaten zu einem Nationalstaat zusammenzufügen. Im multi-ethnischen Habsburgerreich dagegen beanspruchten die staatenlosen Völker eine Lösung, die ihre nationalstaatlichen Ziele realisieren und das Verhältnis zum Machtzentrum in Wien neu definieren würde. Zwischen März 1848 und dem Spätsommer 1849 ereigneten sich Erhebungen in den Staaten des Deutschen Bundes, aber auch in Ungarn, Oberitalien und Posen. Neben den verbreiteten Bewegungen von gemäßigt-liberalen und radikal-demokratischen Gruppen sowie den Protestaktionen städtischer Unterschichten traten Bauernaufstände vom Osten der Habsburgermonarchie bis hinunter nach Sizilien sowie in Süd- und Mitteldeutschland auf. In diesen Regionen wurden die Bauern von grundherrschaftlichen Lasten befreit, in anderen Gebieten, wo die rechtliche Lage der Bauern schon zuvor verbessert worden war, kamen Emanzipationsprozesse zum Abschluss, etwa über die Reduzierung von Ablösezahlungen.

Unmittelbar entscheidend für das revolutionäre Geschehen ist die Frage, wer sich die Macht zu seinen Gunsten aneignet. Am Ende mobilisierten sich die europäischen Großmächte Österreich, Preußen und Russland, um den Veränderungen in der Machtbalance, welche die Entstehung von liberal verfassten Nationalstaaten in Europas Mitte bewirkt hätte, entgegenzusteuern. Überwiegend mit militärischer Gewalt schlugen die preußischen und österreichischen Truppen die Bewegungen in Deutschland, Oberitalien und Ungarn nieder.

Nicht nur an der Konstellation der europäischen Großmächte scheiterten die nationalen Bewegungen des Revolutionsjahres 1848/49, sondern auch an der befürchteten Gefahr einer Radikalisierung der Revolutionsbewegung. Die bürgerlichen Mittelschichten, die den Kern der liberal-nationalen Bewegung bildeten, hätten Einheit und Freiheit haben wollen, aber nicht Gleichheit und Besitzgefährdung. Dies war fast überall in Europa der Fall, außer in Ungarn, wo die Entstehung eines wirtschaftlich einflussreichen Bürgertums noch in den Anfängen steckte und die Bewegung gegen die Habsburgermonarchie zum großen Teil durch den reformorientierten Adel geführt wurde. Die nationalstaatlichen Ziele, die am Anfang durch breite Schichten gemeinsam getragen wurden, scheiterten am Ende an der Spaltung innerhalb des gesellschaftlichen Bündnisses. In den Worten des Historikers Hobsbawm lernten die Bürger, dass „die bürgerliche Revolution eigentlich auch nicht-jakobinisch" zu machen war.

Die europäischen Revolutionen scheiterten zwar, so das Fazit von Dieter Langewiesche, sie blieben jedoch nicht folgenlos. Überall setzten Reform- und Politisierungsprozesse ein, die nicht mehr rückgängig zu machen waren. Änderungen wie etwa die Emanzipation der Bauern überdauerten das Ende der Revolution. Die Arbeiterbewegung machte die wichtige Erfahrung, dass ihre Forderungen nach politischer Gleichberechtigung und sozialer Gerechtigkeit nicht mehr im Bündnis mit dem Bürgertum zu verwirklichen waren. Das Revolutionsjahr 1848/49 bildete eine Schnittstelle, an der überlieferte Formen kollektiver Gewalt in neue, organisierte Handlungsformen übergingen. Die neuen Handlungsschauplätze und Medien – Versammlungen, Vereine, Zeitungen, Petitionen, Barrikadenkämpfe – öffneten frische Gestaltungsmöglichkeiten, und

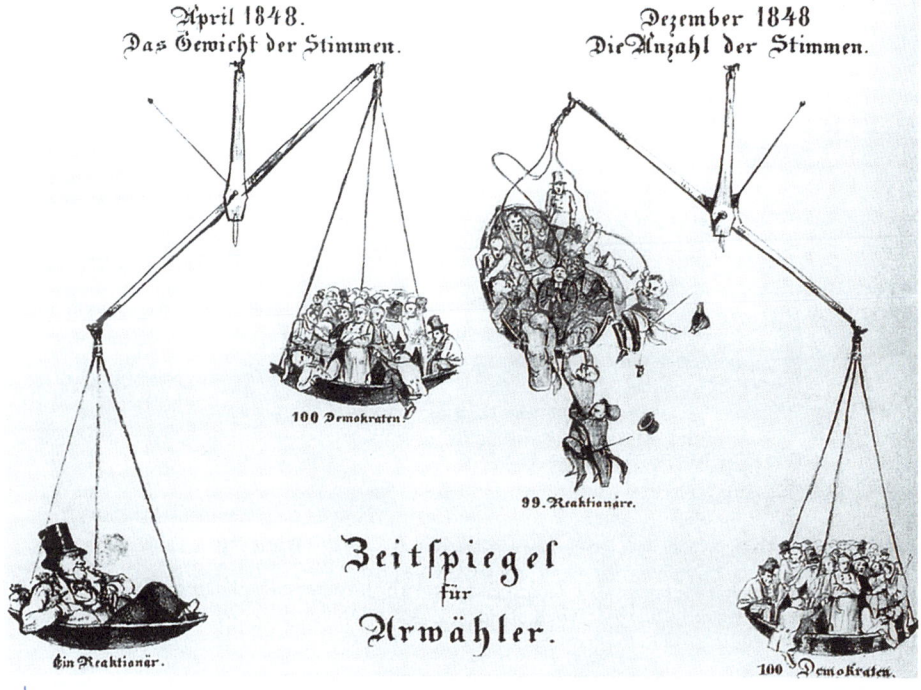

| Abb. 32

*Zeitspiegel für Urwähler, anonyme deutsche Lithographie, 1848. Das Phasenbild mit zwei nebeneinander gesetzten und aufeinander bezogenen Vergleichen in zeitlicher Abfolge beruht auf einer in den Revolutionsmedien verbreiteten und einem europäischen Publikum schnell begreiflichen bildlichen Strategie, die alte und neue Zeit – vorher und nachher – kontrastiv nebeneinander zu stellen, um die Botschaft des Wandels zu vermitteln. Das Motiv der Waage in diesem Bild steht für das Wahlrecht: links das alte, nach dem die Stimmen unterschiedlich gewichtet werden, rechts das neue, welches alle Stimmen gleich bewertet.*

zwar nicht nur für die Männer. Auf dieser Ebene wurde Politik – in der Tradition der Französischen Revolution von 1789 – ebenfalls Frauensache: Frauen griffen in das Geschehen ein, nutzten selbstbewusst die neuen Gestaltungsräume, um politische Konzepte zu realisieren, allerdings ohne staatsbürgerliche Gleichberechtigung, die ihnen weiterhin verweigert wurde. Um diese Rechte zu gewinnen, setze sich die Frauenbewegung über das nächste Jahrhundert fort.

## Aufgaben zum Selbsttest

- Bewerten Sie die Wirkung der durch den Wiener Kongress geschaffenen Ordnung für die europäischen Staaten.
- Beschreiben Sie den Verlauf der Industrialisierung in den Regionen Europas während der ersten Hälfte des 19. Jahrhunderts.
- Nehmen Sie Stellung zur Meinung, die Ereignisse des Revolutionsjahrs 1848 blieben trotz ihres Scheiterns nicht ohne Konsequenzen.

## Literatur

Louis Bergeron/François Furet/Reinhart Koselleck, **Das Zeitalter der europäischen Revolutionen 1780–1848** (Fischer Weltgeschichte, Bd. 26), Frankfurt am Main 2003.

Dieter Dowe/Heinz-Gerhard Haupt/Dieter Langewiesche (Hg.), **Europa 1848: Revolution und Reform** (Politik- und Gesellschaftsgeschichte 48), Bonn 1998.

Elisabeth Fehrenbach, **Verfassungsstaat und Nationsbildung, 1815–1871** (Enzyklopädie Deutscher Geschichte 22), München 2007.

Lothar Gall, **Von der ständischen zur bürgerlichen Gesellschaft** (Enzyklopädie Deutscher Geschichte 25), München 2012.

Heinz-Gerhard Haupt, **Kleine Geschichte Frankreichs**, Stuttgart 2008.

Eric J. Hobsbawm, **Nationen und Nationalismus. Mythos und Realität seit 1780**, Frankfurt a. Main/New York 1991.

Rüdiger Hachtmann, **Epochenschwelle zur Moderne. Einführung in die Revolution von 1848/49**, Tübingen 2002.

Dieter Hein, Die Deutsche Revolution 1848/49, in: Peter Wende (Hg.), **Große Revolutionen der Geschichte. Von der Frühzeit bis zur Gegenwart**, München 2000, S. 158–175.

Axel Körner, Die Julirevolution von 1830: Frankreich und Europa, in: Peter Wende (Hg.), **Große Revolutionen der Geschichte. Von der Frühzeit bis zur Gegenwart**, München 2000, S. 138–157.

David S. Landes, **Der entfesselte Prometheus. Technologischer Wandel und industrielle Entwicklung in Westeuropa 1750 bis zur Gegenwart**, München 1983.

Dieter Langewiesche, **Europa zwischen Restauration und Revolution 1815–1849** (Oldenbourg Grundriss der Geschichte 13), München 2007.

Dieter Langewiesche, **Liberalismus und Sozialismus. Gesellschaftsbilder, Zukunftsvisionen, Bildungskonzeptionen** (Politik-und Gesellschaftsgeschichte 61), Bonn 2003.

Franz Lorenz Müller, **Die Revolutionen von 1848/49**, Darmstadt 2006.

Jürgen Osterhammel, **Die Verwandlung der Welt. Eine Geschichte des 19. Jahrhunderts**, München 2009.

Charles H. Tilly, **Die europäischen Revolutionen**, München 1993.

# Das Europa der Nationen $\qquad$ |5

Dieses Kapitel beschäftigt sich mit der Idee der Nation und mit der im 18. Jahrhundert aufkommenden Ideologie des Nationalismus, dessen höchstes Ziel in der Identifikation mit der Nation und der Integration der Nation im Nationalstaat liegt. Aufbauend auf den neuen politischen Ideen des späten 17. und des 18. Jahrhunderts und gespeist aus den Umwälzungen der atlantischen Revolutionen, wurde der Nationalismus zu einer der treibenden ideologischen Kräfte des 19. Jahrhunderts. Die Entstehung von Nationalstaaten und die diesen Prozess umgebenden Konflikte und Kriege haben die politische Geschichte Europas in dieser Zeit entscheidend geprägt.

## Nation und Nationalismus |5.1

### Was ist eine Nation? |5.1.1

Die atlantischen Revolutionen des späten 18. und frühen 19. Jahrhunderts gaben entscheidende Impulse für die Entstehung des modernen Staates. Bereits während des späten Ancien Régime hatten einzelne europäische Länder – vor allem Frankreich, Großbritannien und Preußen – viele für ein modernes Staatswesen charakteristische Merkmale ausgebildet. Die Monarchen hatten das **Gewaltmonopol** des von ihnen verkörperten Staates weitgehend durchgesetzt. **Zentralisierungs- und Vereinheitlichungsprozesse**, zum Beispiel in Recht und Verwaltung, schufen ein langsam homogener werdendes Staatsgebiet. Die Gesellschaft war zwar weiter nach Ständen geordnet, allerdings war nun für die Bevölkerung erstmals die Zugehörigkeit zum staatlichen Untertanenverband bedeutender als die ständischen Sonderrechte, wie etwa der Historiker Wolfgang Reinhard anmerkt.

Große Schritte in Richtung Herausbildung eines modernen Staatswesens waren also bereits vollzogen als die Amerikanische Unabhängigkeit und die Französische Revolution diese Entwicklung um entscheidende Elemente bereicherten und ihr damit eine neue Dynamik verliehen. Sowohl die neu gegründeten Vereinigten Staaten von Amerika als auch das revolutionäre Frankreich gaben sich eine geschriebene Verfassung.

**GOTTESGNADENTUM**
Form der monarchischen Herrschaftsbegründung, die ihre Legitimation auf den Willen und die Barmherzigkeit Gottes zurückführt.

Aufbauend auf Ideen, wie sie etwa der Staatsphilosoph Jean-Jacques Rousseau (1712–1778) entwickelt hatte, führten diese Verfassungen das Prinzip der Volkssouveränität ein. Das heißt, dass nunmehr die Staatsgewalt nicht mehr auf der Souveränität eines Monarchen – und damit im Sinne des **GOTTESGNADENTUMS** letztlich auf Gott – beruhte, sondern vom Volk ausging. Der Staat erhielt dadurch eine völlig neue Form von Legitimation.

**Info**

**Grundgesetz**

▶ Im Grundgesetz für die Bundesrepublik Deutschland – also der aktuell gültigen deutschen Verfassung – ist das Prinzip der Volkssouveränität in Artikel 20 Absatz 2 verankert: „Alle Staatsgewalt geht vom Volke aus. Sie wird vom Volke in Wahlen und Abstimmungen und durch besondere Organe der Gesetzgebung, der vollziehenden Gewalt und der Rechtsprechung ausgeübt."

Gleichzeitig und in Einklang mit der Idee, dass die Staatsgewalt vom *gesamten* Volk (das hieß in der Praxis von den freien, männlichen Erwachsenen) ausging, wurde nun auch die ständische Gesellschaftsordnung überwunden – zumindest insofern als die Zugehörigkeit zu einem Stand nicht mehr Rolle und Mitsprache im Staatswesen bestimmte. Die Staatsbürger waren nun – zumindest der Theorie nach – gleichberechtigt und standen damit dem Staat direkt gegenüber. Die Stände fielen als vermittelnde Instanz zwischen Staat und Individuum aus. Und etwa zur gleichen Zeit verloren auch andere traditionelle Verbünde im Zuge der sich beschleunigenden soziokulturellen Veränderungen dramatisch an Bedeutung (z. B. die Dorfgemeinschaft, die Kirchengemeinde oder die Zünfte). Wolfgang Reinhard fasst dies gekonnt zusammen, wenn er folgendes festhält: „Der Mensch, genauer der Mann, kam nicht mehr als Mitglied eines Haushalts, einer Korporation, einer Gemeinde, eines Standes mit der Staatsgewalt in Kontakt, sondern wurde als Individuum staatsunmittelbar. Damit ließ sich die Vorstellung einer politischen Nation von wenigen Privilegierten auf das gesamte, politisch zu mobilisierende Volk ausweiten."

Wie sich in Reinhards Worten schon andeutet, ist diese in den letzten Jahrzehnten des 18. Jahrhunderts stattfindende Verschiebung im Verhältnis zwischen Staat und Volk auf vielfältige Weise auch mit der

**Neuinterpretation der Nationsidee** und dem Aufstieg des modernen Nationalismus verflochten. Die Bewohner eines Staates werden nun zum Rohmaterial der Nation. Gleichzeitig stiftet diese Sinn und bietet einen neuen Identifikationsrahmen in einer Zeit gewaltiger Umbrüche und verlorengegangener Sicherheiten. Was aber versteht man eigentlich genau unter einer Nation und welche neuen Qualitäten entwickelte dieses Konzept Ende des 18. und Anfang des 19. Jahrhunderts? Der Begriff **NATION** bezeichnete ursprünglich eine Gruppe von Menschen derselben Herkunft, die eine gemeinsame Sprache und Gebräuche teilen. Zum Beispiel waren viele mittelalterliche Universitäten in *nationes* gegliedert, denen die Studenten grob nach ihrer Herkunft zugeteilt waren. In der Frühen Neuzeit wird der Begriff dann schrittweise politisch aufgeladen. Mehr und mehr begann er, eine besondere Kultur- und Rechtsgemeinschaft zu bezeichnen, aus deren großer Geschichte sich auch **Herrschafts- und HEGEMONIAL**ansprüche ableiten ließen. Allerdings orientierten sich Mitgliedschaft und Grenzen dieser frühneuzeitlichen Nationen primär an der Situation und den Interessen der existierenden, feudalen Autoritäten.

**NATION** von lat. *natio*, „Geburt, Abstammung".

**HEGEMONIE** von altgr. *hēgemón*„ „Führer, Anführer"; Vorherrschaft eines einzelnen Akteurs bzw. einer einzelnen Institution.

An der Wende vom 18. zum 19. Jahrhundert wurde die Nation mehr und mehr als natürliche kulturelle und damit auch politische Einheit gedacht. Die soziopolitischen Umwälzungen am Übergang zur Moderne brachten die Ausweitung des Konzepts der Nation auf das gesamte Volk und führten zu einer weiteren ideologischen Aufladung. Die Vorstellung einer gemeinsamen Herkunft und damit auch Geschichte, Sprache und Kultur blieb ein zentrales Element hinter der Nationsidee. Zugleich begann man aus dieser gemeinsamen Tradition heraus den **Anspruch auf ein eigenes, souveränes Territorium** abzuleiten. Ein in vielerlei Hinsicht stark stratifiziertes Volk war nun in der Nation geeint. Vom Volk als Souverän ging die Staatsgewalt aus und die Legitimation dazu leitete sich vom Anspruch der Nation auf einen eigenen Staat ab. Die Begriffe **Volk, Staat und Nation** rückten sehr eng zusammen und wurden von vielen Zeitgenossen häufig gleichgesetzt.

Aus der Vorstellung der Existenz einer übergeordneten nationalen Gemeinschaft und aus der Konkurrenz mit anderen sich auf die Nation berufenden Gruppen manifestierte sich der Nationalismus. Diese Weltanschauung sah in der Integration der Nation, der Nationalstaatsbildung und der Identifikation mit Nation und Nationalstaat ihre höchsten Werte. In dieser Ausgestaltung erwiesen sich die Idee der Nation und die Ideologie des Nationalismus als ungemein attraktiv. Sie begannen sich zuerst im Gefolge der französischen Armee in **Europa** auszubreiten, fanden aber schnell auch außerhalb Europas – z. B. in den **Vereinigten Staaten von Amerika, in den iberischen Kolonien in Lateinamerika oder vielen** asiatischen Staaten – eine große Anhängerschaft. Viele Historiker haben sich wieder und wieder gefragt, wie man diese rasche und umfassende Ausbreitung erklären könne. In den meisten Deutungsversuchen spielt das große **Identifikationspotential der Nation als natürlicher Gemeinschaft** eine entscheidende Rolle. Viele traditionelle Sinn- und Solidargemeinschaften hatten durch die sich überlappenden Prozesse von **Rationalisierung, Säkularisierung, Industrialisierung, Urbanisierung und Globalisierung** – um nur einige zu nennen – dramatisch an Einfluss und Identifikationspotential verloren. Liberale Werte wie **Freiheit oder Rechtsgleichheit** hoben einerseits viele Schranken zwischen einzelnen Bevölkerungsgruppen auf, andererseits ließen sie das Individuum auch schutzlos zurück und stellten es direkt dem Staat gegenüber. In dieser sich zunehmend auftuenden Identitätslücke konnten sich die Idee einer einenden Nation und damit auch der Nationalismus mit seinem weitreichenden Identifikationspotential ausbreiten. Die Nation wurde zu einer neuen, zu der scheinbar einzig natürlichen Form von Gemeinschaft. Sobald sich diese Art des Gruppenbewusstseins ausbreitete, musste es fast zwangsläufig auch zu rivalisierenden Ansprüchen, abgeleitet aus den verschiedenen nationalen Identitäten, kommen. Die daraus entstehende nationale Konkurrenz – anfangs vor allem jene auch militärisch ausgetragene zwischen Frankreich und den deutschen Ländern – förderte die Identifikation mit der eigenen Nation weiter. Diese Rivalität trug zur Weiterentwicklung, Verhärtung und letztendlich zur **Radikalisierung nationalistischen Denkens im frühen 19. Jahrhundert** bei.

## 5.1.2 | Mythen der Nation

Der Nationalismus füllte also schnell ein Identifikationsvakuum, das die Desintegration traditioneller Gemeinschaftsformen hinterlassen hatte – und das, obwohl die Nation als Zugehörigkeitsrahmen gegenüber diesen eigentlich einen entscheidenden Nachteil hatte: Die Familie, der Haushalt, das Dorf oder die Kirchengemeinde waren als Gemeinschaft unmittelbar erfahrbar. Zugehörigkeiten waren klar geregelt und erkennbar. Der Einzelne war mit fast allen anderen Gruppenmitgliedern persönlich bekannt und konnte sich dadurch einfach mit der Gruppe identifizieren. Und auch das Geben und Nehmen zwischen Gruppe und Individuum basierte auf simplen, unmittelbaren Grundsätzen. Die Identifikation mit der Nation gestaltete sich hier wegen ihrer Größe und Mittelbarkeit komplizierter. Um nicht ins Leere zu laufen, musste der **Nationalismus die Nation als eine natürliche, gegebene Einheit** ansehen. Dieser unter nationalistisch gesinnten Denkern weit verbreiteten Ansicht nach war die Nation also eigentlich schon immer da gewesen und musste nun zu **nationaler**

**SOUVERÄNITÄT** von lat. *superanus*, „überlegen". Das Recht zur ausschließlichen Selbstbestimmung.

SOUVERÄNITÄT – also zu ihrem Nationalstaat – kommen. Im Sinne dieser intrinsischen Position ging der Nationalismus als Weltanschauung aus der Nation hervor.

Die Geschichtsschreibung des 19. Jahrhunderts betonte zu großen Teilen dieses Primat der Nation und spiegelte damit das Bedürfnis nach dem natürlichen Gewachsen-Sein der Nation und damit ihrer Gottgegebenheit wider. Für **Johann Gottfried Herder (1744 – 1803)** etwa waren Nationen sogar Gedanken Gottes. Die Historiker machten die Nation zugleich zum grundlegenden Rahmen und zum zentralen Ausgangspunkt der Geschichtsbetrachtung und -interpretation. Die Nationalgeschichtsschreibung des 19. Jahrhunderts band ihre jeweilige Nation in eine **TELEOLOGISCHe** Entwicklung ein, an deren Ende die Schaffung eines Nationalstaats und mitunter auch die Erlangung einer hegemonialen Position stand. Eine solche Perspektive auf die Rolle von Nationen und Nationalstaaten als grundlegende historische Einheiten und praktisch naturgegebene Gemeinschaften hat sich in der Öffentlichkeit aber auch in der Geschichtswissenschaft als erstaunlich langlebig erwiesen.

Erst in den 1980er-Jahren wurde diese historische Interpretation der Nation erstmals auf einer tragfähigen wissenschaftlichen Basis in Zweifel gezogen. Zu den Gründungsfiguren dieser neueren Nationalismusforschung gehören Wissenschaftler wie **Ernest Gellner**, **Benedict Anderson** oder **Eric Hobsbawm**. Während diese hinsichtlich der Wurzeln, Funktionen und Mechanismen von Nationalismus durchaus unterschiedlicher Meinung sind, kommen sie in Bezug auf das Wesen der Nation zu einer übereinstimmenden Erkenntnis: Nationen waren und sind keine natürlichen Einheiten, sondern menschliche Konstrukte. Es handelt sich – um mit Anderson zu sprechen – um *imagined communities*, um erdachte Gemeinschaften. Die Nation ist also zuallererst eine Vorstellung, die daraus ihre Macht und ihr Identifikationspotential zieht, dass die Menschen an sie glauben.

Die sich neu entdeckenden Nationen versuchten an existierende Gemeinsamkeiten und Traditionen anzuknüpfen, um als erdachte Gemeinschaft, in der sich die Mitglieder zum allergrößten Teil nicht kannten, dennoch für Menschen als Identifikationsrahmen attraktiv zu sein. Die Existenz einer gemeinsamen Sprache und Kultur, eine weit zurückgehende nationale Geschichte, das einem zustehende Territorium oder die gemeinsame **ETHNISCHE Zugehörigkeit** konnten Elemente sein, die man bemühte, um der Nation Leben und den Anschein einer natürliche Gemeinschaft einzuhauchen. Unterzieht man dieses zeitgenössische Anknüpfen an bereits bestehende kulturelle oder politische Einheiten einer eingehenderen Betrachtung, so zeigt sich, dass nicht nur die Nation selbst ein Konstrukt ist, sondern auch viele dieser einenden

TELEOLOGIE von altgr. *télos*, „Ziel, Ende" und *lógos* , „Lehre". Der Glaube, dass sich die Dinge auf ein bestimmtes Ziel hin entwickeln und dabei einem höheren Zweck dienen.

ETHNIE von altgr. *éthnos*, „Volk". In der deutschsprachigen Wissenschaft praktisch synonym zum Begriff „Volk", der aber zu stark mit Assoziationen aus der nationalsozialistischen Ideologie aufgeladen ist.

nationalen Traditionen erfunden wurden. Eric Hobsbawm und Terence Ranger haben in diesem Zusammenhang den Begriff *invention of tradition* geprägt.

Ein solches künstliches Erschaffen von Gemeinsamkeiten lässt sich auf den unterschiedlichsten Ebenen beobachten. Die häufig als zentrales Element nationaler Zugehörigkeit gesehene Sprachgemeinschaft etwa deckte sich oft nicht mit dem Zuschnitt ihrer Nation. Sogar vergleichsweise gut integrierte Staaten wie das **Vereinigte Königreich** oder **Frankreich** wiesen im 18. und frühen 19. Jahrhundert noch keine einheitliche Sprache auf. Und dies galt ebenso für die Gebiete der sich erst im 19. Jahrhundert konstituierenden Nationalstaaten wie Deutschland oder Italien. Homogene Nationalsprachen bildeten sich hier erst infolge der Nationalstaatswerdung heraus. Durch ihre fast ausschließliche Verwendung im Schulunterricht, als Amts- und Verwaltungssprache oder in den Printmedien formte der Nationalstaat die gemeinsame Sprache – und nicht umgekehrt.

Hinsichtlich ihrer Geschichte und ethnischen Abstammung verliehen viele Nationalbewegungen ihrer Nation eine besonders ruhmreiche Vergangenheit mit möglichst ungebrochenen Verbindungen in die Gegenwart. Es kam zur Kreation, Verbreitung und Verfestigung unzähliger nationaler **Mythen**, die diese Verbindung greifbar machen und den spezifischen Charakter einer Nation fassen sollten. Beispielsweise wurde der Cheruskerfürst **ARMINIUS** als erster Deutscher identifiziert und in seiner Rolle in der **VARUSSCHLACHT** als antiimperialer, nationaler Held stilisiert. Nur wenige Jahre nach der deutschen Reichsgründung wurde ihm zu Ehren 1875 das Hermannsdenkmal im Teutoburger Wald als nationaler **ERINNERUNGSORT** eingeweiht. Der Hermannmythos richtete sich bereits seit den Napoleonischen Kriegen vor allem gegen Frankreich. Allerdings erwies er sich – charakteristisch für Mythen und „erfundene Traditionen" – als flexibel genug, um nach Bedarf antiimperial nach außen (Analogie zwischen Varus und Napoleon) oder imperial nach innen (Analogie zwischen der Einigung der germanischen Stämme und der Reichsgründung) ausgelegt zu werden. Das Integrationspotential des Cheruskers erwies sich im 19. Jahrhundert als so stark, dass Hermann als Symbol des Deutsch-Seins mit deutschen Emigranten sogar die Reise nach Übersee antrat. In der Auswanderergemeinde New Ulm in Minnesota errichtete man ihm daher Ende des Jahrhunderts das *Hermann Heights Monument*.

Das französische Pendant zu Hermann dem Cherusker fand sich im gallischen Fürsten **Vercingetorix** (→ Abb. 5 – 1), der im 1. vorchristlichen Jahrhundert Gaius Julius Caesar im Gallischen Krieg die Stirn bot, sich aber schließlich in der Schlacht bei Alesia geschlagen geben musste. Obwohl bereits seit Beginn des 19. Jahrhunderts als nationaler Held wiederent-

**ARMINIUS** (17 v. Chr.– 21. n. Chr.), germanischer Fürst; im Nationalismus „eingedeutscht" zu „Hermann dem Cherusker".

**VARUSSCHLACHT** Auch Schlacht im Teutoburger Wald 9 n. Chr.; ein germanisches Heer unter Arminius schlägt die römischen Truppen unter Publius Quinctilius Varus.

**ERINNERUNGSORT** franz. *lieu de mémoire.* Konzept des französischen Historikers Pierre Nora; Orte, Ereignisse, Gegenstände etc., die für das kollektive Gedächtnis einer Gruppe entscheidend sind.

| **Abb. 33**

Vercingétorix jette ses armes aux pieds de Jules César, *Gemälde von Lionel Royer,*
*1899*
*Dieses Werk des französischen Malers Lionel Royer (1852 – 1926) zeigt wie der*
*besiegte Vercingetorix nach der Schlacht von Alesia 52 v. Chr. Julius Caesar die*
*Waffen zu Füßen legt. Obwohl die Gallier die Schlacht verloren haben, sitzt*
*Vercingetorix stolz zu Pferde und damit höher als der Sieger Caesar. Vor Cae-*
*sars improvisiertem Thron kniet ein gebundener Gallier. Die Waffen liegen auf*
*Caesars Bildseite, womit den Römern die Rolle des Aggressors zugewiesen*
*wurde. Die Szene spielt deutlich auf den Krieg mit Deutschland 1870/71 an und*
*gibt eine nationalistische Interpretation der französischen Niederlage vor.*

deckt, eignete sich der Gallier insbesondere in der jungen **Dritten Republik**
als Identifikationsfigur. Nach dem Deutsch-Französischen Krieg, dem
Verlust Elsass-Lothringens und der deutschen Reichsgründung wurde
Vercingetorix zum Symbol von nationalem Stolz im Angesicht der Niederlage. Konservativ-monarchisch gesinnte Kreise fanden im Merowin-
gerkönig **Chlodwig I.** eine alternative nationale Gründungsfigur. Dieser
wurde als angeblich erster französischer König zum Begründer der Nation. Vor allem seine Rolle im Kampf gegen die Alemannen und seine
anschließende Bekehrung zum Christentum wurden hier zu zentralen
nationalen Motiven.

Als lediglich erdachte Gemeinschaften, in denen die Mitglieder kein
persönliches Band zusammenhält, brauchen Nationen also gemeinsame
Anknüpfungspunkte, eine gemeinsame Geschichte, gemeinsame Mythen gleichsam als Bindung nach innen und als Grenze nach außen. Die
jeweiligen Nationalbewegungen griffen auf brauchbare Mythen und Tra-

ditionen zurück, luden sie nationalistisch auf und erfanden bisweilen großzügig Elemente hinzu. Unter anderem auf dieser Basis kann man daher mit großen Teilen der neueren Nationalismusforschung resümieren, dass erst der Nationalismus die Nation als Identifikationsrahmen hervorgebracht hat. Gleichzeitig aber ist festzuhalten, dass die im Nationalstaat institutionalisierte Nation ihrerseits natürlich wiederum zur Verbreitung nationalistischen Gedankenguts und nationaler Mythen beitrug – beispielweise in staatlich oder halbstaatlich kontrollierten Einrichtungen wie **Schulen, Universitäten oder der Wehrpflichtigenarmee.**

5.1.3 | ### Nationalbewegungen und Nationalismus in Europa – Phasen und Typologien

Unter Nationalismus versteht man also im Allgemeinen ein Weltbild, das die Integration einer Nation und damit die Schaffung eines möglichst homogenen Nationalstaats als höchstes Ziel hat. Innerhalb dieses Rahmens können Ausgangslage, ideologische Aufladung und Stoßrichtung einzelner Nationalismen und Nationalbewegungen überaus unterschiedlich sein. Der britische Historiker **Christopher Bayly** etwa warnt ausdrücklich davor, Form und Funktionsweisen des heutigen Nationalismus in das späte 18. und 19. Jahrhundert rückwirkend hineinzulesen, weil man damit den höchst verschiedenen soziokulturellen Voraussetzungen der einzelnen Nationalbewegungen nicht gerecht werden kann. Aber auch Bayly sieht die Möglichkeit, zumindest eine Überblickstypologie verschiedener Nationalismen zu erstellen. Er selbst macht diesbezüglich ein grobes Spektrum auf, das auf der einen Seite eine Form von Nationalismus identifiziert, der aus **„altem Patriotismus"** erwachse – also aus einem bereits länger existierenden Gemeinschaftsgefühl sprachlich und religiös relativ homogener Gruppen. Dies sieht Bayly zum Beispiel in den Nationalbewegungen Englands (→ Kap. 5.2.1), Frankreichs (→ Kap. 5.2.2) oder Japans gegeben. Am anderen Ende des Spektrums stünden

**POLYGLOTT** von altgr. *polýglottos* „vielsprachig".

Formen von Nationalismus, die von Staaten mehr oder weniger bewusst erschaffen und gefördert wurden, um ein relativ **POLYGLOTTES** oder anderweitig heterogenes Staatsgebiet zusammenzuhalten. Großbritannien (im Gegensatz zu England) oder das Königreich Belgien können hier als Beispiele dienen. Dazwischen sieht Bayly vor allem jene häufig **multiethnischen Staatsgebilde** (→ Kap. 6), deren Regierungen – wie er es formuliert – nicht so recht wussten, wie sie mit den aufkeimenden Nationalbewegungen in ihren Grenzen umgehen sollten, weil die Förderung einer bestimmten Bewegung die Entfremdung anderer Bevölkerungsgruppen bedeutet hätte. Hier nennt er vor allem Russland, Österreich-Ungarn, das Osmanische Reich und China als Beispiele.

Obwohl Bayly im Detail die Akzente anders setzt, schließt seine Nationalismustypologie, vor allem hinsichtlich der Zentralstellung des Verhältnisses zwischen Nation und Staat, an den einflussreichen Klassifizierungsvorschlag von **Theodor Schieder** an. Dieser unterscheidet drei grundlegende Phasen der Nationalstaatsbildung und damit verbunden drei Formen des Nationalismus. Bei Schieders erstem Typus entsteht der Nationalstaat **„innerstaatlich"**. Das heißt ein territorial bereits existierender Staat wird durch die Invokation der Nation in einen Nationalstaat überführt und dadurch neu legitimiert. Als primäre Beispiele gelten Großbritannien, Frankreich und bisweilen die Vereinigten Staaten von Amerika. Allerdings weisen letztere als Zusammenschluss früherer Einzelkolonien hinsichtlich des Staatsbildungsprozesses auch Elemente aus Schieders zweitem Typus, dem **„unifizierenden"** Nationalismus, auf. Italien und das Deutsche Reich dienen als klassische Beispiele dieser Phase. In beiden Fällen drängten die Nationalbewegungen auf die Schaffung neuer Nationalstaaten durch die staatliche Vereinigung bisher formal unabhängiger politischer Einheiten. In einer dritten Phase greift der Nationalismus nach Schieder dann auf die einzelnen Teile multiethnischer Großreiche über und beschleunigt dadurch auch deren Zerfall. Hier verlangten die Nationalbewegungen die Abspaltung ihrer jeweiligen Nation aus dem Reichsverband. Man spricht daher in diesem Zusammenhang von **„SEZESSIONISTISCHEM"** Nationalismus. Als Beispiele gelten die sich aus dem Osmanischen Reich und später auch aus der Habsburgermonarchie und dem zaristischen Russland lösenden und damit neu entstehenden Nationalstaaten in Osteuropa – etwa Griechenland, Bulgarien, Rumänien oder später Ungarn.

**SEZESSION** von lat. *Secessio*, „Abspaltung".

Diese Typologie nach Theodor Schieder ist nützlich, um einen Überblick über die verschiedenen Stoßrichtungen nationaler Einigungsprozesse zu erhalten. Trotzdem weist sie verschiedene Mängel auf. So sah Schieder selbst, dass sich im Fall der polnischen Nationalbewegung unifizierender und sezessionistischer Nationalismus überlappten. Ähnliches gilt auch für die Entstehung Italiens und – wie bereits erwähnt – für den amerikanischen Nationalismus, der zwar aus einem kulturell einigermaßen einheitlichen Gebiet hervorging, aber hinsichtlich seines Ursprungs in der Unabhängigkeitsbewegung auch unifizierende und sezessionistische Elemente aufweist. Schieders Typologie geht darüber hinaus sowohl von einer festen Chronologie wie auch von einer unidirektionalen geografischen Ausbreitung von Nationalismus aus. Am Anfang stünden innerstaatliche Nationalstaatsbildungen in Westeuropa. Diesen würden die nationalen Vereinigungen in Mittel- und Südeuropa folgen. Schließlich käme es in Ost- und Südosteuropa zu den Abspaltungen neuer Nationalstaaten. Chronologie und geografischer Verlauf lassen sich bei näherer Betrachtung allerdings schwer halten. So löste sich Griechenland schon 1830 – weit vor der Vereinigung Italiens oder des Deutschen Reichs – aus dem Osmanischen Reich. Die Beispiele der Abspaltungen Norwegens, Islands oder Irlands stellen den geografischen Verlauf in Frage.

Der deutsche Historiker **Hans-Ulrich Wehler** hat Schieders ursprüngliche Klassifizierung um einen Typus erweitert. Nach Wehler folgte schließlich eine vierte Phase des **Transfernationalismus**. Die ursprünglich europäisch-amerikanischen Ideen von Nation und Nationalstaat begannen sich weltweit auszubreiten und fielen vor allem in den europäischen Kolonien aber auch in formell unabhängigen Gebieten auf fruchtbaren Boden. Wehler nennt **MEIJI-JAPAN** nach 1868 als Paradebeispiel für diese Form von Nationalismus. Allerdings handelt es sich bei dieser vierten Phase nur um eine chronologisch-geografische, nicht um eine analytische Erweiterung von Schieders Typologie, da dieser transferierte Nationalismus keine neue Qualität hinsichtlich der Nationalstaatsbildung selbst aufweist. Wehlers Typologie spiegelt aber seine Überzeugung wider, dass der moderne Nationalismus (und damit implizit die Nation) nur im Westen entstehen konnte. Wehlers Meinung nach hätte es nur dort die dafür nötigen Voraussetzungen – zum Beispiel in Form von bereits konsolidierten Staaten, neuen politischen Ideen, der jüdischen und christlichen Tradition und kapitalistischen Marktstrukturen – gegeben. Diesbezüglich muss aber festgehalten werden, dass sich die Definition von Nation und Nationalismus aus der europäischen Erfahrung speist

**MEIJI-ZEIT** japan. für „aufgeklärte Herrschaft"; Bezeichnung für die Zeit von 1868–1912 in Japan; Phase schneller Modernisierung.

## Info

**Methodologischer Nationalismus**

▶ Nationalismus zielt im Wesentlichen auf die Integration einer möglichst homogenen Nation und ihre Institutionalisierung im Nationalstaat. Die Bedeutungen von Begriffen wie Volk, Gesellschaft, Staat oder Nation nähern sich in dieser Weltanschauung immer weiter an und werden häufig synonym verwendet. Dies ist ein interessantes historisches Phänomen, das sicherlich eine Untersuchung lohnt. Diese Gleichsetzung kann jedoch hinsichtlich des wissenschaftlichen Zugangs zur Materie Probleme bereiten. Unter methodologischem Nationalismus versteht der Soziologe Ulrick Beck die in den Kultur- und Sozialwissenschaften immer noch gegebene Tendenz, den Nationalstaat als primäre Untersuchungseinheit zu setzen bzw. ihre zentralen Analysekategorien aus einer nationalstaatlichen Organisation abzuleiten. Das heißt, man blickt durch eine nationalstaatliche Brille auf soziokulturelle Phänomene, die sich mitunter in ganz anderen Rahmen abspielten. Dies birgt die Gefahr, dass die Forschung selbst den Nationalstaat verfestigt. Die Bedeutung sowohl subnationaler wie auch grenzüberschreitender Prozesse rückt aus dem Blick. In den Geschichtswissenschaften trägt auch die Tatsache, dass das Archivwesen zu großen Teilen nationalstaatlich organisiert ist, zu einer solchen verzerrten Perspektive bei.

und deshalb vergleichbare Phänomene in der außereuropäischen Welt mitunter nicht wahrgenommen werden. Hier ist die Geschichtswissenschaft gefordert, auf Europa zugeschnittene begriffliche Engführungen zu weiten und dadurch den nichteuropäischen Raum über reinen Transfernationalismus hinaus vergleichend in der Nationalismusforschung zu berücksichtigen.

## Die „innerstaatliche" Nationsbildung | 5.2

### Großbritannien | 5.2.1

In der britischen Nationsbildung zeigen sich klar die variablen Ebenen des Begriffs der Nation und die unterschiedlichen Stoßrichtungen von Nationalismus. Dies wird allein schon dadurch deutlich, dass man noch *pars pro toto* von England spricht aber Großbritannien bzw. das Vereinigte Königreich meint. Stark vereinfacht kann man sagen, dass im vormodernen Großbritannien die Prozesse der englischen Nationsbildung und der britischen Staatsbildung parallel liefen. Seit der **Glorreichen Revolution 1688/89** geschah dies zwar nicht frei von gewaltsamen Auseinandersetzungen, es kam aber nicht zu einer Revolution oder größeren politischen Umwälzungen. Vor allem durch die Eindrücke der Doppelrevolution und der napoleonischen Kriege rückten diese Einzelprozesse zusammen und man kann von der Entstehung einer *britischen* Nation auf dem politisch bereits geeinten britischen Territorium sprechen. Vorangetrieben wurde diese britische Nationsbildung vor allem durch tatsächliche oder gefühlte Bedrohungen von außen – seien es die Ideen der Französischen Revolution, die Armeen Napoleons oder im späteren Verlauf des 19. Jahrhunderts der imperiale Wettkampf.

**Info**

▶ Es kommt auch in der üblicherweise sehr auf Begrifflichkeiten achtenden Geschichtswissenschaft häufig vor, dass die Bezeichnungen England, Großbritannien und Vereinigtes Königreich in verwirrender, oft synonymer Weise benutzt werden. Sie bezeichnen aber grundlegend unterschiedliche politische bzw. geografische Einheiten. Das Königreich England mit seinem Kernland im Süden der Insel Großbritannien umfasste politisch zeitweise auch das heutige Wales. Durch die politische Union mit Schottland im Norden der Insel im Jahr 1707 entstand das Königreich Großbritannien aus dem 1800 durch einen weiteren Zusammenschluss das Vereinigte Königreich von Großbritannien und Irland hervorging. Nach der Unabhängigkeit des Irischen Freistaates 1922 verblieb lediglich Nordirland im Vereinigten Königreich.

**England – Großbritannien – Vereinigtes Königreich**

Für die Nationswerdung Englands spielte die Glorreiche Revolution eine wesentliche Rolle. Das Parlament konnte dem neuen Königspaar **Wilhelm III. von Oranien (1650 – 1702)** und **Maria II. (1662 – 1694)** einen geänderten Krönungseid und die **Bill of Rights** des Jahres 1689 abringen. Der Monarch wurde als **King-in-Parliament** (oder Queen-in-Parliament) zu einem der drei Elemente des englischen Parlaments (und damit des Souveräns) neben den beiden Kammern **House of Commons** und **House of Lords**, an die er gebunden war. Während dies noch nicht die Idee der Volkssouveränität vorwegnahm, veränderte sich jedoch durch im 18. Jahrhundert folgende Gesetze die Legitimationsbasis von Herrschaftsausübung in England weiter entscheidend und stellte einen wichtigen Schritt für die Nationsbildung dar. Durch die politische Vereinigung der Britischen Inseln wurde diese Legitimationsbasis schrittweise auch auf Schottland und Irland angewandt.

Die politische Integration der Britischen Inseln unter Führung Englands begann etwas mehr als zweihundert Jahre nach der normannischen Invasion Englands des Jahres 1066. Der englische König **Eduard I. (1239 – 1307)** weitete sein Einflussgebiet nach Westen und Norden aus. Er unterwarf Ende des 13. Jahrhunderts das sprachlich und kulturell distinkte Wales. Zwischen 1535 und 1542 wurde das Gebiet schließlich auch in den englischen Rechtsraum eingegliedert. Es galten nun englische Gesetze und Englisch wurde Amtssprache. Allerdings war es lange Zeit nicht deutlich geregelt, ob der Begriff England nun auch die dreizehn walisischen Grafschaften miteinschloss oder nicht. Erst 1746 wurde im **Wales and Berwick Act** gesetzlich festgehalten, dass zumindest im juristischen Sinn, wann immer man von England sprach, auch Wales gemeint war.

Die Erfolge Eduards I. in Schottland waren deutlich kurzlebiger. Bis in das späte 17. Jahrhundert hinein war das Verhältnis von England und Schottland von konstanten, oft blutigen Auseinandersetzungen geprägt. Durch die Besteigung des englischen Throns durch den schottischen König Jakob VI. im Jahr 1603 wurden die Königreiche **England, Irland und Schottland erstmals in PERSONALUNION** regiert. Zur Vereinigung von Schottland und England kam es aber erst durch den **Act of Union des Jahres 1707,** der vor allem durch die erheblichen wirtschaftlichen Schwierigkeiten der Schotten möglich geworden war. In der Folge wurde das eigenständige schottische Parlament aufgelöst und dafür Repräsentanten in die beiden Kammern des Parlaments nach Westminster entsandt.

Bereits im 12. Jahrhundert hatte der englische König **Heinrich II. (1113 – 1189)** Teile Irlands unterworfen und dort eine kulturell fremde Elite (die *Old English*) installiert. Im 16. Jahrhundert versuchte **Heinrich VIII. (1491 – 1547)** die gesamte Insel unter seine Kontrolle zu bekommen. Im

**PERSONALUNION** Zwei oder mehr Länder werden vom selben Monarchen beherrscht, allerdings in rechtlich separaten Positionen und als getrennte Einheiten (vgl. Realunion).

Jahr 1541 wurde Irland zum Königreich, das von nun an in Personalunion vom englischen König regiert wurde. Um das neu errichtete Reich zu befrieden und zu anglisieren, wurden in den folgenden Jahrzehnten PLANTATIONS eingerichtet. Das Land lokaler Grundbesitzer wurde enteignet und an englische Siedler vergeben. Nach der endgültigen Niederlage der Jakobiten übernahm eine Minderheit von anglisierten Großgrundbesitzern, die so genannte Ascendancy, die effektive Kontrolle über Irland. Inspiriert von den Ideen der atlantischen Revolutionen kam es 1798 zur Irischen Rebellion gegen die englische Herrschaft. Der Aufstand wurde aber niedergeschlagen und Irland schließlich mit dem Act of Union von 1800 ebenfalls mit England, Wales und Schottland zum Vereinigten Königreich von Großbritannien und Irland zusammengeführt.

Diese politische Einigung schaffte aber nicht die sprachlichen, kulturellen und vor allem religiösen Unterschiede zwischen den einzelnen Regionen des Vereinigten Königreichs aus der Welt. Vor allem an Fragen der Konfession entzündeten sich während des Einigungsprozesses immer wieder – mitunter blutige – Konflikte. Seit der Abspaltung der englischen Kirche von Rom unter Heinrich VIII. war die anglikanische Kirche in England Staatskirche und der britische Monarch damit Kirchenoberhaupt. In Schottland wiederum wurde der PRESBYTERIANISMUS mit dem Act of Union 1707 zur Staatsreligion, während es in manchen Teilen des Landes auch eine große katholische Bevölkerung gab. Nirgendwo aber waren die religiösen Differenzen größer als zwischen England und dem zum größten Teil katholischen Irland. Die Konfession wurde hier zu einem wichtigen trennenden Element und gleichzeitig vor allem auf irischer Seite zu einem wesentlichen Bestandteil des Nationalgefühls.

PLANTATION In diesem Zusammenhang „Pflanzung" oder „Ansiedlung", nicht – wie später im kolonialen Kontext – „Plantage".

PRESBYTERIANISMUS Form der Kirchenordnung, die auf die Hugenotten zurückgeht, von John Knox (1514–1572) in Schottland umgesetzt.

## Info

### Der Nordirland-Konflikt

▶ Der bis heute schwelende Konflikt zwischen unionistischen Protestanten und nationalistischen Katholiken in Nordirland geht in seinen Wurzeln auf die Anglisierung Irlands im 16. Jahrhundert zurück. In dieser Zeit begannen die englischen Herrscher vermehrt englische Siedler nach Irland zu schicken um dort so genannte Pflanzungen anzulegen. Diese Pflanzungen sollten einerseits Modellcharakter für die als rückständig wahrgenommene irische Bevölkerung haben. Gleichzeitig aber wurden vielfach lokale, katholische Grundherren als Strafe für Fehlverhalten enteignet und ihr Land an protestantische Siedler aus England übergeben. Die ab 1606 als Strafpflanzung angelegte *Ulster Plantation* ist ein besonders radikales Beispiel. Hier wurde das gesamte Land in der Region konfisziert. Die neuen englischen Besitzer durften ihr Land nicht an Iren verkaufen oder verpachten und nur etwa ein Viertel des enteigneten Landes kam wieder zurück in irischen Besitz. In diesem Landesteil, aus dem das spätere Nordirland hervorging, gab es daher den größten Anteil englischer Siedler und durch die Radikalität der Pflanzung auch das größte Konfliktpotential.

Die schrittweise politische Vereinigung der Britischen Inseln basierte lange Zeit nicht auf einem gemeinsamen britischen Nationalgefühl und brachte aus sich selbst auch kein solches hervor. Erst die äußere Bedrohung durch das revolutionäre und schließlich napoleonische Frankreich führte zu einem nationalen Zusammenrücken Großbritanniens. Das Verhältnis zu Irland blieb das gesamte 19. Jahrhundert lang konfliktbeladen.

Auch vor dem Hintergrund der amerikanischen Unabhängigkeit wurden die politischen Ideen der Französischen Revolution auf der Insel mit gemischten Gefühlen wahrgenommen. **Edmund Burke (1729–1797)** etwa, der in Bezug auf die amerikanischen Unabhängigkeitsbestrebungen noch eine vermittelnde Rolle eingenommen hatte, lehnte die Revolutionsideen in seinen *Reflections on the Revolution in France* rigoros ab und warnte vor Tyrannei und Krieg in Europa. **Thomas Paine (1737–1809)** hingegen antwortete auf Burkes Aussagen mit der Schrift *The Rights of Man*, in welcher er die Ideale der Revolution enthusiastisch begrüßte.

Die britische Regierung unter Premierminister William Pitt dem Jüngeren versuchte anfangs so besonnen wie möglich auf die Ereignisse in Frankreich zu reagieren. Thomas Paine wurde aber 1792 wegen Hochverrats verurteilt und seine Schrift verboten. Im folgenden Jahr trat Großbritannien – hauptsächlich als Seemacht und Geldgeber – in den Krieg gegen Frankreich, um seinen Handel mit dem Kontinent zu schützen und einer drohenden Invasion zuvorzukommen. Vor allem die jahrelang andauernde Angst vor einer napoleonischen Invasion kann als Katalysator für das Entstehen eines britischen Nationalgefühls gesehen werden. Einzig die *United Irishmen* versuchten 1798 die Kriegswirren zu nutzen und rebellierten mit französischer Hilfe – erfolglos – gegen die englische Herrschaft.

Der Eindruck der Französischen Revolution und die *Wars Abroad*, wie die Kriege zwischen 1793 und 1815 in Großbritannien genannt wurden, beförderten die britische Nationswerdung auf ganz unterschiedliche Weise. Erstens begründeten die Siege der britischen Flotte unter Admiral Horatio Nelson – zuerst in der *Battle of the Nile* (dt. Seeschlacht bei Abukir) 1798 und schließlich 1805 bei **Trafalgar** – die in der Folge mehr als hundert Jahre andauernde britische Vorherrschaft zur See. Gemeinsam mit der von **Arthur Wellesley**, 1st Duke of Wellington, gewonnenen Landschlacht bei **Waterloo**, die 1815 die napoleonischen Kriege beendete, wurden sie zu den wichtigsten **Erinnerungsorten** für die britische Nation. Zweitens blieb Großbritannien auch nach 1815 in vielerlei Hinsicht vermehrt auf Distanz zum Kontinent und insbesondere zu Frankreich. Und drittens kam es zwischen 1824 und 1834 – noch unter dem Eindruck der Französischen Revolution und angesichts der instabilen Wirtschafts-

**Abb. 34**

Battle of the Nile, 1 August 1798, *Gemälde von Thomas Whitcombe, 1816.*
*Dieses Werk des britischen Malers Thomas Whitcombe (1763–1824) zeigt den ent-*
*scheidenden Moment in der Seeschlacht bei Abukir. Rechts im Hintergrund explodiert*
*das französische Flaggschiff L'Orient. Die Schlacht gilt als eine taktische Meisterleis-*
*tung der britischen Flotte unter Admiral Horatio Nelson (1758–1805). Sie stoppte die*
*französische Expansion in Richtung Indien und fügte Napoleon Bonaparte eine emp-*
*findliche Niederlage bei. Die britische Hegemonie zur See wurde aber erst mit dem*
*Sieg in der Schlacht von Trafalgar 1805, ebenfalls unter Nelson, hergestellt.*

lage – zu einer Welle von Reformen, die weiter zur Nationsbildung
beitrugen. In den Jahren 1828 und 1829 erreichte die **Katholikenemanzi-**
**pation** ihren Höhepunkt. Nichtanglikaner erlangten nun Zugang zu öffentlichen Ämtern und konnten ins Parlament gewählt werden. Mit der
Verabschiedung der **Reform Bill** im Jahr 1832 wurden die schlimmsten
Ungleichheiten im Wahlsystem beseitigt. Dies stärkte vor allem die Repräsentation Schottlands und der noch jungen Industriestädte im Parlament.

Mitte des 19. Jahrhunderts wurde dieser Prozess der nationalen Integration hinsichtlich des gemeinsamen Identifikationspotentials zunehmend von einer imperialen Selbstwahrnehmung überlagert. Das **Britische**
**Empire** (→ Kap. 7.2.1) mit den britischen Inseln als taktgebendem Zentrum
wurde mehr und mehr zum zentralen Bezugsrahmen und **Königin Vikto-**
**ria (1819–1901)** zur Integrationsfigur. Auch Waliser, Schotten und Iren
spielten eine tragende Rolle im britischen Kolonialreich und sahen sich
unter anderem durch eine sendungsideologische *civilizing mission* (dt. Zivilisierungsmission) als Kulturbringer geeint.

Das gesamte 19. Jahrhundert hindurch gab es jedoch auch zu dieser nationalen Integration gegenläufige Entwicklungen – insbesondere in Irland. Viele Iren waren nach der Vereinigung mit Großbritannien nicht glücklich mit ihrer politischen und rechtlichen Stellung im Vereinigten Königreich. Das Ende der offiziellen konfessionellen Diskriminierung reichte vielen nicht weit genug. Sie fanden im katholischen Anwalt **Daniel O'Connell (1775–1847)** einen Fürsprecher. Dieser hatte bereits in der Katholikenemanzipation eine wichtige Rolle gespielt und drängte seit 1840 mit der Gründung der *Repeal Association* auf eine Rücknahme des *Act of Union*. Irland sollte ein unabhängiges Königreich unter Königin Viktoria – also wieder in Personalunion mit Großbritannien – werden. Diese Bemühungen blieben aber erfolglos. Auch unter dem Eindruck der **GROSSEN HUNGERSNOT (1845–1849)** in Irland radikalisierte sich die irische Nationalbewegung nun zunehmend. Die 1842 gegründete Wochenzeitung *The Nation* wurde zum Sprachrohr der Nationalisten. Die sich nun formierende *Young-Ireland*-Bewegung lehnte im Gegensatz zur *Repeal Association* Gewalt als Mittel zum Zweck nicht ab und wagte 1848 den Aufstand. Dieser wurde aber schnell niedergeschlagen.

**GROSSE HUNGERSNOT** engl. *Irish potato famine*; irisch *An Gorta Mór*. Verheerende Hungersnot (1845–1849), ausgelöst durch eine Serie von Kartoffelmissernten; nach Ansicht vieler Iren reagierte die britische Regierung kaum auf die Katastrophe und überließ die Insel ihrem Schicksal.

Die von irischen und britischen Parlamentariern getragene *Home-Rule-Bewegung* versuchte in der Folge, die auch weiterhin vorhandenen Spannungen zwischen Iren und Briten zu entschärfen. *Home Rule* meinte dabei nicht die völlige Unabhängigkeit Irlands wie O'Connell oder die *Young Irelanders* sie angestrebt hatten, sondern die Schaffung eines unabhängigen irischen Parlaments innerhalb eines gemeinsamen Staates. Die beiden ersten 1886 und 1893 eingebrachten Gesetzesvorlagen wurden vom Parlament abgelehnt. Ein dritter Anlauf war erfolgreich, wurde aber durch den Ausbruch des Ersten Weltkrieges 1914 und vor allem durch den **Osteraufstand von 1916** nicht umgesetzt. In der während des irischen Unabhängigkeitskriegs umgesetzten **Home Rule Bill von 1920** wurde die Insel entlang konfessioneller Linien in Nord- und Südirland geteilt. Der Nordteil erhielt ein eigenes Parlament und blieb Teil des Vereinigten Königreichs. Der Süden erklärte sich 1922 als **Irischer Freistaat** für unabhängig.

## 5.2.2　Frankreich

Ähnlich wie Großbritannien machte auch Frankreich bereits zur Zeit des Ancien Régime erste Schritte in Richtung Herausbildung eines modernen Staatswesens. Im Absolutismus bauten vor allem die Könige Heinrich IV. und Ludwig XIV. die Macht des Monarchen auf Kosten der Fürsten aus und stärkten die Bürokratie. Es kam damit zu einer weitgehenden **Zentralisierung der Staatsmacht**. Während die Französische Revolution sich in der Sache gerade gegen dieses auf den Monarchen ausgerichtete System wandte, baute sie gleichzeitig auf diesen zentralisierten Strukturen auf. Durch die Revolution änderte sich zwar die Herrschaftsgrundlage, die zentral auf Paris ausgerichtete Herrschaftsstruktur aber blieb bestehen und wurde zu einem wichtigen Vehikel der Nationsbildung.

Die Kombination von bereits existierenden zentralstaatlichen Strukturen mit einer nun auf den breiten Schultern des Volkes ruhenden Machtlegitimation machte das revolutionäre Frankreich hinsichtlich der Nationswerdung in Europa zum Impulsgeber. Dennoch dauerte der Nationsbildungsprozess auch hier das gesamte „lange 19. Jahrhundert" hindurch an. Frankreich war um 1800 – seiner territorialen Stabilität und der Zentralisierung zum Trotz – soziokulturell alles andere als ein homogenes Gebilde. Als Beispiele können die sprachliche und die **metrische Vielfalt** des Landes dienen. Obwohl Französisch bereits im 16. Jahrhundert zur Amtssprache erhoben worden war, waren auch im revolutionären Frankreich große Teile der Bevölkerung dieser Sprache nicht oder nur wenig mächtig. Stattdessen sprachen sie zum Beispiel **OKZITANISCH, Bretonisch, Korsisch, Elsässisch** oder einen der unzähligen Regionaldialekte. Noch unübersichtlicher war die Situation hinsichtlich der **Maß- und Gewichtseinheiten**. Schätzungen zufolge waren zurzeit der Revolution zwischen 700 und 800 unterschiedliche Einheiten in Gebrauch. Zusätzlich bezeichneten viele Einheiten in verschiedenen Regionen des Landes jeweils andere Menge.

**OKZITANIEN** etwa das südliche Drittel Frankreichs; romanisch geprägter Sprachraum ohne politische Einheit.

**Info**

Metrifizierung

▶ Im Europa des späten 18. Jahrhunderts wurden selbst in einigermaßen zentralisierten Staatswesen eine Vielzahl von regional sehr unterschiedlichen Maßen und Gewichten verwendet. In Frankreich war die Lage besonders unüberschaubar. So gab es allein im Département Maine-et-Loire 110 verschiedene Maßeinheiten für Getreide. Diese Vielfalt an unterschiedlichen Standards behinderte den überregionalen Handel ebenso wie die weitere Zentralisierung der Verwaltung. Mit der Französischen Revolution bot sich die Gelegenheit einer nationalen Standardisierung von Maßen und Gewichten, die sich nun nicht mehr vom menschlichen Körper (z. B. Fuß oder Elle) ableiten, sondern im Sinne der Aufklärung universell gültig sein sollten. Der aus der Vermessung der Erde abgeleitete Meter wurde 1794 vom Nationalkonvent zur verbindlichen Grundlage des landesweit gültigen Systems von Maßen und Gewichten erklärt. Die Metrifizierung hatte begonnen. Es dauerte aber bis in die Mitte des 19. Jahrhunderts, bis sich dieses einheitliche System in Frankreich durchgesetzt hatte. Als internationaler Standard konnte es sich mit der Unterzeichnung der *Convention du Mètre* im Jahr 1872 allmählich etablieren.

Der Historiker **Eugen Weber** hat als einer der Ersten betont, dass diese ausgeprägte Heterogenität als Ausdruck von regionaler Identität die französische Nationswerdung behinderte. Seiner Meinung nach wurde diese regionale Vielfalt erst in den letzten Jahrzehnten des 19. Jahrhunderts durch eine gemeinsame nationale Identität überschrieben. Erst dann hätten es verbesserte Kommunikations- und Transportmöglichkeiten sowie eine Reihe neuer zentral gesteuerter Institutionen erlaubt, auch die abgelegensten ländlichen Gebiete wirtschaftlich und kulturell an Paris zu binden und damit – in Webers Worten – regionale Bauern zu Franzosen zu machen.

Die Schaffung einer gemeinsamen nationalen Identität aus dieser regionalen Vielfalt wurde außerdem erschwert durch die politisch-konstitutionelle Entwicklung Frankreichs, die nach der Revolution schnell einen unsteten Verlauf nahm. Dies spiegelte auch die tiefe Teilung Frankreichs in antagonistische politische Lager wider, die der übergreifenden Identifikation mit einer gemeinsamen Nation im Wege stand. Es ist nicht überraschend, dass ein so radikaler politischer Umbruch, wie ihn die Französische Revolution darstellt, stark polarisierte und **Lagerbildung** zur Folge hatte. Insbesondere während der *Terreur* (dt. Terrorherrschaft) fochten die Revolutionäre untereinander blutige Kämpfe aus. Der tiefste Graben verlief aber bis ins späte 19. Jahrhundert hinein zwischen **Royalisten** und **Republikanern**. Unmittelbar nach der Restauration der Bourbonenherrschaft durch **König Ludwig XVIII. (1755–1824)** kam es unter Führung von so genannten Ultra-Royalisten zur gewaltsamen Verfolgung republikanisch Gesinnter, dem so genannten **Weißen Terror**. Der Einfluss des Parlaments war in der zumindest formell konstitutionellen Monarchie insgesamt gering. Das Wahlrecht war durch einen hohen Zensus auf wenige Reiche beschränkt. Dennoch konnten sich die den Royalisten gegenüberstehenden Liberalen Ende der 1820er-Jahre im Parlament durchsetzen und machten die Arbeit der konservativen Regierung zunehmend schwieriger.

Der ausgeprägte Antagonismus und die fast unmögliche Zusammenarbeit beider Lager lässt manche Historiker hinsichtlich dieser Phase von **les deux Frances** (dt. den zwei Frankreich) sprechen. Das „alte Frankreich" der Royalisten, der Aristokratie und der katholischen Kirche stand dem „neuen Frankreich" des aufgeklärt-liberalen Bürgertums gegenüber. Der Konflikt spitzte sich bis 1830 weiter zu und mündete schließlich in der von bürgerlichen Kräften getragenen **Julirevolution** (→ Kap. 4.2). Frankreich blieb eine Monarchie, allerdings stärkte die neue Verfassung das Parlament gegenüber dem neu eingesetzten, verhältnismäßig liberalen **„Bürgerkönig" Louis Philippe (1773–1850)**. Politisch blieb das Land aber tief gespalten – und zwar auch innerhalb des liberalen Lagers. Der *Parti du Mouvement*

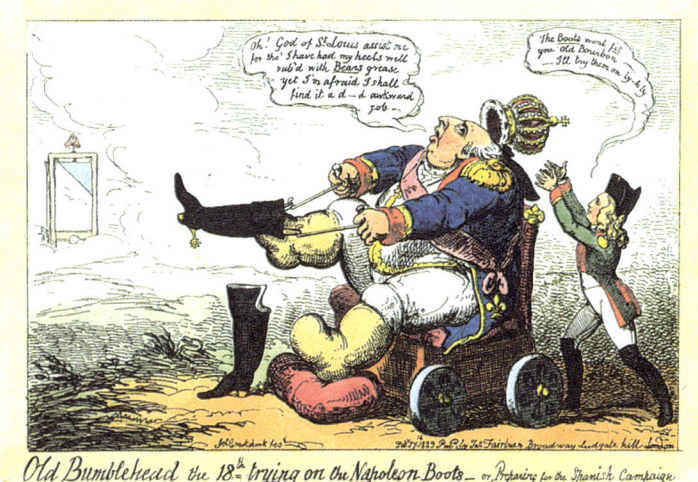

**Abb. 35**

Old Bumblehead the 18th trying on the Napoleon Boots – or, Preparing for the
Spanish Campaign, *Karrikatur von George Cruikshank, 1823*
*Der berühmte englische Karikaturist George Cruikshank (1792 – 1878) zeigt hier den
in der Restauration wiedereingesetzten Bourbonenkönig Ludwig XVIII. beim Versuch,
Napoleons Stiefel anzuziehen. Diese wollen aber nicht über Ludwigs klobige Füße pas-
sen. Durch Ludwigs Verrenkungen droht die Königskrone von seinem Kopf zu fallen.
Hinter ihm steht aber schon Napoleons Sohn, bereit die Krone zu aufzufangen und in
die Fußstapfen des Vaters zu treten. Die im Jahr 1823 kurz vor der französischen
Invasion Spaniens veröffentlichte Karikatur spielt auf Frankreichs ungewisse politische Rolle in Europa an.*

(dt. Partei der Bewegung) drängte auf weitere Reformen, während der *Parti
de L'Ordre* (dt. Partei der Ordnung) mit dem Status quo der Julimonarchie
zufrieden war. Der König favorisierte mal das eine, mal das andere Lager
und es konnte sich kein konsequenter politischer Kurs entwickeln.

Fehlender Reformwille, wirtschaftliche Schwierigkeiten und Missmanagement führten im Februar 1848 (→ Kap. 4.3) zu Protesten in Paris und
schließlich zum Aufstand gegen Louis Philippe, der abdankte und nach
Großbritannien floh. Am 25. Februar 1848 riefen die Revolutionäre die
Zweite Französische Republik aus. Die im April abgehaltenen Wahlen zur
Nationalversammlung erbrachten eine gemäßigt-liberale Mehrheit, die
wenig für die Lösung sich verschärfender sozialer Konflikte tat. Im Juniaufstand desselben Jahres gingen daher Arbeiter und Handwerker auf die
Barrikaden. Die Unruhen wurden durch die Armee niedergeschlagen. In
der Folge entfremdeten sich Bürgertum und Proletariat, die bisher in
vielen Fragen vereint gewesen waren, zunehmend.

Im Dezember 1848 wurde der Neffe Napoléon Bonapartes, **Louis Napoléon (1808–1873)**, zum Staatspräsidenten der Republik gewählt. Er baute in den folgenden Jahren seine Macht geschickt aus. Im Jahr 1851 kam es zum **Staatsstreich** und Louis Napoléon ließ sich ein Jahr später als **Napoleon III.** zum Kaiser ausrufen. Er verstand es, mit dem Versprechen, Frankreich wieder zu nationaler Größe in Europa zu führen, seine Machtbasis zu festigen. Napoleon III. regierte zunächst **AUTOKRATISCH**, weitete in den 1860er-Jahren aber die Rechte des Parlaments wieder aus und ließ oppositionellen Stimmen mehr Raum. Gleichzeitig spitzte sich die Rivalität zwischen Frankreich und den deutschen Ländern unter Führung Preußens weiter zu und mündete schließlich im **Deutsch-Französischen Krieg** von 1870/71 (→ Kap. 5.3.2). Nach der französischen Niederlage in der **Schlacht von Sedan** geriet Napoleon III. in preußische Gefangenschaft.

**AUTOKRATIE** von altgr. *autós*, „selbst" und *krateín*, „herrschen". Herrschaft, die aus sich selbst heraus legitimiert wird; Autokrat davon abgeleitet der Alleinherrscher.

In Paris wurde daraufhin die **Dritte Französische Republik** ausgerufen – vorerst als temporäre Lösung. In den ersten Jahren ihres Bestehens war die Republik weiter von den üblichen Lagerkämpfen gekennzeichnet. Ende der 1870er-Jahre jedoch setzten sich die Republikaner in allen Staatsorganen durch und konnten einen großen Teil der Franzosen hinter einer gemeinsamen Nationsidee vereinen. Diese speiste sich vor allem aus dem **Antagonismus zum Deutschen Reich**, aus **kolonialem Expansionismus** und aus einer national aufgeladenen **Kultur- und Bildungspolitik**.

## 5.3 | Die nationale Vereinigung

### 5.3.1 | Das Risorgimento und die Vereinigung Italiens

In den im vorhergehenden Kapitel beschriebenen Beispielfällen Großbritanniens und Frankreichs fand die Nationsbildung im Laufe des 19. Jahrhunderts auf einem zuvor bereits unter relativ einheitlicher Herrschaft stehendem Territorium statt. Die Nationswerdung ist in diesen Fällen also nicht mit der Staatsbildung gleichzusetzen. Sie spiegelt sich nicht in den Veränderungen der politischen Landkarte und ist deshalb historisch auch nicht ganz exakt zu datieren und nachzuvollziehen. Für Italien und das Deutsche Reich (→ Kap. 5.3.2) verhält sich das grundlegend anders. Hier entstand die Nation im Zuge der politisch-territorialen Vereinigung bisher unabhängiger Gebiete. Dieser Vereinigungsprozess lief allerdings nicht immer parallel zur Entstehung eines entsprechenden Nationalgefühls in der Bevölkerung. Durch ihre hohe Sichtbarkeit und große politische Bedeutung gelten diese nationalen Vereinigungen aber

als mit die wichtigsten Manifestationen von Nationalismus und Nationsbildung im Europa des 19. Jahrhunderts.

In den **Italienischen Kriegen (1494–1559)** der Renaissance hatten die italienischen Staaten ihre Unabhängigkeit verloren und waren unter den
Einfluss europäischer Großmächte – vor allem der habsburgischen –
gekommen. Im Laufe des 17. und 18. Jahrhunderts konnte sich einzig
Savoyen gegen die Großmächte behaupten und sich nach dem **Spanischen Erbfolgekrieg (1701–1714)** als **Königreich Sardinien-Piemont** als ernstzu-
nehmende Mittelmacht etablieren. Im Ersten Koalitionskrieg nach der
Französischen Revolution bezwangen die französischen Truppen unter
General Napoléon Bonaparte unter anderem Sardinien-Piemont, die österreichischen Besitzungen in Italien und den Kirchenstaat. Norditalien
wurde mit der Gründung der **Cisalpinischen Republik** politisch neu geordnet. Savoyen und Nizza gingen direkt an Frankreich. Nach der Machter-
greifung Napoleons in Frankreich wurde die im zweiten Koalitionskrieg
zwischenzeitlich verlorengegangene Kontrolle über Norditalien wiederhergestellt. Die Cisalpinische Republik wurde 1802 in Italienische Republik umbenannt und drei Jahre später zugunsten des neugegründeten
**Königreichs Italien** unter König Napoléon Bonaparte aufgelöst. Auch unter
napoleonischer Herrschaft blieb das Gebiet des heutigen Italien territorial zersplittert. Neben den von Frankreich direkt beherrschten Teilen und
dem Königreich Italien kontrollierten auch die Königreiche Sardinien,
Sizilien und Neapel sowie das Herzogtum Lucca weite Gebiete.

An dieser Zersplitterung änderte sich auch mit der politischen Neuordnung Europas durch den Wiener Kongress nichts. Das Königreich
Sardinien-Piemont und der Kirchenstaat wurden wiederhergestellt.
Österreich bekam wieder Einfluss in Norditalien – zum Beispiel im
neugegründeten **Königreich Lombardo-Venetien**. In Neapel wurde die bour-
bonische Herrschaft restauriert und das Königreich mit Sizilien zum
**Königreich beider Sizilien** vereint. Eine weitergehende Vereinigung der
italienischen Gebiete – und damit ein Entgegenkommen an die nationalistischen Kräfte – hätte den politisch-ideologischen Grundsätzen
der Restauration (→ Kap. 4.1) widersprochen. Die Einrichtung eines losen
Staatenbundes nach dem Vorbild des Deutschen Bundes (→ Kap. 5.3.2), wie
von **Fürst Clemens von Metternich (1773–1859)** vorgeschlagen, scheiterte am
Widerstand des österreichischen Kaisers Franz I. und der italienischen
Fürsten. Italien blieb damit politisch zersplittert.

Dies enttäuschte all jene Kräfte, die bereits seit dem späten 18. Jahrhundert unter dem Eindruck der Revolution in Frankreich Ideen für ein
vereintes Italien entwickelt hatten. Zu diesen Kräften gehörten auch die
nach dem Vorbild der Freimaurer als Geheimbund organisierten *CAR-
BONARI*, die zur Zeit Napoleons in Neapel entstanden waren. Unter dem

Eindruck der spanischen Revolution von 1820 organisierten die *Carbonari* antiabsolutistische Aufstände im Königreich beider Sizilien. Nach ersten Erfolgen breiteten sich die Unruhen auch nach Norditalien aus. Allerdings rekrutierten sich die *Carbonari* in erster Linie aus dem Bürgertum und hatten daher wenig Rückhalt in der ländlichen Bevölkerung. Die Unruhen wurden 1821 daher schnell niedergeschlagen. Ähnliches gilt für die durch die französische Julirevolution angeregten *Carbonari*-Aufstände 1831 in Mittelitalien.

Die bürgerlich-liberalen und patriotischen Ideen des Geheimbundes inspirierten den genuesischen Juristen **Giuseppe Mazzini (1805 – 1872)** zur Gründung der republikanisch-nationalistischen Bewegung *Giovane Italia* (dt. Junges Italien), deren Ziel es war, Italien „von unten" zu vereinen. Die von der Bewegung zwischen 1833 und 1845 organisierten Aufstände scheiterten aber allesamt. Mazzinis Vision einer vereinigten italienischen Republik mit frühsozialistischen Elementen stehen aber auch andere nationale Entwürfe gegenüber. So gab es in den 1840er-Jahren im katholisch-konservativen Lager die Idee eines konstitutionellen italienischen Staatenbundes unter der Herrschaft des Papstes. Den gemäßigteren Kräften um Graf **Cesare Balbo (1789 – 1853)** hingegen schwebte eine weltlichere nationale Vereinigung unter der Führung des Königreichs Sardinien-Piemont vor. Im Jahr 1847 gründete Balbo gemeinsam mit Graf **Camillo Benso di Cavour (1810 – 1861)** in Turin die Zeitschrift *IL RISORGIMENTO*, die in der Folge zum Sprachrohr dieser Strömung wurde – und namensgebend für den italienischen Nationswerdungsprozess.

Die Revolutionen des Jahres 1848 machten sich auch in Italien bemerkbar. In Sardinien-Piemont und im Kirchenstaat wurden noch im März Verfassungen verabschiedet. In Lombardo-Venetien . kam es zur Erhebung gegen Österreich, zum Zusammenschluss mit dem Piemont und zum gemeinsamen Krieg gegen die Habsburger. Auch in der Toskana und in Rom brachen republikanische Revolutionen aus. Im Januar 1849 wurde im Kirchenstaat die Republik mit Giuseppe Mazzini als Präsident eines **TRIUMVIRATS** ausgerufen. Erst durch ein gemeinsames Vorgehen der katholischen Mächte Spanien, Neapel, Österreich und Frankreich konnten die revolutionären Bewegungen schließlich unterdrückt werden. Nur gegen massiven vom späteren italienischen Nationalhelden **Giuseppe Garibaldi (1807 – 1882)** organisierten Widerstand nahmen französische Truppen im Juli 1849 Rom ein und blieben bis 1870 als Schutz für den Papst vor Ort. Die absolutistische Ordnung wurde fast durchgängig wiederhergestellt. Allein das Königreich Sardinien-Piemont behielt unter dem neuen **König Viktor Emmanuel II. (1820 – 1878)** seine Verfassung.

Nachdem die italienische Vereinigung „von unten" damit gescheitert war, blieb als Alternative allein die Nationsbildung „von oben" – das

---

**RISORGIMENTO** ital. für „Wiederauferstehung".

---

**TRIUMVIRAT** von lat. *tres viri*, „drei Männer". Seit dem ersten Triumvirat um Gaius Iulius Caesar allgemein für Leitungsgremium aus drei (männlichen) Mitgliedern.

heißt die politische Vereinigung unter der Führung eines Staates. Diese Rolle übernahm in den folgenden Jahren das Königreich Sardinien-Piemont, in welchem der mittlerweile **realpolitisch** vorgehende Cavour im Jahr 1852 Premierminister geworden war. Dieser agierte auf ganz unterschiedlichen Ebenen. Zum einen versuchte er zum Beispiel durch die Gründung der *Società nazionale* – also des Nationalvereins – ein italienisches Nationalgefühl zu beschwören. Auf der anderen Seite bediente sich Cavour diplomatischer Mittel, um in Europa Unterstützer für die Vereinigung Italiens zu finden, gegen die sich vor allem Österreich sperrte. Es gelang ihm schließlich den französischen Kaiser Napoleon III. für die Schaffung eines norditalienischen Königreichs zu gewinnen. Sardinien-Piemont und Frankreich provozierten einen Krieg gegen Österreich und waren in den **Schlachten von Magenta und Solferino 1859** unmittelbar erfolgreich. Aus Angst vor einem Kriegseintritt des Deutschen Bundes drängte Frankreich aber bald auf einen Frieden.

Allerdings gewann der Vereinigungsprozess nun schnell eine Eigendynamik, die von den Großmächten nicht mehr kontrolliert werden konnte. Aufstände breiteten sich in Italien aus. Die *Società nazionale* organisierte Volksabstimmungen in den einzelnen Staaten, die allesamt einen Anschluss an Sardinien-Piemont befürworteten. Der aus den Vereinigten Staaten zurückgekehrte Garibaldi führte den **„Zug der Tausend"** nach Süditalien und beendete damit die Bourbonenherrschaft im Königreich beider Sizilien. Auch Garibaldis revolutionäre Freischärler schlossen sich schließlich den piemontesischen Truppen an. Im Jahr 1861 wurde das nun geeinte Königreich Italien unter Viktor Emmanuel II. ausgerufen und damit der italienische Nationalstaat gegründet. Die piemontesische Verfassung wurde auf das gesamte Staatsgebiet ausgeweitet. Im Jahr 1866 kam im Deutschen Krieg auch Venetien von Österreich an Italien. Als vier Jahre später im Deutsch-Französischen Krieg Frankreich seine Schutztruppen aus Rom abzog, konnten italienische Truppen die Stadt schließlich einnehmen und zur Hauptstadt machen.

Das Scheitern einer Vereinigung „von unten" deutet schon an, dass auch die italienischen Gebiete im 19. Jahrhundert sprachlich, kulturell und ökonomisch alles andere als homogen waren. Unter anderem auch deshalb konnte das *Risorgimento* keine Massenbewegung werden. Zu unterschiedlich waren die sozioökonomischen und kulturellen Ausgangslagen in den verschiedenen Teilen der Halbinsel. Der gemeinsame Nationalstaat konnte daher nur auf Bestreben einer relativ kleinen Führungselite durchgesetzt werden. Berühmt geworden ist diesbezüglich der Ausspruch des piemontesischen Schriftstellers und Politikers **Massimo d'Azeglio (1798–1866)**, der kurz nach der italienischen Einheit verkündete: „Wir haben Italien geschaffen, jetzt müssen wir Italiener schaffen!"

Diese Heterogenität zeigte sich in vielerlei Hinsicht. So stand dem wirtschaftlich gut entwickelten Norden mit dem Gravitationszentrum Piemont der diesbezüglich hinterherhinkende Süden – der so genannte *Mezzogiorno* – gegenüber. Dieser war wirtschaftlich vor allem von Großgrundbesitz und **RENTENKAPITALISMUS** geprägt. Von der Schaffung eines gemeinsamen Marktes profitierte daher in erster Linie der Norden, was die existierenden sozioökonomischen Gräben noch verstärkte. Italien war aber auch sprachlich und kulturell kein homogenes Gebiet. Zur Zeit der Vereinigung sprach nur eine kleine Minderheit der Italiener tatsächlich Italienisch, während die große Mehrheit sich im täglichen Umgang verschiedenster Sprachen und Dialekte bediente. Durch die Förderung **hochsprachlicher Literatur** und anderer national aufgeladener Kunstformen (wie zum Beispiel der Oper) versuchte man, eine gemeinsame Sprache und ein übergreifendes italienisches Nationalgefühl zu schaffen. Während dies in gebildeteren Kreisen nicht ohne Wirkung blieb, dauerte die flächendeckende Verbreitung einer gemeinsamen Sprache in Italien bis weit in das 20. Jahrhundert.

**RENTENKAPITALISMUS**
Wirtschaftsform, in der Grundbesitz für einen Teil der Ernte verpachtet wird.

---

### Info

**Dante und Verdi im Risorgimento** ▶ Hinsichtlich der kulturellen Unterfütterung der italienischen Nationswerdung und damit der Beschwörung eines italienischen Nationalbewusstseins spielten unter anderem Dante Alighieri (1265–1321) und Giuseppe Verdi (1813–1901) tragende Rollen. Dantes Divina Commedia (dt. Göttliche Komödie) wurde als erste große Dichtung in italienischer Sprache gefeiert. Der vor einem halben Jahrtausend verstorbene Dichter und Philosoph wurde damit zu der zentralen Gründungsfigur der italienischen Kultur und als solche im Risorgimento posthum instrumentalisiert. Die Musik von Giuseppe Verdi wurde von der italienischen Nationalbewegung schnell als Symbol für ihren Kampf vor allem gegen die habsburgische Herrschaft vereinnahmt. Spätestens ab den 1840er-Jahren galt Verdi als Nationalkomponist der Italiener, dessen Opern im Risorgimento weite Rezeption fanden.

## 5.3.2 | Der kleindeutsche Nationalstaat

Der Historiker Thomas Nipperdey hat sein einflussreiches Werk über die *Deutsche Geschichte 1800–1866* mit dem berühmt gewordenen (und durchaus auch kontrovers diskutierten) Satz „Am Anfang war Napoleon" beginnen lassen. Er meint damit, dass die Geschichte der Deutschen im 19. Jahrhundert und zentral auch die deutsche Nationswerdung ganz entscheidend von der napoleonischen Herrschaft über die deutschen Gebiete geprägt waren. Es wurde unter Historikern daraufhin intensiv diskutiert, welche Rolle man der Person Napoleons in dieser Hinsicht tatsächlich zusprechen kann. Festgehalten werden aber kann, dass sich durch die französische Herrschaft über die deutschen Länder erstens ein historischer Bruch zum Heiligen Römischen Reich aufgetan und zweitens die Erfahrung dieser Fremdherrschaft entscheidend zum Entstehen einer deutschen Nationalbewegung beigetragen hat.

Nach dem Ende der napoleonischen Herrschaft wurden die noch jungen nationalen Hoffnungen aber nicht erfüllt. Der Wiener Kongress brachte auch für die deutschen Länder keine politische Einheit, aber anders als im Fall der italienischen Halbinsel kam es hier zur Schaffung eines mehr oder weniger losen Vereins unabhängiger Staaten. Mit der Verabschiedung der **Deutschen Bundesakte** am 8. Juni 1815 wurde noch während des Kongresses der **Deutsche Bund** gegründet. Es war das Ziel, damit eine Balance zwischen den verschiedenen europäischen Mächten zu schaffen. Weder Preußen noch die Habsburgermonarchie sollten exklusiven Einfluss über die deutschen Länder gewinnen. Gleichzeitig sollten letztere aber in die Lage versetzt werden, sich im Notfall gegen einen Aggressor (man dachte vor allem an Frankreich) gemeinsam zu wehren ohne aber selbst über Angriffspotential zu verfügen.

Diesen Balanceakt innerhalb eines von der monarchischen Restauration geprägten Europas spiegelt die Organisation des Deutschen Bundes wider. In seinem zentralen Organ – der in Frankfurt am Main tagenden **Bundesversammlung** – waren Gesandte aus allen (anfangs 38) Mitgliedstaaten repräsentiert. Die Gewichtung der Stimmen war so austariert, dass keine der großen Mächte überhandnahm oder die kleineren Staaten völlig übergangen werden konnten. Bereits in der Bundesakte war den Richtlinien der Restauration entsprechend das **monarchische Prinzip** festgeschrieben worden. Die jeweiligen Landesherren blieben in ihren Gebieten souverän. Der Bund verfügte über ein Bundesheer mit einer erheblichen Truppenstärke. Dieses Heer speiste sich aus Kontingenten der einzelnen Mitgliedsstaaten und konnte dadurch gut zur Verteidigung aber kaum für einen Angriffskrieg eingesetzt werden.

Darüber hinaus hatte der Deutsche Bund nur wenige Kompetenzen und kaum eine zentrale bundesstaatliche Macht. Diese lag weiterhin bei den einzelnen Mitgliedsstaaten. Die impulsgebende Wirkung, welche die Nationalversammlung zum Beispiel in Verfassungsfragen hätte entwickeln können, wurde vor allem auch durch den großen Einfluss Österreichs verhindert. **Staatskanzler** Metternich bestimmte in der Habsburgermonarchie eine konservative, absolutistisch geprägte Politik, die er auch im Bund durchsetzen konnte. Bürgerlich-liberale Forderungen wurden im **System Metternich** ebenso unterdrückt wie nationalistisches Gedankengut. Allerdings trugen nicht alle Landesfürsten diese repressive Politik mit. So gab es zum Beispiel in Baden in den 1830er-Jahren parlamentarische Mitsprache und relativ liberale Pressegesetze.

Während jedes Streben nach politischer Vereinigung im Vormärz möglichst unterdrückt wurde, kam es bald zu wirtschaftlichen Zusammenschlüssen deutscher Länder. Das sich mehr und mehr dem Freihandel zuwendende **Preußen** gründete 1828 einen **Zollverein mit Hessen-Darmstadt**, dessen letztlich über die eigenen Territorien hinausgehenden Absichten im Zollvereinsvertrag deutlich werden. Dort wurde als Zweck des Vereins „die Beförderung der Freiheit des Handels und gewerblichen Verkehrs zwischen Ihren Staaten und hierdurch zugleich in Deutschland überhaupt" festgehalten. Entsprechend wurde nur sechs Jahre später auch der **DEUTSCHE ZOLLVEREIN** ins Leben gerufen, der auch Bayern und Württemberg miteinbezog und von nun an stetig wachsen sollte. Österreich beteiligte sich nicht am Zollverein. Dadurch ebenso wie durch Metternichs antiliberale und antinationale Politik, begannen sich die auf nationale Vereinigung zielenden Kräfte immer weiter von Österreich weg zu orientieren.

Im Zuge der Revolutionswelle des Jahres 1848 (→ Kap. 4.3), die unter anderem auch die Abdankung Metternichs zur Folge hatte, konnte sich die Nationalbewegung in Deutschland besser als bisher Gehör verschaffen. In Frankfurt am Main kam ein aus Abgeordneten einzelner Landesparlamente bestehendes **VORPARLAMENT** zusammen, das die Wahl einer Nationalversammlung nach **allgemeinem und gleichem Wahlrecht** organisierte und durchführte. Die Landesfürsten fügten sich diesem Unterfangen unter dem Eindruck der noch laufenden Revolution. Schon am 18. Mai 1848 tagte die **Deutsche Nationalversammlung** zum ersten Mal in der **Paulskirche** in Frankfurt. Die Versammlung sollte in Abstimmung mit den Fürsten die nationale Vereinigung herbeiführen und begann zu diesem Zweck mit der Ausarbeitung einer gemeinsamen Verfassung. Die Arbeit an einer Verfassung, die für alle wichtigen Kräfte akzeptabel ist, stellte sich als schwierig und langwierig heraus. Die Geister schieden sich vor allem an den Fragen der Einbindung Österreichs (**kleindeutsche** versus **großdeutsche Lösung**) und der Staatsform (republikanisch versus monarchisch). Erst im März 1849 wurde die Reichsverfassung als Gründungsdokument einer konstitutionellen Erbmonarchie unter Führung Preußens und ohne Beteiligung der österreichischen Gebiete schließlich in der Paulskirche verabschiedet. Obwohl etwa dreiviertel der deutschen Staaten die Verfassung annahmen, war der Widerstand der restlichen Länder und Österreichs so groß, dass der König von Preußen die ihm angebotene Reichskrone ablehnte. Der Einigungsversuch auf dem Verfassungsweg scheiterte damit und die Nationalversammlung löste sich auf.

Aufbauend auf in der Nationalversammlung diskutierten Ideen kam es 1850 auf Anstoß des preußischen Königs zu einem weiteren Eini-

**VORPARLAMENT** Nicht durch gewählte Abgeordnete besetzt, sondern durch Abgesandte aus den Landesparlamenten.

gungsversuch, der den Landesfürsten größeres Gewicht zukommen lassen sollte, aber letztlich an der Opposition des Habsburgerreichs scheiterte. Der ein Jahr später vorgebrachte österreichische Gegenvorschlag eines geeinten Deutschland unter österreichischer Führung wiederum war für Preußen und die anderen europäischen Großmächte nicht tragbar. Nach diesem weiteren Fehlschlag stellte sich bei vielen Zeitgenossen die Überzeugung ein, dass der deutsche Nationalstaat auf dem Weg des politischen Ausgleichs wohl nicht zu schaffen sei. Aus diesem Glauben und aus der Frustration über das Ergebnis der Revolutionen von 1848/49 heraus, gründeten liberal eingestellte Bürger 1859 schließlich den **Deutschen Nationalverein**. Dieser drängte von nun an auf die Schaffung eines kleindeutschen Nationalstaats ohne Beteiligung Österreichs. Preußen sollte in diesem Zusammenhang eine ähnliche Rolle einnehmen wie Sardinien-Piemont in Italien (→ Kap. 5.3.1).

Das sich wirtschaftlich rasant entwickelnde Preußen kam dieser ihm zugedachten Rolle zuerst nur zögerlich nach. Das änderte sich aber mit dem Amtsantritt **Otto von Bismarcks (1815 – 1898)** als preußischem Ministerpräsidenten im Jahr 1862. Bismarck war selbst kein deutscher Nationalist, glaubte aber, dass Macht und Einfluss Preußens auf die Dauer nur in einem deutschen Staatenbund unter preußischer Führung aufrechtzuerhalten wären. Dies brachte ihn automatisch in Konflikt mit Österreich, das Preußen diese Rolle nicht einfach überlassen wollte. Im **Deutsch-Dänischen Krieg von 1864**, der den Reigen der so genannten deutschen Einigungskriege eröffnete, kämpften Preußen und Österreich noch auf derselben Seite gegen Dänemark um Schleswig. Aber schon im Juni 1866 kam es zum **Deutschen Krieg**, der sich offiziell an Unstimmigkeiten über die Verwaltung Schleswigs entzündete, sich aber eigentlich um die Vorherrschaft in Deutschland drehte. Preußen gewann den Krieg gegen das eigentlich übermächtige Habsburgerreich dank einer modernen, effizienten Kriegsführung sehr schnell und sicherte damit seine Stellung.

Während es in der Habsburgermonarchie als Folge der Niederlage zum **Ausgleich zwischen Österreich und Ungarn** kam (→ Kap. 6.2.2), entstand im Norden der **Norddeutsche Bund** unter Führung des erstarkten Preußen. Die süddeutschen Länder blieben dem Bund unter anderem durch den Zollverein verbunden. Der französische Kaiser Napoleon III. verfolgte die Entwicklung in Deutschland mit Bedenken. Der Konflikt zwischen den Mächten spitzte sich weiter zu und eskalierte schließlich angesichts der Frage der spanischen Thronfolge. Von Bismarck in die Ecke gedrängt, erklärte Napoleon III. im Juli 1870 Preußen den Krieg. Die deutschen Staaten traten auf der Seite Preußens in den **Deutsch-Französischen Krieg** ein, während Frankreich weitgehend ohne Bündnispartner dastand. Die

Deutschen konnten nach der Schlacht von Sedan den französischen Kaiser gefangen nehmen und setzten sich schließlich durch.

Frankreich war gedemütigt. Es musste das wirtschaftlich wichtige **Elsass-Lothringen** abtreten und Reparationen leisten. Ebenso wie sich die französische Nation nun erst recht über den Antagonismus zu Deutschland definierte, funktionierte die Schaffung des **Deutschen Reiches** erst aus dem Überschwang des Sieges über Frankreich. Am 18. Januar 1871 wurde der König → von Preußen im Spiegelsaal des Schlosses Versailles als Wilhelm I. zum **DEUTSCHEN KAISER** ausgerufen. Der deutsche Nationalstaat war – unter Ausschluss der deutsch-österreichischen Gebiete – geboren und wurde zum zentralen Bezugspunkt deutschen Nationalgefühls. Mit dem Erwerb eigener deutscher Kolonien in den 1880er-Jahren und dem Streben nach „Weltgeltung" unter Kaiser Wilhelm II. brach sich der nationale Gedanke schließlich auch in imperialem Gebaren Bahn (→ Kap. 7.3).

**DEUTSCHER KAISER**
Diese im Vergleich zur Alternative „Kaiser von Deutschland" abgeschwächte Formulierung war ein Zugeständnis an die deutschen Fürsten.

## 5.4 | Nationen ohne Staat

### 5.4.1 | Das geteilte Polen

Mit der Union von Lublin 1569 wurde die bereits seit dem späten 14. Jahrhundert bestehende Personalunion zwischen dem Königreich Polen und dem Großfürstentum Litauen in eine **REALUNION** umgewandelt. Polen-Litauen wurde zur **Adelsrepublik**. Der König wurde von nun an von einem Adelsparlament (Sejm) gewählt, das großen Einfluss auf die polnische Politik ausübte. Obwohl Polen-Litauen hinsichtlich der Staatsform nun zu den modernsten Staaten Europas zählte, konnte es im 17. und 18. Jahrhundert keine anhaltende Stabilität gewinnen. Zahlreiche Kriege, die Abhängigkeit von anderen europäischen Mächten und schließlich auch innere Streitigkeiten schwächten den Staat. Im Sejm galt das **Einstimmigkeitsprinzip**, sodass einzelne Mitglieder oder Interessengruppen das Parlament praktisch komplett blockieren konnten. Die daraus erwachsende Krise nutzten Russland, Preußen und später auch Österreich für sich aus. Im Jahr 1772 kam es zur **Ersten Teilung Polens**, im Zuge derer Polen-Litauen etwa ein Viertel seines Territoriums an die genannten drei Mächte abtreten musste. Am 3. Mai 1791 – also genau vier Monate vor dem Inkrafttreten der ersten Französischen Verfassung – wurde eine polnische Verfassung verabschiedet, die auf aufklärerischen Idealen beruhte, vor allem aber das Ziel hatte, die noch immer währende Blockade zwischen König und Parlament aufzulösen und Polen wie-

**REALUNION** Zwei oder mehr Länder werden nicht nur vom selben Monarchen regiert, sondern ganz oder teilweise vereint; sie teilen dadurch gemeinsame Institutionen (vgl. Personalunion).

der handlungsfähig zu machen. Die Monarchien Russland und Preußen reagierten auf diesen Affront mit dem Einmarsch von Truppen und der **Zweiten Teilung Polens 1792**. In der Folge formierte sich starker polnischer Widerstand gegen den Verlust weiterer Gebiete. Dieser wurde niedergeschlagen und es kam 1795 schließlich zur **Dritten Teilung Polens**. Russland, Preußen und Österreich teilten die verbliebenen Gebiete unter sich auf und Polen hörte als eigenständiger Staat auf zu existieren.

Viele Polen setzten als letzte Hoffnung auf die Hilfe Frankreichs und verließen das Land um sich Napoleons Armee im Kampf gegen die Teilungsmächte anzuschließen. Als **Polnische Legion** kämpften polnische Soldaten und Offiziere unter französischem Kommando unter anderem in Italien und später in Haiti (→ Kap. 3.3.2). Napoleon schaffte es mit vagen Versprechungen eines neuen polnischen Staates, große Teile der Bevölkerung des preußischen Teils Polens für sich einzunehmen. Im Jahr 1807 schuf er aus diesem Teil das Herzogtum Warschau als französischen **SATELLITENSTAAT**. Nach der Niederlage Napoleons und der Neuordnung Europas auf dem Wiener Kongress wurde der größte Teil des Herzogtums an Russland gegeben (**„Kongresspolen"**). Der russische Zar war nun in Personalunion auch König von Polen. Die restlichen Teile des Landes blieben bei Preußen und Österreich. Nur die Stadt Krakau wurde unter dem Protektorat aller drei Teilungsmächte zum Stadtstaat **Republik Krakau**. Auch wenn auf dem Papier also ab 1815 wieder ein Königreich Polen bestand, so bestätigte der Kongress dennoch im Kern die Aufteilung Polens, das sich nun über vier Staaten verteilte.

> **SATELLITENSTAAT** Auch Vasallenstaat; kleinerer Staat, der von einem anderen gänzlich abhängig ist.

In Kongresspolen sollte Zar Alexander I. gemäß den Beschlüssen des Wiener Kongresses ein gewisses Maß von Autonomie gewähren. Entsprechend duldete er offiziell sowohl eine Verfassung wie auch die Existenz der Ständeversammlung Sejm. Allerdings regierte er in der Praxis durch seinen Bruder Konstantin, den inoffiziellen Vizekönig von Polen, autokratisch an diesen Einrichtungen vorbei. Mit der Thronfolge durch Nikolaus I. im Jahr 1825 verschärfte sich der Regierungsstil weiter. Ende des Jahres 1830 entlud sich die Unzufriedenheit der polnischen Opposition im **Novemberaufstand** gegen die russische Fremdherrschaft. Die Romanows wurden vom Sejm als herrschende Dynastie abgesetzt. Eine polnische Nationalregierung wurde gebildet, die allerdings ganz unterschiedliche politische Richtungen vertrat und es daher nicht schaffte, dem Aufstand eine klare Richtung zu geben. Russland konnte bis September 1831 die Kontrolle über das Land zurückgewinnen. Die polnische Verfassung wurde durch das so genannte **Organische Statut** aufgehoben und das Land vollends in das Zarenreich inkorporiert. Eine Militärherrschaft mit stark eingeschränkter Pressefreiheit wurde errichtet und mit der **RUSSIFIZIERUNG** des Landes begonnen. Im **Januaraufstand von 1863** er-

> **RUSSIFIZIERUNG** Flächendeckende Förderung und Durchsetzung russischer Sprache und Kultur.

hoben sich nochmals Teile der polnischen Bevölkerung gegen die russische Herrschaft. Der schlecht organisierte und ausgerüstete Aufstand konnte zwar einige Einzelerfolge erzielen, wurde aber 1864 endgültig niedergeschlagen. In der Folge unterdrückte Russland das politische Leben in der Region, die nun nicht mehr als Königreich Polen sondern nur mehr als **Weichselland** bezeichnet werden sollte.

Im preußischen Teil Polens, der **Provinz Großherzogtum Posen**, begann man in Reaktion auf den Novemberaufstand in Kongresspolen mit der Verdrängung der Polen aus öffentlichen Ämtern und der **GERMANISIE-RUNG** des Landes. In Krakau kam es im Februar 1846 zu einem kurzlebigen Aufstand, der eigentlich auf die Provinz Posen übergreifen sollte. Die Pläne wurden aber verraten und im Keim erstickt. Auch der **Großpolnische Aufstand** im Zuge der Revolutionsbewegungen von 1848 war nur von kurzer Dauer und wurde schnell von preußischen Truppen niedergeschlagen. In der Folge verlor die Provinz Posen alle noch verbliebenen Vorrechte innerhalb Preußens. Die Frankfurter Nationalversammlung stimmte mit großer Mehrheit für die Aufnahme der Provinz in den zu schaffenden deutschen Nationalstaat. Dieser wurde zwar nicht sofort gegründet, die Provinz Posen wurde 1867 aber in den Norddeutschen Bund aufgenommen und 1871 schließlich Teil des Deutschen Reiches. Damit war der vormals preußische Teil Polens nun formell Bestandteil eines bewusst als solcher gegründeten deutschen Nationalstaats.

Während damit in den preußischen und russischen Teilen des ehemaligen Polen eine eigenständige polnische Identität weitgehend unterdrückt wurde und man auf die Integration der polnischen Gebiete zielte, musste die Habsburgermonarchie nach den Niederlagen in Italien und gegen Preußen **Galizien** ein gewisses Maß an Freiheit einräumen. Polnisch wurde 1866 zur Amtssprache und damit zentral in Schulwesen und Verwaltung. Der Ausgleich mit Ungarn 1867 brachte auch für Galizien weitere Schritte Richtung Autonomie, die 1873 schließlich gewährt wurde.

Die Schaffung eines polnischen Nationalstaats gelang erst mit der Niederlage Deutschlands und Österreichs im Ersten Weltkrieg, dem Zerfall des Habsburgerreichs und der Revolution in Russland. Mit Unterstützung der Siegermächte wurde im Oktober 1918 ein **unabhängiger polnischer Staat** ausgerufen, der im **Versailler Vertrag** von 1919 international anerkannt wurde.

**GERMANISIERUNG** Flächendeckende Förderung und Durchsetzung deutscher Sprache und Kultur; im Nationalsozialismus rassistisch aufgeladen im Sinne einer „Blut-und-Boden"-Ideologie.

### 5.4.2 | Nationalitäten auf dem Balkan

Nach den nationalen Vereinigungsprozessen in Italien und Deutschland kam es vor allem in Ost- und Südosteuropa Ende des 19. Jahrhunderts ebenfalls zu einer Reihe neuer Nationalstaatsgründungen. Diese gingen vor allem aus der Desintegration bestehender multiethnischer Herrschaftsverbände (→ Kap. 6) hervor und sind in ihrem Ursprung grob Schieders „sezessionistischem" Nationalismus (→ Kap. 5.1.3) zuzuordnen.

Bereits seit Anfang des 19. Jahrhunderts hatte das Osmanische Reich zunehmend Schwierigkeiten mit in den einzelnen Reichsteilen aufkommenden Nationalbewegungen und galt bald als „KRANKER MANN AM BOSPORUS". In Ägypten fiel dem Vizekönig mehr und mehr Macht zu, Serbien erlangte teilweise Autonomie und Griechenland wurde 1830 mit Unterstützung Großbritanniens, Frankreichs und Russlands sogar formal unabhängig. Im Lauf des 19. Jahrhunderts verlor das Osmanische Reich zunehmend die Fähigkeit, einen Ausgleich zwischen den einzelnen Ethnien herzustellen oder aber die nationalen Bewegungen zu unterdrücken. Insbesondere in Südosteuropa wurden die Unabhängigkeitsbestrebungen vieler vor allem slawischer Nationen immer deutlicher, die sich unter anderem in ihrer religiösen Freiheit bedroht sahen. Der PANSLAWISMUS bot diesen Bewegungen einen einenden ideologischen Überbau und machte es schließlich auch möglich, dass sich Russland auf Seite der Balkannationen in den Konflikt mit dem Osmanischen Reich einschaltete.

Der Drang nach nationaler Selbstbestimmung brach sich in der Balkankrise (1875 – 1878) Bahn. Auch auf Betreiben Österreichs, das seine eigenen Interessen in der Region wahren wollte, kam es 1875 in Bosnien und der Herzegowina zu Aufständen gegen das Osmanische Reich. Die autonomen Fürstentümer Serbien und Montenegro schlossen sich den Kämpfen ebenso an, wie das auch formal zum Osmanischen Reich gehörende Bulgarien. Allerdings erlangten osmanische Truppen bald die Oberhand und richteten vor allem in Bulgarien auch unter der – hauptsächlich christlichen – Zivilbevölkerung Massaker an. Dieses brutale Vorgehen sorgte für einen empörten Aufschrei in Europa und führte zum diplomatischen Einschreiten der Großmächte. Nach gescheiterten Verhandlungen bot sich für Russland schließlich die Gelegenheit in Absprache mit Großbritannien und Österreich-Ungarn in den Konflikt einzugreifen. Russland konnte den Russisch-Osmanischen Krieg 1877 – 1878 für sich entscheiden. Der in San Stefano im März 1878 geschlossene VORFRIEDE hätte Russland einen solchen Machtzuwachs in der Region gebracht, dass er von Großbritannien und der Habsburgermonarchie nicht anerkannt wurde. Auf dem Berliner Kongress 1878 wurde unter der Regie Bismarcks neu verhandelt, was schließlich für Serbien, Montenegro und Rumänien die Unabhängigkeit brachte. Der nördliche Teil Bulgariens wurde ebenfalls unabhängig, der südliche Teil blieb osmanische Provinz. Österreich-Ungarn erhielt die Verwaltung des formell beim Osmanischen Reich bleibenden Bosnien-Herzegowina. Großbritan-

**„KRANKER MANN AM BOSPORUS"** Ausspruch 1852 von Zar Nikolaus I. geprägt.

**PANSLAWISMUS** Auch allslawische Bewegung; Ziel ist es, die slawischen Völker kulturell und politisch zu vereinen.

**VORFRIEDE** Auch Präliminarfriede; Schluss eines vorläufigen Friedens vor der Aushandlung des eigentlichen Friedensvertrags.

nien bekam Zypern zugesprochen. Russland hingegen musste sich mit vergleichsweise kleinen Gebietsgewinnen in Bessarabien und Armenien zufriedengeben.

Der Berliner Kongress konnte die Machtverhältnisse auf dem Balkan aber nur temporär stabilisieren. Vor allem führte er zu einer zunehmenden Rivalität zwischen Österreich-Ungarn und Russland in der Region, die sich in den folgenden Jahrzehnten noch intensivierte. Im Jahr 1908 annektierte Österreich-Ungarn Bosnien-Herzegowina, um großserbischen Ambitionen zuvorzukommen. Die resultierende **Bosnische Annexionskrise** konnte nur mit Mühe und großem deutschen Druck beigelegt werden. Die österreichischen Beziehungen zu Serbien und Russland erreichten einen neuen Tiefststand. Dies schlug sich auch in den **Balkankriegen 1912 – 1913** nieder, während welcher Serbien, Bulgarien und Griechenland das Osmanische Reich bis an den Bosporus zurückdrängten und ihre eigenen Gebiete vergrößerten. Auf Drängen Österreich-Ungarns wurde **Albanien** nicht Serbien zugeschlagen sondern ebenfalls ein unabhängiger Staat. Diese neue politische Ordnung in Südosteuropa konnte aber nur gegen großen Widerstand durchgesetzt werden und erwies sich als äußerst fragil.

## Aufgaben zum Selbsttest

● Beschreiben Sie den Zusammenhang zwischen dem sich entwickelnden Verfassungsstaat und der Nationsbildung an der Wende vom 18. zum 19. Jahrhundert!

● Nennen Sie wichtige Unterschiede zwischen der französischen und der deutschen Nationswerdung! In welchem Verhältnis standen beide Prozesse zueinander?

● Nehmen sie zu folgendem Zitat des Historikers Eric Hobsbawm Stellung: „Nationen ohne eine Vergangenheit sind ein Widerspruch in sich. Das, was eine Nation ausmacht, ist die Vergangenheit; was eine Nation gegenüber anderen rechtfertigt, ist die Vergangenheit; und Historiker sind diejenigen, die sie hervorbringen."

## Literatur

Benedict R. Anderson, **Die Erfindung der Nation. Zur Karriere eines folgenreichen Konzepts**, 2. Aufl., Frankfurt a. Main/New York 2005.

Christopher A. Bayly, **Die Geburt der modernen Welt. Eine Globalgeschichte 1780–1914**, Frankfurt a. Main 2006.

Ulrich Beck/Edgar Grande, **„Jenseits des methodologischen Nationalismus. Außereuropäische und europäische Variationen der Zweiten Moderne**, in: Soziale Welt 61 (2010), S. 187 – 216.

John Breuilly, **Nationalismus und moderner Staat. Deutschland und Europa** (Kölner Beiträge zur Nationsforschung 6), Köln 1999.

Literatur

Lothar Gall, **Europa auf dem Weg in die Moderne 1850–1890** (Oldenbourg Grundriss der Geschichte 14), 5. Aufl., München 2009.
Patrick J. Geary, **Europäische Völker im frühen Mittelalter. Zur Legende vom Werden der Nationen**, Frankfurt a. Main 2002.
Ernest Gellner, **Nationalismus und Moderne**, Berlin 1991.
Eric J. Hobsbawm/Terence Ranger (Hg.), **The invention of tradition**, Cambridge et al. 1983.
Eric J. Hobsbawm, **Nationen und Nationalismus. Mythos und Realität seit 1780**, 3. Aufl., Frankfurt a. Main/New York 2005.
Christian Jansen/Henning Borggräfe, **Nation – Nationalität – Nationalismus** (Historische Einführungen 1), Frankfurt a. Main/New York 2007.
Hans Kohn, **Die Idee des Nationalismus. Ursprung und Geschichte bis zur französischen Revolution**, Heidelberg 1950.
Dieter Langewiesche, **Nation, Nationalismus, Nationalstaat in Deutschland und Europa**, München 2000.
Andre Liebich, „Must Nations become States?", in: **Nationalities Papers**, 31, 4 2003, S. 453–469.
Wolfgang Reinhard, **Geschichte des modernen Staates. Von den Anfängen bis zur Gegenwart**, München 2007.
Samuel Salzborn (Hg.), **Staat und Nation. Die Theorien der Nationalismusforschung in der Diskussion** (Staatsdiskurse 13), Stuttgart 2011.
Theodor Schieder, **Nationalismus und Nationalstaat. Studien zum nationalen Problem im modernen Europa**, 2. Aufl., Göttingen 1992.
Hagen Schulze, **Staat und Nation in der europäischen Geschichte**, 2. Aufl., München 1994.
Anthony D. Smith, **Nationalism: Theory, Ideology, History**, 2. Aufl., Cambridge/Malden 2010.
Charles Tilly, **Coercion, Capital, and European States. AD 990–1992**, 19. Aufl., Cambridge, MA 2008.
Jakob Vogel, **Nationen im Gleichschritt. Der Kult der ‚Nation in Waffen' in Deutschland und Frankreich, 1871–1914**, Göttingen 1997.
Hans-Ulrich Wehler, **Nationalismus. Geschichte – Formen – Folgen**, 4. Aufl., München 2011.

**Zu Frankreich siehe vor allem:**
Colette Beaune, **Naissance de la nation France**, Paris 1993.
David A. Bell, **The Cult of the Nation in France: Inventing Nationalism, 1680–1800**, Cambridge 2001.
Fernand Braudel, **L'identité de la France**, Paris 2000.
Heinz-Gerhard Haupt, **Kleine Geschichte Frankreichs**, Stuttgart 2008.
Brian B. Jenkins, **Nationalism in France. Class and Nation since 1789**, London 1990.
Pierre Nora (Hg.), **Erinnerungsorte Frankreichs**, München 2005.
Jacques Verrière, **Genèse de la nation française**, Paris 2000.
Eugen Weber, **Peasants into Frenchmen: The Modernization of Rural France, 1870–1914**, Stanford 1976.
Eugen Weber, **La France de nos aïeux. La fin des terroirs. Les imaginaires et la politique au XIXe siècle**, Paris 2005.

**Zu Großbritannien siehe vor allem:**
Ronald Asch (Hg.), **Three Nations – A Common History? England, Scotland and Ireland c. 1600–1920**, Bochum 1993.
Brendan Bradshaw/Peter Roberts (Hg.), **British Consciousness and Identity: The Making of Britain, 1533–1707**, Cambridge 1998.

## Literatur

Glen Burgess (Hg.), **The New British History: Founding a Modern State 1603–1715**, London 1999.

Linda Colley, **Britons. Forging the Nation 1707–1837**, 2. Aufl., New York 2005.

Krishan Kumar, **The Making of English National Identity**, Cambridge/New York 2003.

Claudia Schnurmann, **Vom Inselreich zur Weltmacht. Die Entwicklung des englischen Weltreichs vom Mittelalter bis ins 20. Jahrhundert**, Stuttgart/Berlin/Köln 2001.

Edward P. Thompson, **Die Entstehung der englischen Arbeiterklasse** (aus d. Englischen übersetzt von Lotte Eidenbenz et al.), Frankfurt a. Main 1987.

Peter Wende, **Geschichte Englands**, 2. Aufl., Stuttgart 1995.

Peter Wende, **Großbritannien 1500–2000** (Oldenbourg Grundriss der Geschichte 32), München 2001.

**Zu Italien siehe vor allem:**

Alberto Mario Banti (Hg.), **Il Risorgimento**, Turin 2007.

Derek Beales/Eugenio F. Biagini, **The Risorgimento and the Unification of Italy**, 2. Aufl. London/München 2002.

Rudolf Lill, **Geschichte Italiens in der Neuzeit** (WB-Forum 5), 4. Aufl., Darmstadt 1988.

Denis MackSmith (Hg.), **The Making of Italy, 1796–1866**, London 1968.

Denis MackSmith, **Modern Italy: A Political History**, New Haven/London 1997.

Birgit Pauls, **Giuseppe Verdi und das Risorgimento. Ein politischer Mythos im Prozeß der Nationenbildung** (Politische Ideen 4), Berlin 1996.

Wolfgang Schieder (Hg.), **Italien im 19. und 20. Jahrhundert – ein „Sonderweg"?** (Geschichte und Gesellschaft 26:2), Göttingen 2000.

Francesco Traniello/Gianni Sofri, **Der lange Weg zur Nation. Das italienische Risorgimento**, Stuttgart 2012.

**Zu Deutschland siehe vor allem:**

Andreas Dörner, **Politischer Mythos und symbolische Politik. Der Hermannmythos. Zur Entstehung des Nationalbewusstseins der Deutschen**, Reinbek bei Hamburg 1996.

Jürgen Kocka, **Das lange 19. Jahrhundert. Arbeit, Nation und bürgerliche Gesellschaft** (Gebhardt: Handbuch der deutschen Geschichte, Bd. 13), 10. Aufl., Stuttgart 2001.

Herfried Münkler, **Die Deutschen und ihre Mythen**, Berlin 2009.

Thomas Nipperdey, **Deutsche Geschichte 1800–1866. Bürgerwelt und starker Staat**, 6. Auflage München 1993.

Thomas Nipperdey, **Deutsche Geschichte 1866–1918**, 2 Bde., 3. Aufl., München 1990–1992.

Ronald Speirs/John Breuilly (Hg.), **Germany's Two Unifications: Anticipations, Experiences, Responses**, New York 2005.

Heinrich August Winkler, **Der lange Weg nach Westen** 2 Bde., 6. Aufl., München 2005.

# Multiethnische Großreiche | 6

Die europäische Geschichte des 19. Jahrhunderts ist auch geprägt durch das außenpolitische Auftreten und die inneren Konflikte dreier großer Landreiche: des Imperiums der Habsburger, des Osmanischen Reichs und des russischen Vielvölkerstaates. Diese drei Staatsgebilde vereinten eine Vielzahl kulturell höchst unterschiedlicher Bevölkerungsgruppen in einem zentralistisch ausgerichteten Herrschaftsverband. Man spricht in diesem Zusammenhang deshalb von multiethnischen oder multinationalen Großreichen, wobei letzterer Begriff die Idee der Nation voraussetzt und damit bereits auf die Ende des 19. Jahrhunderts einsetzenden Desintegrationsprozesse vor allem in Österreich-Ungarn und dem Osmanischen Reich verweist (→ Kap. 5.4.2). Die jeweiligen Nationalbewegungen sahen den zumeist von einer Gruppe übermäßig dominierten Herrschaftsverband nun zunehmend als „Gefängnis" ihrer Nation, aus welchem diese befreit werden müsse. Der häufig im Zeitalter des Nationalismus als unvermeidlich angesehene Niedergang dieser Großreiche ist letztlich Zeugnis des Integrationsgrabens zwischen Zentrum und Peripherie in solchen Gebilden. Es wurde im Laufe des 19. Jahrhunderts zunehmend schwieriger, die Interessen der Metropole mit den Partikularinteressen der einzelnen Ethnien oder Landesteile in Einklang zu bringen.

## Das Russische Zarenreich | 6.1

### Russland als Vielvölkerstaat | 6.1.1

Ausgehend von ihrem Machtzentrum im Großfürstentum Moskau hatten die russischen Zaren im 17. Jahrhundert begonnen, ihr Territorium in alle Richtungen – vor allem auch östlich nach Sibirien – auszudehnen. Sie hatten dabei aber unter anderem aufgrund der technischen und organisatorischen Rückständigkeit der Armee immer wieder gravierende Rückschläge hinnehmen müssen. **Zar Peter I. (1672–1725)** reagierte darauf während seiner Amtszeit zwischen 1698 und 1725 mit ersten Modernisierungsschritten, die zusammengefasst als **Petrinische Reformen** bekannt geworden sind. Unter anderem durch die damit verbundene Heeresreform gelang es Russland, sich in den ersten Jahrzehnten des 18. Jahrhunderts als europäische Großmacht zu etablieren. So konnte es sich im Ostseeraum gegen Schweden durchsetzen und große Teile des **Baltikums** unter seine Kontrolle bringen. Vor allem **Katharina II.**, genannt **die Große, (1729–1796)** baute diese neue Machtposition systematisch aus. Sie sicherte sich großen Einfluss über **Polen-Litauen**, dehnte die russische Herrschaft über die Ukraine weiter aus und erlangte die Kontrolle über wichtige Gebiete am Schwarzen Meer. Zudem lud sie in den 1760er-Jahren deutsche Siedler zur Kolonisierung in das größtenteils noch zu erschließende Wolgagebiet ein. In den ersten Jahren des 19. Jahrhunderts konnte vor allem **Zar Alexander I. (1777–1825)** das russische Gebiet um **Finnland, Georgien und Bessarabien** erweitern. Nachdem Russland im Zuge der politischen Neuordnung Europas auf dem Wiener Kongress das so genannte Kongresspolen (→ Kap. 5.4.1) zugesprochen bekommen hatte, erstreckte sich das russische Herrschaftsgebiet damit vom Herzogtum Warschau im Westen bis zur Beringstraße im Osten.

Durch diese kontinuierliche Expansion wurde das Zarenreich zu einem Vielvölkerstaat. Neben den russischen Völkern (**Russen, Ukrainer, Weißrussen**) gehörten im 19. Jahrhundert unter anderem auch **Balten, Fin-**

---

**Info**

**Zar oder nicht Zar?** ▶ Spricht man heute in Europa vom russischen Reich des 19. Jahrhunderts, so bezeichnet man es üblicherweise als Zarenreich oder als zaristisches Russland. Dieser Sprachgebrauch leitet sich von der Bezeichnung des russischen Monarchen als Zar ab, die etymologisch auf das lateinische **Caesar** zurückgeht und unter anderem an byzantinische Traditionen anschließen sollte. Mit der Krönung Iwans IV. (des Schrecklichen) zum Zaren im Jahr 1547 wurde der russische Staat offiziell zum Zarentum Russland. Nach den Petrinischen Reformen und dem Sieg im Großen Nordischen Krieg gegen Schweden nahm Zar Peter I. 1721 den Titel Imperator an und erklärte sich damit zum Kaiser. Dieser Titel ersetzte offiziell den Zarentitel, der allerdings noch in Bezug auf einzelne Gebiete Gültigkeit hatte. Die offizielle Bezeichnung des Staates war zwischen 1721 und 1917 aber demnach Kaiserreich Russland. Dennoch hat es sich eingebürgert, auch hinsichtlich dieser Phase von den Zaren und vom Zarenreich zu sprechen – auch um den russischen Monarchen von den Kaisern in Österreich, Deutschland und zeitweise in Frankreich sprachlich unterscheiden zu können.

nen, **Schweden, Polen, Deutsche** sowie verschiedene kleinere **finno-ugrische, sibirische oder turkstämmige** Bevölkerungsgruppen zum russischen Vielvölkerstaat. Vor allem im europäischen Teil des russischen Reiches entwickelten sich Nationalismen, diese erreichten aber nicht dieselbe desintegrative Wirkung wie das etwa im Osmanischen Reich oder später in Österreich-Ungarn der Fall war. In den polnischen Gebieten reagierte die russische Regierung mit **Repression und forcierter Russifizierung** auf nationalistische Aufstände und konnte die polnische Nationalbewegung so bis zum Ersten Weltkrieg unter Kontrolle halten ( → Kap. 5.4.1). Auch die **baltischen Staaten** und die **Ukraine**, wo sich im späteren 19. Jahrhundert jeweils Nationalbewegungen entwickelt hatten, wurden 1918 unabhängig – letztere wurde allerdings kurz darauf als Ukrainische Sozialistische Sowjetrepublik an die Sowjetunion angeschlossen. Im seit 1809 russischen aber weitgehend autonom verwalteten **Großfürstentum Finnland** entwickelte sich ein finnischer Nationalismus vor allem als Gegenreaktion auf die zunehmenden Zentralisierungsmaßnahmen der Metropole. **Zar Nikolaus II. (1868 – 1918)** antwortete darauf mit dem **Februarmanifest von 1899**, dass die Autonomie stark einschränken und die Russifizierung vorantreiben sollte. Massenproteste und ein Generalstreik im Jahr 1905 zwangen den Zaren aber, die größten Einschränkungen zurückzunehmen und Parlamentswahlen – zu denen das erste Mal in Europa auch Wählerinnen zugelassen waren – zu erlauben. Im Dezember 1917 erlangte Finnland die Unabhängigkeit. Die meisten anderen Ethnien aber blieben politisch auch nach der Revolution ein Teil der Sowjetunion. Viele erlangten erst mit deren Zerfall im Jahr 1989 die Unabhängigkeit oder sind heute noch im Prozess der Loslösung.

Die Teilungen Polens brachten nicht nur viele Polen unter russische Herrschaft sondern auch eine große Zahl von **Juden**, die dort und in den umliegenden Gebieten seit dem Spätmittelalter einen großen Anteil der Einwohner stellten. Die Bewegungsfreiheit der neu hinzugekommenen jüdischen Bevölkerung wurde von den russischen Herrschern stark eingeschränkt. Juden durften ab 1791 nur im so genannten **ANSIEDLUNGS-RAYON** leben und arbeiten. Dieses Gebiet erstreckte sich in wechselnder Ausdehnung in einem Streifen vom Baltikum bis zum Schwarzen Meer. Der Umgang des russischen Staates mit der jüdischen Bevölkerung war lange Zeit von Unsicherheit und vielen Politikwechseln geprägt. Die Einrichtung des Ansiedlungsrayons brachte für viele Juden die Zwangsmigration in das Siedlungsgebiet und im Vergleich zur polnischen Herrschaft auch andere Einschränkungen. Im frühen 19. Jahrhundert wurden dann aber auch vorsichtige Maßnahmen zur Verbesserung der Lebenssituation der Juden im Ansiedlungsrayon erlassen. So durften Juden nun die Schule besuchen und selbst auch Schulen unterhalten.

**ANSIEDLUNGSRAYON**
von franz. *rayon*,
„Bezirk".

Allerdings wurden diese aufgeklärten Maßnahmen nicht konsequent umgesetzt und gleichzeitig erlassene Niederlassungs- und Berufsausübungsverbote relativ stark forciert.

Unter Zar **Nikolaus I. (1796–1855)** verschärfte sich die Lage der jüdischen Bevölkerung weiter – unter anderem durch den zwangsweisen Einzug jüdischer Jugendlicher zum Militärdienst. Nach dem Krimkrieg hob Zar **Alexander II. (1818–1881)** dieses **KANTONISTENSYSTEM** wieder auf und erlaubte für ausgewählte Juden auch die Ansiedlung außerhalb des Rayons. Insbesondere mit dem Erstarken eines russischen, mit panslawischen Elementen versetzten Nationalismus, der etwa in der **Balkankrise (1875–1878)** einen großen Schub erhielt, nahmen antisemitische Ressentiments in der russischen Bevölkerung stark zu. Nach dem **Attentat auf Alexander II.** im Jahr 1881 arteten diese antijüdischen Vorurteile in offene Gewalt aus. Den Juden wurde die Schuld an dem Mordanschlag zugeschoben. Zwischen 1881 und 1884 kam es zu mehreren großen **POGROMEN** an der jüdischen Bevölkerung, die allerdings nicht, wie lange angenommen, von Regierungsseite provoziert wurden. Der neue Zar Alexander III. sah die Verantwortung für diese Ausschreitungen bei den Juden selbst und erließ mit den **Maigesetzen 1882** strenge Einschränkungen vor allem des jüdischen Geschäftslebens. Diese Gesetze blieben im Kern bis 1917 gültig und führten zur **Auswanderung** einer großen Zahl von Juden aus Russland zum Beispiel in die USA, nach Frankreich oder Deutschland. Zwischen 1903 und 1906 fanden weitere, zum Teil noch brutalere Pogrome statt, die diesmal allerdings tatsächlich vom **zaristischen Geheimdienst Ochrana** geschürt wurden. Diese Pogrome richteten sich zwar unmittelbar gegen die jüdische Bevölkerung, sind aber gleichzeitig auch im Kontext der langsamen Modernisierung Russlands und der Widerstände dagegen zu betrachten (→ Kap. 6.1.2).

**KANTONISTEN** Zum Heeresdienst Verpflichtete.

**POGROM** russ. für „Zerstörung, Verwüstung".

6.1.2 | **Staat und Gesellschaft zwischen Reform und Revolution**

Trotz der langsamen Öffnung Richtung Westen unter Zar Peter I. hatte das russische Reich auch Anfang des 19. Jahrhunderts hinsichtlich der Modernisierung von Staat und Gesellschaft Aufholbedarf. Das riesige Reich war außerhalb seines Kerngebiets im Westen verkehrstechnisch schlecht erschlossen und dementsprechend sehr ungleich entwickelt. Weite Teile des Reiches vor allem im Süden und Osten basierten fast ausschließlich auf einer landwirtschaftlichen **Subsistenzökonomie**. Die Gesellschaft war überwiegend **feudal** geordnet. Der Adel verfügte über das Land, das von Leibeigenen ohne Freiheit und eigenen Grundbesitz bearbeitet wurde. Die Modernisierung der Landwirtschaft wurde dadurch behindert. Zu einer nennenswerten Urbanisierung kam es nur im westlichen Teil des Reiches und hier vor allem rund um die Ostseehäfen. In diesem wirtschaftlich stärkeren Gebiet konnten sich auch Ansätze eines Bürgertums entwickeln, das aber hinsichtlich seiner kaufmännischen Tätigkeit durch die **merkantilistische Wirtschaftspolitik** des Staates stark eingeschränkt war.

Die Modernisierung von Staat und Gesellschaft ging im Russland des 19. Jahrhunderts nur langsam voran und sah sich mit heftigen Widerständen konfrontiert. Vor allem der einflussreiche Adel stemmte sich lange Zeit gegen ein Aufweichen der althergebrachten Ordnung. Er dominierte unter anderem die Heeresführung und entsprechend kompromisslos war häufig das Vorgehen des Militärs gegen Aufständische und Reformbewegungen. Die Zaren selbst standen Reformen oft scheinbar unschlüssig gegenüber. Der Zar herrschte im russischen Kaiserreich in absolutistischer Manier und bestimmte Innen- wie auch Außenpolitik entscheidend. Reform und Modernisierung hingen daher stark von der Persönlichkeit und den Handlungsumständen des jeweiligen Monarchen ab. **Alexander I. (1777–1825)** etwa begann seine Regierungszeit in den ersten Jahren des 19. Jahrhunderts mit vorsichtigen innenpolitischen Reformen. Er ließ zum Beispiel im Baltikum die Leibeigenschaft aufheben und strukturierte die Regierung des Reiches neu. Gegen Ende seines Lebens agierte er aber zunehmend reaktionär.

Mit dem Tod Alexanders im Jahr 1825 kam es zu einiger Verwirrung hinsichtlich der Thronfolge. Der eigentliche Nachfolger des Zaren wäre sein Bruder Konstantin gewesen. Dieser verzichtete aber auf den Thron. Die folgenden Wirren nutzte eine Gruppe von Offizieren und Soldaten im Dezember 1825, um sich in einem Aufstand gegen das Zarentum zu wenden. Viele von ihnen waren während der Napoleonischen Kriege in Westeuropa mit liberalen Ideen in Kontakt gekommen und wollten nun auch in Russland auf Reformen drängen. Dieser so genannte **DEKABRISTENAUFSTAND** wurde aber schnell niedergeschlagen. Der neue Zar **Nikolaus I. (1796–1855)** ging hart gegen die Dekabristen vor, verhängte Todesstrafen gegen die Anführer und schickte unzählige Aufständische nach Sibirien. Nikolaus wollte die absolute Macht des Zaren unbedingt erhalten. Unter seiner Herrschaft kam die zaghafte Modernisierung des Reiches vollständig zum Erliegen. Er versuchte, Russland von ausländischen Einflüssen abzuschotten, und stützte sich auf Zensur und Geheimpolizei. Gegen reformorientierte Bewegungen ging er kompromisslos vor. So ließ er etwa – auch unter dem Eindruck der **Pariser Julirevolution** – den ersten **polnischen Aufstand 1830/31** niederschlagen und das Organische Statut verhängen (→ Kap. 5.4.1).

Erst nach der russischen Niederlage im **Krimkrieg (1853–1856)** sah sich der neue **Zar Alexander II. (1818–1881)** zur Wiederaufnahme eines

**DEKABRISTEN** von russ. *dekabr,* „Dezember".

Reformkurses gezwungen. Das Russische Reich hatte versucht, die anhaltende Schwäche des Osmanischen Reichs zu nutzen und auf dessen Kosten seine strategische Stellung in Europa zu verbessern. Großbritannien und Frankreich wollten dies verhindern und griffen in die Kriegshandlungen auf Seiten der Osmanen ein – ebenso wie später das Königreich Sardinien-Piemont. Das Russische Reich unterlag schließlich in einem für alle Seiten verlustreichen Krieg vor allem aufgrund seiner strukturellen Rückständigkeit, die die Versorgung und Modernisierung der eigenen Armee schwierig machte. Alexander II. reagierte auf die Niederlage mit **wirtschaftlichen Reformen**. Er ließ die Infrastruktur ausbauen und ordnete die **Aufhebung der Leibeigenschaft** an. Allerdings fehlten weiterhin Anreize zur Modernisierung der landwirtschaftlichen Produktionsweise und der Anstieg in der Agrarproduktion wurde durch das starke Bevölkerungswachstum relativiert. Durch fehlendes Kapital und Unternehmertun kam die Industrialisierung nur langsam in Gang und musste staatlich angeschoben werden. Auf die wirtschaftlichen Reformen folgten schließlich auch solche in der Justiz und Verwaltung. Die Rechtsprechung wurde unabhängig. Bezirke, Städte und Universitäten erhielten teilweise Verwaltungsautonomie. Unter dem Eindruck des polnischen Aufstands von 1863, den Russland und Preußen radikal unterdrückten, und schließlich nach einem Attentatsversuch im Jahr 1866 änderte Alexander II. seinen Kurs und die Reformen kamen abermals zum Erliegen.

Fünfzehn Jahre später fiel der Zar einem Attentat zum Opfer. Sein Nachfolger **Alexander III. (1845–1894)** zeigte sich absolut reformunwillig, unterdrückte jede Opposition und verfolgte eine rigorose Russifizierungspolitik (→ Kap. 6.1.1). Unter seiner Herrschaft und jener seines Nachfolgers **Nikolaus II. (1868–1918)** machte allein die Industrialisierung des Reiches weitere Fortschritte. Vor allem die Schwerindustrie begann sich langsam vorteilhaft zu entwickeln. Dies war unter anderem der umsichtigen wirtschaftlichen Modernisierungspolitik von Finanzminister **Sergej Witte (1849–1915)** zu verdanken. Allerdings zog die an Fahrt aufnehmende Industrialisierung auch die **Proletarisierung** großer Teile der Bevölkerung nach sich, die in der Landwirtschaft kein Auskommen mehr fanden. Die miserablen Lebens- und Arbeitsbedingungen dieser immer zahlreicher werdenden Arbeiterschaft wurden zum Nährboden für sozialrevolutionäre Ideen. Unter diesen im Untergrund und aus dem Exil agierenden Oppositionellen bildeten sich in den ersten Jahren des 20. Jahrhunderts zwei Lager aus – das der radikaleren **BOLSCHEWIKEN** und jenes der gemäßigten **MENSCHEWIKI**. Zur selben Zeit verschärfte sich die Situation der Arbeiterschaft durch die schlechte gesamtwirtschaftliche Lage weiter. Als schließlich auch noch der **Russische-Japanische**

**BOLSCHEWIKI** russ. für „Mehrheitler", **Menschewiki**, russ. für „Minderheitler".

**Krieg (1904–1905)** einen für Russland desaströsen Verlauf nahm, entlud sich die Situation im Januar 1905 in Streiks und Protesten. Ein friedlicher Marsch von etwa 150.000 Demonstranten zum Winterpalast des Kaisers in St. Petersburg wurde mit brutaler Gewalt aufgelöst. Etwa 200 Demonstranten kamen dabei ums Leben, viele weitere wurden verletzt. Das Vorgehen der Armee an diesem **Petersburger Blutsonntag** empörte die Öffentlichkeit und radikalisierte die Protestbewegung. Ein sich schnell ausbreitender Generalstreik zwang den Zaren schließlich zu Zugeständnissen und zur Verabschiedung des **Oktobermanifests**, das die Einrichtung eines Parlaments **(DUMA)** und ein breites Wahlrecht versprach. Damit gab sich der gemäßigtere Teil der Opposition zufrieden und der geordnete Widerstand löste sich auf. Daraufhin schwächte der Zar viele Zugeständnisse ab oder hebelte sie anders aus. Die **Russische Revolution von 1905** war damit gescheitert.

DUMA von russ. *dumat*, „nachdenken".

Bis zum Ersten Weltkrieg konnte der Zar seine absolute Herrschaft weiter aufrechterhalten. Abermals unter dem Eindruck schwerer militärischer Niederlagen und einer sich dramatisch verschärfenden Wirtschaftslage kam es im Februar 1917 aber schließlich zum finalen Aufstand gegen den Zaren. Die von der Petrograder Arbeiterschaft ausgehende **Februarrevolution** breitete sich schnell aus und zwang den Zaren zur Abdankung. Überwiegend gemäßigte Arbeiter- und Soldatenräte **(SOWJETS)** übernahmen parallel zur Duma die Regierungsarbeit, setzten aber den Krieg gegen die Mittelmächte fort und konnten die Versorgungslage in Russland nicht schnell genug verbessern. Nicht zuletzt deshalb konnte diese provisorische Regierung in der **Oktoberrevolution** von den Bolschewiken gewaltsam entmachtet werden. Diese gründeten die kommunistisch regierte Sowjetunion als „**Diktatur des Proletariats**".

SOWJET russ. für „Rat".

## Das Habsburger-Imperium

### Reaktion und Revolution

„**Bella gerant alii, tu felix Austria nube**" („Kriege führen mögen andere, du, glückliches Österreich, heirate.") – diese erste Zeile des wahrscheinlich schon im 15. Jahrhundert entstandenen Ausspruchs verweist auf die geschickte Heiratspolitik, mit Hilfe derer sich die Habsburger große Teile ihres Reichs in Spätmittelalter und Früher Neuzeit erheiratet hatten. Dadurch – aber natürlich auch durch kriegerische Auseinandersetzungen – herrschten die Habsburger an der Wende zum 19. Jahrhundert über einen Vielvölkerstaat, der sich über weite Teile Mittel-, Ost- und

Südosteuropas erstreckte. Neben dem österreichischen Kernland gehörten zur Habsburgermonarchie Ungarn, Böhmen, Mähren, die Slowakei sowie Teile Polens, der Ukraine, Norditaliens, Sloweniens, Kroatiens, Serbiens und Rumäniens. Bis 1795 waren auch die österreichischen Niederlande Teil der Monarchie, ebenso wie **VORDERÖSTERREICH**, das zwischen 1799 und 1805 im Zuge der napoleonischen Kriege verloren ging. Nur etwa ein Drittel der Einwohner dieses Vielvölkerstaates war deutschsprachig. In der auf Wien ausgerichteten Verwaltung und in den großen Städten der Monarchie allerdings wurde Deutsch gesprochen.

**VORDERÖSTERREICH**
Sammelbegriff für die habsburgischen Besitzungen westlich von Tirol und Bayern.

Die Habsburger stellten traditionell auch den Kaiser des **Heiligen Römischen Reiches Deutscher Nation**. Als abzusehen war, dass dieser ohnehin nur eingeschränkt handlungsfähige Staatenbund Napoleon nicht mehr viel entgegensetzen konnte, erklärte sich Kaiser **Franz II. (1768–1835)** im Dezember 1804 als **Franz I.** zum Kaiser von Österreich, um mit Napoleon auf der gleichen Stufe zu stehen. Bis zur Niederlegung der Reichskrone im August 1806 und dem damit verbundenen Ende des Heiligen Römischen Reichs war Franz I./II. demnach **„Doppelkaiser"**. Napoleons Truppen brachten aber nicht nur das Ende des Heiligen Römischen Reiches, sondern zwangen Österreich auch zur Abtretung großer Gebiete im **Pressburger Frieden von 1805**. Unter anderem Vorderösterreich und die norditalienischen Besitzungen gingen verloren. Der Friede hielt aber nur bis 1809. Im Fünften Koalitionskrieg und im folgenden Frieden von Schönbrunn musste Österreich weitere Gebiete – unter anderem den Zugang zur Adria – abtreten. Mit dem Wiener Kongress wurden auch die Gebiete der Habsburgermonarchie zum größten Teil wieder in den vornapoleonischen Grenzen hergestellt. Die österreichischen Niederlande und Vorderösterreich wurden nicht zurückgeben, dafür fielen Salzburg und das Innviertel permanent an Österreich. Die Habsburger herrschten nun über ein zusammenhängendes Landreich.

Der **Vormärz** war in Österreich im Wesentlichen von zwei miteinander verwobenen politischen Auseinandersetzungen geprägt: dem Ringen um die Vorherrschaft im neu gegründeten **Deutschen Bund** (→ Kap. 5.3.2) und der Eindämmung liberaler Reformbestrebungen inner- und außerhalb des Bundes. Während sich nach dem Wiener Kongress einige deutsche Länder erste Verfassungen gegeben hatten, blieb Österreich – ebenso wie das rivalisierende Preußen – ein absolutistisch regierter Staat ohne Verfassung oder Volksvertretung. Unter Kaiser Franz I. und seinem Staatskanzler **Fürst Klemens von Metternich (1773–1859)** wurde die Habsburgermonarchie zum Bollwerk der Reaktion. Metternich, der nicht nur die österreichische sondern große Teile der europäischen Politik dieser Zeit entscheidend prägte, war vor allem darauf bedacht, mit dem

| **Abb. 36**

„Der Denker-Club. Auch eine neue deutsche Gesellschaft", *Karrikatur anonym, um 1820*
*Diese anonyme Karikatur aus dem Jahr 1820 ist eine direkte Reaktion auf die Karls-*
*bader Beschlüsse, die Demagogenverfolgung und die staatliche Zensur. Der Titel „Der*
*Denker-Club" spielt auf die im zeitgenössischen Bürgertum weit verbreitete Club-*
*und Vereinskultur an. Um einen Tisch sitzen acht Gelehrte, die allesamt einen Maul-*
*korb tragen, dennoch aber zu debattieren scheinen. An der Wand hängen zwei*
*Schilder. Auf dem linken Schild steht: „Wichtige Frage welcher in heutiger Sitzung*
*bedacht wird: Wie lange mochte uns das Denken wohl noch erlaubt bleiben?" Das*
*rechte Schild wiederum hält unter anderem fest: „II. Schweigen ist das erste Gesetz*
*dieser gelehrten Gesellschaft. III. Auf das kein Mitglied in Versuchung geraten möge,*
*seiner Zunge freyen Lauf zu lassen, so werden beim Eintritt Maulkörbe ausgetheilt".*

Wiener Kongress ein **dynastisch geordnetes Europa** wiederherzustellen. Das hieß im Umkehrschluss auch, dass er bestrebt war, den Nationalbewegungen einzelner Teile des Vielvölkerstaates keinerlei Raum zu lassen und gleichzeitig einer deutschen politischen Einigung entgegenzuwirken. So stehen etwa die **Karlsbader Beschlüsse** 1819 emblematisch für das **System Metternich**, das sich zur Umsetzung seiner Ziele unter anderem repressiver, polizeistaatlicher Methoden bediente. Die Beschlüsse waren eine von Metternich orchestrierte Reaktion auf das Erstarken der deutschen Nationalbewegung. Sie brachten neben der so genannten **DEMAGOGENVERFOLGUNG** unter anderem eine rigorose staatliche Zensur und eine starke Überwachung der Universitäten im Deutschen Bund (→ Abb. 36). Mit dieser Politik und durch eine enge Abstimmung mit Preußen und Russland im Rahmen der **Heiligen Allianz** schaffte es Metternich bis 1848, liberale und nationale Bestrebungen im Bund weitestgehend zu unterdrücken.

**DEMAGOGIE** von altgr. *dēmos,* „Volk", und *agein,* „führen"; Volksverführung; die Demagogenverfolgung richtete sich v. a. gegen Hochschullehrer und andere Intellektuelle.

Mit der **Märzrevolution 1848** kam allerdings auch das Ende der Ära Metternich. Am 13. März brach sich auch in Wien der Volkszorn Bahn. Es kam zu Demonstrationen und Ausschreitungen, die Metternich noch am Abend desselben Tages veranlassten zurückzutreten. Kaiser Ferdinand musste Zugeständnisse machen. So gewährte er am 15. März die Pressefreiheit und erließ im April sogar eine Verfassung. Diese sah aber keine Volksvertretung vor und wurde deshalb von den Revolutionären nicht akzeptiert. Als der Aufstand Ungarn erreichte, gewährte der Kaiser dort eine Verfassung mit Volksvertretung. Nach weiteren Unruhen in Wien sollte für die gesamte Monarchie eine entsprechende Verfassung ausgearbeitet werden. Zu deren Implementierung kam es allerdings nicht mehr, weil die Habsburger mittlerweile nationale Unstimmigkeiten innerhalb Ungarns für sich auszunutzen begannen und neue Aufstände in Wien radikal niederschlugen. In der Folge wurden die meisten Zugeständnisse wieder kassiert. Ein Aufstand in Ungarn wurde mit Hilfe des russischen Zaren beendet und an vielen Aufständischen ein Exempel statuiert. Auch die ungarische Verfassung wurde wieder zurückgenommen.

### 6.2.2 | Ausgleich und langsame Modernisierung

**BAUERNBEFREIUNG**
Vollständige Beseitigung der persönlichen und wirtschaftlichen Abhängigkeit der Bauern von den Großgrundbesitzern.

Mit der **BAUERNBEFREIUNG** und der weitgehenden **Abschaffung der Adelsprivilegien** blieben nur wenige Errungenschaften der Revolution über 1849 hinaus bestehen. Österreich wurde absolutistisch und ab 1851 wieder ganz ohne Verfassung regiert. Hinsichtlich der dazu herangezogenen Methoden knüpfte man unter **Innenminister Alexander von Bach (1813 – 1893)** nahtlos an das System Metternich an. Obwohl Bach lediglich das Innenministerium unterstand, prägte er zwischen 1852 und 1859 die österreichische Politik. Den Höhepunkt dieser als österreichischer Neoabsolutismus bekannten Phase bildet das **Konkordat von 1855**, in welchem der katholischen Kirche die Kontrolle etwa über das Eherecht und das Schulwesen weitgehend überlassen wurden. Die Zeit bis zur schrittweisen Aufhebung des Konkordats bis 1874 markiert den Höhepunkt kirchlichen Einflusses in Österreich.

Die verheerenden Niederlagen in den Schlachten von Magenta und Solferino im Zuge der italienischen Einigung (→ Kap. 5.3.1) brachten das Ende des Neoabsolutismus. Angesichts der zunehmenden Spannungen im Vielvölkerstaat und dem schweren militärischen Prestigeverlust konnte an einem rein absolutistischen, zentralistischen Herrschaftsstil nicht mehr festgehalten werden. Bach musste zurücktreten. **Kaiser Franz Josef I. (1830 – 1916)** ließ eine Verfassung ausarbeiten, die im Oktober 1860 implementiert wurde (**Oktoberdiplom**) aber bereits wenige Monate später im Februar 1861 durch einen anderen Entwurf (**Februarpatent**) abgelöst wurde. Beide Verfassungsentwürfe wirkten auf einen Mittelweg zwischen **ZENTRALISMUS** und **FÖDERALISMUS** hin, der praktisch aber nicht umsetzbar war und weder die deutschsprachigen noch die anderen Gebiete zufriedenstellte. Vor allem in Ungarn gewann die Oppositionsbewegung in der Folge weiter an Einfluss.

Ein militärisches Vorgehen gegen Ungarn wurde aber durch den Ausbruch des **Deutschen Krieges 1866** und die schnell folgende Niederlage verhindert. Damit war einerseits die Frage nach der Führungsrolle in Deutschland zugunsten Preußens geklärt (→ Kap. 5.3.2) und das Habsburgerreich andererseits auch nach innen geschwächt. Es kam 1867 zum so genannten **Ausgleich mit Ungarn**. Die ungarische Reichshälfte wurde ein eigenes Königreich, das mit Österreich durch **Personal-** und **Realunion** in der **Doppelmonarchie** (→ Infokasten Kakanien) vereint war. Ungarn erhielt eine Verfassung und ein Parlament mit zwei Kammern. Auch in Österreich wurde eine Verfassung erlassen, die Macht des Monarchen aber nur unwesentlich eingeschränkt. In beiden Reichen galt ein enges **Zensuswahlrecht**. Einige Angelegenheiten wie etwa Außenpolitik, Verteidigung und Haushalt wurden weiterhin reichsübergreifend geregelt.

Die Habsburgermonarchie bestand nun aus zwei Teilen, die jeweils multiethnisch zusammengesetzt waren. Zu Österreich, das in Anlehnung an den Grenzfluss Leitha **Cisleithanien** genannt wurde, gehörten weiterhin Böhmen, Mähren, Schlesien, Galizien-Lodomerien, Dalmatien und die Bokuwina. Das als **Transleithanien** bekannte Königreich Ungarn war nun aber auch selbst zum Vielvölkerstaat geworden. Zu dieser

**ZENTRALISMUS** politische Ordnung, die auf eine zentrale Institution ausgerichtet ist.

**FÖDERALISMUS** Politische Ordnung, die einzelnen Einheiten in vielen Belangen weitgehende Unabhängigkeit gewährt, sie aber in einem Bund vereint hält.

## Info

**Kakanien**

▶ Die durch den Ausgleich mit Ungarn 1867 entstandene Doppelmonarchie wird umgangssprachlich häufig als *k. u. k.* Monarchie bezeichnet. Die Abkürzung steht für *kaiserlich und königlich* und bezeichnete in Österreich-Ungarn die gemeinsamen Einrichtungen der Realunion – also beispielsweise das Außenministerium, die Kriegsmarine oder auch den Monarchen selbst. Zwischen 1804 und 1867 wurde für reichsweite Institutionen die Bezeichnung *kaiserlich-königlich* (*k. k.*) verwendet, wobei sich ersteres auf das Kaisertum Österreich und zweiteres auf das Königreich Ungarn bezog. Ab 1867 fand das Kürzel *k. k.* nur noch innerhalb der österreichischen Reichshälfte Verwendung und verwies nun auf die in Personalunion vereinten Titel Kaiser von Österreich und König von Böhmen.

Das Akronym *k. u. k.* wurde auch von den Zeitgenossen bald als Bezeichnung einer Epoche in der österreichischen Geschichte und der damit verbundenen Kultur verwendet. So prägte der österreichische Schriftsteller Robert Musil in seinem Roman *Der Mann ohne Eigenschaften* kurz nach dem Zerfall der Monarchie den Begriff *Kakanien*, um Kultur und Zeitgeist der Doppelmonarchie zu erfassen.

Reichshälfte gehörte das Königreich Kroatien und Slawonien. Andere Gebiete wie zum Beispiel das Großfürstentum Siebenbürgen waren im Königreich Ungarn aufgegangen. Ungarn war damit selbst zu einem multiethnischen Herrschaftsverband geworden und trat den Ansprüchen der verschiedenen Nationalitäten nun selbst mit einer strikten **Magyarisierungspolitik** gegenüber. Vor allem die kroatische und die rumänische Nationalbewegung versuchten sich dagegen zu behaupten. In Österreich drängten vor allem die **Tschechen** auf nationale Emanzipation. Ihnen kam der Kaiser ab 1879 mit verschiedenen Konzessionen entgegen. Tschechisch wurde als Amts- und Unterrichtssprache zugelassen und in Prag eine eigene tschechischsprachige Universität gegründet.

Diese Zugeständnisse an die tschechische Nationalbewegung waren auch in der wichtigen Rolle begründet, die viele Tschechen in der schrittweisen Modernisierung der Habsburgermonarchie spielten. In Cisleithanien bildeten neben Wien vor allem die böhmischen Städte Prag und Pilsen wichtige Zentren der **Industrialisierung**, die nun langsam das Land erfasste. Die Grundlagen dafür waren in der Revolution von 1848 gelegt worden. Mit der Bauernbefreiung und der Aufhebung von Binnenzöllen waren dort wichtige Schritte Richtung **wirtschaftlicher Liberalisierung** und Modernisierung gesetzt worden. Zumindest im Westen der Monarchie wurde ab den 1850er-Jahren auch der Infrastrukturausbau gefördert. Ab 1867 beschleunigte sich diese Modernisierung nochmals. In Ungarn wurde **Budapest** zum zentralen Motor dieser Entwicklung. Der Rest Transleithaniens blieb aber weitgehend landwirtschaftlich strukturiert und unter der Kontrolle von adeligen Großgrundbesitzern.

Trotz vorsichtiger politischer Reformen und wirtschaftlicher Modernisierung war die Doppelmonarchie Zeit ihres Bestehens ein äußerst zerbrechliches Gebilde. Sie befand sich auch in der Wahrnehmung der Zeitgenossen häufig am Rande der Auflösung. Dennoch überlebte sie auch die sich nun verschärfenden Krisen auf dem Balkan (→ Kap. 5.4.2) und wurde um die Jahrhundertwende nochmals zu einem kulturellen Zentrum Europas (**Jugendstil, WIENER SECESSION**). Der Zerfall des Habsburgerreichs kam

**WIENER SECESSION**
Künstlervereinigung, die 1897 als Abspaltung vom Wiener Künstlerhaus gegründet wurde.

schließlich erst mit der Niederlage im Ersten Weltkrieg. Kaiser Karl I. und seine Regierung versuchten noch, den österreichischen Teil des Reiches in eine Art Bund unabhängiger Völker umzubauen. Angesichts des realen Machtverlusts Wiens war dies aber gegen die Unabhängigkeitsbestrebungen der einzelnen Nationalitäten nicht durchzusetzen. Die Habsburger mussten im November 1918 auf ihre Regierungsansprüche verzichten. Aus ihrem ehemaligen Reich entstanden schließlich Österreich, **Ungarn**, die **Tschechoslowakei** und das **Königreich der Serben, Kroaten und Slowenen** (ab 1929 **Königreich Jugoslawien**). Gebietsteile gingen an das wiedergegründete Polen (→ Kap. 5.4.1), Italien und Rumänien.

# Das Osmanische Reich        6.3

## Ein Weltreich schrumpft        6.3.1

Im Zuge des 16. und 17. Jahrhunderts hatte das Osmanische Reich ausgehend vom Kernland im Westen der heutigen Türkei sein Gebiet sukzessive ausgedehnt. Ende des 17. Jahrhunderts standen fast die ganze Mittelmeerküste Nordafrikas, Ägypten, große Teile der Arabischen Halbinsel, das Zweistromland, die Küstengebiete des Schwarzen Meeres und ganz Südosteuropa fast bis nach Wien unter direkter oder indirekter osmanischer Kontrolle. Damit hatte das Reich seine größte Ausdehnung erreicht. Es begann allmählich in eine Phase der Stagnation und schließlich des Niedergangs einzutreten. Der erneute Versuch einer Einnahme Wiens schlug im Jahr 1683 fehl. In der Folge wurde das Reich von der **HEILIGEN LIGA** mehrmals schwer geschlagen und musste große Gebiete in Südosteuropa abtreten. Gleichzeitig wandte sich Russland unter Zar Peter I. zunehmend gegen das Osmanische Reich. Russisch-türkische Konflikte – vor allem um den **Zugang zum Schwarzen Meer** und zum Mittelmeer – zogen sich durch das gesamte 18. Jahrhundert. In diesen Auseinandersetzungen wurden die Osmanen stückweise aus Zentraleuropa und der nördlichen Schwarzmeerregion zurückgedrängt. Ihr europäisches Gebiet erstreckte sich nach der Neuordnung Europas auf dem Wiener Kongress aber immer noch bis in das heutige Bosnien-Herzegowina, Rumänien, Bulgarien und Moldawien.

In den Konfrontationen vor allem mit Russland und Österreich zeigte sich ein hoher innenpolitischer und militärischer Modernisierungsbedarf. Reformen wurden aber nicht konsequent genug angegangen oder scheiterten an inneren Widerständen. Dazu kamen zunehmend Schwierigkeiten, die osmanische Kontrolle in Ägypten aufrechtzuerhalten. Durch **Napoleons Expedition an den Nil** ging zwischen 1798 und 1801 das von den **Mameluken** ohnehin halbautonom regierte Ägypten für die Osmanen zeitweise komplett verloren. Mit britischer Hilfe konnten die Franzosen schließlich zum Abzug gezwungen werden. Allerdings verstand es in der Folge der neue ägyptische Statthalter **Muhammad Ali Pascha** das von den abgesetzten Mameluken hinterlassene Machtvakuum zu füllen. Er setzte eine Reihe von Reformen um und begann sich mehr und mehr vom Sultan zu emanzipieren. In den Jahren 1831 und 1832 wandte er sich direkt gegen die **HOHE PFORTE** und errang die Kontrolle über Syrien und Palästina, die ihm erst Jahre später nur mit der Hilfe der europäischen Großmächte wieder abgenommen werden konnte. Die Osmanen mussten aber hinnehmen, dass Muhammad Ali Pascha 1841

**HEILIGE LIGA** Bezeichnung für mehrere Bündnisse europäischer Länder gegen Feinde der römisch-katholischen Kirche; hier Bündnis u. a. des Heiligen Römischen Reichs, Polen-Litauens und Venedigs gegen das Osmanische Reich.

**HOHE PFORTE** Eingang zum Sultanspalast in Istanbul; metonymisch für den osmanischen Regierungssitz.

**erblicher Statthalter von Ägypten** wurde und damit de facto die ohnehin wackelige osmanische Herrschaft am Nil beendete.

Auch andernorts sahen sich die Osmanen zunehmend mit der Desintegration ihres Reiches – häufig verbunden mit dem Aufkommen von Nationalbewegungen (→ Kap. 5.4.2) – konfrontiert. Bereits 1804 erhoben sich **die Serben** gegen die osmanische Herrschaft und erhielten bis 1830 schrittweise Autonomie. Ebenfalls im Jahr 1830 konnte sich **Griechenland** mit der Unterstützung Großbritanniens, Frankreichs und Russlands sogar komplett aus dem Reich lösen. Spätestens die Unabhängigkeit Griechenlands zeigte, wie sehr das Osmanische Reich zum Spielball der anderen europäischen Großmächte geworden war. Der so genannte **„kranke Mann am Bosporus"** war zu einem scheinbar modernisierungsunfähigen Verband geworden, der sein multiethnisch strukturiertes Gebiet immer weniger zusammenhalten konnte. Vor allem Russland und die Habsburgermonarchie sahen in dieser Schwäche eine Chance, die eigenen Interessen auf Kosten der Osmanen durchzusetzen. Zwischen 1875 und 1913 war das Reich in eine langanhaltende Krise auf dem Balkan verwickelt, die durch die dortigen Nationalbewegungen und die konstanten Einmischungen Russlands, Österreich-Ungarns und anderer europäischer Mächte befeuert wurde (→ Kap. 5.4.2). Im Zuge dieser Krise wurde fast ganz Südosteuropa in eine neue, sehr fragile politische Ordnung überführt und das Osmanische Reich wurde fast völlig aus Europa verdrängt.

Auch an seinen anderen Grenzen war das Reich im Schrumpfen begriffen. Die Briten übernahmen 1882 die Kontrolle über Ägypten, das formal weiterhin Teil des Osmanischen Reichs blieb, aber nun de facto unter europäischer Herrschaft stand. Im Jahr 1911 ging Tripolis – im Wesentlichen der Nordteil des heutigen Libyen – an Italien verloren. Mit dem Eintritt in den Ersten Weltkrieg und der anschließenden Niederlage wurde das Reich größtenteils von den Siegermächten besetzt und große Gebietsteile unter ihnen aufgeteilt. Das Osmanische Reich wurde auf einen kleinen Gebietskern reduziert aus welchem in der Folge die Türkei erwachsen sollte.

## 6.3.2 | Erfolge und Grenzen der Reformen

Spätestens in den Niederlagen gegen Russland und Österreich in der zweiten Hälfte des 18. Jahrhunderts hatte sich gezeigt, dass das Osmanische Reich den europäischen Mächten gegenüber in einen Modernisierungsrückstand geraten war. Das riesige Reich war mittels des traditionellen feudalen Herrschaftssystems kaum noch effektiv zu verwalten und auch in der Organisation des Heeres bestand Handlungsbedarf. **Sul-**

tan Selim III. (1762–1808) begann, diese Probleme mit ersten vorsichtigen Reformen im Finanz-, Bildungs- und Lehenswesen anzugehen. Vor allem aber ging er die Modernisierung des Heeres an. Er griff auf europäische Offiziere als Ausbilder zurück und plante die Einführung der allgemeinen Wehrpflicht. Durch diese Vorhaben sahen aber die **JANITSCHAREN** ihre Machtbasis gefährdet. Nach einem Janitscharen-Aufstand in Edirne musste Selim 1806 die Reformen einstellen. Im darauffolgenden Jahr wurde er von aufständischen Janitscharen entthront und durch den von ihnen bevorzugten Sultan Mustafa ersetzt. Selims Anhänger konnten die Kontrolle zwar zurückgewinnen, Selim war aber in der Zwischenzeit ermordet worden. Es blieb ihnen lediglich übrig, Mustafa durch dessen Bruder Mahmud zu ersetzen, der 1808 als **Mahmud II. (1785–1839)** Sultan wurde.

**JANITSCHAREN** Einflussreiche osmanische Elitetruppe, die auch die Leibwache des Sultans stellte.

Mahmud führte den Reformkurs zuerst vorsichtig fort. Erst Mitte der 1820er-Jahre wagte er es, sich mit weiteren Militärreformen gegen die Janitscharen zu wenden. Er begann, eine neue moderne Armee aufzustellen. Den 1826 folgenden Aufstand der Janitscharen, die viel Rückhalt in Bevölkerung und Geistlichkeit verloren hatten, ließ er brutal niederschlagen und das Janitscharenkorps schließlich auflösen. Das **neu strukturierte Heer** war allerdings viel zu klein und zu schlecht ausgerüstet um den europäischen Großmächten Paroli bieten zu können. Gleichzeitig begann Mahmud auch sein Reich langsam nach Europa zu öffnen. Er führte ein staatliches **Postwesen** ein, reformierte Regierung und Verwaltung und ließ im Zuge dessen die traditionelle Entlohnung höherer Offiziere und Beamter durch Vergabe von Lehen (**Tımar**) abschaffen. All diese Maßnahmen konnten kurzfristig aber die Desintegration des Osmanischen Reichs nicht aufhalten. In Mahmuds Regierungszeit fielen der endgültige Verlust Serbiens und Griechenlands und der Dauerkonflikt mit Muhammad Ali Pascha in Ägypten. Kurz nach einer weiteren schweren Niederlage gegen diesen in der Schlacht von Nizip – einer Stadt an der heutigen türkisch-syrischen Grenze – verstarb Mahmud im Jahr 1839.

Unter dem neuen **Sultan Abdülmecid I. (1823–1861)** begann nun 1839 eine Phase tatsächlich tiefgreifender Reformen, die man als **TANZIMAT** bezeichnet und die auch unter **Sultan Abdülaziz (1830–1876)** fortgeführt wurde. Sie endete erst mit der Annahme der Osmanischen Verfassung im Jahr 1876. Entscheidend gestaltet wurden diese Reformen vor allem von den Großwesiren **Mustafa Reşid Pascha**, Ali Pascha und Fuad Pascha. Auf Betreiben des ersteren wurde am 3. November 1839 das **Hatt-ı sherif von Gülhane** (dt. Edles Handschreiben) erlassen. Dieses brachte eine Neuregelung von Steuerbemessung und -eintreibung sowie die erst wenige Jahre später umgesetzte Befristung des Wehrdienstes. Diese Re-

**TANZIMAT** osman. für „Neuordnung".

formen fanden auch auf Druck der europäischen Großmächte im **Hatt-ı hümayun** (dt. Großherrliches Handschreiben) von 1856 seine Fortsetzung. Dieses Edikt brachte vor allem die **Gleichstellung aller Nichtmuslime** im Osmanischen Reich und gewährte ihnen Zugang zum Militär- und Verwaltungsdienst. Es folgten unter anderem eine Boden- und eine Justizreform. All diesen Versuchen zum Trotz konnte sich das Osmanische Reich aber auch in der Tanzimatzeit außen- und innenpolitisch kaum stabilisieren. Vor allem wirtschaftlich war das Großreich nicht wettbewerbsfähig. Die Industrialisierung kam kaum voran. Das Osmanische Reich wurde mehr und mehr zu einem Absatzmarkt für billige europäische Produkte.

Im Zuge der Balkankrise ließ sich der neue **Sultan Abdülhamid II. (1842–1918)** von **Midhat Pascha (1822–1884)** zur Verabschiedung einer Verfassung drängen. Diese **Osmanische Verfassung** trat am 23. Dezember 1876 in Kraft und rief ein Parlament aus zwei Kammern ins Leben. Der Sultan behielt sich aber entscheidende Rechte vor. Unter anderem deshalb standen die gerade auf der **Konferenz von Konstantinopel** über die Balkankrise verhandelnden europäischen Großmächte der Verfassung skeptisch gegenüber (→ Abb. 37). Diese Skepsis bestätigte sich durch das weitere Vorgehen Abdülhamids. Nach der Niederlage im **Russisch-Osmanischen Krieg 1877–1878** suspendierte er das Parlament und setzte damit die Verfassung praktisch wieder außer Kraft.

Noch während der Tanzimatzeit hatte sich in den 1860er-Jahren eine Gruppe von Intellektuellen zusammengefunden, die mit den bisherigen Reformen unzufrieden waren und auf eine Verfassung drängten. Nachdem diese **Jungosmanen** ihre Forderungen öffentlich machten, mussten sie 1867 nach Paris fliehen. Vier Jahre später erfolgte die Amnestierung und die meisten Mitglieder kehrten zurück ins Osmanische Reich. Manche waren auch an der Ausarbeitung der Osmanischen Verfassung beteiligt. Nach der Aussetzung der Verfassung ab 1878 gewann die Folgebewegung der **Jungtürken** langsam an Zulauf. Diese zuerst im Geheimen operierende Gruppe von Modernisierungswilligen zielte auf weitreichende staatliche Reformen und identifizierte sich stark mit dem aufkeimenden türkischen Nationalismus. Im Jahr 1908 kam es zu einem erfolgreichen Aufstand und zur so genannten **Jungtürkischen Revolution**, im Zuge derer die Verfassung wiedereingesetzt wurde. Die Jungtürken ließen den Sultan im Amt, kontrollierten aber bis 1912 die osmanische Politik. Mitte des Jahres wurden sie vor dem Hintergrund großer Gebietsverluste an Italien von konservativen Kräften abgesetzt, konnten aber schon 1913 die Macht mit einem Militärputsch zurückgewinnen. Bis 1918 regierten die Jungtürken diktatorisch, verloren nach der Niederlage im Ersten Weltkrieg aber wieder die Macht.

**Abb. 37**

*Karikatur aus Punch, „One Bubble
More!", 6. Januar 1877
Diese Karikatur aus der englischen
Satirezeitschrift Punch zeigt, wie die
Briten die osmanischen Reformbemü-
hungen und insbesondere die Osmanische Verfassung von 1876 einschätz-
ten. Unter einem Schild, das auf die
Konferenz von Konstantinopel verweist, sitzt der Sultan und produziert
mit einer Wasserpfeife Luftblasen, die
für die bisherigen Reformen stehen.
Die Osmanische Verfassung (hier
datiert mit 1877) wird als lediglich
eine weitere Blase (One Bubble More!)
dargestellt.*

**Aufgaben zum Selbsttest**

- Was unterscheidet neben dem Charakteristikum des Vielvölkerstaates die hier aufgeführten multiethnischen Großreiche von den in
Kapitel 4.2. aufgeführten Nationalstaaten?
- Welche Modernisierungsprobleme gab es im Russischen Zarenreich
bis in das 20. Jahrhundert hinein?
- In welchem Verhältnis stand das Habsburger-Imperium zu den anderen Staaten im Deutschen Bund? Welche Entwicklung vollzog sich?
- Benennen Sie wichtige politische Eliten im Osmanischen Reich! Welche Machtverschiebungen fanden in Bezug auf diese Gruppen im
19. Jahrhundert statt?

**Literatur**

Alois Kernbauer, **Die Habsburgermonarchie und das Osmanische Reich** (Paradigma: Zentraleuropa
5), Innsbruck 2012.
Jörn Leonhard / Ulrike von Hirschhausen, **Empires und Nationalstaaten im 19. Jahrhundert**, Göttingen 2009.
Jörn Leonhard / Ulrike von Hirschhausen (Hg.), **Comparing Empires: Encounters and Transfers in
the Long Nineteenth Century**, Göttingen 2011.

## Literatur

**Zum Russischen Zarenreich siehe vor allem:**
Jörg Baberowski, **Autokratie und Justiz. Zum Verhältnis von Rechtsstaatlichkeit und Rückständig-keit im ausgehenden Zarenreich 1864–1914** (Studien zur europäischen Rechtsgeschichte 78), Frankfurt am Main 1996.
Erich Donnert, **Russland (860–1917). Von den Anfängen bis zum Ende der Zarenzeit**, Regensburg 1998.
Carsten Goehrke, **Russland. Eine Strukturgeschichte**. Paderborn et al. 2010.
Frank Golczewski/Gertrud Pickhan, **Russischer Nationalismus. Die russische Idee im 19. und 20. Jahrhundert. Darstellung und Texte**, Göttingen 1998.
Andreas Kappeler, **Russland als Vielvölkerreich. Entstehung – Geschichte – Zerfall**, 2. Aufl., München 2008.
Heinz-Dietrich Löwe, **The Tsars and the Jews. Reform, Reaction and Anti-Semitism in Imperial Russia, 1772–1917**, Chur 1993.
Richard Pipes, **Russland vor der Revolution. Staat und Gesellschaft im Zarenreich**, München 1984.
Walter Sperling (Hg.), **Jenseits der Zarenmacht. Dimensionen des Politischen im Russischen Reich 1800–1917** (Historische Politikforschung 16), Frankfurt am Main 2008.
Mark D. Steinberg, **Proletarian Imagination: Self, Modernity, and the Sacred in Russia, 1910–1925**, Ithaca 2002.

**Zum Habsburger-Imperium siehe vor allem:**
Harm-Hinrich Brandt, **Der österreichische Neoabsolutismus. Staatsfinanzen und Politik 1848–1860**, 2 Bde., Göttingen 1978.
Alois Brusatti et al. (Hg.), **Die Habsburgermonarchie. 1848–1918**, bisher 9 Bde., Wien 1973–2010.
Michael Erbe, **Die Habsburger. 1493–1918. Eine Dynastie im Reich und in Europa**, Stuttgart/Berlin/Köln 2000.
Helmut Rumpler, **Geschichte Österreichs, Bd. 10: 1804–1914. Eine Chance für Mitteleuropa. Bürgerliche Emanzipation und Staatsverfall in der Habsburgermonarchie**, Wien 1997.
Wolfram Siemann, **Metternich. Staatsmann zwischen Restauration und Moderne**, München 2010.
Karl Vocelka, **Geschichte Österreichs. Kultur – Gesellschaft – Politik**, Graz/Wien/Köln 2000.

**Zum Osmanischen Reich siehe vor allem:**
Kemal Çiçek/Güler Eren (Hg.), **The Great Ottoman-Turkish Civilisation**, 4 Bde., Ankara 2000.
Roderic H. Davison, **Reform in the Ottoman Empire, 1856–1876**, Princeton 1963.
Suraiya Faroqhi, **Geschichte des osmanischen Reiches**, 5. Aufl. München 2010.
Suraiya Faroqhi (Hg.), **The Later Ottoman Empire, 1603–1839** (The Cambridge History of Turkey 3), Cambridge/New York 2006.
Halil İnalcık/Donald Quataert (Hg.), **An Economic and Social History of the Ottoman Empire, 1300–1914**, Cambridge 1994.
Reşat Kasaba (Hg.), **Turkey in the Modern World** (The Cambridge History of Turkey 4), Cambridge/New York 2008.
Klaus Kreiser, **Der osmanische Staat 1300–1922** (Oldenbourg Grundriss der Geschichte 30), 2. Aufl., München 2008.
Bernard Lewis, **The Emergence of Modern Turkey**, 3. Aufl., New York/Oxford 2002.
Josef Matuz, **Das Osmanische Reich. Grundlinien seiner Geschichte**, 4. Aufl., Darmstadt 2006.
Donald Quataert, **The Ottoman Empire, 1700–1922**, 2. Aufl. Cambridge 2006.
Stanford J. Shaw/Ezel Kural Shaw, **History of the Ottoman Empire and Modern Turkey**, 2 Bde., Cambridge, MA 1977.

# Der moderne Imperialismus 7

Schon im 15. Jahrhundert hatten europäische Länder, Handelshäuser oder andere Interessengruppen begonnen, in der so genannten Neuen Welt, aber auch in Afrika und Asien Stützpunkte und Siedlungen anzulegen, die sich zum Teil zu großflächigen Kolonien weiterentwickelten. Europa nahm im Zuge dieser Expansion bestimmenden Einfluss auf viele außereuropäische Gesellschaften. Im langen 19. Jahrhundert intensivierte sich der europäische Kolonialismus erheblich sowohl in seiner territorialen Reichweite wie auch in seinem zivilisatorischen Anspruch. Dieses Kapitel schildert den Weg zum Hochimperialismus des späten 19. Jahrhunderts und geht dabei auch auf die Entwicklung des britischen Empire sowie der französischen und deutschen Kolonialreiche ein.

## Vom Kolonialismus zum Imperialismus 7.1

### Freihandel und Kapitalismus 7.1.1

Die atlantischen Revolutionen am Ende des 18. Jahrhunderts waren auch in kolonialgeschichtlicher Hinsicht ein höchst bedeutendes Ereignis. Mit der Unabhängigkeit der dreizehn nordamerikanischen Kolonien von Großbritannien kam es zur ersten nennenswerten **DEKOLONISIERUNG** und damit zu einer erheblichen Erschütterung der bisherigen kolonialen Ordnung. Inspiriert durch die Ideen der Französischen Revolution folgte nur wenige Jahrzehnte später die Unabhängigkeit Haitis von Frankreich (→ Kap. 3.3.2) als erste Dekolonisierung eines Gebietes, das nicht in erster Linie von Europäern besiedelt wurde. Revolutionäre Ideen trieben auch die Unabhängigkeitsbewegungen im spanischen Lateinamerika an, die in den ersten Jahrzehnten des 19. Jahrhunderts die Schwäche des Mutter-

**DEKOLONISIERUNG**
Prozess der Unabhängigkeit von Gebieten unter (vormals) kolonialer Herrschaft.

landes nutzten, um sich von diesem zu lösen (→ Kap. 3.3.3). Damit gingen die wichtigsten Kolonialbesitzungen der europäischen Mächte in den Amerikas verloren. Gleichzeitig neigte sich die Blütezeit der karibischen Zuckerindustrie und des **TRANSATLANTISCHEN DREIECKSHANDELS** unter anderem durch das Verbot des Sklavenhandels (→ Kap. 3.3.2) dem Ende zu. Obwohl zum Beispiel im heutigen Kanada oder der Karibik weiter europäische Kolonien existierten und im Zuge der Unabhängigkeit mancher südamerikanischer Staaten auch der informelle Einfluss vor allem Großbritanniens in der Region zunahm, stellt diese Entwicklung einen deutlichen Einschnitt in der europäischen Kolonialgeschichte dar.

Sofern man dazu imstande war, versuchten die Kolonialmächte neue Gebiete zu erschließen und wandten dabei ihren Blick zunehmend nach Osten – vor allem nach Asien aber auch nach Australien. Britische Handelskompanien – wie zum Beispiel die *East India Company* in Südasien – waren dort bereits seit Mitte des 18. Jahrhunderts dabei, Einfluss und territoriale Kontrolle sukzessive zu erweitern. Frankreich und die Niederlande folgten im Laufe des frühen 19. Jahrhunderts diesem Beispiel und begannen ebenfalls, koloniale Besitzungen in Asien auf- oder auszubauen. Auch Russland orientierte sich nun zunehmend nach den an sein Reich angrenzenden asiatischen Gebieten.

Großbritannien gab im 19. Jahrhundert weitgehend Richtung und Geschwindigkeit des europäischen Kolonialismus vor. Es war als führende Seemacht aus dem **Siebenjährigen Krieg (1756 – 1763)** hervorgegangen und hatte vor allem Frankreichs koloniale Ambitionen entschieden gedämpft. In der Restaurationszeit nach dem Wiener Kongress konnten die Briten ihre globale Führungsrolle weiter ausbauen. Großbritannien hielt sich in dieser Zeit weitgehend aus den innereuropäischen Konflikten heraus und konzentrierte sich stattdessen auf die Festigung seiner kolonialen Interessen. Fußte der Konflikt mit den nordamerikanischen Kolonien noch auf einem merkantilistischen, stark regulativen Wirtschaftsverständnis der Briten, so begann man nun allmählich – aufbauend auf den Ansichten von Ökonomen wie **Adam Smith (1723 – 1790)** oder **David Ricardo (1772 – 1823)** – die Idee des **Freihandels** im britischen Weltreich umzusetzen. Das heißt, dank seiner führenden Rolle auf See und im Welthandel konnte Großbritannien vor allem ab den 1840er-Jahren sukzessive Zölle und andere Handelsbeschränkungen fallen lassen. Die Aufhebung der **Corn Laws** (dt. Getreidegesetze) und der *NAVIGATION ACTS* (dt. Navigationsgesetze) zu dieser Zeit sind die bekanntesten Beispiele für die schrittweise Umsetzung der Freihandelspolitik im Empire. Mit den 1815 eingeführten *Corn Laws* hatte man durch hohe Einfuhrzölle auf Getreide die britische Landwirtschaft bzw. die Großgrundbesitzer zu schützen versucht. Die *Navigation Acts* wiederum bewahrten seit Mitte des 17. Jahrhunderts den

**TRANSATLANTISCHER DREIECKSHANDEL** Schematisch vereinfachter Handelskreislauf, der v. a. im 17. und 18. Jahrhundert Europa, Afrika und Amerika verband; europäische Händler verschifften Sklaven von Afrika nach Amerika; von dort wurden Rohstoffe wie Zucker und Baumwolle nach Europa gebracht; verarbeitete Waren und Waffen gingen von Europa nach Afrika.

**NAVIGATION ACTS** Reihe von Gesetzen des englischen Parlaments; u. a. durften Waren nach England nur auf englischen oder auf Schiffen des Warenherkunftslandes eingeführt werden; dies schaltete Zwischenhändler aus.

Außenhandel Englands vor unliebsamer Konkurrenz. Mit der Rücknahme dieser Gesetze öffnete Großbritannien seine Gebiete wirtschaftlich. Im Gegenzug begann es aber, auch von anderen Staaten freien Zugang zu deren Märkten einzufordern. Wurde dieser nicht gewährt, verlieh man der Forderung durchaus auch mit gewaltsamen Mitteln Nachdruck, wie sich zum Beispiel in den **Opiumkriegen** (→ Kap. 7.2.1) deutlich zeigte.

Insgesamt gesehen kam das vor allem den Briten selbst zugute, die ausgehend von der **Londoner City** nun die Welt mit Kapital versorgten und damit die europäische Expansion und den Prozess der Globalisierung entscheidend mitgestalteten. Der britische Historiker **Eric Hobsbawm** hat den zweiten Band seiner umfassenden Trilogie zur Geschichte des „langen 19. Jahrhunderts" entsprechend als **The Age of Capital 1848 – 1875** (auf dt. erschienen als *Die Blütezeit des Kapitals*) betitelt. In diese Phase fällt grob der Beginn des Aufstiegs des Kapitalismus als weltweit dominantes Wirtschaftssystem, der sich vor allem in der anschließenden Phase des **Hochimperialismus** (→ Kap. 7.1.2) bis zum Ausbruch des Ersten Weltkrieges weiter beschleunigen sollte. Dieser Zusammenhang zwischen der im Entstehen begriffenen Wirtschaftsform des Kapitalismus und dem europäischen Imperialismus wurde auch von Zeitgenossen klar gesehen. So argumentierte der britische Ökonom **John A. Hobson (1858 – 1940)** bereits in seinem 1902 erschienen Werk *Imperialism – A Study*, dass das imperiale Ausgreifen Europas hauptsächlich von der Suche nach neuen Kapitalmärkten motiviert wäre. Diesen Gedanken nahm wenig später auch **Vladimir I. Lenin (1870 – 1924)** in seiner selbsterklärend betitelten Schrift *Der Imperialismus als höchstes Stadium des Kapitalismus* aus dem Jahr 1917 auf. Die Argumente beider Schriften prägten vor allem die marxistische Imperialismusdebatte wesentlich mit, wurden aber von anderen Historikern auch kritisiert oder erweitert. So betonten etwa **John Gallagher und Ronald Robinson** in ihrem 1953 erschienen Artikel *The Imperialism of Free Trade*, dass die Rolle informeller kolonialer Herrschaft (→ Infokasten Transkoloniale Imperien) und ihr Verhältnis zu Kapitalismus und Freihandel nicht unterschätzt werden dürften. In den 1990er-Jahren belebten **Peter Cain und Antony Hopkins** mit ihrer These eines *gentlemanly capitalism* (dt. vornehmer Kapitalismus) nochmals die Diskussion dieses Zusammenhangs und argumentierten, dass nicht nur die Londoner Hochfinanz den Kapitalismus vorantrieb sondern auch die adligen Großgrundbesitzer.

## Spiel um die Weltherrschaft                                    7.1.2

Obwohl dieses enge Zusammenspiel zwischen kolonialer Herrschaftsausweitung und kapitalistischer Durchdringung den europäischen Kolonialismus mindestens seit Mitte des 19. Jahrhunderts prägte, meinten Beobachter wie Hobson oder Lenin zumeist die Zeit seit etwa 1870, wenn sie von Imperialismus sprachen. Auch Eric Hobsbawm setzt mit dem Titel des dritten Bandes seiner Trilogie – *The Age of Empire 1875–1914* (auf dt. erschienen als *Das imperiale Zeitalter*) – eine Zäsur in der Geschichte des europäischen Kolonialismus, die von den meisten Historikern ebenfalls – wenn auch in unterschiedlicher Ausprägung und Akzentsetzung – gesehen wird. Die zentrale Rolle europäischen und vor allem britischen Kapitals intensivierte sich in dieser Zeit nochmals, gleichzeitig gewann aber der Erwerb formeller Kolonien (→ Infokasten Transkoloniale Imperien) wieder an Bedeutung. Im Allgemeinen konstatiert man für diese Zeit den Übergang zu einer neuen Form von Kolonialpolitik. Diese zeichnete sich vor allem durch die zunehmende Konkurrenz zwischen den europäischen Kolonialmächten, die geostrategische Unterfütterung von Kolonialunternehmungen und das Wichtigerwerden der so genannten **Zivilisierungsmission** aus. Diese neue Kolonialpolitik wird häufig – etwas verengend – als **Imperialismus** bezeichnet.

Jürgen Osterhammel bietet in seinem einführenden Band zum *Kolonialismus* eine konzise Definition von Imperialismus, die diese Zusammenhänge auf den Punkt bringt. Er versteht unter dem Begriff „alle Kräfte und Aktivitäten, die zum Aufbau und zur Erhaltung solcher *transkolonialer Imperien* beitrugen" (→ Infokasten Transkoloniale Imperien). Dazu gehöre nach Osterhammel auch „der Wille und das Vermögen eines imperialen Zentrums, die eigenen nationalstaatlichen Interessen immer wieder als imperiale zu definieren". Dadurch wären für Imperialisten „Kolonien nicht allein Zwecke in sich selbst, sondern auch Pfänder in globalen Machtspielen." Zusammenfassend kann man mit Osterhammel argumentieren, dass im Imperialismus also Kolonialpolitik neu austariert wird. Der Blick des Imperialisten richtet sich weg von der einzelnen Kolonie als Ableger des Mutterlands zur geostrategischen und wirtschaftlichen Rolle einer Kolonie in einem globalen Gefüge.

Diese politische Veränderung wird sehr deutlich in einem bekannten Zitat des späteren **VIZEKÖNIGS von Indien George Curzon (1859–1925).**

**GENERALGOUVERNEUR UND VIZEKÖNIG** von Indien von 1773 bis 1947 das Oberhaupt der britischen Verwaltung der Kolonie.

**Info**

**Transkoloniale Imperien**

▶ Jürgen Osterhammel spricht im Zusammenhang mit dem europäischen Imperialismus von transkolonialen Imperien. Damit meint er, dass sich die weltumspannenden Reiche dieser Zeit aus Einflussgebieten zusammensetzten, die sie auf ganz unterschiedliche Weise kontrollierten. Neben formellen Kolonien, in denen die Kolonialmacht direkt die Regierung stellte, existierte parallel eine große Zahl informeller Kolonien. Hier blieb das kontrollierte Gebiet zwar als eigenständiger Staat bestehen, die Kolonialherren mischten sich aber – gestützt auf militärische und/oder wirtschaftliche Macht – tief in die politischen Belange ein.

Dieser schrieb in seinem 1892 erschienenen, sehr einflussreichen Buch *Persia and the Persian Question* folgende Zeilen zur Bedeutung Zentralasiens für die Briten: „*Turkestan, Afghanistan, Transcaspia, Persia –to many these names breathe only a sense of utter remoteness or a memory of strange vicissitudes and of moribund romance. To me, I confess, they are the pieces on a chessboard upon which is being played out a game for the dominion of the world.*" („Turkistan, Afghanistan, Transkaspien, Persien – für viele stehen diese Namen lediglich für ein Gefühl völliger Abgelegenheit, eine Erinnerung an eigenartige Unbeständigkeit und untergehende Romantik. Für mich, muss ich gestehen, sind sie die Figuren auf einem Schachbrett, auf welchem ein Spiel um die Weltherrschaft ausgetragen wird.")

Curzon nahm in diesem Abschnitt Bezug auf das **GREAT GAME** (dt. Großes Spiel) zwischen Russland und Großbritannien. Schon seit dem frühen 19. Jahrhundert stritten die beiden europäischen Großmächte um die Vorherrschaft in Zentralasien. Allerdings ging es in diesem Konflikt weniger um die koloniale Kontrolle der dortigen Gebiete, sondern um strategische Absicherung Britisch-Indiens bzw. einen Zugang zum Indischen Ozean für die Russen. Ebenso wie zum Beispiel in den **Opiumkriegen** 1839 – 1842 und 1856 – 1860 (→ Kap. 7.2.1) zeigte sich hier bereits Mitte des 19. Jahrhunderts eine klar imperialistisch geprägte Vorgehensweise, die Kolonialpolitik zur **„Weltmachtpolitik"** machte. Der europäische Kolonialismus wies demnach das gesamte 19. Jahrhundert hindurch – und teilweise auch davor – imperialistische Elemente auf. Daher wird der Begriff Imperialismus häufig auch zeitlich breiter verwendet. Allerdings spricht dennoch – um nochmals Jürgen Osterhammel zu bemühen – „einiges dafür, um 1870/80 eine Epochenzäsur anzusetzen". In dieser Zeit intensivierte sich der Wettkampf um Kolonien und wird zugleich noch deutlicher nationalistisch aufgeladen. Um diese Intensivierung auch begrifflich zu kennzeichnen kann man von dieser Phase auch als **Hochimperialismus** sprechen.

Zum Beispiel begann nun auch das neugegründete Deutsche Reich (→ Kap. 5.3.2 und 7.3) seinen kolonialen Anteil einzufordern. Es beteiligte sich am so genannten *Scramble for Africa* (dt. Wettlauf um Afrika) ebenso wie am Flottenwettrüsten mit Großbritannien. Ebenfalls in dieser Zeit mischten sich nun vermehrt rassistische Töne in den imperialen Diskurs, aus denen sich für viele Imperialisten eine **Zivilisierungsmission** der Europäer ableitete. Aus der angeborenen Rückständigkeit der „farbigen" Kolonisierten ergäbe sich für Europa die moralische Verpflichtung der Zivilisierung und der kulturellen Hebung (was üblicherweise auch Christianisierung bedeutete) – und das wäre zumindest im Moment lediglich durch koloniale Herrschaft zu erreichen, so der Kerngedanke der Zivilisierungsmissionare.

Der Begriff des GROSSEN SPIELS geht auf den darin verwickelten britischen Geheimdienstoffizier Arthur Conolly (1807 – 1842) zurück.

| **Abb. 38**

*Einzug von Lord und Lady Curzon auf dem Delhi Durbar 1902/03.*
*Diese Fotografie aus dem Jahr 1902 zeigt den pompösen Einzug des Vizekönigs von*
*Britisch-Indien, Lord Curzon, aus dem Delhi Durbar (einer großen zeremoniellen*
*Zusammenkunft mit tausenden von Teilnehmern) von 1902/03. Auf dem nach 1877*
*zum zweiten Mal unter den Briten abgehaltenen Durbar wurde die Inthronisierung*
*von König Eduard VII. als Emperor of India (dt. Kaiser von Indien) gefeiert. Curzon*
*hatte die zweiwöchigen Feierlichkeiten bis ins Detail geplant. Der Durbar wurde zu*
*einer riesigen Inszenierung kolonialer Herrschaft. Insbesondere der hier gezeigte Ein-*
*zug des Vizekönigs wurde zu einer symbolgeladenen Demonstration britischer imperi-*
*aler Macht.*

Obwohl vor allem innereuropäische Konflikte letztlich den Ausschlag gaben, waren diese zunehmend nationalistisch instrumentalisierten Auseinandersetzungen um imperiale Vorherrschaft und die damit einhergehenden Krisen (z. B. **Faschoda-Krise, Marokkokrisen**) wichtige Landmarken auf dem Weg zum Ersten Weltkrieg (→ Kap. 10.3.1).

Lange Zeit gingen die meisten westlichen Historiker und Kulturwissenschaftler in ihrer Arbeit implizit oder explizit von einem eurozentristischen Weltbild aus – nicht wenige tun das noch heute. Grob gesagt bedeutet **Eurozentrismus**, dass man die Entwicklung der Menschheit praktisch ausschließlich an europäischen Konzepten, Normen und Werten misst. Daraus ergibt sich hinsichtlich des Entwicklungsstandes anderer Kulturen eine **INSUFFIZIENZGESCHICHTE**. Erklärt man Europa zum alleinigen Maßstab, können außereuropäische Gebiete – so sie nicht mit Europäern besiedelt sind – nicht mithalten. Hinsichtlich der soziokulturellen

**INSUFFIZIENZ** von lat. *insufficere,* „nicht ausreichen".

Modernisierungswelle des 19. Jahrhunderts leitet sich aus einer solchen Überzeugung fast zwangsläufig die Idee ab, dass Europa das alleinige Zentrum der Moderne gewesen sei und sich über das Vehikel des Kolonialismus schließlich moderne Elemente über die Welt verbreiten hätten können. In ihrer Extremform schildert eine solche Sichtweise die weltweite Ausbreitung zum Beispiel des Nationalstaats als würde ein intrinsisch überlegenes europäisches Konzept anderswo eins zu eins übernommen – entweder weil es dort existierende inferiore Konzepte überschreiben oder weil es schlicht in die konzeptionelle Leere stoßen würde.

Diese diffusionistische Interpretation der Prozesse Modernisierung und Globalisierung wird seit den 1990er-Jahren vermehrt kritisiert – so etwa von den *Postcolonial studies*. Zum einen betonen diese die Rolle des **Machtgefälles** zwischen Kolonisatoren und Kolonisierten. Folgt man diesem Argument, so hat sich die europäische Moderne nicht dank ihrer intrinsischen Überlegenheit in der Welt verbreitet, sondern dank eines kolonialen Machtgefüges. Eine solche Argumentation nimmt zumindest einem kulturell konnotierten Eurozentrismus den Wind aus den Segeln. Zum anderen betonen viele postkoloniale Ansätze die **Reziprozität kolonialer Beziehungen**. Demnach haben nicht nur europäische Gesellschaften die von ihnen kolonisierten Gebiete geprägt, sondern es gab auch immer eine Wirkung in die entgegengesetzte Richtung. Die Kolonien wirkten also in vielerlei Hinsicht auf die **METROPOLE** zurück.

Im Hinblick auf Modernisierungsprozesse hat die amerikanische Anthropologin und Historikerin **Ann Stoler** in diesem Zusammenhang die Idee von Kolonien als **Laboratorien der Moderne** postuliert. Aus dieser Perspektive dienten Kolonien auch als eine Art geschützte, klar umgrenzte Bereiche, in denen die Kolonialherren neue Techniken und Verfahrensweisen ausprobieren und verbessern konnten, bevor diese im Mutterland Anwendung fanden. Auf diese Weise wurden europäische Gebiete quasi zu Laboren, in denen man moderne Konzepte testen konnte und die damit einen entscheidenden Einfluss auf die Entwicklung der europäischen Moderne genommen hätten. Stoler selbst kann diesen Sachverhalt hinsichtlich des sich verändernden **Konzepts von Sexualität** nachweisen, stützt ihre These aber auch auf Arbeiten anderer Wissenschaftler. Diese haben zum Beispiel gezeigt, dass **moderne französische Architektur** zuerst in den Kolonien umgesetzt wurde, dass **industrielle Produktionsweisen** zuerst in den karibischen Zuckerkolonien verfolgt wurden oder dass moderne Überwachungs- und Disziplinierungsmaßnahmen aus dem kolonialen Kontext des Osmanischen Reichs stammten. Viele weitere Beispiele ließen sich nennen, welche die These der Laboratorien der Moderne unterstützen.

**METROPOLE** von altgr. *mětropolis*, „Mutterstadt"; im Kolonialismus häufig als Kerngebiet des kolonisierenden Landes verstanden.

Es ist das große Verdienst Stolers, die Vorstellung einer quasi naturgegebenen Ausbreitung moderner Ideen aus Europa heraus mit fundierten Beispielen grundlegend zu entkräften. Allerdings bringt der Begriff der Laboratorien der Moderne auch analytische Probleme mit sich, worauf etwa der deutsche Historiker **Dirk van Laak** aufmerksam gemacht hat. Zum einen weist van Laak darauf hin, dass die meisten Kolonialgesellschaften eher von Konservatismus denn von Experimentierfreudigkeit geprägt gewesen wären. Zum anderen kritisiert er den Begriff Laboratorien selbst, der suggeriere, dass „eigens definierte und kontrollierbare ‚Labor-Bedingungen' herrschen". Vor allem dieses Argument führt zur zentralen Kritik, die an der These von Kolonien als Laboratorien der Moderne geübt wird: ganz im Gegensatz zur Grundidee der *Postcolonial studies* zementiere diese nämlich die Vorstellung von Kolonien als kulturell leere, unbeschriebene Gebiete, die den Experimenten der Kolonialherren nichts eigenes entgegenzuhalten gehabt hätten. Eine eingehende Auseinandersetzung mit dieser These macht daher deutlich, wie tief eurozentristische Interpretationsmuster bereits die Herangehensweise an den Forschungszusammenhang prägen und wie unabdingbar daher die ständige **kritische Reflexion** der eigenen Forschungsperspektive ist.

## 7.2 | Europäische Imperien

### 7.2.1 | Das britische Weltreich

Trotz des Verlustes der dreizehn nordamerikanischen Kolonien Ende des 18. Jahrhunderts konnten die Briten in den folgenden Jahrzehnten ihren Status als führende See- und Kolonialmacht weiter ausbauen. Neben der starken Kriegs- und Handelsmarine kam vor allem der **Kolonie Britisch-Indien** eine zentrale Rolle in dieser Entwicklung zu. Bereits Anfang des 17. Jahrhunderts hatte die 1600 gegründete *East India Company* begonnen, Handelsstützpunkte an der Küste des Subkontinents aufzubauen. Lange Zeit duldete bzw. protegierte das Mogulreich diese Niederlassungen. Mit der langsamen Desintegration des Großreichs wurden die Briten ebenso wie die anderen dort Handel treibenden Europäer zunehmend in die Konflikte lokaler Fürsten verwickelt und begannen, ihre Stützpunkte zu befestigen. Gleichzeitig nahmen auch zwischen den Europäern die Spannungen zu – vor allem zwischen Briten und Franzosen. Als die *East India Company* in dieser unüberschaubaren Situation anfing, ihren Stützpunkt in Kalkutta (heute: Kolkata) zu befestigen, wandte sich der **Nawab von Bengalen** gegen sie, belagerte Kalkutta und nahm es schließlich ein. Die

Briten entsandten eine relativ kleine Streitmacht zur Rückeroberung, konnten aber einen Verrat in den Reihen des Nawab für sich nutzen. Sie gewannen die **Schlacht bei Plassey** am 23. Juni 1757 und rangen dem Nawab Handelsprivilegien und Reparationen ab. Erst mit dem Sieg in der **Schlacht von Buxar** 1764 aber konnte sich die *East India Company* endgültig durchsetzen. Sie erhielt in der Folge vom Mogul das Steuerrecht **(DIWANI)** über Bengalen und wurde damit de facto zum Herrscher über ein Gebiet von etwa 400.000 km² Größe.

DIWANI von pers. *dewan*, „Bündel von Blättern, Buch, Rechungsbuch"; im Mogulreich das Recht, Steuern zu erheben.

In den folgenden Jahrzehnten baute das britische Handelshaus seine Herrschaft über den Subkontinent kontinuierlich weiter aus, obwohl die Regierung zu Hause dies eigentlich vor allem wegen der hohen damit verbundenen Kosten nicht wünschte. Diese **Expansionspolitik** ging unter anderem auf das Betreiben der jeweiligen **Generalgouverneure** und auf die einflussreiche Rolle des Heeres der *East India Company* zurück. Die Gebietserweiterungen boten diesen Parteien die Gelegenheit, den eigenen Einfluss und Profit auszubauen. Im Jahr 1766 begann der erste der insgesamt vier **Mysore-Kriege**, im Zuge derer die Briten bis 1799 das Königreich Mysore im Süden des Subkontinents unterwarfen. Etwa um die Wende zum 19. Jahrhundert begann die *Company* ihr Territorium auch nach Nordwesten zu erweitern. Neben der direkten Annexion von Gebieten begann man in dieser Zeit zudem, einheimische Fürstentümer als Herrschaftseinheiten bestehen zu lassen, aber indirekter britischer Kontrolle zu unterstellen. Zu diesen so genannten *princely states* gehörten neben Mysore zum Beispiel auch Hyderabad oder Avadh. Als entscheidender Mitkonkurrent um die Macht in Indien stellte sich aber das zentralindische Reich der **Marathen** heraus. In drei großen Kriegen konnten die Briten sich zwischen 1777 und 1818 schließlich durchsetzen und ihre Vormachtstellung behaupten. Bis Mitte des Jahrhunderts wurde praktisch der gesamte Subkontinent unterworfen.

Dem kriegerischen und diplomatischen Geschick der *East India Company* stand aber schon früh fehlendes Engagement in der Verwaltung der eroberten Gebiete gegenüber. Lukrativer Handel und Steuerextraktion waren für die Aktiengesellschaft deutlich wichtiger als der Aufbau nachhaltiger Verwaltungsstrukturen. Vor allem in der Frühphase war das Personal schlecht bezahlt und kaum auf die anstehenden Aufgaben vorbereitet. Missmanagement und Machtmissbrauch waren so verbreitet, dass sich die britische Regierung bereits in den 1770er- und 1780er-Jahren veranlasst sah, per Gesetz einzugreifen. Der *Regulating Act* **von 1773** und *Pitt's India Act* **von 1784** stellten die Tätigkeit der *East India Company* unter zumindest eine rudimentäre staatliche Kontrolle. Dies konnte zwar die schlimmsten Exzesse verhindern, die Kolonialpolitik der Company war aber weiter von großer kultureller Insensibilität geprägt.

Durch die Missachtung lokaler rechtlicher und religiöser Traditionen und eine unüberlegte Besteuerungspolitik geriet sie zunehmend mit der einheimischen Gesellschaft in Konflikt. Diese Spannungen entluden sich

INDISCHE HILFSTRUPPEN
Abgeleitet aus dem Per-
sischen auch als Sepoys
bezeichnet.

schließlich im **Indischen Aufstand von 1857/58**, der zuerst von **INDISCHEN HILFSTRUPPEN** ausging und daher von den Briten auch *Indian Mutiny* → (dt. Indische Meuterei) genannt wurde. Der Aufstand konnte nur mit großer Mühe niedergeschlagen werden. In der Folge wurde der *East India Company* die Herrschaft über Indien entzogen. Britisch-Indien wurde zur **Kronkolonie**. Die Verstaatlichung der Kontrolle über die Kolonie spiegelt auch den zentralen Status, den diese im Weltreich der Briten erlangt hatte. Indien war zum *Jewel in the crown* (dt. Juwel in der Krone) geworden. George Curzon, nun mittlerweile Vizekönig von Britisch-Indien, fasste das im Jahr 1901 folgendermaßen zusammen: „As long as we rule India, we are the greatest power in the world. If we lose it we shall straightway drop to a third rate power.“

Der Verlust der dreizehn nordamerikanischen Kolonien machte aber auch die Suche nach **neuen Siedlungskolonien** notwendig. Diesbezüglichen Ersatz fanden die Briten im heutigen Südafrika und Kanada, aber auch in den von den Europäern im Zuge des **zweiten Entdeckungszeitalters** neu erforschten Gebieten im Pazifik. **James Cook (1728–1779)** etwa brachte im

ERSTE SÜDSEEREISE Cook
führte insgesamt drei
Fahrten in die Südsee an.
Auf der letzten kam er
1779 auf Hawai'i ums
Leben.

Rahmen seiner **ERSTEN SÜDSEEREISE (1768–1771)** unter anderem Australien und Neuseeland auf die europäischen Seekarten der Zeit. Nur knapp zwanzig Jahre später im Jahr 1788 begannen die Briten **Australien** als Sträflingskolonie zu nutzen und verschifften eine große Zahl von Verurteilten dorthin. Diese *transportation* genannte und zuvor auch mit den nordamerikanischen Kolonien angewandte Praxis sollte einerseits der Entlastung des britischen Justizvollzugssystems und andererseits der Erschließung und Inwertsetzung der Kolonie dienen. Bis zur ihrer Abschaffung Mitte des 19. Jahrhunderts wurden so etwa 160.000 Sträflinge nach Australien gebracht. Nach Verbüßung der Strafe blieben viele als freie Siedler in Australien und kolonisierten gemeinsam mit den ab 1793 ebenfalls ankommenden freiwilligen Einwanderern das Land. Die einheimische Bevölkerung wurde dabei mit brutalen Mitteln verdrängt.

Auch im heutigen Kanada, Südafrika und Neuseeland entstanden im Laufe des 19. Jahrhunderts wichtige **Siedlungskolonien**, in denen europäische Einwanderer den Großteil der Bevölkerung bildeten. Diese Kolonien begannen sich in der zweiten Jahrhunderthälfte schrittweise vom Mutterland zu emanzipieren und erhielten das Recht zur teilweisen **Selbstverwaltung**. Im Jahr 1867 wurde Kanada zum ersten **Dominion** im britischen Weltreich, in den ersten Jahren des 20. Jahrhunderts folgten Australien, Neuseeland, Neufundland und Südafrika. Dominions regierten sich mit Ausnahme der Außenpolitik vollständig selbst und konnten ei-

**Abb. 39**

*„Imperial Federation, map of the world showing the extent of the British Empire in 1886"*
*Diese von John C. R. Colomb erstellte Karte zeigt die Ausdehnung des britischen Weltreichs im Jahr 1886. Es*
*umfasste zu dieser Zeit Britisch-Indien, Südafrika, Kanada, Australien, Neuseeland und viele andere kleinere*
*Territorien in der Karibik, in Südamerika, Afrika und Asien. Diese Gebiete sind auf der Karte rot markiert – das*
*so genannte imperial red wurde zur Farbe des British Empire. Die gezeigte Karte hatte aber nicht hauptsächlich*
*den Zweck, die geografische Ausdehnung des Weltreichs darzustellen. Vielmehr sollte sie Reichtum und Macht*
*des Empire greifbar machen. Dies wird besonders in der Bebilderung deutlich. Hier wird nicht nur die ethnische*
*Vielfalt des Reiches dargestellt, sondern vor allem dessen Prunk und Überfluss, welcher der auf dem Erdball thro-*
*nenden Britannia dargebracht wird. Symbolisch steht dafür unter anderem das Füllhorn (cornucopia).*

gene Gesetze erlassen, solange diese nicht mit britischem Kolonialrecht
kollidierten.

Neben der Ausdehnung des direkt beherrschten Kolonialgebietes
dehnten die Briten im Laufe des 19. Jahrhunderts auch ihren informel-
len Einfluss immer weiter aus. Unter anderem begannen sie, ihnen bisher nicht voll zugängliche Märkte für sich zu öffnen – wenn nötig auch
mit gewaltsamen Mitteln. Das bekannteste Beispiel für dieses Vorgehen sind die beiden **Opiumkriege mit China** in den Jahren 1839–1842 und
1856–1860. Seit Mitte des 18. Jahrhunderts konnten Ausländer nur über

**UNGLEICHE VERTRÄGE**
Zu den so genannten Ungleichen Verträgen zählen noch eine ganze Reihe weiterer Abkommen zwischen europäischen und asiatischen Ländern, die unter unausgeglichenen Machtverhältnissen zustande gekommen sind.

den Hafen von Kanton und über chinesische Zwischenhändler mit China Handel treiben. Dieses System war vor allem für den lukrativen Opiumhandel der *East India Company* hinderlich und die Briten beschlossen daher den chinesischen Markt gewaltsam aufzubrechen. Nach dem ersten Opiumkrieg erhielten die Briten im Vertrag von Nanking nicht nur **Hong Kong** als Kolonie, sondern vor allem freie Handelsrechte mit China über fünf Vertragshäfen. Als China den Vertrag nicht vollständig umsetzte, kam es zum zweiten Opiumkrieg. Mit dem folgenden Vertrag von Tientsin wurden die Handelsrechte nochmals ausgeweitet und auf andere europäische Mächte ausgedehnt. Diese **UNGLEICHEN VERTRÄGE** öffneten China für den europäischen Handel und damit für imperiale Interessen.

### 7.2.2 | Das französische Kolonialreich

Auch Frankreich beteiligte sich an der Seite der Briten am zweiten Opiumkrieg und erlangte so imperialen Einfluss in China. Dieses Engagement war Zeichen Frankreichs wiedererwachender kolonialer Ambitionen Mitte des 19. Jahrhunderts. Vormals eine große Kolonialmacht, hatten die Franzosen im **Siebenjährigen Krieg** fast alle wichtigen Kolonien an Großbritannien verloren. Sie hatten die riesigen Gebiete in Nordamerika und manche Karibikinseln abtreten müssen und auch in Indien jeden nennenswerten Einfluss verloren. Unter Napoleon kam es zu einer kurzen kolonialen Renaissance mit der Eroberung Ägyptens und der Restauration französischer Herrschaft in **Louisiana**. Beide Unternehmungen kamen bereits 1801 bzw. 1803 wieder zu einem Ende – und wurden vor allem durch den Verlust der ökonomisch wertvollsten französischen Kolonie **SAINT DOMINGUE** im Jahr 1804 (→ Kap. 3.3.2) in den Schatten gestellt. In den napoleonischen Kriegen gingen weitere Besitzungen an Großbritannien verloren, die nach deren Ende nur zum Teil zurückgegeben wurden. Die wichtigsten Kolonien, die Frankreich nach der Restauration blieben, waren **Guadeloupe und Martinique** in der Karibik, **Französisch-Guayana**, mehrere Handelsposten im heutigen **Senegal**, die *ÎLE BOURBON* im Indischen Ozean und die kleinen Niederlassungen in Indien.

**SAINT DOMINGUE**
heute Haiti.

*ÎLE BOURBON*
heute Réunion.

Kurz vor dem Ende der restaurierten Bourbonenherrschaft in Frankreich kam es unter König Karl X. 1830 zu einem erneuten kolonialen Ausgreifen und der **Invasion Algeriens**. Vier Jahre später wurden die besetzten Gebiete nominell zur Kolonie. Die französische Verwaltung begann Land an **europäische Einwanderer** zu geben und Algerien sah in den folgenden Jahrzehnten einen großen Strom von Siedlern ankommen. Die einheimische muslimische Bevölkerung stellte aber während der gesamten bis 1962 dauernden Kolonialzeit die bei weitem größte Bevölkerungsschicht dar.

Mit der Beteiligung am zweiten Opiumkrieg in den 1850er-Jahren begann auch ein neues koloniales Interesse an Asien. Besonders in Südostasien versuchten die Franzosen, nun ihren Einfluss auszuweiten. Frankreich betrieb seit langem Handel mit Vietnam und verstand sich auch als Schutzmacht der dort seit dem 17. Jahrhundert missionierenden **Jesuiten**. Napoleon III. nahm die zunehmende Ablehnung gegenüber christlicher Missionierung als Anlass, um in Vietnam ab 1856 militärisch zu intervenieren. Drei Jahre später nahmen die Franzosen die Stadt Saigon ein und zwangen 1862 den vietnamesischen Herrscher, den südlichen Teil des Landes abzugeben. Dieser wurde als **Cochinchina** zur französischen Kolonie und bildete den Kern der französischen Expansion in Südostasien. Ein Jahr später errichteten die Franzosen ein **PROTEKTORAT** über das Reich der Khmer im heutigen **Kambodscha**. Im noch unabhängigen Norden Vietnams versuchten die Franzosen, vor allem ihre Handelsinteressen zu wahren und unter Umgehung der Vertragshäfen Zugang zum Chinahandel zu erhalten. Dies brachte sie in einen direkten Konflikt mit Qing-China. Im **Chinesisch-Französischen Krieg 1884 – 1885** musste Frankreich zwar einige schwere Niederlagen hinnehmen, konnte schließlich aber die Kontrolle über den Norden Vietnams erringen. Im Jahr 1887 wurden diese Gebiete mit Cochinchina und dem Khmer-Protektorat zur *Union Indochinoise* – zu Französisch-Indochina – zusammengefasst. Diese wurde schnell zum Herzstück des neuen französischen Kolonialreichs und sollte weiter ausgebaut werden. Nur wenige Jahre später kollidierten französische und **SIAMESISCHE** Interessen im Gebiet des heutigen Laos. Frankreich konnte sich durchsetzen und inkorporierte 1893 das Land links des Mekong als **Protektorat Laos** in sein Kolonialreich. Anfang des 20. Jahrhunderts weitete Frankreich das laotische Territorium auch jenseits des Mekong weiter aus.

Ähnlich wie das Deutsche Reich mit Kiautschou (→ Kap. 7.3.2) sicherte sich Frankreich mit **Guangzhouwan** ebenfalls ein **Pachtgebiet in China**. Im Mai 1898 besetzten französische Truppen das knapp 850 km² große Gebiet in der chinesischen Provinz Guangdong und zwangen China zu einem Pachtvertrag auf 99 Jahre. Guangzhouwan sollte als wirtschaftliches Tor nach China dienen, konnte die diesbezüglichen Hoffnungen der Franzosen aber letztendlich nicht erfüllen.

Ausgehend von seiner Kolonie in Algerien erweiterte Frankreich im späten 19. Jahrhundert außerdem sukzessive seine Territorien in Nord- und Westafrika. Im Jahr 1881 errichtete es ein **Protektorat über Tunesien** und gab damit gewissermaßen den Startschuss zum **Wettlauf um Afrika** (→ Abb. 40), an dem sich Frankreich zentral beteiligte. Bis zum Ende des Jahrhunderts konnte es die koloniale Kontrolle über Mauretanien, den Senegal, Guinea, Mali, Benin und die Elfenbeinküste erringen und

**PROTEKTORAT** Schutzherrschaft.

**SIAMESISCH** Königreich Siam auf dem Gebiet des heutigen Thailand.

brachte damit fast ganz Westafrika in seinen Besitz. Im Jahr 1895 wurden diese Gebiete zur Kolonie *Afrique occidentale française* – zu **Französisch-Westafrika** – zusammengefasst. Dazu kamen die 1910 aus vier einzelnen Gebieten gebildete Kolonie **Französisch-Äquatorialafrika** (*Afrique Équatoriale française*), **Französisch-Somaliland** und **Madagaskar**.

Frankreich strebte mit seiner kolonialen Akquisitionsstrategie in Afrika unter anderem die Errichtung eines von der West- zur Ostküste des Kontinents durchgängig französischen Gebiets an, kollidierte damit aber fast zwangsläufig mit Großbritannien, das mit der so genannten *CAPE-TO-CAIRO*-Route einen ganz ähnlich Plan entlang einer Nord-Süd-Achse verfolgte. Das fehlende Stück in beiden Plänen stellte der Sudan dar, wo im Jahr 1898 Truppen beider Länder in **Faschoda** aufeinandertrafen. Ein bewaffneter Konflikt konnte aber vermieden werden und die beiden Kolonialmächte regelten im **Sudanvertrag** von 1899 ihre jeweiligen Einflusssphären. Der Abschluss dieses Vertrags war eine wesentliche Voraussetzung für das Zustandekommen der *Entente cordiale* zwischen Großbritannien und Frankreich im Jahr 1904.

**CAPE-TO-CAIRO**
Der Kap-Kairo-Plan sah unter anderem eine durchgehende Eisenbahnverbindung zwischen diesen Punkten vor.

## 7.3 | Die deutsche Kolonialpolitik

### 7.3.1 | Schutzgebiete

Deutschland stieg erst Ende des 19. Jahrhunderts in den Kreis der europäischen Kolonialmächte auf. Zwar hatte es bereits während des nationalen Hochgefühls der 1840er-Jahre erste koloniale Unternehmungen gegeben, diese erwiesen sich aber als weniger erfolgreich. Erst in den 1880er-Jahren erwarb das Deutsche Reich seine ersten Kolonien. Aus der **verspäteten Nation** (Helmuth Plessner) wurde nun die verspätete Kolonialmacht. Dieses Gefühl des abermaligen Zuspätkommens prägte die deutsche Kolonialpolitik in ihrer Vehemenz vor allem unter Kaiser Wilhelm II. entscheidend mit.

Allerdings war die nationale Vereinigung Deutschlands eine wichtige Voraussetzung für einen deutschen Kolonialismus. Sie schuf zum einen die wirtschaftlichen, militärischen und politischen Bedingungen für ein koloniales Ausgreifen. Zum anderen befeuerte sie die Argumentation von **KOLONIALAGITATOREN** wie **Friedrich Fabri (1824–1891)** oder **Wilhelm Hübbe-Schleiden (1846–1916)**, die nun stark nationalistisch aufgeladen auf den Erwerb von Kolonien drängten. Die Reichsregierung unter Kanzler Bismarck reagierte aber lange zurückhaltend auf diese propagandistischen Vorstöße – allerdings weniger aus ideologischen denn aus prag-

**KOLONIALAGITATION**
Das vor allem publizistische Drängen auf den Erwerb von Kolonien, in den 1870er- und 1880er-Jahren.

matischen Überlegungen heraus. Bismarck wollte sich auf keinen Fall
mit dem Erwerb von Kolonien finanziell oder strategisch überheben und
damit die Konsolidierung des Reiches gefährden. Zu einem vorsichtigen kolonialen Engagement der Regierung kam es daher erst 1880. Das
Hamburger Handelshaus Godeffroy, das auf Samoa Kokosplantagen unterhielt, war in finanzielle Schwierigkeiten geraten. Bismarck brachte
daraufhin im Reichstag die **Samoa-Vorlage** ein, die eine Staatsgarantie für
diese Kolonialgesellschaft vorschlug. Zwar wurde die Vorlage im Reichstag knapp abgelehnt. Sie markierte aber den ersten Schritt in Richtung
einer deutschen Kolonialpolitik.

Trotz des fehlenden staatlichen Engagements waren deutsche Kaufleute (wie etwa Godeffroy) und Missionare schon lange in Afrika und anderswo tätig. Manche hatten auch schon vor den 1880er-Jahren immer
wieder einmal um deutschen Schutz für ihre Unternehmungen nachge-
sucht, hatten solchen aber bisher nicht erhalten. Dies sollte sich erst im
Jahr 1884 ändern. Der Bremer Kaufmann **Adolf Lüderitz (1834–1886)** hatte
durch zweifelhafte Verträge mit Einheimischen ein Gebiet von mehr als
einer halben Million km² an der südwestafrikanischen Küste erworben.
Seinem Schutzgesuch gab Bismarck im April 1884 schließlich statt. Das
so genannte „Lüderitzland" wurde so zum ersten deutschen Schutzgebiet.
Aus ihm ging die Kolonie **Deutsch-Südwestafrika** hervor. Noch im Juli desselben Jahres erhielten auch die Besitzungen des Handelshauses Woermann
an der westafrikanischen Küste im heutigen **Togo und Kamerun** den Schutz-
gebietsstatus. Im Februar 1885 folgte das von der **Deutschen Gesellschaft für
Kolonisation** erworbene Gebiet in **Ostafrika** und weniger Monate später das
Territorium des **Neuguinea-Konsortiums** auf der gleichnamigen Insel.

Nach dem bisher eher zögerlichen kolonialen Agieren überraschte
dieses Bismarck'sche Bekenntnis zur Kolonialpolitik viele Zeitgenossen.
Es wurde häufig als grundlegende Kursänderung interpretiert, stellte
aber eigentlich nur eine konsequente Fortsetzung der bisherigen zu-
rückhaltenden Politik dar. Der **REALPOLITIKER** Bismarck sah schlichtweg
eine Gelegenheit, große deutsche Handelsunternehmen zu schützen
ohne zu tief in koloniale Angelegenheiten verwickelt zu werden. In Bismarcks Vorstellung eines **Schutzgebietes** übernahmen die dortigen privaten Gesellschaften die Verwaltung des Gebietes in einer Art **„kaufmän-
nischer Regierung"**. Dem Reich würden lediglich der militärische Schutz
und einige grundlegende Versorgungsaufgaben zufallen. So sollte der
Aufwand (und damit das Risiko) für den Staat so gering wie möglich
gehalten werden. Allerdings stellte sich diese Idee schnell als nicht
umsetzbar heraus. In allen Schutzgebieten drückten sich die privaten
Kolonialgesellschaften so gut es ging um ihre Verwaltungsaufgaben,
sodass die Reichsregierung bald mehr und mehr einspringen musste.

**REALPOLITIK** Form von
Politik, die sich v. a. an zu
erreichenden Zielen ori-
entiert und weniger an
fixierten religiösen, ethischen oder ideologischen
Werten.

**Abb. 40**

*Die Teilnehmer der Berliner Afrikakonferenz, Illustration von Adalbert von Rößler*
*Von wenigen Ausnahmen im Norden und Süden des Kontinents abgesehen, war Afri-*
*ka bis weit ins 19.Jahrhundert hinein lediglich an seinen Küsten von den Europäern*
*kolonisiert worden. Die zunehmende imperiale Konkurrenz und bessere technologi-*
*sche Mittel ließen die Kolonialmächte ab Mitte des Jahrhunderts nun vermehrt ins*
*Landesinnere vorstoßen. Ein Wettlauf um die letzten verbleibenden kolonisierbaren*
*Territorien begann, der schon bald zu Spannungen zwischen den europäischen Mäch-*
*ten führte. Auf der 1884 einberufenen Berliner Konferenz (oder Kongokonferenz) ver-*
*suchte Reichskanzler Bismarck einen Ausgleich herbeizuführen und sich selbst aber-*
*mals als „ehrlichen Makler" zu profilieren. Die in dieser Illustration von Adalbert von*
*Rößler (1853 – 1922) gezeigten Teilnehmer der Konferenz legten in der als Kongoakte*
*bezeichneten Schlussakte unter sich die Regeln für die Aufteilung des Kontinents fest.*
*In der Folge beschleunigte sich die koloniale Inbesitznahme afrikanischer Territorien*
*erheblich. Bis zum Ausbruch des Ersten Weltkrieges verblieben nur noch Liberia und*
*das heutige Äthiopien als unabhängige Staaten.*

So wurde schon im Herbst 1885 ein Reichskommissar nach Deutsch-
Südwestafrika entsandt, um die grundlegenden Regierungsgeschäfte zu
übernehmen. In den anderen Schutzgebieten passierte ganz Ähnliches.
In Kamerun und Togo wurde bereits im Juli 1885 Julius von Soden als
erster Gouverneur der Kolonie eingesetzt. In Deutsch-Ostafrika musste
das Reich auch schon in den 1880er-Jahren immer wieder unterstützend
einspringen bis es im Jahr 1891 schließlich die Regierungsgeschäfte
übernahm. Zwischen 1889 und 1899 fiel schrittweise auch die Verwaltung der Gebiete in Neuguinea an den deutschen Staat.

Spätestens seit dem Gewähren deutschen Schutzes für die privat erworbenen Gebiete in Afrika 1884/85 war das Deutsche Reich direkt am Wettlauf um Afrika beteiligt. Um diesen aus Bismarcks Sicht unvermeidlichen Wettbewerb um die Kolonisierung dieses Kontinents in „zivile Bahnen" zu lenken (Dirk van Laak) lud der Reichskanzler 1884 zur so genannten **Kongokonferenz** nach Berlin (→ Abb. 40). Die Schlussakte der Konferenz regelte die schnell folgende Aufteilung Afrikas unter den europäischen Kolonialmächten.

## Weltmachtpolitik

7.3.2

Mit dem sukzessiven Einspringen des Reichs für die privaten Kolonialgesellschaften war Bismarcks Idee einer möglichst geringen direkten Verwicklung in die Administration der kolonialen Territorien früh gescheitert. Das Deutsche Reich wurde zu einer Kolonialmacht, dessen kolonialpolitischer Kurs unter Reichskanzler Bismarck aber vor allem auf einen Ausgleich zwischen den europäischen Mächten zielte. Mit der Thronfolge von **Kaiser Wilhelm II. (1859–1941)** im Jahr 1888 begann sich das allmählich zu ändern. Es kam schnell zum Bruch mit Bismarck, der 1890 schließlich zurücktrat. Der junge Kaiser wollte sich nicht auf repräsentative Aufgaben beschränken sondern mischte sich aktiv in Außen- und Kolonialpolitik ein. Er brach dabei mit der Bismarck'schen Bündnis- und Ausgleichspolitik und verfolgte zunehmend eine selbstbewusste bis aggressive **„Weltmachtpolitik"**. Das Deutsche Reich sollte seine ihm zustehende führende Rolle in der Welt einnehmen und sich seinen **„PLATZ AN DER SONNE"** sichern.

Dieser neue, imperiale Kurs äußerte sich in verschiedenen Maßnahmen und Ereignissen. So waren Wilhelm II. und viele Zeitgenossen wohl zu Recht der Meinung, das Deutsche Reich könne nur als Seemacht tatsächlich in den Rang einer Weltmacht aufsteigen. Diese Überzeugung führte um die Jahrhundertwende zu einem massiven Ausbau der deutschen Marine und einem **Flottenwettrüsten** mit Großbritannien, das die Beziehungen zwischen den beiden Mächten schwer belastete. Das **Reichsmarineamt** unter Staatssekretär **Alfred von Tirpitz (1849–1930)** wurde in dieser Zeit zu einer sehr einflussreichen Größe in der deutschen Kolonialpolitik. So wurde auf Betreiben des Reichsmarineamts im Jahr 1897 das Gebiet um die Bucht von **Kiautschou** in der chinesischen Provinz Schandong besetzt und schließlich als Pachtgebiet für 99 Jahre erworben. Dieses Gebiet mit dem Hafen und Marinestützpunkt Tsingtau unterstand nicht wie die anderen Kolonien dem **AUSWÄRTIGEN AMT** sondern direkt dem Reichsmarineamt. Kiautschou wurde in vielen Bereichen modernisiert und sollte nach Tirpitz'-Plänen zu einer deutschen **Musterkolo-**

**PLATZ AN DER SONNE** Diese Wendung geht auf Reichskanzler Bernhard von Bülow zurück, der 1897 in einer Reichstagssitzung sagte: „Mit einem Worte: wir wollen niemand in den Schatten stellen, aber wir verlangen auch unseren Platz an der Sonne."

**AUSWÄRTIGES AMT** Die Verwaltung der deutschen Kolonien war ursprünglich im Auswärtigen Amt angesiedelt. Erst 1907 wurde mit dem Reichskolonialamt eine eigenständige Kolonialbehörde gegründet.

nie ausgebaut werden, anhand derer Deutschland zeigen sollte „wozu es imstande wäre". Abgesehen von ihrer wichtigen Rolle als koloniales Prestigeobjekt konnte die Kolonie die in sie gesetzten wirtschaftlichen Hoffnungen aber nicht erfüllen.

In den afrikanischen Kolonien wurde in den 1890er-Jahren die koloniale Herrschaft ausgebaut. In Kamerun kam es vor allem unter Gouverneur **Jesko von Puttkamer (1855–1917)** ab 1895 zum sukzessiven Vordringen ins Landesinnere und zum Ausbau der **Plantagenwirtschaft.** Puttkamer unterstützte die Interessen der Plantagengesellschaften mit politischen Maßnahmen und erleichterte diesen den Zugang zu Land und Arbeitskräften. Die indigene Bevölkerung wurde mehr und mehr aus den fruchtbaren Gebieten verdrängt. Die Kolonialregierung duldete lange Zeit auch die zwangsweise Rekrutierung einheimischer Arbeiter für die Plantagen. Erst mit der Ablösung Puttkamers im Jahr 1907 und einem gleichzeitigen Politikwechsel im neu gegründeten Reichskolonialamt konnten schließlich die größten Exzesse vermieden werden.

Auch in Deutsch-Ostafrika konsolidierte man in den 1890er-Jahren die koloniale Herrschaft. Man drang vermehrt ins Landesinnere vor und begann vor allem die **Kilimandscharo-Region** wirtschaftlich zu erschließen. Im Jahr 1897 wurde die so genannte **„Hüttensteuer"** eingeführt, im Rahmen derer jeder Haushalt Steuern in Form von Geld, Arbeit oder Naturalien zu entrichten hatte. Diese Form der Besteuerung wurde 1905 in eine **„Kopfsteuer"** umgewandelt, die nun jeder arbeitsfähige Mann zu entrichten hatte und die nicht mehr in Naturalien abgeführt werden konnte. Dadurch nahm die tatsächliche Steuerlast dramatisch zu und viele Einheimische, die die Steuer nicht aufbringen konnten, wurden zur Tributarbeit herangezogen. Diese und viele andere unpopuläre Maßnahmen führten im Jahr 1905 zum so genannten **Maji-Maji-Aufstand** gegen die deutsche Kolonialherrschaft. Der Aufstand wurde unter anderem mit Mitteln der **„VERBRANNTEN ERDE"** rücksichtslos niedergeschlagen.

Die Kolonie Deutsch-Südwestafrika bot wirtschaftlich kaum Entwicklungsmöglichkeiten. Sie war dünn besiedelt, verfügte über wenig

**VERBRANNTE ERDE**
Kriegstaktik, die systematisch Infrastruktur und zivile Ressourcen des Feindes zerstört, damit die Zivilbevölkerung hart getroffen wird; häufig kommt es in der Folge zu Hungersnöten und Seuchen.

## Aufgaben zum Selbsttest

- Welche Entwicklungen vollzogen sich, die den Kolonialismus des 19. Jahrhunderts von früheren Phasen der europäischen Expansion unterscheiden?
- Welche Argumente und Ereignisse sprechen dafür, die Epoche ab 1870 als eine Phase des „Hochimperialismus" zu bezeichnen?
- Worin unterschied sich der Kolonialismus des deutschen Kaiserreiches von dem des britischen Empires und Frankreichs?

Bodenschätze und kaum über für die Plantagenwirtschaft geeignetes Land. Sie wurde daher mit der Zeit zur Siedlungskolonie. Bis zum Ausbruch des Ersten Weltkrieges erwarben dort etwa 14.000 europäische Siedler Land, das vor allem für extensive Viehzucht geeignet war. Die einheimischen Stammesgruppen – unter anderem die großen Gruppen der Herero und der Nama – versuchte man mit Schutzverträgen und Zahlungen an sich zu binden. Gleichzeitig drängte man sie aber immer weiter aus den deutschen Siedlungsgebieten zurück. Bis 1904 verschärften sich ihre Lebensumstände so sehr, dass die Herero sich gewaltsam gegen die deutsche Herrschaft erhoben. Wenige Monate darauf folgten die Nama im Süden des Landes diesem Beispiel. Der **Aufstand der Herero und Nama** wurde von der deutschen Schutztruppe unter **Lothar von Trotha (1848 – 1920)** mit äußerster Gewalt niedergeschlagen. Die Forschung spricht in diesem Zusammenhang von einem **VERNICHTUNGSKRIEG**, der auf die vollständige Vertreibung der Herero und Nama zielte.

**VERNICHTUNGSKRIEG**
Ein Vernichtungskrieg zielt nicht auf die militärische Durchsetzung eines begrenzten Kriegsziels, sondern auf die vollständige Vernichtung bzw. Vertreibung eines anderen Staates, Volkes oder einer ethnischen Gruppe.

**Literatur**

**Kolonialismus/Imperialismus/Postkolonialismus:**
Homi K. Bhabha, **Die Verortung der Kultur** (aus d. Englischen übersetzt von Michael Schiffman), Tübingen 2011.
Dipesh Chakrabarty**, Provincialising Europe: Postcolonial Thought and Historical Difference**, Princeton 2000.
Sebastian Conrad/Shalina Randeria (Hg.), **Jenseits des Eurozentrismus. Postkoloniale Perspektiven in den Geschichts- und Kulturwissenschaften**, 2. erweiterte Aufl., Frankfurt am Main 2011.
Frederic Cooper/Ann Laura Stoler**, Tensions of Empire. Colonial cultures in a bourgeois world**, Berkeley 1997.
John Darwin, **Der imperiale Traum. Die Globalgeschichte großer Reiche 1400 – 2000**, Frankfurt am Main 2010.
Frantz Fanon, **Schwarze Haut, weiße Masken**, Frankfurt a. Main 1992.
Harald Fischer-Tiné, **Postkoloniale Studien**, in: Europäische Geschichte Online (EGO), http://www.ieg-ego.eu/fischertineh-2010–de.
Dirk van Laak, **Kolonien als „Laboratorien der Moderne?"**, in: Sebastian Conrad/Jürgen Osterhammel (Hg.), Das Kaiserreich transnational. Deutschland in der Welt 1871–1914, , 2.Aufl., Göttingen 2006.
Eric J. Hobsbawm, **Die Blütezeit des Kapitals. Eine Kulturgeschichte der Jahre 1848–1875**, München 1977.
Eric J. Hobsbawm, **Das imperiale Zeitalter, 1875–1914** , 2. Auflage Frankfurt am Main 2008.
Herfried Münkler, **Imperien. Die Logik der Weltherrschaft – vom Alten Rom bis zu den Vereinigten Staaten**, 5.Aufl., Berlin 2006.
Wolfgang J. Mommsen, **Imperialismustheorien. Ein Überblick über die neueren Imperialismusinterpretationen**, Göttingen 1979.
Jürgen Osterhammel, **Die Verwandlung der Welt. Eine Geschichte des 19. Jahrhunderts**, München 2009.
Jürgen Osterhammel, **Kolonialismus. Geschichte, Formen, Folgen**, 7.Aufl., München 2012.
Wolfgang Reinhard, **Kleine Geschichte des Kolonialismus**, 2.Aufl., Stuttgart 2008
Edward Said, **Orientalismus**, Frankfurt am Main 2012.

## Literatur

Gregor Schöllgen, **Das Zeitalter des Imperialismus** (Oldenbourg Grundriss der Geschichte 15), 5. Aufl., München 2009.

Gayati Chakravorty Spivak, **Can the Subaltern Speak? Postkolonialität und subalterne Artikulation** (Es kommt darauf an 6), Wien 2008.

Laura Stoler, **Race and the Education of Desire: Foucault's History of Sexuality and the Colonial Order of Things**, 7. Aufl., Durham 2006.

Trutz von Trotha, **Was war der Kolonialismus? Einige zusammenfassende Befunde zur Soziologie und Geschichte des Kolonialismus und der Kolonialherrschaft**, in: Saeculum 55 (2004), S. 49 – 95.

Reinhard Wendt, **Vom Kolonialismus zur Globalisierung. Europa und die Welt seit 1500**, Paderborn et al. 2007.

**Britisch**

Christopher A. Bayly, **Imperial Meridian: The British Empire and the World, 1780 – 1830**, London et al. 1989.

Peter J. Cain / Anthony G. Hopkins (Hg.), **British Imperialism 1688 – 2000**, 2. Aufl., Harlow 2009.

John Darwin, **The Empire Project: The Rise and Fall of the British World System, 1830 – 1970**, Cambridge 2009.

John Darwin, **Unfinished Empire: The Global Expansion of Britain**, London 2012.

John Gallagher / Ronald Robinson, **The Imperialism of Free Trade**, in: Economic History Review 6 (1953), S. 1 – 15.

Ronald Hyam, **Britain's Imperial Century, 1815 – 1914: A Study of Empire and Expansion**, London 1976.

Peter Wende, **Das britische Empire. Geschichte eines Weltreichs**, 2. Aufl., München 2009.

**Französisch**

Robert Aldrich, **Greater France: A History of French Overseas Expansion**, New York 1996.

Denise Bouche, **Flux et reflux (1815 – 1962)** (Histoire de la colonisation française 2), Paris 1994.

Dieter Brötel, **Frankreich im fernen Osten. Imperialistische Expansion und Aspiration in Siam, Malaya, Laos und China 1880 – 1904** (Beiträge zur Kolonial- und Überseegeschichte 65), Stuttgart 1996.

Claude Liauzu (Hg.), **Colonisation. Droit d'inventaire**, Paris 2004.

Pierre Pluchon, **Le premier empire colonial. Des origines à la Restauration** (Histoire de la colonisation française 1), Paris 1991.

Udo Scholze / Detlev Zimmermann / Günther Fuchs, **Unter Lilienbanner und Trikolore. Zur Geschichte des französischen Kolonialreiches**, Leipzig 2001.

Jacques Thobie et al., **Histoire de la France coloniale**, 2. Bde., Paris 1990f.

Xavier Yacono, **Histoire de la colonisation française** (Que sais-je 452), Paris 1988.

**Deutsch**

Sebastian Conrad, **Deutsche Kolonialgeschichte** (Beck'sche Reihe 2448), 2. Auflage München 2008.

Sebastian Conrad / Jürgen Osterhammel (Hg.), **Das Kaiserreich transnational. Deutschland in der Welt 1871 – 1914** 2. Aufl., Göttingen 2006.

Horst Gründer, **Geschichte der deutschen Kolonien**, 6. Aufl., Paderborn et al. 2012.

Birthe Kundrus, **Moderne Imperialisten. Das Kaiserreich im Spiegel seiner Kolonien**, Köln et al. 2003.

Dirk van Laak, Über alles in der Welt. Deutscher Imperialismus im 19. und 20. Jahrhundert, München 2005.

Winfried Speitkamp, **Deutsche Kolonialgeschichte**, Stuttgart 2005.

# Europäische Gesellschaften im Wandel

Das „lange 19. Jahrhundert" ist eine Phase tiefgreifender gesell-schaftlicher Veränderungen in Europa, die ihre Wurzeln haupt-sächlich in den sich wandelnden ideologischen, politischen und wirtschaftlichen Grundlagen der Zeit haben. Die Französische Revolution und die von ihr ausgehende Ausbreitung neuer politi-scher Ideen in Europa läuteten das Ende der Ständegesellschaft ein. Der Aufstieg des Bürgertums beschleunigte sich und große Teile des europäischen Adels mussten sich im Laufe des 19. Jahr-hunderts eine neue Rolle suchen. Gleichzeitig führten Veränderun-gen in der Landwirtschaft und die Industrielle Revolution zur Ent-stehung einer immer zahlreicher werdenden Arbeiterschaft, die sich langsam zu organisieren begann und auf ihre Rechte pochte – ebenso wie dies nun vermehrt die Frauen taten, deren Rolle in einer bürgerlichen Gesellschaft ebenfalls neu zu definieren war.

## Auf dem Weg zur bürgerlichen Gesellschaft

| 8.1

### Aufstieg des Bürgertums

| 8.1.1

Das „lange 19. Jahrhundert" ist zweifellos die Zeit des politischen und **ge-sellschaftlichen Aufstiegs des Bürgertums** – selbst wenn dieser Prozess ein lang-samer war und sich innerhalb Europas entlang ganz unterschiedlicher Entwicklungslinien entfaltete. Die Bedeutung dieser bürgerlichen Eman-zipation mindert auch nicht die Tatsache, dass weder Adel noch Klerus als Konsequenz in der gesellschaftlichen Bedeutungslosigkeit versanken. Im Kern der Entwicklung steht der graduelle Übergang von einer stän-disch dominierten Gesellschaftsordnung zur bürgerlichen Gesellschaft, der schon im späten Ancien Régime begann (→ Kap. 2.3.1), aber sich durch das gesamte 19. Jahrhundert zog. Was aber tatsächlich unter einer solchen bürgerlichen Gesellschaft zu verstehen ist, verdient genauerer Betrachtung. Dabei treten ganz unterschiedliche Facetten des Begriffs zu Tage.

Zuallererst hat der Begriff der bürgerlichen Gesellschaft eine **politisch-rechtliche Dimension**. Die teilweise Umsetzung der Idee der Volkssouveränität, die in den atlantischen Revolutionen ihren Anfang nahm und sich im Laufe des 19. Jahrhunderts in Europa schrittweise etablierte, veränderte das Verhältnis von Staat und Bevölkerung entscheidend. Staatliche Souveränität sollte nun in der Theorie vom gesamten Volk gleichermaßen ausgehen (→ Kap. 2.4.1). Dieser Gedanke beinhaltete im Kern auch die **Gleichheit aller dem Staat angehörigen Menschen** vor dem Recht. Aus den Mitgliedern von rechtlich separaten Ständen wurden in den Verfassungen der Revolutionszeit nun **Staatsbürger**, die mit bestimmten Rechten gegenüber dem Staat ausgestattet waren. Verbürgerlichung bedeutet in dieser Hinsicht, dass die privilegierten Stände ihre politischen, rechtlichen oder **FISKALISCHEN** Sonderrechte verloren und ebenfalls zu gewöhnlichen Staatsbürgern wurden. Dieser Prozess zog sich in unterschiedlichen Geschwindigkeiten und Intensitäten durch praktisch das gesamte 19. Jahrhundert. Die bürgerliche Gesellschaft ist daher politisch grundlegend von der Gleichheit vor dem Recht, der Gleichheit gegenüber dem Staat gekennzeichnet – auch wenn diese Gleichheit häufig lediglich ein Ideal war, das in Wirklichkeit selten völlig umzusetzen war.

In der zeitgenössischen Selbstwahrnehmung des Bürgertums vor allem in der ersten Hälfte des 19. Jahrhunderts sah man sich – bei aller Gleichheit vor dem Recht – aber auch als Mittelschicht zwischen Adel und Besitzlosen, sozusagen als Mitte der Gesellschaft. Die Zugehörigkeit zu diesem Mittelstand (einem noch heute gebräuchlichen Wort, das direkt auf die Ständeordnung verweist) leitete sich aus der Unabhängigkeit gegenüber anderen ab. In einem bekannten Zitat sprach **Immanuel Kant (1724 – 1804)** in dieser Hinsicht von einem **„Vermögen"**, das vorhanden sein müsse, um zum Bürgertum zu gehören – und zwar von einem Vermögen im doppelten Wortsinn, also entweder in Form von Besitz oder einer besonderen Befähigung. Dank einer oder beider dieser Gaben musste es ein Bürger „vermögen", für sich selbst zu sorgen. Diese unterschiedlichen Wege zur Unabhängigkeit bzw. zur sozialen Mobilität spiegeln sich auch in der Unterscheidung zwischen **Besitz- und Bildungsbürgern** wider (→ Kap. 2.3.1). Während erstere als Kaufleute, Bankiers oder Unternehmer ein finanzielles Vermögen erwirtschaftet hatten, erwarben letztere durch eine akademische Bildung Fähigkeiten, die ihnen Zugang zu Berufen in der Verwaltung, als Arzt, Lehrer oder Professor gewährte. Diese Bildungsbürger erwirtschafteten sich so neben einem halbwegs gesicherten Einkommen vor allem kulturelles Kapital (Pierre Bourdieu).

**FISKUS** von lat. *fiscus*, „Korb zur Aufbewahrung von Geld"; bezeichnete ursprünglich das Staatsvermögen; verweist nun auf den Staat in seiner Funktion als Vermögensträger.

Schon die analytische Trennung in Besitz- und Bildungsbürgertum zeigt, dass die bürgerliche Gesellschaft – ihrem idealisierten Selbstbild zum Trotz – keine einheitliche oder gar harmonische Gemeinschaft von Ranggleichen war. Bereits im Ancien Règime war der Dritte Stand alles andere als eine homogene Masse, die vor allem nach Geld und Besitz stratifiziert war. Diese wurden als gesamtgesellschaftliche Distinktionsmerkmale nun noch wichtiger, als sie es schon immer gewesen waren. Der Erwerb von Geld – aber auch das Ausgeben desselben durch demonstrativen Konsum (**CONSPICUOUS CONSUMPTION** – Thorstein Veblen) – wurde zu einem zentralen Statusmerkmal. Diese nun an Besitz gebundene und sich im Zug des Jahrhunderts immer stärker ausprägende Stratifizierung der Gesellschaft (**Klassengesellschaft**), griff der Journalist **Karl Marx (1818–1883)** in vielen seiner Schriften an und postulierte deren Überwindung als letztes Ziel. Marx' Kritik galt dabei vor allem dem besitzenden Bürgertum, das im späten 19. Jahrhundert mehr und mehr zum Motor der wirtschaftlichen und industriellen Entwicklung geworden war und damit den personellen Kern des Kapitalismus bildete (auch wenn der Adel in Großbritannien wie andernorts einen Anteil an dieser Entwicklung hatte – → Kap. 7.1.1). Gegen diese von ihm als **Bourgeoisie** bezeichnete Gruppe habe sich das besitzlose Proletariat zur Wehr zu setzen.

Das Bürgertum war also schon von Beginn an eine heterogene Gruppe, die sich im Zuge des 19. Jahrhunderts weiter ausdifferenzierte und sozial stark stratifizierte. Als Gruppe zusammengehalten wurde es teilweise von einer gemeinsamen **bürgerlichen Kultur**, die man in neu erschlossenen öffentlichen Räumen miteinander teilte (→ Kap. 2.3.2).

**CONSPICUOUS CONSUMPTION** Von Thorstein Veblen (1857–1929) entwickelte Bezeichnung für Statusgewinn und -erhalt durch zur Schau gestellten Konsum; häufig als Geltungskonsum übersetzt.

### Gibt es einen Adel in der Moderne?

8.1.2

Wie im vorangegangen Kapitel diskutiert, ist die Moderne gekennzeichnet durch das Ende der Ständeordnung und die Emanzipation des Bürgertums. Dieses wird zum zentralen Träger vieler parallel laufender Modernisierungsprozesse. Es wäre aber natürlich falsch, im Umkehrschluss anzunehmen, dass andere Gesellschaftsgruppen kaum Bedeutung für die Epoche hatten. Zum einen sah das „lange 19. Jahrhundert" auch das zahlenmäßige Anwachsen und allmähliche Erstarken der Arbeiterschaft (→ Kap. 8.2). Zum anderen versanken die privilegierten Stände nicht einfach in der Bedeutungslosigkeit. Im Gegenteil, vor allem Teile des Adels spielten auch in der Moderne weiterhin eine wichtige politische und gesellschaftliche Rolle. Der Verlust der adeligen Standesprivilegien war ein gradueller Prozess, der sich in Europa in unterschiedlichen Geschwindigkeiten vollzog, im Kern aber bis zum Ende des Ersten Weltkriegs dauerte. Die diesbezügliche Radikalität der Französischen Revolution wurde zuerst von Napoleon und schließlich von der europäischen Restauration wieder eingefangen.

Der Adel erlebte seine **Blütezeit im Mittelalter und in der Frühen Neuzeit**. Als Stand bildete er eine rechtliche und kulturelle Gemeinschaft, deren Machtbasis vor allem im Grundbesitz und den damit verbundenen Herrschaftsansprüchen lag. Der Adel genoss demnach ein **Verfügungsrecht über Land und Menschen**. Er war mit einer hohen Anzahl von **Privilegien** ausgestattet. Diese konnten innerhalb Europas zwar unterschiedlich ausgeprägt sein, umfassten häufig aber Steuer- und Zollbefreiungen oder politische Mitsprache in unterschiedlichen Formen. Lange Zeit bildete der in sich wiederum stark stratifizierte Adel eine nach unten **abgeschlossene Gesellschaftsschicht**. Erst im 18. Jahrhundert begann sich die Grenze zwischen Adel und Bürgertum allmählich zu dynamisieren. Reiche Bürger konnten sich nun teilweise in den Adel einkaufen. Gleichzeitig suchten aber auch manche nichterbende Adelige ihren sozialen Status im Unternehmertun (→ Kap. 2.3.1).

Trotz der Möglichkeit Adelsprivilegien käuflich zu erwerben, bildete der Adel Ende des 18. Jahrhunderts in fast ganz Europa nur eine sehr dünne gesellschaftliche Schicht. Von wenigen Ausnahmen (z. B. Polen) abgesehen umfasste er meist weniger als **zwei Prozent der Gesamtbevölkerung**. Im Laufe des 19. Jahrhunderts sank dieser Anteil nochmals erheblich auf deutlich weniger als ein Prozent. Die Gründe dafür sind komplex. Zum einen konnte der Adel auch aufgrund einer relativ **restriktiven Heiratspolitik** nicht mit dem gesamtgesellschaftlichen Bevölkerungswachstum der Zeit mithalten. Gleichzeitig kam es aber im Zuge liberaler Reformen auch zu weniger Erhebungen in den Adelsstand. Diese ausgeprägte prozentuelle Abnahme des Adelsanteils an der Gesamtbevölkerung deutet aber nicht automatisch auf einen linearen Niedergang des Adels in dieser Zeit hin. Vielmehr handelte es sich hier um einen vielschichtigen, wechselhaften Prozess, der innerhalb des Adels zu einer weiteren Ausdifferenzierung führte und dieser entsprechend den Adel schrittweise in die bürgerliche Klassengesellschaft überführte. Am Ende dieser Entwicklung stand in den allermeisten europäischen Ländern der komplette Verlust der Standesprivilegien. Die Historikerin Monika Wienfort sieht damit die Verschiebung der Definition von Adel **„von rechtlichen zu soziokulturellen Merkmalen"** vollzogen.

Der Weg dorthin war allerdings kein linearer, sondern von oft gegenläufigen Entwicklungen geprägt. In Frankreich verlor der traditionelle Adelsstand mit der Revolution seine Privilegien. Bereits unter Napoleon wurde aber wieder ein **IMPERIALER ADEL** eingeführt und mit Vorrechten ausgestattet, um dem Französischen Kaiserreich innere Stabilität zu verleihen. Teile des traditionellen Adels wurden in diesen neuen Adel überführt. Während der Julimonarchie büßte der Adel wieder Privilegien ein

**IMPERIALER ADEL**
*Noblesse d'Empire.*

und wurde in der kurzlebigen Zweiten Republik sogar als Stand abgeschafft – nur um von Napoleon III. wieder eingeführt und in der Dritten Republik nun endgültig abgeschafft zu werden. In der Habsburgermonarchie und im Deutschen Reich gingen im Zuge des 19. Jahrhunderts zwar Adelsprivilegien verloren, als Stand abgeschafft wurde der Adel in beiden Fällen aber erst mit der verheerenden Niederlage im Ersten Weltkrieg. In Deutschland war der Adelsstand in seiner Existenz erstmals durch den Verfassungsvorschlag von 1848/49 bedroht. Da diese Verfassung aber nicht implementiert wurde, blieben Stand und Privilegien bis zur **Weimarer Reichsverfassung von 1919** erhalten. In Russland entledigten sich die **Oktoberrevolutionäre 1917** auf radikale und teils gewaltsame Weise des traditionell sehr einflussreichen Adels. In Großbritannien wiederum existiert der Adelsstand bis heute und hat in der parlamentarischen Vertretung mit dem *House of Lords* nach wie vor eine eigene Kammer.

In allen genannten Ländern hatten Adelige während des 19. Jahrhunderts wichtige politische Funktionen inne, übten in ihrer Rolle als Grundbesitzer Kontrolle über Untergebene aus und stellten einen wirtschaftlich hochrelevanten Faktor dar – selbst als die mit dem Stand verbundenen Privilegien schrittweise verloren gingen. Insbesondere der besitzende Adel schaffte es in vielen Fällen, diese führenden Rollen auch in einer bürgerlich orientierten Gesellschaft weiter auszuüben – zum Teil weit in das 20. Jahrhundert hinein (mit der Ausnahme von Russland). Aus feudaler Grundherrschaft wurde häufig **Großgrundbesitz** in einem agrarkapitalistischen Sinn aber mit ähnlichem Einfluss über Land und Leute in der Region. Und auch in **Militär und Diplomatie** blieben dem Adel dank seiner exzellenten transnationalen Vernetzung lange führende Rollen erhalten. Schwieriger war ein solcher Machterhalt oft für Nachgeborene in Adelsfamilien, die durch **PRIMOGENITUR** und **MAJORAT** nicht erbten, oder für Mitglieder des Amtsadels ohne nennenswerten Besitz oder Status innerhalb des Standes. Hier schafften es viele Adelige nicht, ihren gesellschaftlichen Status zu halten und kamen schnell in der Mitte der bürgerlichen Klassengesellschaft an.

**PRIMOGENITUR UND MAJORAT** Formen der Erbfolge, in welcher nur der Erstgeborene erbt; der Familienbesitz bleibt so in einer Hand.

# Die Arbeiterbewegung

8.2

## Industrialisierung und sozialer Wandel

8.2.1

Mitte des 18. Jahrhunderts setzte zuerst in Teilen Großbritanniens ein Prozess ein, der in den folgenden 150 Jahren die in Europa vorherrschende Produktions- und Wirtschaftsweise grundlegend transformieren sollte und dadurch auch für einen tiefgreifenden gesellschaftlichen Wandel sorgte. Die Rede ist von der Industrialisierung. Diese entfaltete das gesamte 19. Jahrhundert hindurch in fast allen Lebensbereichen eine solch umwälzende Wirkung, dass man diese Phase häufig auch als **Industrielle Revolution** bezeichnet. Der Begriff Industrialisierung bezeichnet im Kern den Übergang von einer landwirtschaftlich zu einer industriell geprägten Gesellschaft. Der so genannte **ZWEITE WIRTSCHAFTSSEKTOR** – also die verarbeitenden Gewerbe – wurde nun zur Grundlage der sich industrialisierenden Volkswirtschaften. Möglich war dies nur durch einen tiefgehenden Wandel in der Produktionsweise. Kennzeichen dieser Umstellung waren vor allem die miteinander verflochtenen Entwicklungen der **Maschinisierung** und **Zentralisierung** von Produktionsprozessen und die zunehmende **Arbeitsteilung**. Der vermehrte Einsatz großer und teurer Maschinen – zum Beispiel von Dampfmaschinen – machte die Zusammenführung bisher häufig getrennter Arbeitsschritte an einem zentralen Ort notwendig und führte so zum Aufstieg der **Fabrik als zentraler Arbeitsstätte**. Gleichzeitig wurden die um die Maschine strukturierten Arbeitsabläufe häufig in viele kleine Schritte aufgeteilt, sodass kaum mehr ein Mensch ein Produkt durch dessen kompletten Herstellungsprozess begleitete.

Die Industrialisierung nahm ihren Anfang in England, weil dort etwa zur gleichen Zeit einige wichtige sozioökonomische Voraussetzungen erfüllt wurden, die diesen Prozess begünstigten. Die **Umstrukturierung der Landwirtschaft** war in Großbritannien besonders weit fortgeschritten. Durch Einhegungen war Gemeinde- und Ödland weitgehend privatisiert worden (→ Kap. 2.2.2). Viele Kleinbauern konnten mit den so entstandenen landwirtschaftlichen Großbetrieben nicht konkurrieren, verloren ihr Land und mussten als **Lohnarbeiter** ihr Auskommen finden. Dadurch bestand am Vorabend der Industriellen Revolution ein gut gefülltes Reservoir an **Arbeitskräften**. Großbritannien hatte zudem **Zugang zu günstigen Rohstoffen** für die verarbeitenden Betriebe – entweder in Form von Bodenschätzen wie Erz oder Kohle oder aber in Form von Importen aus den Kolonien wie etwa Baumwolle. Gleichzeitig hatte sich das Bürgertum dort relativ **früh politische Partizipation** und wirtschaftliche Chancen gesichert. Auch Teile des Landadels (*GENTRY*) beteiligten sich an der bürgerlich-kapitalistischen Wirtschaftsweise. Dadurch stand auch ausreichend Investitionskapital für den sehr kapitalintensiven Prozess der Industrialisierung zur Verfügung. Auch das Vorhandensein einer grundlegenden **Infrastruktur** und der **Zugang zu Absatzmärkten** erleichterten den Übergang zur industriellen Produktion. Von Großbritannien ausgehend breitete sich die Industrialisierung im 19. Jahrhundert auch auf Kontinentaleuropa und die Vereinigten Staaten aus.

**WIRTSCHAFTSSEKTOREN** 1. Agrarsektor, 2. Industriesektor, 3. Dienstleistungssektor; mittlerweile wird auch oft vom Informationssektor als 4. Sektor gesprochen.

**GENTRY ODER LANDED GENTRY** bezeichnet den niederen englischen Adel (in Abgrenzung zum höheren Adel, der Nobility); der Begriff der Gentrifizierung leitet sich daraus ab.

**Abb. 41**

*Isambard Kingdom Brunel vor der Great Eastern*
*Der britische Ingenieur Isambard Kingdom Brunel (1806–1859) verkörperte wie nur wenige andere den Geist der Industriellen Revolution. Seine Ingenieursleistungen bauten direkt auf den technischen und wissenschaftlichen Fortschritten der Zeit auf. Im Auftrag seines Vaters Marc Isambard Brunel (1769–1849) beaufsichtigte er im Alter von nur zwanzig Jahren den Bau des Londoner Themsetunnels. Später entwarf er Eisenbahnbrücken wie zum Beispiel die Royal Albert Bridge über den Tamar. Sein ehrgeizigstes Projekt war der Bau des Segeldampfschiffs Great Eastern. Das gigantische Schiff lief 1858 nach erheblichen Schwierigkeiten vom Stapel und blieb dreißig Jahre lange das größte Schiff der Welt. Für Brunel, der wenige Tage nach der Jungfernfahrt starb, war es vor allem eine Demonstration des technisch Möglichen. Die Great Eastern war ihrer Zeit aber auch in anderer Hinsicht voraus. Für ein Passagierschiff dieser Größe gab es in den 1850er- und 1860er-Jahren noch keinen ausreichenden Bedarf. Die Great Eastern konnte sich wirtschaftlich daher nicht rentieren.*

Die erste Phase der Industrialisierung war geprägt vom Einsatz der **Dampfmaschine**, die in der zweiten Hälfte des 18. Jahrhunderts sukzessive Tiere, Wasser und Wind als Kraftquellen abzulösen begann. Die **Textilherstellung** wurde als erstes von der Industrialisierung erfasst. Neu entwickelte **SPINNMASCHINEN** und **MECHANISCHE WEBSTÜHLE** krempelten in Kombination mit der Dampfkraft den Produktionsprozess völlig um. Ende des Jahrhunderts begann sich die Eisen- und Stahlverarbeitung technisch rasant weiterzuentwickeln. Die **Schwerindustrie** wurde vor allem im Zusammenspiel mit der Eisenbahn in der ersten Hälfte des 19. Jahrhunderts zu einem wirtschaftlichen Leitsektor. In der zweiten Hälfte des Jahrhunderts übernahmen die **Chemie- und Elektroindustrie** zunehmend diese Führungsrolle. Die synthetische Herstellung von Düngemitteln und Farbstoffen, die Elektrifizierung und die Telegrafie sind unter anderem als wichtige Zweige zu nennen. In dieser Phase begann sich das Deutsche Reich zu einer führend Industrienation zu entwickeln.

**SPINNMASCHINE**
Erfindung der „Spinning Jenny" von James Hargreaves 1764.

**MECHANISCHER WEBSTUHL** Erfindung des „Power Loom" von Edmond Cartwright 1785.

**Abb. 42**

„Houndsditch", *Holzstich von Gustave Doré, 1872*
*Dieses Werk des französischen Malers Gustave Doré (1832–1883) zeigt eindrücklich die misslichen Lebensumstände vieler Arbeiterfamilien im Großbritannien des späten 19. Jahrhunderts. Es gehört zu einem 180 Stiche umfassenden Buch mit dem Titel* London: A Pilgrimage, *in dem Doré unter anderem das Leben in den Londoner Armenvierteln portraitierte. Der Holzstich trägt den doppeldeutigen Titel* Houndsditch. *Es handelt sich dabei um einen Straßennamen in der City of London. Gleichzeitig aber spielte Doré auf die Lebensumstände des Londoner Proletariats an. In der deutschen Übersetzung* Ein Hundeleben *ging diese Doppeldeutigkeit verloren.*

Gepaart mit dem Strukturwandel in der Landwirtschaft führte die Industrialisierung zu erheblichen gesellschaftlichen Veränderungen. Die zunehmende Produktivität in der Landwirtschaft und Fortschritte in der Medizin ließen die Bevölkerung stetig wachsen. In Großbritannien setzte diese Entwicklung bereits Mitte des 18. Jahrhunderts ein. Gleichzeitig fanden viele Menschen in der Landwirtschaft kein Auskommen mehr und begannen als Lohnarbeiter in den neugegründeten Fabriken zu arbeiten. Dort waren Arbeitsbedingungen allerdings zumeist miserabel. **Frauen- und Kinderarbeit** war (wie auch in vorindustriellen Zeiten) an der Tagesordnung, fand nun allerdings in einem männlich dominierten Umfeld und unter oft sehr **harten Arbeitsbedingungen** statt. Der Arbeitstag war oft vierzehn Stunden lang. In den mechanisierten Fabriken gaben die kapitalintensiven Maschinen den Arbeitsrhythmus vor, an welchem sich die Arbeiter – anders als in der Landwirtschaft oder der **PROTOINDUSTRIE** – zu orientieren hatten. Die Arbeiterschaft hatte kaum Rechte gegenüber dem Arbeitgeber und wurde schlecht entlohnt.

Wurden in der Frühphase der Industrialisierung die ersten Fabriken noch auf dem Land gebaut, so wurden bald die **Städte zu Zentren der Industrialisierung** – unter anderem weil die Dampfmaschine Unabhängigkeit von Wasser- und Windkraft garantierte. Arbeiter zogen in Massen

**PROTOINDUSTRIE**
Wörtlich „Vorindustrie"; Fertigung von Gütern in einem dezentralen System von häuslichen Werkstätten und Manufakturen.

in die Stadt. Im Rahmen dieser **Urbanisierung** erlebten Städte wie zum Beispiel das nordenglische Manchester den enormen Zuzug einer land- und besitzlosen Lohnarbeiterschaft, die dort unter elenden Bedingungen hausen musste. Die hygienischen Umstände waren erschreckend, die Ernährung einseitig. Alles was die Mitglieder dieser von Karl Marx als **Proletariat** bezeichneten Gesellschaftsschicht besaßen, war ihre Arbeitskraft, die sie für schlechte Entlohnung an Industrielle verkauften. **Massenarmut** breitete sich aus und wurde zu einem strukturellen, gesamtgesellschaftlichen Problem, das von Zeitgenossen häufig als **Pauperismus** bezeichnet wurde (→ Abb. 42).

## Arbeiterbewegung und „soziale Frage"

8.2.2

Schon in der Anfangszeit der Industrialisierung regte sich auch Widerstand gegen die sozialen Auswüchse dieses Prozesses. Bereits Ende des 18. Jahrhunderts schlossen sich in Großbritannien immer wieder Arbeiter und Handwerker zusammen, um für ihre Rechte zu kämpfen. Es kam zur Einrichtung von Hilfskassen, zum Einreichen von Petitionen und bisweilen auch zu Demonstrationen und Aufständen. Diese Zusammenschlüsse richteten sich üblicherweise aber gegen punktuelle Probleme und waren kaum überregional organisiert. Die zwischen 1811 und 1817 aktiven **Maschinenstürmer** (oder Ludditen) waren die erste Protestbewegung, die über längere Zeit und in verschiedenen Regionen ihrem Unmut Ausdruck verliehen. Allerdings zielte auch diese Bewegung vor allem auf die Wahrung der Partikularinteressen ihrer Trägerschaft (→ Infokasten Maschinenstürmer). Es ging noch nicht um die Besserung der Situation der arbeitenden Klassen insgesamt.

**Info**

**Maschinenstürmer**

▶ Als Maschinenstürmer bezeichnet man die Mitglieder einer militanten Protestbewegung gegen die sozioökonomischen Folgen der Maschinisierung in der Frühphase der Industriellen Revolution. Zwischen 1811 und 1817 fanden in Yorkshire, Lancashire und Nottinghamshire in Großbritannien mehrere Aufstände statt, im Zuge welcher Textilfabriken gestürmt und Maschinen zerstört wurden. Getragen wurden diese Aktionen vor allem von Mitgliedern gelernter Berufsgruppen aus dem Textilsektor, die durch die Mechanisierung der Textilproduktion viele ihrer Privilegien verloren hatten und sich der Konkurrenz ungelernter Arbeiter ausgesetzt sahen. Die Androhung der Zerstörung von teuren Maschinen (und die teilweise Umsetzung dieser Drohung) wurde von vielen Historikern als ein probates Druckmittel im Kampf um Lohnforderungen und Privilegien interpretiert. Die Maschinenstürmer stellten daher durchaus eine Form von Selbstorganisation auf Arbeiterseite dar, allerdings nicht im Sinne einer allgemeinen Arbeiterbewegung. Vielmehr ging

**Maschinenstürmer**

es um die Wahrung der Interessen einzelner, üblicherweise privilegierter Gruppen und um relativ punktuelle Probleme. Daher sollte der Maschinensturm (wie unter anderem Edward P. Thompson anmahnt) auch nicht als *per se* technikfeindliche und rückschrittliche Bewegung interpretiert werden.

Die Maschinenstürmer werden auch als Ludditen bezeichnet. Dieser Begriff leitet sich von der Figur **Ned Ludd** ab – dem fiktiven Anführer der Bewegung, um den sich zahlreiche Geschichten ranken, der aber aller Wahrscheinlichkeit nach nicht existiert hat.

Erst um die Mitte des 19. Jahrhunderts begannen sich langsam breiter organisierte Bewegungen für die Belange der Arbeiterschaft einzusetzen. Zu den ersten gehörte hier die Reformbewegung der **Chartisten** in Großbritannien. Der Name leitet sich von der *People's Charter* von 1838 ab, in welcher die Chartisten das **allgemeine Männerwahlrecht** forderten. Diese und weitere politische Reformen sollten der Arbeiterschaft Mitsprache garantieren und sie dadurch schließlich aus ihrer misslichen Lage befreien. Diese Forderung wurde nicht erfüllt. Die lange Zeit auch bürgerlich unterstützte Chartistenbewegung konnte in den 1840er-Jahren aber erste rechtliche Zugeständnisse an die Arbeiterschaft durchsetzen.

Zu den wichtigsten Ideengebern der nun langsam entstehenden Arbeiterbewegung gehörten **Karl Marx** und **Friedrich Engels**. Letzterer veröffentlichte 1845 sein Werk *Die Lage der arbeitenden Klasse in England* (→ Quelle), in welchem er in eindringlichen Worten die menschenunwürdigen Lebensumstände der englischen Arbeiterschaft schilderte und damit auch zur Schaffung eines Bewusstseins für diese prekäre Lage beitrug. Marx und Engels gemeinsam verfassten im Jahr 1848 das *Manifest der Kommunistischen Partei*, das schnell zur ideologischen Grundlage des sozialistischen bzw. kommunistischen Teils der Arbeiterbewegung werden sollte. Marx und Engels mussten nach der Niederschlagung der Revolution von 1848/49 nach London ins Exil gehen, leiteten von dort aus die Geschicke des **Bundes der Kommunisten**, aus welchem 1864 die **Internationale Arbeiterassoziation** (auch Erste Internationale genannt) hervorgehen sollte.

Eines der wichtigsten Mittel, den Interessen der Arbeiterschaft Gehör zu verleihen, war die Organisation in **Gewerkschaften**, die durch ein gemeinsames Vorgehen Druck auf Arbeitgeber und Politik erzeugen konnten. Dies war Anfang des 19. Jahrhunderts in vielen europäischen Ländern verboten, die Arbeiterschaft erkämpfte aber im Laufe des Jahrhunderts die so genannte **KOALITIONSFREIHEIT**. In Großbritannien wurde das schon 1824 in Ansätzen möglich, eine vollständige Legalisierung er-

**KOALITIONSFREIHEIT** das Recht, sich gewerkschaftlich zu organisieren.

**Abb. 43**

*„View of the Great Chartist Meeting on Kennington Common", Fotografie 10. April 1848*
*Diese eindrucksvolle Fotografie von William Kilburn zeigt das große Chartisten-Treffen auf dem Kennington Common in London. Auf Plakaten hatten die Organisatoren mit folgenden Worten zu diesem Treffen aufgerufen:* „Fellow Men, – The Press having misrepresented and vilified us and our intentions, the Demonstration Committee therefore consider it to be their duty to state that the grievances of us (the Working Classes) are deep and our demands just. We and our families are pining in misery, want, and starvation! We demand a fair day's wages for a fair day's work! We are the slaves of capital – we demand protection to our labour. We are political serfs – we demand to be free. We therefore invite all well disposed to join in our peaceful procession on MONDAY NEXT, April 10, As it is for the good of all that we seek to remove the evils under which we groan." *Zu diesem Zeitpunkt war die Bewegung allerdings bereits im Abschwung begriffen. Es erschienen deutlich weniger Menschen zur Kundgebung als erwartet und die bisher vorhandene Unterstützung im bürgerlichen Lager hatte angesichts der Entwicklungen auf dem Kontinent zu bröckeln begonnen. In den 1850er-Jahren gab es zwar noch eine Chartistenbewegung, die aber keinen nennenswerten Ein-fluss mehr entfalten konnte.*

**Quelle**

**Auszug aus *Die Lage der arbeitenden Klasse in England* von Friedrich Engels, 1845:**

▶ Es ist wirklich empörend, wie die große Menge der Armen von der heutigen Gesellschaft behandelt wird. Man zieht sie in die großen Städte, wo sie eine schlechtere Atmosphäre als in ihrer ländlichen Heimath einathmen. Man verweist sie in Bezirke, die nach ihrer Bauart schlechter ventilirt sind als alle übrigen. Man entzieht ihnen alle Mittel zur Reinlichkeit, man entzieht ihnen das Wasser, indem man nur gegen Bezahlung Röhren legt und die Flüsse so verunreinigt, daß sie zu Reinlich-

**Info**

Auszug aus *Die Lage der arbeitenden Klasse in England* von Friedrich Engels, 1845:

keitszwecken nicht mehr taugen; man zwingt sie, allen Abfall und Kehricht, alles schmutzige Wasser, ja oft allen ekelhaften Unrath und Dünger auf die Straße zu schütten, indem man ihnen alle Mittel nimmt, sich seiner sonst zu entledigen; man zwingt sie dadurch, ihre eignen Distrikte zu verpesten. [...] Nicht damit zufrieden, die Atmosphäre in der Straße verdorben zu haben, sperrt man sie dutzendweise in ein einziges Zimmer, so daß die Luft, die sie nachts athmen, vollends zum Ersticken wird. Man gibt ihnen feuchte Wohnungen, Kellerlöcher, die von unten, oder Dach-kammern, die von oben nicht wasserdicht sind. Man baut ihre Häuser so, daß die dumpfige Luft nicht abziehen kann. Man gibt ihnen schlechte, zerlumpte oder zer-lumpende Kleider und schlechte, verfälschte und schwerverdauliche Nahrungsmit-tel. Man setzt sie den aufregendsten Stimmungswechseln, den heftigsten Schwan-kungen von Angst und Hoffnung aus – man hetzt sie ab wie das Wild und läßt sie nicht zur Ruhe und zum ruhigen Lebensgenuß kommen. Man entzieht ihnen alle Genüsse außer dem Geschlechtsgenuß und dem Trunk, arbeitet sie dagegen täglich bis zur gänzlichen Abspannung aller geistigen und physischen Kräfte ab, und reizt sie dadurch fortwährend zum tollsten Übermaß in den beiden einzigen Genüssen, die ihnen zu Gebote stehen. Und wenn das Alles nicht hilft, wenn sie das Alles über-stehen, so fallen sie der Brotlosigkeit einer Krisis zum Opfer, in der ihnen auch das Wenige entzogen wird, was man ihnen bisher noch gelassen hatte.
Friedrich Engels, Die Lage der arbeitenden Klasse in England. Nach eigner Anschau-ung und authentischen Quellen, Leipzig, 1848, S. 123–124, gekürzt.

folgte aber erst in den 1870er-Jahren. In Frankreich und Deutschland wurde das Koalitionsrecht in den 1860ern gewährt, die Habsburgermon-archie folgte im Jahr 1870. Aufgrund ihres zunehmenden Organisations-grads und der steigenden Mitgliederzahlen wurden die Gewerkschaften schnell zu einem Hauptverhandlungspartner der Regierungen in Fra-gen, die die Arbeiterschaft betrafen. In den 1860er-Jahren entstanden auch die ersten Arbeiterparteien, die eng mit der Gewerkschaftsbewe-gung verbunden waren, aber vor allem die politische Mitsprache der Arbeiter erreichen wollten. **Ferdinand Lassalle (1825–1864)** gründete 1863 im Deutschen Bund den **Allgemeinen Deutschen Arbeiterverein**. Sechs Jahre später folgte die **Sozialdemokratische Arbeiterpartei** von **Wilhelm Liebknecht (1826–1900)** und **August Bebel (1840–1913)**. Im Jahr 1875 schlossen sich beide Parteien zur **Sozialistischen Arbeiterpartei Deutschlands** zusammen, die 1890 als **Sozialdemokratische Partei Deutschlands (SPD)** wiedergegründet und schnell eine wichtige Kraft im Reichstag wurde.

Die Verelendung der Arbeiterschaft und die daraus resultierenden ge-samtgesellschaftlichen Probleme wurden seit Mitte des 19. Jahrhunderts häufig als die **„soziale Frage"** begrifflich zusammengefasst. Der Lösung

dieser Frage wollten sich zum einen eben Gewerkschaften, Genossen-
schaften und Arbeiterparteien annehmen, aber auch die Regierenden –
üblicherweise Repräsentanten von Adel und gehobenem Bürgertum –
konnten sich dieser Frage bald nicht mehr verschließen. Sprachen sie
von der „sozialen Frage", so ging es dabei häufig allerdings nicht primär
um die Hebung der Lebensumstände der Arbeiterklasse und das Gewähren politischer Mitsprache, sondern vor allem um Mittel und Wege, das
sozialrevolutionäre Potential der Arbeiterbewegung zu entschärfen. Besonders deutlich zeigte sich diese gemischte Motivation zum Beispiel
im diesbezüglichen Vorgehen des deutsches Reichskanzlers **Otto von
Bismarck**. Auf seine Initiative hin wurde 1878 im Deutschen Reich das
so genannte **Sozialistengesetz** verabschiedet. In §1 hieß es darin unter anderem: „Vereine, welche durch sozialdemokratische, sozialistische oder
kommunistische Bestrebungen den Umsturz der bestehenden Staats-
oder Gesellschaftsordnung bezwecken, sind zu verbieten." Dieses Verbot
traf vor allem die Sozialistische Arbeiterpartei und die Gewerkschaften
und schränkte deren Möglichkeiten erheblich ein, bis das Gesetz 1890
nicht weiter verlängert wurde. Parallel zum restriktiven Sozialistengesetz implementierte Bismarck aber erstmals eine grundlegende **Sozialgesetzgebung**, in deren Rahmen etwa 1883 die Krankenversicherung und
1884 die Unfallversicherung eingeführt wurden. Aus der 1889 eingeführten Alters- und Invaliditätsversicherung wurde 1891 schließlich die
gesetzliche Rentenversicherung. Diese Maßnahmen verschafften der Arbeiterschaft eine grundlegende existentielle Sicherheit und wurden zum
Vorbild der Sozialgesetzgebung in Europa. Allerdings konnte Bismarck
auch durch diese Politik mit **„Zuckerbrot und Peitsche"** sein langfristiges
Ziel, den Zulauf zu sozialistischen Vereinigungen zu verringern, nicht
erreichen.

In der deutschen wie auch in der österreichischen Arbeiterbewegung wogte vor allem gegen Ende des Jahrhunderts ein Streit, wie die
Ziele der Bewegung am besten zu erreichen wären. Während manche an gesellschaftliche Veränderungen durch schrittweise Reformen
glaubten, waren andere – wie etwa **Rosa Luxemburg (1871 – 1919)** oder **Karl
Liebknecht (1871 – 1919)** in Deutschland – von der Notwendigkeit einer
proletarischen Revolution überzeugt. Zu ähnlichen Meinungsverschie-
denheiten kam es innerhalb der russischen Arbeiterbewegung. Diese
hatte aufgrund der nur punktuellen Industrialisierung des Landes und
der schlechten Lebensumstände auch außerhalb der Industriezentren
großen Zulauf von bäuerlicher Seite. Die 1898 gegründete und sofort
verbotene russische Arbeiterpartei wirkte vor allem aus dem Exil. Dort
spaltete sich die Bewegung Anfang des 20. Jahrhunderts in einen radikalen (**Bolschewiken**) und einen gemäßigten (**Menschewiken**) Flügel. Während

die Bolschewiken in der schließlich gescheiterten Revolution von 1905 keine wesentliche Rolle spielten, konnten sie 1917 in der **Oktoberrevolution** schließlich die Macht im Land übernehmen und eine „**Diktatur des Proletariats**" errichten (→ Kap. 6.1.2).

## 8.3 | Die Frauenrechtsbewegung

### 8.3.1 | Wandel der Geschlechterrollen

Sowohl der Aufstieg des Bürgertums wie auch der Prozess der Industrialisierung wirkten sich nachhaltig auf die Zuschreibung von Geschlechterrollen im „langen 19. Jahrhundert" aus. Beide Entwicklungen gestalteten die Zusammensetzung, vor allem aber die Funktion von Familie langsam um und beeinflussten damit die gesellschaftlichen Rollen von Mann, Frau und Kind. Die erweiterte Familie – zu der nicht nur die Kernfamilie und engste Verwandte sondern auch Dienstboten und Gesinde gehörten – begann als Arbeits- und Versorgungseinheit langsam zu bröckeln. Im Zuge des Jahrhunderts schrumpfte das Ideal der Familie von einer relativ großen, durch eine gemeinsame Unterkunft und ein gemeinsames Auskommen aneinandergebundenen Produktionsgemeinschaft allmählich zum kleineren Kern aus eng miteinander verwandten Menschen. Familie und Haushalt trennten sich mehr und mehr vom öffentlichen Raum ab und wurden zu einem **Ort des Privaten**.

Die Gründe für diesen **Bedeutungs- und Funktionswandel der Familie** sind vielschichtig. Sie haben zum einen mit dem sich verändernden Verhältnis zwischen Staat und Bürgern (→ Kap. 5.1.1) zu tun. Im Laufe des 19. Jahrhunderts übernahm der Staat zunehmend Aufgaben, die zuvor der erweiterten Familie oder deren unmittelbarem Umfeld zugefallen waren. Zu denken ist hier etwa an die Einführung der **Schulpflicht** in den meisten europäischen Ländern. Staatliche Institutionen übernahmen nun die Verantwortung für einen Teil des Lebens des Kindes (obwohl die flächendeckende Durchsetzung der Schulpflicht bis lange ins 20. Jahrhundert andauerte). Durch den Strukturwandel in der Landwirtschaft und die zunehmende Industrialisierung änderten sich aber zum anderen auch die Arbeitsbedingungen vieler Menschen. War in einem protoindustriellen Umfeld in den allermeisten Fällen noch der jeweilige Haushalt die Produktionsstätte und oft die gesamte Familie am Produktionsprozess beteiligt, so entstanden mit der Industrialisierung zentrale Arbeitsstätten. Zumindest der Mann musste nun sein Zuhause verlassen und unter **zeitlicher und disziplinärer Kontrolle** arbeiten. Selbst wenn Frauen und Kinder ebenfalls in einer Fabrik arbeiteten (meist in der Textilindustrie), so taten sie dies aber getrennt und aus dem Kontext der Familie losgelöst.

Die Aufgabenfelder von Frau und Mann trennten sich. Besonders deutlich ist dies in bürgerlichen Familien zu beobachten, die nicht auf einen Zuverdienst durch Frau und Kinder angewiesen waren. Hier separierten sich die Sphären des Erwerbs und der Reproduktion im 19. Jahrhundert besonders deutlich. Es galt als alleinige Aufgabe des Mannes, außerhalb des Hauses zu arbeiten, während die Frau – zum Teil unterstützt durch Angestellte – sich um Haushalt und Kinder kümmerte. Die Familie wurde hier nochmals mehr zum privaten Rückzugsraum, den die Frau bestellen sollte. An diesem **bürgerlichen Familienideal** begannen sich bald auch Bauern- und Arbeiterfamilien zu orientieren, ohne es meistens aber in Reinform umsetzen zu können. Zwar fiel auch hier die Versorgerrolle mehr und mehr dem auswärtig arbeitenden Mann zu, während die Frau Haushalt und Kindererziehung übernahm. Allerdings mussten sowohl Frauen wie auch Kinder häufig zuverdienen, um das Familienauskommen zu gewährleisten.

## Entstehung der Frauenrechtsbewegung

8.3.2

Mit dem Bedeutungs- und Funktionswandel der Familie veränderten sich dementsprechend nicht nur die Erwartungen an die einzelnen Familienmitglieder und damit die Geschlechterrollen, es trennten sich auch zunehmend die ihnen zugeschriebenen Sphären. So war etwa die entstehende bürgerliche Öffentlichkeit eine fast ausschließlich männliche, während das Heim zur einzigen Domäne der Frau wurde. Diese Rollenbilder waren keine völlig neuen. Auch vor Industrialisierung und Bürgerlichkeit waren Frauen und Männer nicht gleichberechtigt und nahmen unterschiedliche Positionen in einer **PATRIARCHALISCHEN** Gesellschaft ein. Allerdings waren sie Teil derselben Arbeitsprozesse und Aufgabenbereiche. Genau das veränderte sich vor allem „im langen 19. Jahrhundert", wodurch sich die jeweiligen Rollenbilder klarer abhoben und verfestigten.

Dazu kam, dass die in der Aufklärung entwickelten und in den atlantischen Revolutionen erstmals umgesetzten Ideen von Volkssouveränität und Staatsbürgerschaft die Rechte von Frauen nicht berücksichtigten. Auch im Frankreich der Revolution lag der neuen liberalen Gesellschaftsordnung die Ausgrenzung von Frauen aus politischen Rechten zugrunde. Das veranlasste im September 1791 **Olympe de Gouges (1748 – 1793)** dazu, eine an die Königin von Frankreich adressierte *Erklärung der Rechte der Frau und Bürgerin* zu veröffentlichen, die als weiblicher Gegenentwurf zur Verfassung von 1791 konzipiert war. Diese Schrift

**PATRIACHAT** von lat. *pater*, „Vater"; wörtlich „Väterherrschaft"; bezeichnet soziale Ordnungen, die durch Väter bzw. Männer geprägt sind.

hielt sich in Form und Inhalt überwiegend an die Erklärung der Menschenrechte, beanspruchte aber die Gleichheit der Geschlechter in allen Lebensbereichen einschließlich der Bürgerrechte. Zugleich ging das Manifest über eine bloße Erweiterung der Menschenrechte hinaus. Olympe de Gouges ergänzte ihre Erklärung durch den Entwurf eines **Ehevertrages** zwischen Mann und Frau, in dem beide während der Ehe ihr Vermögen auf gleicher Basis verwalten sollten. Somit forderte die Frauenrechtserklärung, im Kampf gegen Willkür und Gewaltmonopol des Staates auch die Unterminierung von Herrschaft und Gewalt in der Beziehung zwischen den Geschlechtern sowohl im privaten als auch im öffentlichen Bereich mit einzuschließen.

Während aller Phasen des revolutionären Umbruchs waren Frauen aus unterschiedlichen sozialen Schichten durch ihre Teilnahme am politischen Geschehen sichtbar – auf der Straße, in den Clubs, als öffentliche Rednerinnen. Seit 1789 entstanden in Frankreich, parallel zu den Männerclubs, zahlreiche **Frauenclubs**, von denen einige eigenständige frauenpolitische Forderungen entwickelten. Zu den bekanntesten der Frauenclubs zählte der *Club des Citoyennes Républicaines Révolutionaires* (Club der revolutionären republikanischen Bürgerinnen). Der Ausschluss aus der aktiven Bürgerschaft im juristischen Sinn leitete viele Frauen dazu an, ihr eigenes Konzept der Bürgerschaft, der *citoyenneté*, auf dem Weg über die politische Praxis zu gestalten. Die Revolutionsjahre waren eine Zeit, in der die politischen Tätigkeiten der Frauen einen grundsätzlichen Wandel erlebten. Ebenso wie die Männer eigneten sich Frauen die neuen sozialen Techniken des öffentlichen Lebens in einer Demokratie an: Sie traten als Rednerinnen auf, sie führten Diskussionen, organisierten Spenden- und Solidaritätsaktionen, stellten Tagesordnungen auf und ergänzten mit kritischen Vorschlägen die Tagespolitik, bis die Herrschaft der Jakobiner ihnen das öffentliche politische Handeln untersagte.

Einige Forderungen der Frauen gingen infolge ihrer politischen Tätigkeiten in Erfüllung. Ein Gesetz von 1793 dekretierte das Recht der Frauen auf einen **Anteil am Familienbesitz**, ein weiteres führte das gleiche **Erbrecht für Jungen und Mädchen** ein. Die Einführung der Zivilehe regelte die Verbindung der Ehepartner vertraglich, die Scheidung ermöglichte die Auflösung des Vertrags. Die zivilrechtlichen Erneuerungen dienten im Allgemeinen der Befreiung von kirchlicher und familiärer Bevormundung. Von der Möglichkeit, sich scheiden zu lassen, machten Frauen auffallend häufiger als Männer Gebrauch, bis das napoleonische Regime das Gesetz wieder änderte.

Auch in Großbritannien wurden diese ersten Schritte in Richtung politischer Partizipation und rechtlicher Gleichstellung im revolutionären Frankreich rezipiert. Die britische Schriftstellerin **Mary Wollstonecraft (1759 – 1797)** nahm aufklärerisch-revolutionäre Ideale auf und veröffentlichte im Jahr 1792 die Schrift *A Vindication of the Rights of Woman* (dt. Verteidigung der Rechte der Frau). Etwa zur selben Zeit begannen sich viele Frauen in Großbritannien auf anderem Wege eine öffentliche Rolle und damit eine Stimme zu verschaffen. Frauen vor allem aus dem städtischen Bürgertum spielten eine wichtige Rolle in der *Anti-Slavery* Bewegung (→ Kap. 3.3.2). Das häufig christlich motivierte Engagement gegen Sklavenhandel und Sklaverei stellte für die meisten Frauen die erste wirkliche Partizipation am politischen Geschehen dar. Es machte die Aktivistinnen öffentlich sichtbar und schuf vor allem unter vielen Frauen selbst ein Bewusstsein dafür, dass Teilnahme und Mitsprache für sie möglich und wünschenswert sein konnten.

Die Argumente, mit welchen man für ein Ende der Sklaverei und die Rechte von Sklaven kämpfte, ließen sich mühelos auf die politische und gesellschaftliche Rolle von Frauen umlegen. Die Ursprünge der Frauenrechtsbewegung lagen daher häufig in der Anti-Sklaverei-Bewegung. Besonders deutlich ist das in den Vereinigten Staaten. Dort kam es 1848 zur **Deklaration von Seneca Falls**, in welcher unter anderem auf die Initiative vieler Abolitionisten hin nicht nur die Gleichheit von Mann und Frau festgehalten wurde, sondern man erstmals das **Wahlrecht für Frauen** forderte. Anfangs noch zögernd vorgebracht, gewann diese Forderung in den folgenden Jahrzehnten an Nachdruck. In Großbritannien wurde sie in den 1860er-Jahren von **John Stuart Mill (1806 – 1873)** (→ Abb. 44) aufgenommen und weiterverbreitet. Gegen Ende des Jahrhunderts begann sich aus diesem Diskurs heraus eine Bewegung zu konstituieren, die auf die gesetzliche Verankerung gewisser Frauenrechte zielte. Neben den Rechten auf Erwerbsarbeit und Zugang zu Bildung, spielte auch hier das Frauenwahlrecht eine zentrale Rolle. Aus ursprünglich kleineren Vereinigungen entstand 1897 in Großbritannien die *National Union of Women's Suffrage Societies,* die sich gezielt für die politische Gleichstellung und das Frauenwahlrecht einsetzte. Im Jahr 1903 spaltete sich die radikalere *Women's Social and Political Union* von der *National Union* ab. Unter der Führung von **Christabel Pankhurst (1880 – 1958)** griffen die Mitglieder dieser Organisation auch zu militanten Maßnahmen, um ihren Forderungen Nachdruck zu verleihen. Abgeleitet von ihrem zentralen Ziel wurden die Aktivistinnen dieser Gruppe auch abfällig als **SUFFRAGETTEN** bezeichnet – ein Begriff der in der Folge auf alle Gruppen, die das Frauenwahlrecht forderten, ausgedehnt wurde.

**SUFFRAGETTEN** von engl. *suffrage* für „Wahlrecht".

Im Jahr 1904 wurde in Berlin die *International Woman Suffrage Alliance* gegründet und damit ein Verband von Frauenrechtsbewegungen geschaffen, der deren internationale Vernetzung vorantrieb. Während im

No. 291    STATESMEN, No. 141.
" A Feminine Philosopher."

| **Abb. 44**

*Karikatur von John Stuart Mill aus Vanity Fair, „A Feminine Philosopher", 29. März 1873*
*Diese am 29. März 1873 in Vanity Fair als Statesmen No. 141 erschienene Karikatur zeigt den britischen Philosophen und Ökonomen John Stuart Mill (1806–1873). Der Karikaturist Leslie Ward (Künstlername „Spy") zeichnete Mill während einer Rede über Frauenrechte in der Euston Hall und bearbeitete die Rohfassung so nach, dass – nach eigener Aussage – dessen Charme und Intellekt betont wurde. Die Bildunterschrift „A Feminine Philosopher" ist daher aller Wahrscheinlichkeit nach nicht abwertend gemeint, sondern soll neben Mills Engagement für Frauenrechte vor allem auf dessen Idealismus anspielen – einer Denkweise, die in dieser Zeit vor allem mit Frauen assoziiert wurde.*

neu gegründeten *Commonwealth of Australia* bereits im Jahr 1902 das Frauenwahlrecht eingeführt wurde, dauerte dies in den meisten europäischen Ländern aber bis nach dem Ersten Weltkrieg. Dieser stellte in vielen Fällen nicht nur einen drastischen politisch-gesellschaftlichen Einschnitt dar, sondern hatte auch zu einem Arbeitskräftemangel geführt, der während der Kriegszeit vor allem von Frauen aufgefangen worden war und damit ihre tragende Rolle im Gemeinwesen sichtbarer gemacht hatte. In Österreich und Deutschland wurde das Frauenwahlrecht im November 1918 eingeführt. Im Januar 1919 konnten Frauen dieses Recht erstmals bei der Wahl zur Deutschen Nationalversammlung ausüben. In den Vereinigten Staaten wurde das Frauenwahlrecht auf Bundesebene im Jahr 1920 implementiert. In Großbritannien führte man 1919 zuerst ein sehr beschränktes Zensuswahlrecht für Frauen ein, das erst 1928 ausgeweitet wurde.

### Aufgaben zum Selbsttest

- In welchem Verhältnis standen Adel und entstehendes Bürgertum im 19. Jahrhundert?
- Welche gesellschaftlichen, politischen und naturräumlichen Gegebenheiten waren Grundvoraussetzung für die Industrialisierung?
- Oft werden die tiefgreifenden Veränderungen in der Wirtschaft und Gesellschaft des 19. Jahrhunderts als „Industrielle Revolution" bezeichnet. Nehmen Sie zu dieser Formulierung Stellung.
- Welche Ziele setzte sich die Frauenrechtsbewegung im späten 18. und 19. Jahrhundert?

**Literatur**

**Bürgertum – Adel – Entstehung der bürgerlichen Gesellschaft**
Adolf M. Birke/Lothar Kettenacker, **Bürgertum, Adel und Monarchie. Wandel der Lebensformen im Zeitalter des bürgerlichen Nationalismus** (Prinz-Albert-Studien 7), München et al. 1989.
Gunilla-Friederike Budde, **Blütezeit des Bürgertums. Bürgerlichkeit im 19. Jahrhundert**, Darmstadt 2009.
Werner Conze et al. (Hg.), **Bildungsbürgertum im neunzehnten Jahrhundert**, 4 Bde., Stuttgart 1985–1992.
Walter Demel, **Der europäische Adel. Vom Mittelalter bis zur Gegenwart**, München 2005.
Lothar Gall, **Bürgertum in Deutschland**, Berlin 1989.
Lothar Gall, **Von der ständischen zur bürgerlichen Gesellschaft** (Enzyklopädie deutscher Geschichte 25), 2. Aufl., München 2012.
Jürgen Kocka, **Das lange 19. Jahrhundert. Arbeit, Nation und bürgerliche Gesellschaft** (Gebhardt: Handbuch der deutschen Geschichte, Bd. 13), 10. Aufl., Stuttgart 2002.
Jürgen Kocka (Hg**.), Bürgertum im 19. Jahrhundert. Deutschland im europäischen Vergleich**, 3 Bde., München 1988.
Reinhart Koselleck/Klaus Schreiner (Hg.), **Bürgerschaft. Rezeption und Innovation der Begrifflichkeit vom hohen Mittelalter bis ins 19. Jahrhundert** (Sprache und Geschichte 22), Stuttgart 1994.
Dominic Lieven, **Abschied von Macht und Würden. Der europäische Adel 1815–1914**, Frankfurt a. Main 1995.
Hans-Jürgen Puhle (Hg.), **Bürger in der Gesellschaft der Neuzeit. Wirtschaft – Politik – Kultur** (Bürgertum 1), Göttingen 1991.
Thorstein Veblen, **Theorie der feinen Leute. Eine ökonomische Untersuchung der Institutionen**, Frankfurt a. Main 1993.
Klaus Tenfelde, **Arbeiter, Bürger, Städte. Zur Sozialgeschichte des 19. und 20. Jahrhunderts** (Kritische Studien zur Geschichtswissenschaft 203), Göttingen 2012.
Hans-Ulrich Wehler, **Deutsche Gesellschaftsgeschichte**, 5 Bde., Bde. 1–3, München 1987–1995.
Eberhard Weis, **Der Durchbruch des Bürgertums 1776–1847**, Frankfurt a. Main 1982.
Monika Wienfort, **Monarchie in der bürgerlichen Gesellschaft. Deutschland und England von 1640 bis 1848** (Bürgertum 4), Göttingen 1993.
Monika Wienfort, **Der Adel in der Moderne**, Göttingen 2006.

**Industrialisierung**
Rudolf Braun et al. (Hg.), **Gesellschaft in der industriellen Revolution**, Köln 1973.
Christoph Buchheim, **Industrielle Revolutionen. Langfristige Wirtschaftsentwicklung in Großbritannien, Europa und Übersee**, München 1994.
Hans-Werner Hahn, Die Industrielle Revolution in Deutschland, 3. Aufl., München 2011.
Hartmut Kaelble, **Industrialisierung und soziale Ungleichheit. Europa im 19. Jahrhundert. Eine Bilanz**, Göttingen 1983.
Jürgen Kocka, **Arbeitsverhältnisse und Arbeiterexistenzen. Grundlagen der Klassenbildung im 19. Jahrhundert** (Geschichte der Arbeiter und der Arbeiterbewegung in Deutschland seit dem Ende des 18. Jahrhunderts 2), Bonn 1990.
Peter Kriedte/Hans Medick/Jürgen Schlumbohm, **Industrialisierung. Gewerbliche Warenproduktion auf dem Land in der Formationsperiode des Kapitalismus**, Göttingen 1978.
David S. Landes, **Der entfesselte Prometheus. Technologischer Wandel und industrielle Entwicklung in Westeuropa von 1750 bis zur Gegenwart**, Köln 1973.
Toni Pierenkemper, **Umstrittene Revolutionen. Industrialisierung im 19. Jahrhundert**, Frankfurt a. Main 1996.

## Literatur

Gerhard A. Ritter/Klaus Tenfelde, **Arbeiter im deutschen Kaiserreich 1871–1914** (Geschichte der Arbeiter und der Arbeiterbewegung in Deutschland seit dem Ende des 18. Jahrhunderts 5), Bonn 1992.
Edward P. Thompson, **Die Entstehung der englischen Arbeiterklasse**, 2 Bde., Frankfurt a. Main 1987.
Dieter Ziegler, **Die Industrielle Revolution**, 3. Aufl., Darmstadt 2012.

**Frauenrechtsbewegung**
Gisela Bock, **Frauen in der europäischen Geschichte. Vom Mittelalter bis zur Gegenwart**, München 2005.
Karin Hausen/Heide Wunder (Hg.), **Frauengeschichte – Geschlechtergeschichte** (Geschichte und Geschlechter 1), Frankfurt a. Main/New York 1992.
Ute Frevert (Hg.), **Bürgerinnen und Bürger. Geschlechterverhältnisse im 19. Jahrhundert** (Kritische Studien zur Geschichtswissenschaft 77), Göttingen 1988.
Ute Frevert, **Frauen-Geschichte zwischen bürgerlicher Verbesserung und neuer Weiblichkeit** (Edition Suhrkamp 1284 = N. F. 284: Neue Historische Bibliothek), Frankfurt a. Main 1986.
Ute Frevert/Heinz Gerhard Haupt (Hg.), **Der Mensch des 19. Jahrhunderts**, Frankfurt a. Main 1999.
Stavros Kitsakis, **„Breadwinners" und „Housekeepers". Geschlechterrollen im englischen Güterrecht des 19. Jahrhunderts und das Deutsche Bürgerliche Gesetzbuch** (Rechtsgeschichte und Geschlechterforschung 13), Köln/Weimar/Berlin 2012.
Rosemarie Nave-Herz, **Die Geschichte der Frauenbewegung in Deutschland**, 5. Aufl., Hannover 1997.
Leila Rupp, **Worlds of Women: The Making of an International Women's Movement**, Princeton 1997.
Angelika Schaser, **Frauenbewegung in Deutschland 1848–1933**, Darmstadt 2006.
Ulrich Scheuner, **Die Verwirklichung der bürgerlichen Gleichheit. Zur rechtlichen Bedeutung der Grundrechte in Deutschland zwischen 1780 und 1850**, in: Günter Birtsch (Hg.), Grund- und Freiheitsrechte im Wandel von Gesellschaft und Geschichte. Beiträge zur Geschichte der Grund- und Freiheitsrechte vom Ausgang des Mittelalters bis zur Revolution von 1848 (Veröffentlichungen zur Geschichte der Grund- und Freiheitsrechte 1), Göttingen 1981, S. 376–401.
Ruth Schwartz Cowan, **More Work For Mother: The Ironies of Household Technology from the Open Hearth to the Microwave**, New York 1983.
Deborah Simonton, **A History of European Women's Work, 1700 to the Present**, London 1998.

# Grundlagen der Moderne | 9

**Überblick**

Zwar ist die Moderne keine spontane Entstehung des 19. Jahrhunderts, doch realisierten sich viele ihrer Leitideen, deren intellektuelle Grundlage bereits in der Aufklärung gelegt wurde, in dem so genannten langen Jahrhundert. Das Kapitel geht auf die Umsetzung des neu definierten Verhältnisses zwischen Herrscher und Volk in die Institutionen der modernen Demokratie etwa den Rechtsstaat und das Parteiensystem ein. Es fragt darüber hinaus nach dem Wandel der Mentalitäten und der Gestaltung kultureller Einrichtungen und Praktiken, die als Teil der tiefgreifenden Umwälzungen des Zeitalters der Doppelrevolution in Europa entstanden. Wie mehrdeutig ist die Moderne? Wie können sich Demokratie, Vernunft und technischer Fortschritt in Unfreiheit, Diskriminierung und Zerstörung umwandeln?

## Idee und Umsetzung demokratischer Herrschaft | 9.1

### Rechtsstaatlichkeit und Gewaltenteilung | 9.1.1

Der Begriff „DEMOKRATIE" markiert wörtlich nichts anderes als die Herrschaft des Volkes. In ihrer modernen Ausprägung handelt es sich dabei um eine Herrschaftsform, die das Volk zentral an der staatlichen Herrschaft beteiligt, jedem Bürger dieselben grundlegenden Rechte zugesteht und die Bürger entsprechend auch vor staatlicher Willkür schützt. Es lässt sich natürlich darüber streiten, inwieweit diese Grundsätze selbst in den heutigen Demokratien westlicher Prägung tatsächlich realisiert sind. So wie jedes andere komplexe System bietet auch die moderne Demokratie Auslegungsspielräume und kann damit die moralischen und rechtlichen Grundsätze, auf denen sie basiert, nicht

DEMOKRATIE von altrg. *dêmos*, „Volk", und *kratein*, „herrschen"; Volksherrschaft (vgl. Autokratie).

immer vollständig umsetzen. Dieser nicht immer perfekten Umsetzung der grundlegenden Ideale zum Trotz, stellt die langsame Durchsetzung demokratischer Herrschaftsformen vor allem in den Vereinigten Staaten (→ Kap. 2.4.2) und in Teilen Europas eine wichtige Grundlage der Moderne dar. Der Weg zur Umsetzung demokratischer Herrschaft war vor allem in Europa langwieriger und von zahlreichen Hürden und Rückschlägen gekennzeichnet. Legte die Französische Revolution hier den Grundstein zur Implementation demokratischer Ideen, so wurde dieser Prozess unter Napoleon und zur Zeit der Restauration stark gebremst. Seine langsame Durchsetzung war unauflöslich verbunden mit dem kontinuierlichen Aufstieg des Bürgertums im 19. Jahrhundert.

In ihrem Kern ist die Verbreitung demokratischer Ideen Ausdruck und Konsequenz eines sich wandelnden Verhältnisses zwischen Herrschern und Beherrschten. Dieser Wandel basiert grundlegend auf zwei eng miteinander verwobenen Annahmen: erstens auf jener, dass jeder Mensch (genauer genommen jeder männliche, freie, weiße Erwachsene) gewisse angeborene Rechte besitzt, die von und vor einem Staatswesen zu beschützen seien; und zweitens auf der darauf aufbauenden Annahme, dass alle Macht alleine vom Volk ausgehen könne (→ Kap. 2.4.1 und 5.1.1). Im Zuge der atlantischen Revolutionen wurden diese Ideen erstmals in den Verfassungen der Vereinigten Staaten und Frankreichs festgehalten. Dies stellte einen wesentlichen Schritt zur **Rechtsstaatlichkeit** dar (→ Infokasten Habeas Corpus-Akte). Der Staat hielt zwar das **Gewaltmonopol**. Staatliches Handeln wurde aber an die Grundsätze der Verfassung und die auf dieser Basis erlassenen Gesetze – also an eine schriftlich niedergelegte Rechtsordnung – gebunden. Innerhalb dieser Ordnung waren alle Bürger (in der Praxis anfangs zumindest die männlichen, freien Erwachsenen) gleich. So sollten die unveräußerlichen Menschenrechte geschützt und der Mensch vor **staatlicher Willkür** bewahrt werden.

Ein wesentliches Element des Rechtsstaats, durch welches die Umsetzung dieses Ideals gewährleistet werden soll, ist die Gewaltenteilung. Diese soll Machtkonzentration und -missbrauch entgegenwirken, indem verschiedene Aufgabenbereiche von unterschiedlichen staatlichen Organen übernommen werden. Die Gewaltenteilung in modernen Staatswesen geht zurück auf die Schriften von **John Locke (1632 – 1704)** und **Montesquieu (1689 – 1755)**. Locke propagierte in *Two Treatises of Government* (dt. *Zwei Abhandlungen über die Regierung*) die Trennung von Exekutivgewalt und Gesetzgebung. Montesquieu fügte dem in *De l'Esprit des Lois* (dt. *Vom Geist der Gesetze*) noch die Judikative als eigene Gewalt hinzu. Die Gewaltenteilung wurde in den Verfassungen der atlantischen Revolutionen festgehalten (→ Kap. 2.4.1 und 2.4.2) und bildet seither ein entscheidendes Merkmal demokratischer Herrschaftsformen. Die ausführende Gewalt (Exekutive)

▶ Es ist das zentrale Merkmal eines Rechtsstaates, die Rechte seiner Bürger innerhalb    **Habeas-Corpus-Akte**
einer klar festgelegten Ordnung zu garantieren und so staatliche Willkür zu verhin-
dern. Verfassung und Gesetze bilden üblicherweise die Grundlage für diese Ordnung. Der Rechtsstaat ist normalerweise daher ein Verfassungsstaat – und damit in
seiner voll ausgeprägten Form eine Errungenschaft des „langen 19. Jahrhunderts".
Einzelne rechtsstaatliche Elemente waren aber teilweise auch schon zuvor umgesetzt worden. Ein besonders nennenswertes Beispiel ist in diesem Zusammenhang
das landläufig als Habeas Corpus bekannte Gesetz, das im englischen Parlament
bereits im Jahr 1679 verabschiedete wurde. Die Formel „Habeas corpus ..." leitete
seit dem Mittelalter in England königliche Haftbefehle ein, die hinsichtlich Haft-
begründung und -dauer keinen Beschränkungen unterlagen und entsprechend
missbräuchlich eingesetzt werden konnten. Das Parlament wandte sich im Laufe
des 17. Jahrhunderts immer wieder mit wechselndem Erfolg gegen diese Willkür.
Schließlich konnte es den Habeas Corpus Amendment Act (so der vollständige
Name) gegen den König durchsetzen. Das Gesetz regelte ganz klar die Bedingungen, unter denen jemand inhaftiert werden konnte, sowie die maximale Haftdauer
bis zur Gerichtsvorführung. Bei Missachtung dieser Regeln drohten den Zuwider-
handelnden hohe Geldstrafen. Nach der Glorreichen Revolution wurde das Gesetz
von Wilhelm III. von Oranien und Maria II. bestätigt. Es stellt einen ganz wesentlichen Schritt in Richtung Rechtsstaatlichkeit und Einschränkung von staatlicher Willkür dar.

liegt bei der Regierung und/oder einem Monarchen. Die richterliche Gewalt (Judikative) wird von unabhängigen Richtern wahrgenommen. Die
gesetzgebende Gewalt (Legislative) schließlich fällt in einem demokrati-      **PARLAMENT** von altfranz.
schen System ausschließlich dem PARLAMENT zu. Als Vertretung des Sou-       *parlement,* „Unterre-
veräns hat einzig diese Volksvertretung die Macht, die Rechtsordnung,       dung".
innerhalb welcher der Rechtsstaat operiert, zu verändern.

## Parlamentarische Demokratie und Parteiensystem                         9.1.2

Parlamente sind als solche keine exklusiven Erscheinungen der Moderne. Auch im Mittelalter und der Frühen Neuzeit gab es Ständeversammlungen, welche die Monarchen in schwierigen Fragen (häufig bei
Steuererhöhungen oder der Einführung neuer Steuern) berieten. Diese
Versammlungen repräsentierten aber in erster Linie die Ordnung der
ständischen Gesellschaft. Sie konnten üblicherweise nicht selbsttätig
zusammentreten, tagten nicht regelmäßig und hatten dem Herrscher
gegenüber kaum verbindliche Rechte. Damit können sie auch nicht als
eigenständiges staatliches Organ angesehen werden, das als Volksver-

tretung eine bestimmte Gewalt übernimmt. Die Entwicklung in diese Richtung begann zuerst in England des späten 17. Jahrhunderts mit der Anerkennung der *Bill of Rights* (dt. Gesetz der Rechte). Ein sich seit Jahrzehnten zwischen Krone und Parlament hinziehender Machtkampf endete im Jahr 1689 mit der Unterzeichnung dieses Gesetzes durch das neue Herrscherpaar Wilhelm III. von Oranien und Maria II. (→ Kap. 5.2.1) Die *Bill of Rights* garantierte dem Parlament grundlegende Rechte gegenüber dem Monarchen. Sie wurde so zu einem der Gründungsdokumente des modernen Parlamentarismus – auch wenn das Parlament bei weitem noch nicht die volle Legislativgewalt trug. Dieser Schritt wurde zum ersten Mal in der amerikanischen Verfassung von 1789 vollzogen, welche die Gesetzgebungsgewalt exklusiv an die zwei Kammern der Volksvertretung – das Repräsentantenhaus und den Senat – übertrug.

Auf dem europäischen Kontinent dauerte die Durchsetzung parlamentarisch-demokratischer Herrschaftsformen deutlich länger – teilweise das gesamte 19. Jahrhundert. Zwar eignete sich auch im revolutionären Frankreich die Nationalversammlung die Legislativgewalt an und hielt dies in der Verfassung von 1791 fest. Allerdings wurden Macht und Rechte des Parlaments durch Napoleon und die Restauration wieder erheblich beschnitten. In den deutschen Ländern hatte es bis zu den napoleonischen Eroberungen praktisch keine Entwicklung in Richtung Volksvertretung gegeben. Die ersten aus Frankreich kommenden Impulse wurden nach dem Wiener Kongress zugunsten des monarchischen Prinzips rückgängig gemacht. Nur einige süddeutsche Mitgliedsländer des Deutschen Bundes (→ Kap. 5.3.2) gaben sich eine **LANDSTÄNDISCHE VERFASSUNG**, die ihren Bürgern ein gewisses Maß an parlamentarischer Teilhabe ermöglichte. Die norddeutschen Verfassungen sahen dies nicht vor. Preußen und Österreich verzichteten völlig auf eine Verfassung. Die 1848 nach einem allgemeinen und gleichen Mehrheitswahlrecht (für erwachsene, unabhängige Männer) gewählte Deutsche Nationalversammlung war das erste gesamtdeutsche Parlament. Die als Paulskirchenverfassung bekannt gewordene **Frankfurter Reichsverfassung von 1849** erteilte der Nationalversammlung die Legislativgewalt, das Budgetrecht und die Kontrolle der Regierung. Allerdings wurde die Verfassung nicht implementiert, da die Gründung des deutschen Nationalstaates erst gut zwanzig Jahre später erfolgen sollte. Die **Verfassung des deutschen Kaiserreichs** stellte der Regierung unter dem einflussreichen Reichskanzler den Reichstag gegenüber. Diese Volksvertretung kontrollierte die Gesetzgebung, musste den Staatshaushalt bewilligen und wurde so zu einer einflussreichen politischen Größe im Kaiserreich, die sich selbst vor allem als Kontrollorgan der Regierung und nicht unbedingt als gestaltende Kraft verstand.

**LANDSTÄNDISCHE VERFASSUNG** Die Volksvertretung des jeweiligen Landes ist üblicherweise nach Ständen geordnet.

Der Deutsche Reichstag wurde nach dem **ALLGEMEINEN, GLEICHEN, DIREKTEN UND GEHEIMEN MEHRHEITSWAHLRECHT** von allen erwachsenen Männern gewählt. Dies erlaubte einem für diese Zeit verhältnismäßig großen Kreis von Bürgern die politische Partizipation und ist daher auch ein wichtiger demokratischer Baustein in der konstitutionellen Monarchie des Kaiserreichs. Häufig war die politische Teilhabe der Bürger zwar durch eine Volksvertretung gewährleistet, gleichzeitig aber durch ein enges Wahlrecht nur einem bestimmten Personenkreis vorbehalten. Üblicherweise war das Recht zu wählen nicht nur an Alter und Geschlecht, sondern auch an Freiheit und Besitz gebunden. So durften nach der amerikanischen Verfassung Ende des 18. Jahrhunderts nur etwa zehn Prozent der Bevölkerung ihre Stimme abgeben. Auch die Wahlen zur gesetzgebenden Nationalversammlung 1791 in Frankreich fanden nach einem **ZENSUSWAHLRECHT** statt, das für Wahlvolk und Wahlmänner ein unterschiedlich hohes Mindeststeueraufkommen kannte. Erst im Zuge des 19. Jahrhunderts wurden diese Kriterien in manchen Ländern allmählich gelockert. So wurde in den Vereinigten Staaten bereits 1830 das allgemeine und gleiche Wahlrecht für Männer realisiert. Die Schweiz folgte 1848. In der Habsburgermonarchie wiederum blieb bis 1907 ein ausgeprägtes Kurienwahlrecht bestehen, das einen Zensus kannte, zusätzlich aber auch die Stimmen einzelner Wähler je nach Kurienzugehörigkeit unterschiedlich gewichtete. Praktisch überall blieben im 19. Jahrhundert Frauen von der Wahl ausgeschlossen. In den meisten Fällen dauerte die Ausweitung des allgemeinen und gleichen Wahlrechts auch auf Frauen bis nach dem Ersten Weltkrieg (→ Kap. 8.3.2).

Die Schaffung von gewählten Parlamenten trieb die Herausbildung politischer Lager an und führte schließlich zu deren Institutionalisierung in der Form von politischen Parteien. Angesichts der frühzeitigen Festigung der parlamentarischen Rechte in England ist es wenig überraschend, dass die erste klare Fraktionsbildung im dortigen Parlament zu beobachten war. Im Zuge vor allem der Auseinandersetzungen mit König Jakob II. verfestigten sich dort allmählich ein royalistisches und ein liberales Lager, die umgangssprachlich als *Tories* und *Whigs* bezeichnet wurden. Diese Lager hatten noch keine festen Strukturen und kein politisches Programm, teilten aber gewisse politische Grundeinstellungen, die sich aus den Denkrichtungen des Konservatismus und des Liberalismus speisten. Erst Mitte des 19. Jahrhunderts kam es in England zur Gründung institutionalisierter Parteien. Im Jahr 1834 formulierte die *Conservative and Unionist Party* (deren Mitglieder heute noch gerne als *Tories* bezeichnet werden) mit dem *Tamworth Manifest* ein Parteiprogramm. Aus dem *Whig*-Lager ging 1859 die *Liberal Party* hervor, die bis ins 20. Jahrhundert hinein eine wichtige politische Kraft bleiben sollte.

---

**ALLGEMEINES, GLEICHES, DIREKTES UND GEHEIMES WAHLRECHT** Jeder männliche erwachsene Staatsbürger darf wählen (**ALLGEMEIN**); jede Stimme hat das **GLEICHE** Gewicht; die Abgeordneten werden **DIREKT** gewählt, es gibt keine Zwischenebene wie z. B. Wahlmänner; die Wahl erfolgt **GEHEIM**.

**MEHRHEITSWAHLRECHT** Bestimmte Art der Repräsentantenwahl; in einem Wahlkreis zieht nur der Kandidat mit den meisten Stimmen ins Parlament ein; im Vereinigten Königreich als „first-past-the-post system" bekannt; heute gilt in Deutschland ein personalisiertes Verhältniswahlrecht; es gibt zwar Direktkandidaten, aber für die Verteilung der Parlamentssitze werden alle Stimmen gezählt.

Auch Nationalversammlung und Nationalkonvent in der Französischen Revolution kannten Fraktionsbildung. Zu den bekanntesten und einflussreichsten Lagern zählten hier etwa die **Girondisten, die Cordeliers oder die Jakobiner**. Aus diesen Fraktionen entstanden aber keine institutionalisierten Parteien mit festen Strukturen. Auf dem europäischen Festland ist dies eine Entwicklung der zweiten Hälfte des 19. Jahrhunderts, die mit der Fraktionsbildung in der Deutschen Nationalversammlung ihren Anfang nahm. Sowohl in Deutschland wie auch in der Habsburgermonarchie begannen sich ab den 1860er-Jahren liberale und konservative Parteien zu konstituieren, die sich alsbald ausdifferenzieren sollten. Einzelne Parteien nahmen vermehrt nationalistische Standpunkte auf und ließen diese in ihr Programm einfließen. Ebenfalls noch in den 1860er-Jahren erfolgte die Gründung der ersten Arbeiterparteien (→ Kap. 8.2.2), die sich auf sozialistische bzw. sozialdemokratische Ideen beriefen und im 20. Jahrhundert (vor allem auf Kosten der liberalen Parteien) neben den Konservativen zu den bestimmenden Kräften in der europäischen Parteienlandschaft werden sollten.

## 9.2 | Kulturen der Moderne

### 9.2.1 | Mobilität, Zeit und Raum

Im Jahr 1873 veröffentlichte der französische Schriftsteller Jules Verne in seinem Roman *In 80 Tagen um die Welt* eine Utopie der Vernichtung von Entfernungen, die in der Wahrnehmung der Menschen die Regionen des Erdballs ewig voneinander trennten. Sechzehn Jahre später machte sich die amerikanische Journalistin Nellie Bly daran, die Utopie zu verwirklichen: Sie reiste von New York über London, Frankreich, das Mittelmeer, durch den Suezkanal nach Ostasien und von dort über San Francisco nach New York zurück. Sie brauchte dafür 72 Tage und sechs Stunden. Suchen wir also einen gemeinsamen Nenner, unter dem sich die neue Erfahrung der Welt im Verlauf des 19. Jahrhunderts subsumieren ließe, so könnte es die Erfahrung der beschleunigten Mobilität von Menschen, Gütern und Kapital sein. Mit der Eisenbahn und dem Dampfschiff schien der Mensch endlich Herr über Naturgewalten zu werden, über die Macht zu verfügen, Raum und Zeit zusammenschrumpfen zu lassen. Jetzt erst rückte die atlantische Welt zusammen: Scharen von europäischen Auswanderern überquerten den Ozean in zwei bis drei Wochen, zweimal so schnell wie die Generation zuvor. Am Ende des 19. Jahrhunderts hatte sich der erfahrbare Lebensraum des Menschen auf den gesamten Erdball

ausgeweitet. Zugleich lag im Zeitalter des Massenverkehrs ein Moment
der Gleichheit: Trotz ihrer vier Klassen ermöglichte die Eisenbahn jedem
Reisenden, mit gleichem Mittel gleich schnell fahren zu können. Die Bürger stellten genaue Berechnungen an, wie sehr sich durch die wachsende
Geschwindigkeit die Arbeitszeit verkürzen müsse.

Wissen über die Welt erhielt man auch ohne Reisen. Nachrichten
reisten schneller als je und erreichten mehr Menschen als die Regierenden oder die reichsten Kaufleute. Am Ende des 18. Jahrhunderts erhielt
man in Berlin die Berichte der ausländischen Beobachter aus dem revolutionären Paris per Postkutsche frühestens zwei Wochen nach den
Ereignissen. 1856 brauchte ein in Paris aufgegebener Brief zwei Tage
mit der Eisenbahn, um in Berlin einzutreffen. Die Menge der Postsen-
dungen stieg enorm an, so dass die Postverwaltungen die Tarife senken
und vereinheitlichen konnten. Die Verkabelung der Welt durch die Telegraphie und dann später das Telefon verkürzten die Übermittlungszei-
ten noch radikaler. Die Telegraphie genoss eine Lebensdauer von über
einem Jahrhundert – erst im späten 20. Jahrhundert erfuhr sie mit dem
Telefax, Satellitentelefon und der elektronischen Post ein Ende. Der Te-
legraph war von großer Bedeutung für die Diplomatie, das Militär und
die Wirtschaft, weniger für private Angelegenheiten. Das aufblühende
Zeitungswesen allerdings bediente sich dieses Mittels, um Nachrichten
massenhaft zu verbreiten.

Auch Ideen und überhaupt kulturelle Inhalte wurden im 19. Jahrhundert mobiler. Zwar waren auch frühere Epochen von kulturellen
Begegnungen und Austausch gekennzeichnet, aber im 19. Jahrhundert
nahmen die medialen Möglichkeiten, mit denen Menschen fremde Kulturen über große Entfernungen hinweg rezipierten, sprunghaft zu. Dieses Phänomen der intensivierten transkulturellen Wahrnehmungen, das
Jürgen Osterhammel „Referenzverdichtung" nennt, war eine markante
Eigenschaft moderner Zeiten. Die Entstehung neuer Felder der Wissensproduktion – etwa Archäologie, Philologie, Kunst- und Religionswissen-
schaften – beschäftigten sich nun in erheblichem Maße mit außereuropäischen Kulturen. Die Asienwissenschaften spalteten sich anschließend
in regionale Disziplinen auf – Sinologie, Indologie, Arabistik, Ägyptologie –, deren Interesse vielmehr der Vergangenheit älterer Kulturen und
weniger ihrer Gegenwart galt. Um die Wende zum 20. Jahrhundert gab
es in Europa große Bibliotheken, die ihren Lesern eine Vielzahl von phi-
losophischen, literarischen und religiösen Texten aus unterschiedlichen
asiatischen Kulturen in Übersetzung verfügbar machten.

Breiter wurde auch das Publikum, das den Zugang zum Wissen als
auch zu den Nachrichten aus der Ferne suchte. Das im späten 18. Jahrhundert noch auf kleine Lesezirkel beschränkte Publikum vergrößerte

sich um die Mitte des 19.Jahrhundert rasch. Dies führte zu einem beschleunigten Aufschwung im Buch- und Zeitungswesen, erleichtert und
verbilligt durch neue Drucktechniken und mechanische Setzmaschinen.
Der Buch- und Zeitungsmarkt lieferte nicht nur Nachrichten, sondern
auch Meinungen und Argumente, die eine kritische Öffentlichkeit form-
ten und die Grundlage für emanzipatorisches Handeln bildeten.

9.2.2  ## Medien, Institutionen, Praktiken

Im Jahrhundert der Doppelrevolution waren die literarische Produktion
wie die bildende Kunst nicht mehr Ausdruck von standesspezifischen
Interessen. Sie wurden insgesamt in die sozialen und politischen Umwälzungen ihrer Zeit verwickelt und suchten Diagnosen und Antworten
auf Krisen. Hier gehört der Roman zu den charakteristischen literarischen Gattungen der Moderne, der mit soziologischer und psychologi-
scher Kunst die Gegenwartsproblematik zu erfassen anstrebte. So dienten die rund zweitausend Charaktere der *Menschlichen Komödie* (1842) von
Balzac insgesamt dazu, die Pathologie der Gesellschaft zu enthüllen. In
der Gattung Roman wurzelten sowohl soziale Kritik als auch geschichts-
philosophische Zukunftsentwürfe, die aber im Gegensatz zu den anderen Medien und wissenschaftlichen Schriften ihrer Zeit nicht mehr
entpersonalisiert, sondern mit individuellen Lebensschicksalen und Ge-
fühlswelten verwoben waren. In den Werken von Charles Dickens war
Kinderarbeit in den englischen Fabriken als individuelles Leid erfahrbar;
Emile Zola machte die Proletarisierung der französischen Großstadt im
19.Jahrhundert für seine Leser durch menschliche Lebenswege nacher-
lebbar. Harriet Beecher-Stowes *Uncle Tom's Cabin* (1852) war nicht nur der
meistverkaufte Roman seiner Zeit, er trug maßgeblich dazu bei, dass die
Sklaverei in den Vereinigten Staaten zum Gegenstand einer öffentlichen
Debatte wurde. Der Gesellschaftsroman erlebte im langen Jahrhundert
eine Blüte: Er erzählte von Normen, Statusfragen und dem Wandel von
Lebensverhältnissen über mehrere Generationen hinweg wie in Thomas Manns unvergesslicher Saga einer Lübecker Kaufmannsfamilie *Die
Buddenbrooks* (1901). Die gesellschaftliche Bedeutung, die der moderne
Roman gewann, definierte die Stellung des Autors neu. Während bis zur
Mitte des 18.Jahrhunderts die anonyme Publikation die Regel war, er-
hielt der Autor im 19.Jahrhundert eine literarische Identität, die ihm
eine eigene Karriere ermöglichte. Die aufblühende Zeitungspresse der
Zeit popularisierte den Typ des Fortsetzungsromans, den Schriftsteller
wie Dickens, Balzac oder Eugène Sue gegen hohe Gehälter entwickel-
ten. Sowohl in Frankreich als auch in England gelang es den meisten
Autoren, eine ökonomische Unabhängigkeit zu gewinnen, die vom

Geschmack des Lesepublikums bestimmt wurde. Deutschland hinkte in diesem Bereich weiter hinter den westlichen Nachbarn her – seine Schriftsteller lebten oft noch im 19. Jahrhundert als Pfarrer, Beamte oder Hauslehrer. Als sich die Nationen Europas im Laufe des 19. Jahrhunderts als Kulturnationen deuteten, erlebte der Roman eine Kanonisierung als Gegenstand der jeweiligen Nationalliteraturen.

Zu den wichtigsten Pfeilern der modernen Kulturnationen gehört ebenfalls das Museum, die Institution, die das Kulturerbe aufbewahrt, klassifiziert und für die Öffentlichkeit ausstellt. Moderne Kunstmuseen gingen meistens aus ehemaligen privaten oder königlichen Sammlungen hervor. Hier gilt die Französische Revolution als wichtiger Meilenstein, denn durch die Beschlagnahmung und Verstaatlichung von kirchlichen und fürstlichen Kunstobjekten entstand der Louvre als erstes öffentliches Museum. Das moderne Museum diente zugleich als Erinnerungsort und als pädagogische Stätte der Erziehung von Staatsbürgern. Der Historiker Dipesh Chakrabarty beschreibt die Ausprägung von Staatsbürgerschaft im 19. und frühen 20. Jahrhundert als ein überwiegend „pädagogisches" Modell. Mit anderen Worten: Es galt nicht die Geburt allein, sondern die richtige Erziehung eines Menschen als Grundbedingung, um die Rechte und Pflichten des Staatsbürgers ausüben zu dürfen. Hier hatten Institutionen wie etwa die Universitäten, Bibliotheken und Museen die Aufgabe, Menschen zu denkfähigen und verantwortungsbewussten Staatsbürgern zu erziehen. Museen sollten also Zeugnisse der Geschichte der eigenen Nation und der Menschheit – den Ablauf der kulturellen, technischen und gesellschaftlichen Entwicklung – beschaffen, aufbewahren und pädagogisch vermitteln. Im 19. Jahrhundert entfaltete sich eine Typenbreite von Museen – etwa das Kunst- oder Technikmuseum, ethnographische Sammlungen und das historische Museum –, in denen die Verwandlung von Objekten in Material für die Wissenschaft stattfinden sollte. Damit gestalteten sich neue berufliche Felder besetzt durch Fachleute – wie Kunsthistoriker, Archäologen, Ethnologen und später Museumspädagogen – die über eine professionelle Autorität und Deutungshoheit verfügten.

Die Professionalisierung der Archäologie seit der Mitte des 19. Jahrhunderts brachte große Mengen von materiellen Gegenständen aus der ganzen Welt in die europäischen Museen – den Pergamon Altar, das altbabylonische Ischtar-Tor, Teile des Parthenon-Frieses (die sogenannten Elgin Marbles im Britischen Museum), persische Handschriften, Maya-Skulpturen, um nur einige Beispiele aufzulisten –, in denen sie ausgestellt und in zivilisationsgeschichtliche Narrative eingebettet wurden. Auch wenn die Museen Exponate aus der ganzen Welt ausstellten, diente die Institution Museum zugleich der patriotisch-nationalen Sinnstiftung.

Abb. 45

Mschatta Fassade im
Pergamonmuseum,
Berlin

Nationale Museen – etwa das Britische Museum und das deutsche Kaiser-Friedrich-Museum (später Bode Museum) – wetteiferten mit einander um die reichhaltigsten Sammlungen, die auch als Quelle des nationalen und imperialen Stolzes betrachtet wurden. Die materielle Aneignung außereuropäischer Kulturgüter durch die europäischen Nationen war häufig an vielschichtigen historischen Entwicklungen beteiligt: Teilweise folgten sie Kriegen und Plünderungen. Und sie gehörten zu bestimmten wirtschaftlichen und wissenschaftlichen Konstellationen, ermöglicht durch koloniale und diplomatische Beziehungen. So etwa entdeckten im Jahr 1840 deutsche Ingenieure und Archäologen während des Eisenbahnbaus im heutigen Jordanien die Reste des antiken Wüstenschlosses von Mschatta, errichtet im 8. Jahrhundert durch den Umayyad-Kalifen. Durch die Vermittlung des deutschen Arabien-Forschers Julius Euting gelangte im Jahr 1903 ein beeindruckender Teil der Fassade von Mschatta als Geschenk des osmanischen Sultans Abdülhamid II. an Kaiser Wilhelm II. auf eben dieser Eisenbahn nach Berlin in das damals im Bau befindliche Kaiser-Friedrich-Museum. 1932 wurde die Mschatta-Fassade im Pergamonmuseum aufgebaut, wo sie heute noch zu sehen ist.

Nicht nur über die Museen kam die veranschaulichte Welt nach Europa. Zu den ersten großen Massenveranstaltungen moderner Zeiten zählen die Weltausstellungen des 19. und frühen 20. Jahrhunderts. Die erste Weltausstellung, die 1851 im Londoner Hyde Park veranstaltet wurde, brachte die ganze Welt unter dem großen Dach des aus Glas und Gusseisen durch den Architekten Joseph Paxton errichteten spektakulären Crystal Palace. Es folgten über die nächsten 60 Jahre zahlreiche weitere Großausstellungen in den europäischen und amerikanischen

Abb. 46

*„Die Straße von Kairo" auf der Pariser
Weltausstellung von 1889
Die erfolgreiche architektonische Inszenierung der „Straße von Kairo" sollte
auf den Besucher so echt wirken, damit
er sich mit wenig Mühe vorstellen könne,
er befinde sich an den Ufern des Nils.
Alle Sinne wurden angesprochen: Die
Illusion der aus vergänglichem Material
errichteten naturalistischen Kulissen
wurde durch die Anwesenheit von arabischen Händlern, Handwerkern und
halbwüchsigen Eseltreibern, durch die
Düfte fremdartiger Gerichte und durch
Tanz und Musik vollständig.*

Metropolen – in Paris, Wien, Chi-
cago, Philadelphia, Antwerpen,
Mailand, Barcelona und Brüssel.
Die größte Besucherzahl zog die
Pariser *Exposition universelle* von
1900 mit über 50 Millionen Besu-
chern an. Die Weltausstellungen
hatten ein klares Programm: die
Errungenschaften der modernen
Industrienationen vor Augen zu
führen. Dazu gehörte zugleich,
fremde Kulturen – ihre kunst-
handwerklichen Produkte, simu-
lierte Bauwerke, illusionistisch inszenierte Straßenkulissen und Dörfer
samt Einwohnern – neben neuartigen Maschinen und Industriepro-
dukten aus dem Westen zur Schau zu stellen. In der Pariser Weltausstellung von 1867 wurde die nüchterne Industrieschau zu einem glän-
zenden internationalen Ereignis begleitet von prunkvollen Festen und
exotischen Musik- und Tanzdarbietungen.

Über die mediale Wirkung von Spektakel und Unterhaltung fungierten die Weltausstellungen als Ort der Wissensproduktion: Ihr Bestreben,
die Stufen der Menschheitsgeschichte zu veranschaulichen, schuf zivilisatorische Hierarchien zwischen modernen und rückständigen oder
„primitiven" Kulturen. Die „zoologische" Ausstellung von Menschen –
Hottentoten, Eskimos oder „Stämme" aus dem Kongo, Senegal und Neu-
kaledonien – lieferte das „Material" für die Erstellung von biologischen

Taxonomien, welche teilweise die „wissenschaftliche" Grundlage für moderne Rassentheorien bildeten.

Der auf den Erfolg von Wissenschaft und Technik ruhende Fortschrittsoptimismus, den viele Menschen um die Jahrhundertwende teilten, rief zugleich Kräfte auf den Plan, die dem Bewusstsein des Fortschritts entgegenwirkten. Aus diesen Ambivalenzen trat auch Schöpferisches hervor, das für sich ebenfalls das Prädikat von Modernität oder Avantgarde beanspruchte. Die kritischen Stimmen waren zahlreich und heterogen, und lassen sich schlecht unter einen gemeinsamen Nenner bringen. Die Eisenbahn, das unverkennbare Symbol des Fortschritts, erzeugte konträre Visionen und Reaktionen. Ein bayerisches Ärztegutachten aus der Jahrhundertmitte verlangte ein Verbot dieses Transportmittels, denn die hohe Geschwindigkeit könne bei den Passagieren die „geistige Unruhe, *delirium furiosum* genannt" hervorrufen. Der englische Künstler und Kulturphilosoph John Ruskin bedauerte, dass die Bahn ein intensives Betrachten der Landschaft verhindere. Die impressionistischen Maler dagegen nahmen die Auflösung der ewigen Ordnung der Landschaft zum Anlass, eine neue, durch beschleunigte Bewegung erzeugte Seherfahrung auf die Leinwand zu übertragen. Der Pinselstrich des Impressionismus zelebrierte das Flüchtige, das Spontane, das stets sich Wandelnde und Neues hervorbringende –Gefühle von Dynamik und Freiheit, die das moderne Ideal des urbanen Lebens verherrlichte.

Zugleich gehörte eine verbreitete Aversion gegen die Großstadt zu den signifikantesten Ausprägungen der anti-modernen Kritik. Betrachtet als Inbegriff des modernen Lebens, galt die Stadt als überbevölkert, laut, grell, anonym, moralisch verworfen und der Tradition entfremdet. Großstadtkritik fand einen Ausdruck in der umfangreichen literarischen und künstlerischen Produktion von „Agrarromantik": Romane, Heimatliteratur und Kunstwerke erhoben das Dorfleben zur Idylle, den Bauern zum zivilisationsresistenten Bewahrer von Tugend und Sitten. Die Suche nach dem irdischen Paradies trieb Künstler wie Gauguin von Paris weg in die Bretagne und anschließend ins ferne Tahiti. Andere Künstler – etwa Picasso, Van Gogh, Matisse oder die Expressionisten – suchten in der Begegnung mit außereuropäischem Material – japanischen Holzschnitten, afrikanischen Masken, altindischen literarischen Traditionen – eine Quelle der Neugestaltung von Bildräumen infolge des Bruchs mit illusionistischen Darstellungsmodi, die seit der Renaissance als Beweis eines rationalen, menschenzentrierten Weltbildes beschworen wurden. Außereuropäische Objekte dienten nicht mehr als Dekor oder exotischer Reiz, sondern fungierten als Orte einer nachhaltigen Beziehung, welche die Geburt der Kunst der Avantgarde mit einleitete.

# Differenz und Exklusion                                                    9.3

## Rassismus                                                                 9.3.1

In vielen politischen und gesellschaftlichen Bereichen ist das „lange
19. Jahrhundert" in Europa und Nordamerika von schrittweiser Emanzipation, von allmählicher Demokratisierung und von der Ausweitung
von Menschen- und Bürgerrechten geprägt. So langsam und widersprüchlich diese Prozesse teilweise waren, so ist insgesamt gerade in
rechtlicher Hinsicht doch eine klare Entwicklung Richtung Egalisierung,
Pluralismus und politischer Inklusion zu erkennen. Dieser zu großen Teilen
auf den Werten der Aufklärung und dem Stimulus der Doppelrevolution
basierenden Entwicklung steht allerdings eine praktisch parallel laufen-
de Verfestigung und Systematisierung von soziokultureller Exklusion
bestimmter Bevölkerungsgruppen gegenüber.

Die Ausgrenzung von Menschen, die als fremd oder andersartig
wahrgenommen werden, ist natürlich kein Alleinstellungsmerkmal des
19. Jahrhunderts. Im Gegenteil, das Andere zu identifizieren und sich als
Gruppe üblicherweise positiv davon abzuheben, ist ein zentraler sozi-
alpsychologischer Baustein von Gruppenbildungsprozessen und damit
von Vergesellschaftung. Bezug nehmend auf die Literaturwissenschaft-
lerin Gayatri Spivak wird dieser Prozess häufig als *othering* bezeichnet. Die
Distanzierung von anderen Gruppen geht dabei häufig einher mit der
Diskriminierung ihrer Mitglieder und dem Entstehen von Feindbildern.
Das Streben nach soziokultureller Differenzierung und die Ausgrenzung
von als anders Wahrgenommenen sind demnach so alt wie die Menschheit selbst. Im Zuge des 19. Jahrhunderts aber wurde der Ausschluss
von Andersartigen auf eine neue, scheinbar rationale Basis gestellt und
damit systematisiert und quasi-verwissenschaftlicht. Er gewann dadurch
erheblich an gesellschaftlicher und kultureller Durchschlagskraft und
bestimmte das Denken und Handeln vor allem westlicher Akteure in
vielen Bereichen – zum Beispiel im Kolonialismus – entscheidend mit.

Diese Systematisierung und Verfestigung hat ihre ideologischen
Wurzeln ebenfalls im rationalen Denken der Aufklärung. Vielen aufgeklärten Forschern erschien etwa die biblische Schöpfungsgeschichte
keine adäquate Erklärung für die Vielfalt pflanzlichen, tierischen und
menschlichen Lebens auf der Erde. Aufbauend auf den Vorarbeiten von
Wissenschaftlern wie etwa Carl von Linné (1707 – 1778) oder Jean-Baptiste
de Lamarck (1744 – 1829) wurde schrittweise die Evolutionstheorie als Alternative zur Schöpfungsgeschichte entwickelt. Gemäß dieser Theorie hat sich
das Leben auf der Erde aus einem gemeinsamen Ursprung entwickelt

**Abb. 47**

*„Man is but a worm", Karikatur aus Punch 1882, 6. Dezember 1881 Diese Karikatur aus der englischen Satirezeitschrift Punch versteht sich als Antwort des Karikaturisten Linley Sambourne auf Charles Darwins Evolutionstheorie. Kurz zuvor hatte Darwin sein Buch* The Formation of Vegetable Mould Through the Action of Worms *(dt.* Die Bildung der Ackererde durch die Thätigkeit der Würmer) *veröffentlicht. Sambourne zieht die für viele Zeitgenossen nicht nachvollziehbare Evolutionstheorie ins Lächerliche, indem er auf dieses Buch anspielt und in der Karikatur die Evolution vom Wurm zum Menschen (in diesem Fall Darwin selbst) übertrieben nachzeichnet.*

und sich über einen langen Zeitraum ausdifferenziert. Zwei grundlegende Elemente der Evolutionstheorie waren **Charles Darwins (1809 – 1882)** Idee der **natürlichen Auslese** (→ Abb. 45) und **Gregor Mendels (1822 – 1884)** Einsichten zur **Vererbung**. Diese eigentlich biologischen Einsichten wurden sehr schnell – zum Beispiel vom britischen Philosophen **Herbert Spencer (1820 – 1903),** der den Satz vom *SURVIVAL OF THE FITTEST* (dt. Überleben der am besten Angepassten) prägte – auch auf die Entwicklung menschlicher Gesellschaften angewandt. Laut dieser als Sozialdarwinismus bekannt gewordenen Gesellschaftstheorie sei es der natürliche Verlauf der menschlichen Entwicklung, dass sich besser angepasste (und damit überlegene) Gesellschaften und Kulturen gegen andere durchsetzten. Wie der amerikanische Historiker Richard Hofstadter in seinem immer noch maßgebenden Buch *Social Darwinism in American Thought, 1860 – 1915* darlegte, wurde der Sozialdarwinismus vor allem von Anhängern des *Laissez-faire*-Kapitalismus dieser Zeit als gesellschaftstheoretische Unterfütterung desselben begrüßt.

Etwa zur selben Zeit wie die Evolutionstheorie entwickelte sich auch die Rassenlehre, die eine Einteilung der Menschheit in verschiedene Rassen auf der Grundlage biologischer Merkmale propagierte. Insbesondere äußere Merkmale wie die Hautfarbe wurden zu Differenzierungskriteri-

**SURVIVAL OF THE FITTEST** Häufig falsch übersetzt als „Überleben des Stärksten"; tatsächlich aber geht es um die optimale Anpassung an die Umwelt.

en, nach denen die Einteilung in Rassen vorgenommen wurde. Zusammengeführt mit einzelnen Elementen des Sozialdarwinismus wurden solche Rassentheorien zum Fundament des modernen Rassismus, der sich in der zweiten Hälfte des 19. Jahrhunderts als Ideologie herausbildete. Rassismus als Ideologie betont die Unterschiede zwischen den Rassen und identifiziert überlegene und unterlegene Rassen. Aus dieser Ungleichwertigkeit werden üblicherweise bestimmte Vorrechte und Privilegien für die angeblich Überlegenen abgeleitet und legitimiert.

Der Glaube an eine solche rassistische Argumentation war speziell in der zweiten Hälfte des „langen 19. Jahrhunderts" weitverbreitet – unter Wissenschaftlern, Politikern, Offizieren oder Missionaren ebenso wie zunehmend auch in einer größeren Öffentlichkeit. Er wurde in vielen politischen und gesellschaftlichen Bereichen zu einer **ideologischen Grundlage** – so etwa in **Kolonialismus und Imperialismus**, wo rassistische Ideen das Verhältnis zwischen europäischen Kolonisatoren und Kolonisierten zunehmend unterfütterten. Allerdings zogen verschiedene Akteursgruppen mitunter sehr unterschiedliche Schlüsse aus ihren rassistischen Überzeugungen. Manche rechtfertigten damit den Status quo europäischer Kolonialherrschaft. Andere wie zum Beispiel **Arthur de Gobineau (1816 – 1882)** leiteten daraus die Notwendigkeit der „Reinhaltung" der eigenen (natürlich überlegenen) Rasse ab oder propagierten sogar den aktiven Kampf gegen andere Rassen – Überzeugungen, die später unter den Nationalsozialisten ihre verheerendste Wirkung entfalten sollten. Für wieder andere – darunter viele Missionare und Imperialisten – folgte aus ihrem rassistischen Weltbild aber auch die Pflicht zur Hebung und Zivilisierung derer, die dies scheinbar aus eigener Kraft nicht erreichen konnten (→ Zivilisierungsmission in Kapitel 7.1.2).

## Antisemitismus

9.3.2

Rassistische Argumente mischten sich schnell auch in den Umgang mit den Juden. Judenfeindschaft selbst war kein neues Phänomen im Europa des 19. Jahrhunderts (→ Infokasten). Die soziale und rechtliche Diskriminierung von Juden und bisweilen auch deren aktive Verfolgung waren in Mittelalter und Früher Neuzeit allerdings hauptsächlich religiös motiviert. Die scheinbar wissenschaftlich fundierte Rassenlehre bot nun aber eine dem aufgeklärten Geist der Zeit besser entsprechende Basis für antijüdische Vorurteile. Der moderne Antisemitismus identifizierte die Juden als Angehörige einer minderwertigen Rasse und systematisierte dadurch die soziokulturelle Herabsetzung der Juden als solcher.

Solch antisemitisches Gedankengut fand im 19. Jahrhundert einen zunehmend fruchtbaren Boden vor. Angestoßen auch von den Ideen der

Französischen Revolution erlangten die Juden in vielen europäischen Ländern die rechtliche Gleichstellung und damit Zugang zu Berufen und Tätigkeiten, von denen sie zuvor ausgeschlossen gewesen waren. Viele Juden schlugen nun Karrieren als Ärzte, Juristen oder Wissenschaftler ein oder etablierten sich weiter in Wirtschaft und Handel. Der dadurch geweckte Neid bot eine hervorragende Grundlage für die Ausbreitung des Antisemitismus, der in der 2. Hälfte des Jahrhunderts auch zunehmend **politisch instrumentalisiert** wurde. In Deutschland, Österreich, Frankreich und Russland gab es besonders starke antisemitische Strömungen. Im Deutschen Kaiserreich manifestierte sich der Antisemitismus unter anderem in die Diskussion der so genannten **„Judenfrage"**, die von Überfremdungsängsten gekennzeichnet war und in welcher den Juden Fähigkeit und Wille zur Integration abgesprochen wurde.

**Info**

**Judenfeindschaft** ▶ Der deutsche Historiker und ehemalige Leiter des Zentrums für Antisemitismusforschung Wolfgang Benz unterscheidet grob vier verschiedene Arten europäischer Judenfeindschaft: Im Mittelalter und der frühen Neuzeit war der christliche Antijudaismus (1) das vorherrschende Phänomen. Dieser richtete sich in erster Linie gegen das Judentum als Religion und warf den Juden „Blindheit" vor, da sie sich der christlichen Lehre „verschlossen". Vor allem im 19. Jahrhundert entwickelte sich der rassistisch, nationalistisch und völkisch aufgeladene Rassenantisemitismus (2). Im Gegensatz zur vormodernen Judenfeindschaft gab es für die Opfer nun nicht mehr die Möglichkeit, der Verfolgung durch Konversion zu entgehen. Seine radikalsten Formen nahm dieses Phänomen in Deutschland zwischen 1933 und 1945 an; während des Zweiten Weltkriegs ermordeten verschiedene Organisationen wie die SS und das deutsche Militär ca. 6 Millionen europäische Juden (so genannter Holocaust oder Shoah).
Nach diesem in jeder Hinsicht einschneidenden Ereignis war vor allem in Deutschland der Antisemitismus alter Prägung nicht mehr gesellschaftsfähig. Dennoch entwickelten sich in den beiden deutschen Staaten neue Arten der Judenfeindschaft: In der DDR führte die ideologische Nähe zur Sowjetunion und die rasch einsetzende Blockbildung zum staatlich propagierten Antizionismus (3). Dieser bezog sich auf den Staat Israel, der aus sozialistischer Sicht als Arm der „US-Imperialisten" den Weltfrieden beständig angreife und als Kolonialmacht im Nahen Osten auftrete. Konkrete Elemente der Judenfeindschaft waren als „Vergleiche" deklarierte Gleichsetzungen der israelischen Politik mit Methoden und Taten der Nationalsozialisten, sowie die begrifflich abgewandelte Wiederverwendung antisemitischer Argumentationsmuster und Sprachbilder. Auch in der BRD, vor allem in linksgerichteten Bewegungen, war und ist diese Art der Judenfeindschaft weit verbreitet. Daneben konstatiert Benz in Bezugnahme auf die Kritische Theorie von Adorno und Horkheimer in der alten Bundesrepublik noch ein weiteres Phänomen, den sogenannten Sekundären Antisemitismus (4). Dieser speist sich aus Schamgefühl und dem Motiv

der Erinnerungsabwehr – in der Tätergeneration selbst aber noch darüber hinaus bis in die heutige Zeit. Deutsche verschiedener politischer Hintergründe fordern, einen Schlussstrich unter die Vergangenheit zu ziehen und endlich zur „nationalen Normalität" zurückzufinden. Dabei wird „den Juden" vorgeworfen, von ihrem eigenen Leid finanziell und politisch noch zu profitieren und den Holocaust für eigene Zwecke zu instrumentalisieren. Auch bei dieser neuen Form der Judenfeindschaft sind ältere Argumentationsmuster – wie die Vorstellung einer weltweiten jüdischen Verschwörung – wiederzuerkennen.

In Frankreich entlud sich der dortige Antisemitismus unter anderem in der Affäre um Hauptmann **Alfred Dreyfus (1859–1935)**. Der jüdische Offizier wurde auf Grundlage höchst zweifelhafter Beweise und Gutachten 1894 des Landesverrats schuldig befunden, während der tatsächliche Verräter – ein französischer Geheimdienstoffizier – nicht belangt wurde. Der Jude Dreyfus diente als Sündenbock, obwohl relativ früh klar war, dass die Verurteilung auf wackeligen Beinen stand und jemand anderes geschützt werden sollte. Es ist unter anderem dem gezielten Schüren antisemitischer Ressentiments zuzuschreiben, dass die (niemals vollständig erfolgte) Aufklärung der Affäre und die Rehabilitierung von Dreyfus dermaßen lange auf sich warten ließen. Erst im Jahr 1906 wurde das Urteil gegen Alfred Dreyfus vom Obersten Gerichtshof aufgehoben und Dreyfus vollständig rehabilitiert.

In Russland verschärften sich antisemitische Ressentiments im Zuge des 19. Jahrhunderts dramatisch. Durch die Teilung Polens waren viele in „Kongresspolen" ansässige Juden unter russische Herrschaft gekommen und sahen sich das gesamte Jahrhundert hindurch mit einer starken, auch politisch instrumentalisierten Abneigung konfrontiert, die schließlich in **offene Verfolgung und Pogrome** mündete (→ Kap. 6.1.1). Noch deutlicher als anderswo wurden die Juden hier zu Sündenböcken für alle möglichen Missstände gemacht. Ein Beispiel dafür bietet die Entstehungsgeschichte der berüchtigten *Protokolle der Weisen von Zion*. Diese Anfang des 20. Jahrhunderts erstmals aufgetauchten Protokolle dokumentierten angeblich eine **jüdische Weltverschwörung** und die geplante Übernahme der Weltherrschaft durch die Juden. Die Protokolle fanden eine unglaublich schnelle und weite Verbreitung – trotz der Tatsache, dass sie bereits wenige Jahre nach dem ersten Auftauchen als klare Fälschung entlarvt wurden. Die heutige Forschung geht davon aus, dass der **zaristische Geheimdienst Ochrana** hinter der Fälschung und Verbreitung steckte mit der Absicht, die vorsichtigen Modernisierungsversuche des damaligen Finanzministers Sergej Witte zu diskreditieren (→ Kap. 6.1.2).

**Abb. 48**

*Titelbild aus La Libre Parole: „Leur Patrie", 28. Oktober 1893
Die politische Zeitschrift La Libre Parole (dt. Das freie Wort)
wurde im Jahr 1892 in Paris von Éduoard Drumont gegründet
und verbreitete antisemitische und antikapitalistische Thesen.
Besonders im Zuge der Dreyfus-Affäre gewann das Blatt stark an
Auflage und Einfluss in der Pariser Gesellschaft. Das hier gezeigte Titelbild der Ausgabe vom 28. Oktober 1893 bedient sich einer
in dieser Zeit sehr weit verbreiteten antisemitischen Symbolik. Es
zeigt einen Juden, der als solcher vor allem durch die übertrieben
dargestellte Nase, Bart und Kopfbedeckung erkennbar wird. Dieser schlägt seine als Krallen stilisierten Finger und Zehen besitz-
ergreifend in den Erdball. Aus den so gerissenen Wunden der
Erde quillt Geld. Die Bildunterschrift lautet Leur Patrie (dt. Ihr
Vaterland). Sie unterstellt zum einen, dass die Juden kein eigent-
liches Vaterland hätten. Zum anderen suggeriert sie gemeinsam
mit dem Bildinhalt, dass sie stattdessen die ganze Welt unterwerfen wollten und diese finanziell ausbluten würden. Somit
spielt das Titelbild ganz deutlich auf die populäre Idee einer
jüdischen Weltverschwörung an und bedient sich einer Bildsprache, die ganz ähnlich zum Beispiel auch den Umschlag der französischen Übersetzung der Protokolle der Weisen von Zion zierte.*

Eine Antwort auf die sich vor allem in Osteuropa aber auch anderswo dramatisch verschlechternde Situation der Juden im 19. Jahrhundert war die Idee des **Zionismus**. Darunter versteht man eine Bewegung,
die die Errichtung einer nationalen Heimstätte für das jüdische Volk
anstrebte, um der Ausgrenzung und Verfolgung in Europa zu ent-
kommen. Dem lag die in dieser Zeit virulente Vorstellung zugrunde,
jede Nation brauche ein **einheitliches Staatsgebiet** (→ Kap. 5.1). Sowohl die
Zionisten als auch ihre nationalistischen Gegner in den jeweiligen
Ländern verband die Vorstellung, die Juden seien nicht in erster Linie
eine Religionsgemeinschaft, sondern vor allem ein Volk mit einer gemeinsamen Herkunft, Kultur und Geschichte. Viele andere Mitglieder jüdischer Gemeinden verstanden sich aber in ihren jeweiligen
Ländern als Staatsbürger jüdischen Glaubens und positionierten sich
damit sowohl gegen die stärker werdende antisemitische Stimmung
nach außen als auch gegen die Zionisten nach innen. In der zweiten
Hälfte des 19. Jahrhunderts setzte sich innerhalb der zionistischen Bewegung die Position durch, Palästina – und nicht das beispielsweise
ebenso diskutierte Argentinien – komme als nationale Heimstätte der
Juden infrage. Zionisten wie **Theodor Herzl (1860–1904)** konnten dabei
an alte religiöse Traditionen anknüpfen: Seit der Zerstörung des Zweiten Tempels durch die Römer 70 n. Chr. war die Idee einer Rückkehr
nach **ERETZ ISRAEL** im Judentum in den unterschiedlichsten Formen

**ERETZ ISRAEL,** hebr. für
„Land Israel"; biblische
Bezeichnung für das
Land der Juden bzw.
Hebräer, die in der Dias-
pora als ritueller und
identifikatorischer
Bezugspunkt für die
jüdischen Gemeinden
eine große Rolle spielte
und im Zionismus wie-
der aufgenommen
wurde.

immer wieder populär. Durch die Verfolgungen in Russland (→ Kap. 6.1.1) flohen erstmals in den 1880er Jahren viele osteuropäische Juden nach Palästina. Seit dem **Ersten Zionistenkongress in Basel 1897** versuchte die Zionistische Weltorganisation auf politischer Ebene die Einwanderung zu unterstützen, zu organisieren und für die Errichtung eines eigenen Staates zu kämpfen.

## Aufgaben zum Selbsttest

- Welche Merkmale kennzeichnen den idealtypischen modernen Rechts- und Verfassungsstaat westlicher Prägung?
- Skizzieren Sie den Zusammenhang zwischen Nationsbildung und entstehendem Rassismus im 19. Jahrhundert!
- Versuchen Sie selbst, eine kurze Definition des Phänomens „Rassismus" zu verfassen! Stützen Sie sich dabei sowohl auf die Informationen im Text als auch auf Ihr eigenes Vorwissen.
- Was charakterisiert den Antisemitismus des 19. Jahrhunderts im Unterschied zu früheren und späteren Phänomenen der Judenfeindschaft?

## Literatur

**Demokratie – Rechts- und Verfassungsstaat**

Eugene Newton Anderson/Pauline Anderson, **Political Institutions and Social Change in Continental Europe in the Nineteenth Century**, Berkeley 1967.

Margaret Lavinia Anderson, **Lehrjahre der Demokratie. Wahlen und politische Kultur im Deutschen Kaiserreich** (Beiträge zur Kommunikationsgeschichte 22), Stuttgart 2009.

K. von Beyme, **Die parlamentarische Demokratie: Entstehung und Funktionsweise 1789–1999**, 3. Aufl., Opladen 1997.

Peter Brandt u. a. (Hg.), **Handbuch der europäischen Verfassungsgeschichte im 19. Jahrhundert**, bisher 2 Bde. bis 1847, Bonn 2006–2012.

Hans Fenske, **Der moderne Verfassungsstaat. Eine vergleichende Geschichte von der Entstehung bis zum 20. Jahrhundert**, Paderborn et al. 2001.

Martin Kirsch/Pierangelo Schiera (Hg.), **Denken und Umsetzung des Konstitutionalismus in Deutschland und anderen europäischen Ländern in der ersten Hälfte des 19. Jahrhunderts**, Berlin 1999.

Wolfgang Reinhard, **Geschichte der Staatsgewalt. Eine vergleichende Verfassungsgeschichte Europas von den Anfängen bis zur Gegenwart**, 3. Aufl., München 2002.

Gerhard A. Ritter, **Föderalismus und Parlamentarismus in Deutschland in Geschichte und Gegenwart**, München 2005.

Samuel Salzborn, **Demokratie. Theorien, Formen, Entwicklungen**, Baden-Baden 2012.

Lutz Raphael, **Recht und Ordnung. Herrschaft durch Verwaltung im 19. Jahrhundert**, Frankfurt am Main 2000.

Michael Stolleis, **Geschichte des öffentlichen Rechts in Deutschland, Bd. 2: Staatsrechtslehre und Verwaltungswissenschaft**, 1800–1914, München 1992.

## Literatur

**Kulturen der Moderne**
Franz J. Bauer, **Das ,lange' Jahrhundert. Profil einer Epoche**, Stuttgart 2004.
Christoph Bode, **Der Roman. Eine Einführung**, Tübingen/Basel 2005.
Franz Bosbach/ John R. Davis (Hg.), **Die Weltausstellung von 1851 und ihre Folgen**, München 2002.
Dipesh Chakrabarty, Museums in late Democracies, in: **Humanities Research**, IX (1) 2002 (online Quelle).
Carol Duncan, **Civilizing Rituals Inside Public Art Museums**, London/ New York, 1995.
Alexa Geisthovel/ Habbo Knoch (Hg.),**Orte der Moderne.**
**Erfahrungswelten des 19. und 20. Jahrhunderts**, Frankfurt a. Main 2005.
Maya Jasanoff, **Edge of Empire: Conquest and Collecting in the East**, New York 2011.
Stefan Koppelkamm, **Der imaginäre Orient: Exotische Bauten des 18. und 19. Jahrhunderts in Europa**, Berlin 1987.
Erik Mattie, **Weltausstellungen**, Stuttgart /Zurich 1998.
Wolfgang Schivelbusch, **Geschichte der Eisenbahnreise: Zur Industrialisierung von Raum und Zeit im 19. Jahrhundert**, Frankfurt a. Main 2002 (2. Aufl.).

**Rassismus**
Werner Conze/Antje Sommer, **„Rasse"**, in: Otto Brunner/Werner Conze/Reinhart Koselleck, Geschichtliche Grundbegriffe Bd. 5, Stuttgart 2004, S. 135–178.
Richard Hofstadter, **Social Darwinism in American Thought. 1860–1915**, 2. Aufl. Philadelphia 1945.
Christian Koller, **Rassismus**, Paderborn et al. 2009.
Karin Priester, **Rassismus. Eine Sozialgeschichte**, Leipzig 2003.
Robert Miles, **Rassismus. Einführung in die Geschichte und Theorie eines Begriffs**, 2. Aufl., Hamburg 1992.
Gayatari C. Spivak, **The Rani of Simur**, in: Francis Barker et al. (Hg.), Europe and its Others, Bd. 1, Colchester 1985, S. 54–67.
Johannes Zerger, **Was ist Rassismus? Eine Einführung**, Göttingen 1997.

**Antisemitismus**
Wolfgang Benz/Werner Bergmann (Hg.), **Vorurteil und Völkermord. Entwicklungslinien des Antisemitismus**, Freiburg i. Breisgau/Basel/Wien 1997.
Wolfgang Benz, **Was ist Antisemitismus?**, München 2004.
Wolfgang Benz (Hg.), **Handbuch des Antisemitismus. Judenfeindschaft in Geschichte und Gegenwart. Im Auftrag des Zentrums für Antisemitismusforschung der Technischen Universität Berlin**, bisher 5 Bde., Berlin/Boston 2008–2012.
Werner Bergmann/Ulrich Wyrwa, **Antisemitismus in Zentraleuropa. Deutschland, Österreich und die Schweiz vom 18. Jahrhundert bis zur Gegenwart**, Darmstadt 2011.
Heinz-Dietrich Löwe, **The Tsars and the Jews: Reform, Reaction and Anti-Semitism in Imperial Russia, 1772–1917**, Chur 1993.
Lars Rensmann, **Kritische Theorie über den Antisemitismus. Studien zu Struktur, Erklärungspotential und Aktualität**, 3. Auflage Berlin/Hamburg 2001.
Stefan Rohrbacher, **Gewalt im Biedermeier. Antijüdische Ausschreitungen in Vormärz und Revolution (1815–1848/49)**, Frankfurt a. Main/New York 1993.
Julius H. Schoeps/Hermann Simon (Hg.), **Dreyfus und die Folgen** (Studien zur Geistesgeschichte 17), Berlin 1995.
Michael Brenner, **Geschichte des Zionismus**, 3. Aufl., München 2008.

# Auf dem Weg zum Ersten Weltkrieg | 10

Der Erste Weltkrieg von 1914 bis 1918 ist eine wichtige historische Zäsur. Mit ihm kommt das „lange 19. Jahrhundert" zu seinem Ende und geht über in eine Periode, die der Historiker Eric Hobsbawm als Zeitalter der Extreme bezeichnet hat. Dieses Kapitel zeichnet die zunehmende Rivalität zwischen den europäischen Mächten nach, die sich im Weltkrieg entladen sollte. Es bespricht Entstehung und Wandlung eines komplexen europäischen Bündnissystems, aus dem schließlich die kriegführenden Blöcke hervorgingen. Der Kriegsbegeisterung, die Teile vor allem der deutschen und österreichisch-ungarischen Bevölkerung vor Ausbruch des Krieges erfasste, stand eine im Laufe des 19. Jahrhunderts aufkommende Friedensbewegung gegenüber. Den Ersten Weltkrieg konnten die Mitglieder dieser Bewegung nicht verhindern, aber sie versuchten zumindest die schlimmsten Auswüchse kriegerischer Konflikte zu mildern.

Der Erste Weltkrieg wurde häufig als Urkatastrophe des 20. Jahrhunderts identifiziert, in welcher der weitere Verlauf der Geschichte bereits angelegt gewesen sei. Dieses Kapitel versucht dieser Perspektive Rechnung zu tragen, indem es den Konflikt in den weiteren Verlauf des Jahrhunderts einbettet, ihn gleichzeitig aber als eigenständiges historisches Ereignis versteht.

## Europäische Bündnisse und Rivalitäten | 10.1

### Europa zwischen Rivalität und Stabilität | 10.1.1

Die politische Landkarte Europas hatte sich mit dem Deutsch-Französischen Krieg und der Gründung des Deutschen Kaiserreichs 1870/71 entscheidend verschoben. Das vereinte Deutschland wurde unter preußischer Führung zu einer tonangebenden Macht auf dem Kontinent. Gleichzeitig sah sich das noch junge Reich auch mit einer großen Zahl von **Unsicherheitsfaktoren** konfrontiert. Frankreich war im Krieg von den Deutschen schwer gedemütigt worden. Sann es auf Revanche? Auch die Auseinandersetzung mit der Habsburgermonarchie um den Führungsanspruch in Deutschland lag noch nicht lange zurück. Und im Osten grenzte das Reich an Russland, das möglicherweise eine Annäherung an Frankreich plante. Reichskanzler Otto von Bismarck fürchtete, dass sich für Deutschland aus dieser Konstellation unter Umständen eine **Bedrohung auf mehreren Fronten** gleichzeitig ergeben könnte. Er versuchte daher, die politische Lage auf dem Kontinent zu stabilisieren. Zu diesem Zweck wollte er einerseits deutlich machen, dass das Deutsche Reich nach der Vereinigung nun **„SATURIERT"** sei und keine weiteren Ansprüche aus Gebietsausdehnung stelle. Dies spiegelte sich unter anderem im Auftreten Deutschlands als **„ehrlicher Makler"** zwischen anderen europäischen Mächten wider. Andererseits begann Bismarck schnell nach der Reichsgründung ein **elaboriertes Bündnissystem** zu schmieden, das kriegerische Auseinandersetzungen zwischen den Mächten möglichst verhindern sollte.

**SATURIERT:** von lat. *saturare*, „sättigen"; in politischer Hinsicht von Bismarck geprägter Ausdruck

Die Strategie, die der Reichskanzler in dieser Hinsicht verfolgte, zielte vor allem auf die **politische Isolation Frankreichs**, die unter anderem durch Bündnisse mit Russland und der Habsburgermonarchie gewährleistet werden sollte. Auf Bismarcks Initiative hin kam es im September 1872 zu einem Treffen der drei Kaiser Wilhelm I., Franz Josef I. und Alexander II. in Berlin. In der Folge kam es zu bilateralen Bündnissen zwischen dem Deutschen Reich und Russland sowie zwischen Österreich-Ungarn und Russland, in denen es hauptsächlich um militärischen Beistand ging. Im Oktober 1873 folgte schließlich die Unterzeichnung des **Dreikaiserabkommens** zwischen allen drei Mächten, dem im folgenden Jahr auch noch Italien beitrat. Damit war Frankreich weitgehend politisch isoliert und zumindest auf dem Papier eine erste Ordnung der europäischen Machtverhältnisse erreicht. Allerdings erwies sich dieses erste Bündnissystem als nicht sonderlich tragfähig. Schon 1875 in der so genannten **Krieg-in-Sicht-Krise** zwischen Deutschland und Frankreich unterstützen sowohl Russland wie auch Großbritannien, das sich normalerweise in *splendid isolation* (→ Infokasten) aus den kontinentaleuropäischen Allianzen heraushielt, die Franzosen. Endgültig scheiterte das Bündnis zwischen Deutschland, Österreich-Ungarn und Russland aber in der **Balkankrise 1875 – 1878** (→ Kap. 5.4.2). Die beiden letzteren Mächte hatten auf dem Balkan schon länger divergierende Interessen und versuchten jeweils ihren eigenen Einfluss in der Region zu festigen. Nach dem **Russisch-Osmanischer Krieg 1877 – 1878** wurde auf der Berliner Konferenz unter Bismarcks Moderation versucht, wieder ein Kräftegleichgewicht herzustellen.

▶ In der zweiten Hälfte des 19.Jahrhunderts hatte das Vereinigte Königreich seine imperiale Vormachtstellung soweit ausgebaut, dass es nach eigener Einschätzung nicht auf permanente Bündnisse mit anderen Mächten angewiesen war. Vor allem die konservativen Regierungen unter Benjamin Disraeli (1804–1881) und Lord Salisbury (1830–1903) in den letzten Jahrzehnten des Jahrhunderts hielten sich daher hinsichtlich einer Beteiligung an europäischen Bündnissen fast vollständig zurück. Diese oft auch mit der Insellage Großbritanniens in Verbindung gebrachte Politik wurde schon von den Zeitgenossen als eine Politik der Isolation – allerdings eben einer „splendid isolation", einer „herrlichen Isolation" – bezeichnet. Die Phase der „splendid isolation", die natürlich nicht das Vorhandensein bilateraler Vereinbarungen und eines diplomatischen Netzwerks ausschloss, kam spätestens mit der Anglo-Japanischen Allianz 1902 und der Entente cordiale 1904 zu einem Ende.

**Splendid Isolation**

Russland fühlte sich aber durch die Regelungen der Konferenz nicht angemessen berücksichtigt und zog sich verärgert aus den bestehenden Bündnissen zurück. Kurz nach dem Ende dieses „ersten Systems Bismarck", begann der deutsche Reichskanzler mit dem Aufbau eines neuen Bündnissystems. Den Kern dessen bildete ein **Defensivbündnis** mit der Habsburgermonarchie, das im Oktober 1879 unterzeichnet wurde und vor allem der ungeklärten Situation auf dem Balkan und der Zweitfrontsituation des Deutschen Reiches Rechnung trug. Im Falle eines russischen Angriffs auf einen der beiden Bündnispartner, müsste der andere zur Hilfe kommen. Beim Angriff einer anderen Macht müsste er sich zumindest neutral verhalten. Diesem **Zweibund** trat 1882 auf eigenen Wunsch auch Italien bei, das sich in verschiedenen Angelegenheiten gegen Frankreich absichern wollte. Vor allem durch die Annäherung der lange verfeindeten Mächte Österreich-Ungarn und Italien brachte dieser **Dreibund** weitere Stabilität in das europäische Machtgefüge, allerdings bei gleichzeitig voranschreitender Isolation Frankreichs.

Der Zweibund zwischen Berlin und Wien schloss Russland nicht nur aus, sondern identifizierte es sogar als mögliche Bedrohung. Bismarck riskierte daher eine russisch-französische Annäherung, zu der es aber nicht kommen sollte. Unter anderem aus Angst vor einem deutsch-britischen Bündnis wurde Russland bald wieder empfänglicher für deutsch-österreichische Angebote. Im Juni 1881 schlossen die drei Mächte daher abermals ein Bündnis, den **Dreikaiserbund**. In diesem sicherten sie sich gegenseitig **WOHLWOLLENDE NEUTRALITÄT** im Falle eines Krieges zu und vereinbarten, dass die jeweiligen Aktivitäten auf dem Balkan miteinander abzusprechen seien. Dieser ursprünglich auf drei Jahre geschlosse-

**WOHLWOLLENDE NEUTRALITÄT** In vielen Bündnisverträgen bewusst offen definierter Begriff; bedeutet üblicherweise, dass der Bündnispartner nicht aktiv in Kriegshandlungen eingreift (neutral), ansonsten aber jede Unterstützung gewährt (wohlwollend); nach späteren Definitionen von Neutralität (z.B. nach den Haager Konventionen) stellt wohlwollende Neutralität einen Neutralitätsbruch dar

ne Bund wurde 1884 nochmals verlängert, zerbrach aber schließlich an einem Konflikt Russlands und Österreich-Ungarns über Bulgarien 1885/86 – der so genannten **Bulgarienkrise**. Bismarck forcierte in der Folge ein bilaterales Abkommen zwischen dem Reich und Russland, um letzteres weiter in seine Sicherheitspolitik eingebunden zu halten. Im 1887 abgeschlossenen **Rückversicherungsvertrag** garantieren sich die beiden Mächte ebenfalls wohlwollende Neutralität im Falle eines Angriffs Dritter.

## 10.1.2 | Bündnispolitik im Wandel

Dieses **„zweite System Bismarck"** hatte das Ziel, Europa politisch stabil zu halten und damit letztlich auch das zentral gelegene Deutsche Reich strategisch abzusichern. Das komplizierte Bündnissystem war aber nicht frei von Widersprüchen und Problemen. Die politische Isolation Frankreichs war zwar beabsichtigt, um die von ihm ausgehende Gefahr zu minimieren. Dennoch war dies hinsichtlich des Aufbaus eines dauerhaft stabilen Systems keine ideale Lösung. Zum anderen waren die einzelnen Bündnisse nicht vollständig kompatibel. So erkannte das Deutsche Reich im Rückversicherungsvertrag russische Interessen auf dem Balkan an. Das war aber mit der engen Allianz zu Österreich-Ungarn nicht gut in Einklang zu bringen. Zudem führte im Dreibund, dem 1883 auch Rumänien beigetreten war, immer wieder der Status der italienischen und rumänischen Bevölkerungsgruppen im Habsburgerreich zu Querelen.

   Das Bündnissystem Bismarck'scher Prägung konnte demnach zwar die politische Lage in Europa angesichts der vielen ungelösten Territorialfragen temporär einigermaßen stabilisieren, trug aber gleichzeitig auch viele Widersprüche in sich und benötigte daher konstanten Einsatz. Mit der **Entlassung Bismarcks im Jahr 1890** fand das System als solches daher ein rasches Ende. Nur einzelne Bausteine sollten bestehen bleiben – manche bis in den Ersten Weltkrieg hinein. Zum einen verlor das komplexe Netz aus Geheimverträgen und Rückversicherungen mit Bismarck seinen Vordenker und Ingenieur. Zum anderen begann sich nun auch das Auftreten des Deutschen Reichs auf der Weltbühne deutlich zu wandeln. Unter **Kaiser Wilhelm II.** wurde Bismarcks Politik des Ausgleichs mehr und mehr von **„Weltmachtpolitik"** und dem Streben nach einem **„Platz an der Sonne"** (→ Kap. 7.3.2) abgelöst. Zu den Konflikten um den Balkan und die **Orientalische Frage** kam nun auch eine zunehmende imperiale Konkurrenz zwischen den europäischen Mächten, die sich beispielsweise im **Wettlauf um Afrika** (→ Kap. 7.3.2) manifestierte. Die Aufteilung Afrikas lief in den 1880er-Jahren – zumindest was das Verhältnis der europäischen Mächte untereinander betrifft – noch in halbwegs geordneten Bahnen. Im letzten Jahrzehnt des 19. Jahrhunderts begann sich das aber zu ändern.

In den 1890er-Jahren wurde der Zweibund mit Österreich-Ungarn für das Deutsche Reich zum wichtigsten Baustein seiner Bündnispolitik. So wurde der Rückversicherungsvertrag mit Russland 1890 nicht verlängert, weil er Wilhelm II. und seinem Auswärtigen Amt als nicht vereinbar mit den Verpflichtungen gegenüber der Habsburgermonarchie erschien. Zur weiteren Absicherung dieses Bundes der Mittelmächte suchte man zu Beginn der Dekade die Annäherung zu Großbritannien. Während es zum Beispiel mit dem **Helgoland-Sansibar-Vertrag von 1890** noch gut gelang, einen kurzfristigen Ausgleich deutscher und britischer Interessen in Afrika zu erreichen, verschlechterte sich das Verhältnis der beiden Mächte gegen Ende des Jahrzehnts dramatisch. Unter Wilhelm II. sah sich das Deutsche Reich in seinem Aufstieg zur Weltmacht zunehmend von der **britischen Hegemonie** behindert und suchte in zahlreichen, meist inszenierten Affären die Auseinandersetzung. In den letzten Jahren des Jahrhunderts mündete diese Rivalität schließlich in ein **Flottenwettrüsten** (→ Kap. 7.3.2) und in gegenseitige Drohgebärden, die das Verhältnis zwischen den beiden Mächten nachhaltig vergifteten.

Großbritannien hatte sich in dieser Phase aber nicht nur mit dem stark auftretenden Deutschen Reich auseinanderzusetzen, sondern sah sich mit französischen Interessen in Afrika und – schon seit geraumer Zeit – mit russischer Expansionspolitik in Zentralasien konfrontiert. Während die Briten ihre kolonialen Besitzungen in Afrika möglichst als zusammenhängendes Gebiet entlang einer Nord-Süd-Achse (*Cape-to-Cairo*) konsolidieren wollten, versuchten die Franzosen selbiges entlang einer Ost-West-Achse. Entsprechend kollidierten britische und französische Interessen schließlich im Sudan. Nachdem britische Truppen 1898 das Gebiet von den **MAHDISTEN** zurückerobern konnten, sahen sie sich mit der Anwesenheit französischer Truppen in Faschoda konfrontiert. Die Franzosen erhoben ebenfalls Anspruch auf den Sudan. In den anschließenden Verhandlungen waren beide Seiten um Deeskalation bemüht. Die so genannte **Faschoda-Krise** konnte schließlich im **Sudanvertrag von 1899** gänzlich beigelegt werden. Der Vertrag regelte die britischen und französischen Interessensphären in Afrika (→ Abb. 47) und war ein wichtiger Schritt in Richtung Neuordnung des europäischen Bündnissystems.

Im Jahr 1902 schloss Großbritannien eine **Flottenallianz mit Japan**, welches in Asien zunehmend in Konflikt mit Russland geriet. Von den Mittelmächten abgewiesen, suchte Russland daraufhin die Annäherung an Frankreich. Großbritannien sah sich durch das Bündnis mit Japan

**MAHDISTEN**, Anhänger von Muhammad Ahmad (1844–1885), der sich als Mahdi (arab. für „der Rechtgeleitete", von Allah gesandter Messias) bezeichnete und 1881 einen Aufstand gegen die ägyptische Herrschaft im Sudan anführte.

am Rande eines Krieges mit den beiden Mächten und suchte aktiv den Ausgleich. Es kam Frankreich vor allem hinsichtlich dessen Interessen in Marokko entgegen. Im Gegenzug akzeptierten die Franzosen die britische Präsenz in Ägypten. Beide Länder sicherten sich freie Passage durch die Straße von Gibraltar und den Suezkanal zu. Dieses Abkommen wurde als *Entente cordiale* bekannt.

**| Abb. 49**

„*The modern civilization of Europe.*" *Karikatur aus* The Cairo Punch, *zwischen 1908 und 1914.*
*Diese Karikatur zeigt einen außereuropäischen Blick auf das britisch-französische Bündnis Anfang des 20. Jahrhunderts. Sie wurde im* Cairo Punch *abgedruckt – einem in der ägyptischen Hauptstadt erscheinenden satirischen Magazin, das sich in Konzeption und Anspruch an den britischen* Punch *anlehnte. Die Karikatur kann nicht genau datiert werden, stammt aber aus der Zeit zwischen 1908 und 1914. Sie trägt den spöttischen Titel „The modern civilization of Europe". Sie zeigt einen französischen und einen britischen Soldaten, die auf einem Berg von Totenschädeln, einem Skelett und einer Leiche stehen und sich dabei zuprosten. Hinter dem Franzosen brennt die marokkanische Stadt Casablanca. Hinter dem Briten baumelt im ägyptischen Denshway ein Mann am Galgen. Der Untertitel „France in Morocco & England in Egypt" und der arabische Text „Gräuel. Tyrannei. Usurpation" zwischen den beiden Soldaten verweist auf die Aufteilung der imperialen Interessenssphären der beiden Kolonialmächte und deren Gräueltaten in Nordafrika. In Denshway war es 1906 zu einer gewaltsamen Auseinandersetzung zwischen Einheimischen und britischen Offizieren gekommen, nach welcher die Briten ein hartes Exempel statuiert hatten. Ein Jahr später hatten die Franzosen die marokkanische Stadt Casablanca während eines Aufstands muslimischer Stämme von Kriegsschiffen beschießen lassen und die Stadt schließlich unter erheblichen Verlusten der einheimischen Bevölkerung zurückerobert.*

Die *Entente cordiale* wurde in der **Ersten Marokkokrise** von 1905/06 schnell auf die Probe gestellt. Das Deutsche Reich sah sich durch das britisch-französische Bündnis im Allgemeinen bedroht und fürchtete durch die Festigung der französischen Position in Marokko um seinen Zugang zum marokkanischen Markt. Kaiser Wilhelm II. reiste nach Tanger und hielt dort eine Rede, in der er sich unter anderem stark für die fortwährende Unabhängigkeit Marokkos einsetzte. In der Folge kam es zu massiven Spannungen zwischen Frankreich und Deutschland, die erst im **Vertrag von Algeciras 1906** geregelt werden konnten. Durch die Unterstützung Großbritanniens konnte sich Frankreich in diesem Vertrag fast vollends durchsetzen, während Deutschland nur von Marokko selbst und von Österreich-Ungarn unterstützt wurde. Der Ausgang dieses Konflikts zeigte damit einerseits die Belastbarkeit der britisch-französischen Entente auf und demonstrierte andererseits die **zunehmende Isolation des Deutschen Reiches**, für das die Partnerschaft mit der Habsburgermonarchie immer zentraler wurde. Zwar bestand der Dreibund auf dem Papier noch bis 1915, in der Realität aber hatte sich Italien in den ersten Jahren des 20. Jahrhunderts mit Frankreich und Russland besser arrangiert und sah sich mittlerweile weniger auf die Mittelmächte als Bündnispartner angewiesen. So blieb der **Zweibund als zentrales außenpolitisches Bündnis**, das bis zur Niederlage im Ersten Weltkrieg bestehen sollte.

Auf der anderen Seite der künftigen Kriegsparteien legten Großbritannien und Russland im Vertrag von Sankt Petersburg 1907 ihre seit mehr als einem halben Jahrhundert andauernden Konflikte in Zentralasien bei. Russland trat dem seit 1904 bestehenden britisch-französischen Abkommen bei. Die so genannte *Triple Entente* wurde gegründet. Damit waren schon Jahre vor dem Ausbruch des Ersten Weltkrieges die zukünftigen Fronten durch die bestehenden Bündnisse vorweggenommen.

## Kriegsbegeisterung und Friedensbewegung      | 10.2

### Der Geist von 1914?      | 10.2.1

Der deutsche Journalist und Schriftsteller **Kurt Tucholsky (1890 – 1935)** veröffentlichte im August 1924 in der Wochenzeitschrift *Die Weltbühne* einen Text, in welchem er sich kritisch mit der Aufarbeitung des Großen Krieges in der Weimarer Republik auseinandersetzte. Der Beitrag trug den Titel *Der Geist von 1914* und beschrieb unter anderem, mit welcher Begeisterung sich Deutschland in den Krieg geworfen habe.

**Zitat**

„Ein Deutscher, der vor dem Kriege in Frankreich ansässig war und im August 1914 die Grenze überquerte, hat mir geschildert, wie die Kriegsstimmung jenseits und diesseits des Rheins aussah. ‚[...] Es war, als ob einer den Atem anhielte. Dann grollte es. Durch Frankreich ging ein stummer Schrei. Keiner wollte es glauben.' Die Leute hätten sich wie erstarrt angesehen, fuhr er fort – es kann ja nicht sein, es kann nicht sein, stand in den Gesichtern. Totenstill ging eine Nation ans Sterben. Dies war der Eindruck der allerersten Tage. [...] Und dann kam der Erzähler über den Rhein. ‚Mir blieb der Verstand stehen. Ich glaubte, ich sei auf ein Schützenfest geraten. Glockenläuten, Girlanden, Freibier, Juhu und Hurra – ein großer Rummelplatz war meine Heimat, und von dem Krieg, in den sie da ging, hatte sie nicht die leiseste Vorstellung.'"

Kurt Tucholsky, Der Geist von 1914, in: *Die Weltbühne*, 7. August 1924, S. 204, gekürzt.

Der Antimilitarist Tucholsky kritisierte in seinem Beitrag die Kriegsbegeisterung, die in bestimmten Kreisen der deutschen Bevölkerung im Sommer 1914 geherrscht habe und die in der Folge – von Zeitgenossen ebenso wie von der Geschichtswissenschaft – als **Augusterlebnis**, als die **Ideen von 1914** oder eben als **Geist von 1914** zusammengefasst wurde. Tatsächlich wurden die Kriegserklärungen im Juli und August 1914 (→ Kapitel 10.3.1) von vielen Menschen im Deutschen Reich und in der Habsburgermonarchie durchaus mit Stolz und Genugtuung aufgenommen. Vielerorts jubelten die Menschen den an die Front ziehenden Soldaten zu und spornten sie an. In den Augen vieler Zeitgenossen war es ein gerechter Krieg, in dem ein schneller und klarer Sieg erwartet wurde.

Die Gründe für diese vorhandene Kriegsbegeisterung, die vor allem in den Gesellschaften der Mittelmächte deutlich spürbar war, sind mannigfaltig. Zum einen konstatieren manche Historiker für die Jahrzehnte vor Kriegsausbruch eine relativ allgemeine Krise der Moderne bzw. der Modernisierung. Franz Bauer fasst die kollektive Stimmung dieser Zeit als Mischung aus Traditionsverlust, Gegenwartsverweigerung und Zukunftsangst zusammen. Joachim Radkau wiederum spricht sogar von der wilhelminischen Ära als einem **„nervösen Zeitalter"**, das insgesamt von Rastlosigkeit und Nervenüberreizung geprägt gewesen sei. Dieser Diagnose mag man im Detail kritisch gegenüberstehen – tatsächlich aber lässt sich für die Zeit der Jahrhundertwende eine auch von vielen Zeitgenossen als solche **empfundene Krise der Moderne** konstatieren, die

**Abb. 50**

*Mobilmachung im Deutschen Reich, August 1914*
*Diese Fotografie von Oscar Tellgmann zeigt die Mobilmachung im August 1914 und*
*die Verlegung von deutschen Truppen per Eisenbahn. Die Soldaten winken enthusias-*
*tisch aus den Zugfenstern. Der Wagon trägt die Aufschrift „Von München über Metz*
*nach Paris". Dies zeigt deutlich den unter den Soldaten aber auch in der Öffentlich-*
*keit weit verbreiteten Glauben an einen schnellen und leichten Sieg, der sich bekann-*
*termaßen als fundamentaler Irrtum herausstellen sollte.*

sich unter anderem auch in Kunst und Kultur manifestierte. Sie bildete sozusagen den atmosphärischen Hintergrund für die Einordnung
der politischen Entwicklungen der Zeit und war ein fruchtbarer Boden
für **Kriegspropaganda** jeder Art. Diese kam in unterschiedlicher Form aus
der Reichsregierung. Die imperiale Aufholjagd der verspäteten Nation
Deutschland (→ Kap. 7.3) und ihr Drang nach „Weltgeltung" waren in den
späten 1890er-Jahren zunehmend an Grenzen gestoßen. Die Hegemonialmacht Großbritannien wurde immer deutlicher als Erzfeind, als **„PER-**
**FIDES ALBION"** ausgemacht, das die Deutschen systematisch am Erlangen
der ihnen zustehenden Stellung hinderte. Im Flottenrüsten lag man seit
der Jahrhundertwende zurück und in den beiden Marokkokrisen hatten
Großbritannien und Frankreich gemeinsam die Emanzipation Deutschlands verhindert, so die Wahrnehmung führender Kreise im Reich. In
den durch nationale Vereinigung und blühenden Nationalismus gespeis-
ten Taten- und Expansionsdrang mischte sich zunehmend Frustration.
Vielen Entscheidungsträgern aber auch vielen Menschen aus der bürger-

**„PERFIDES ALBION"**
Albion ist eine alter
Name für die britischen
Inseln; „la perfide
Albion" verwies im
revolutionären und
napoleonischen Frank-
reich auf die angeblich
hinterhältige britische
Außenpolitik; der
Ausdruck wurde in
Deutschland im späten
19. Jahrhundert mit
zunehmender Konkur-
renz zu Großbritannien
populär.

lichen Mittel- und Oberschicht erschien ein **Krieg der einzige Ausweg** aus dieser verfahrenen politischen Situation zu sein.

Bei aller tatsächlich festzustellenden Begeisterung für eine militärische Auseinandersetzung kann aber weder im Deutschen Reich noch in Österreich-Ungarn von einer Kriegseuphorie die Rede sein, die alle Bevölkerungsschichten gleichermaßen erfasst hätte. Es gab auch in den Mittelmächten artikulierte Mitglieder der Friedensbewegung (→ Kap. 10.2.2). Es kam vereinzelt zu **Antikriegskundgebungen**. Nicht selten äußerten sich Journalisten und Schriftsteller gegen einen Krieg, mussten aber häufig **staatliche Zensur** über sich ergehen lassen. Teile der Sozialdemokratischen Partei standen einem Krieg lange Zeit kritisch gegenüber, stimmten aber bei Kriegsbeginn für die Finanzierung durch Kriegskredite. Auch in der Arbeiterschaft stellte sich durchwegs wenig Enthusiasmus für den Krieg ein. Deutschland war demnach keineswegs von einer durchgängigen Kriegsbegeisterung erfasst, die es quasi unvermeidbar in den Krieg getragen hätte, wie das im Nachhinein von vielen Beteiligten selbst aber auch immer wieder von Historikern geschildert worden ist.

## 10.2.2 | Friedensbewegung

Die Entwicklung des Pazifismus als moderne Ideologie und das Aufkommen einer organisierten Friedensbewegung fallen ebenso in das „lange 19. Jahrhundert". Zwar schafften es die
Mitglieder dieser Bewegung nicht, den Ausbruch des Ersten Weltkrieges abzuwenden. Dennoch konnte die Bewegung einen bedeutenden Einfluss hinsichtlich der Entwicklung und Verbreitung pazifistischer Ideen und vor allem der Anerkennung verbindlicher Regeln in der Kriegsführung entfalten.

In seinen Wurzeln geht der **Pazifismus** bis weit vor das 19. Jahrhundert zurück. Einzelne Denker haben in der Frühen Neuzeit immer wieder ihre Ablehnung von Gewalt und Krieg hervorgehoben und in dieser Hinsicht vor allem mit christlichen Werten argumentiert. Die Werte der Aufklärung stellten solche vorpazifistischen Ideen auf das Fundament allgemeiner Menschenrechte und lösten sie zumindest in der Grundargumentation weitgehend von religiösen Überzeugungen. Grundlegend war **Immanuel Kants (1724–1804)** Schrift *Zum ewigen Frieden* von 1795, in der er die Gewährleistung von Frieden unter anderem an die Durchsetzung der Republik als Staatsform und an die Schaffung eines verbindlichen Völkerrechts band. Anfang des 19. Jahrhunderts begannen sich unter dem Eindruck der napoleonischen Kriege aber auch inspiriert von der *Anti-Slavery*-Bewegung (→ Kap. 3.3.2) erste Friedensgesellschaften zu gründen. Beispiele dafür sind etwa die britische *Peace Society* (1816) oder die

Genfer Friedensgesellschaft (1830). Ähnlich wie in der Kritik der Sklaverei betonten die angloamerikanischen Gesellschaften stark christliche Werte, während in Kontinentaleuropa aufklärerische und revolutionäre Ideale maßgebend waren. Der Zulauf zu diesen Friedensgesellschaften war anfangs noch verhalten. Ab den 1840er-Jahren aber gewannen sie deutlich an Mitgliedern. Das war zum einen die Folge der weiteren Ausbreitung liberaler Ideen, die in ihrer politischen Spielart den Schutz der Menschenrechte zentral stellten, Krieg zugleich aber auch als wirtschaftlich schädlich und daher nicht wünschenswert ansahen.

Vor allem aber führte ein sich ebenfalls um diese Zeit vollziehender Wandel in der Kriegsführung und in der Kriegsberichterstattung der Bewegung neue Mitglieder zu. Industrialisierung und Technisierung wirkten sich nun zunehmend auf die Art der Kriegsführung aus. In ihrer Feuerkraft stark verbesserte Schusswaffen wurden massengefertigt und standen in großer Zahl zur Verfügung. Artilleriegeschütze feuerten blind Granaten in die feindlichen Reihen. Zum ersten Mal wurden diese neuen Kriegstechnologien im großen Stil im Krimkrieg (1853–56) eingesetzt. Sie sorgten dort – gepaart mit den schweren taktischen Fehlern auf beiden Seiten – für eine hohe Zahl an Toten und Verletzten. Aufgrund schlechter hygienischer und medizinischer Versorgung starben viele Verwundete in den LAZARETTEN. Auf diese Zustände aufmerksam geworden, reiste die britische Krankenpflegerin Florence Nightingale (1820–1910) gemeinsam mit anderen Krankenschwestern in das Kriegsgebiet und nahm sich dort der Versorgung der Verwundeten an. Auf ihren Einsatz und dessen Aufnahme in der Öffentlichkeit geht eine von der britischen Armee im Anschluss an den Krieg vorgenommene Reform des Lazarettwesens zurück.

LAZARETT Ursprünglich Bezeichnung für ein Pestkrankenhaus; später speziell Militärkrankenhaus.

Durch eine neue Form der Kriegsberichterstattung erreichten Berichte über die Schrecken des Krieges und vor allem über die katastrophale Versorgung der Verwundeten die europäische (vor allem die britische) Öffentlichkeit in bisher unbekannter Dringlichkeit. Die Telegrafie ermöglichte erstmals eine fast unmittelbare Berichterstattung aus dem Kriegsgebiet. Dies rief bei vielen Zeitgenossen das Gefühl hervor, direkte Zeugen der der Kriegshandlungen zu sein. Der Ire William Howard Russell (1820–1907) berichtete unter anderem per Telegraf regelmäßig für die Londoner *Times* in eindringlichen Worten aus dem Krimkrieg und gilt damit als einer der ersten Kriegskorrespondenten im modernen Sinn. Solche Schilderungen wurden in ihrer Wirkung und Unmittelbarkeit verstärkt durch die erstmalige Verfügbarkeit von Fotografien aus dem Krieg. Der Brite Roger Fenton (1819–1869) wurde 1855 als erster offizieller Kriegsfotograf auf die Krim entsandt (→ Abb. 49).

Diese neue Form von Berichterstattung über die hohen Opferzahlen, die zermürbende Natur eines Stellungskrieges und die dramatische Ver-

| Abb. 51

„The valley of the shadow of death". *Fotografie aus dem Krimkrieg von Roger Fenton*
*Dies ist eines der bekanntesten und eindringlichsten Bilder von Roger Fenton. Wie auch Fentons übrige Fotografien zeigt es nicht das eigentliche Kriegsgeschehen in all seiner Grausamkeit. Dies war zum einen technisch zu dieser Zeit nur schwer umsetzbar und wurde zum anderen von der britischen Regierung auch nicht gewünscht. Dennoch vermitteln Fentons oft aufgeräumt und statisch wirkende Fotografien ein lapidar-brutales Bild vom Krieg. In dieser von der* Library of Congress mit dem Zusatz Dirt road in ravine scattered with cannonballs *versehenen Fotografie geschieht dies unter anderem durch die große Anzahl von wie selbstverständlich herumliegenden Kanonenkugeln.*

sorgungslage schufen in weiten Teilen der europäischen Öffentlichkeit erstmals ein größeres Bewusstsein für die Schrecken des Krieges. Auch das führte der Friedensbewegung neue Mitglieder zu. Bereits in den 1840er-Jahren begannen einzelne Friedensgesellschaften internationale Kongresse zu organisieren, auf denen Möglichkeiten zur Vermeidung bewaffneter Konflikte diskutiert wurden. Im Jahr 1889 wurde die **Interparlamentarische Union für internationale Schiedsgerichtsbarkeit** gegründet, in der sich pazifistisch eingestellte Parlamentarier – zuerst vornehmlich aus Europa – organisierten. Aus den Konferenzen der Union ging im Jahr 1891 die Gründung des **Internationalen Ständigen Friedensbüros** mit Sitz in Bern hervor. Das Büro hatte die Aufgabe, weitere Konferenzen vor allem programmatisch vorzubereiten. Eine führende Rolle kam in diesem Zusammenhang unter anderem der österreichischen Schriftstellerin **Bertha von Suttner (1843 – 1914)** zu, die auch an der erst im Jahr 1892 erfolgten Gründung der Deutschen Friedensgesellschaft beteiligt war und mit dem Roman *Die Waffen nieder!* 1889 eines der zentralen Werke der Antikriegsliteratur vorlegte.

Mehr oder weniger parallel zu den Bemühungen der Friedensbewegung engagierte sich auch eine Gruppe um den Genfer Geschäftsmann **Jean Henri Dunant (1828 – 1910)** für die Einschränkung und Reglementierung kriegerischer Auseinandersetzungen. Dunant war 1859 Zeuge der Folgen der Schlacht von Solferino. Er verarbeitete dieses Erlebnisse in dem eindringlichen Werk *Eine Erinnerung an Solferino* und gründete 1863 gemeinsam mit Genfer Mitstreitern wie etwa **Gustave Moynier (1826 – 1910)** das *Internationale Komitee der Hilfsgesellschaften für die Verwundetenpflege*, aus dem später das noch heute tätige *Internationale Komitee vom Roten Kreuz* hervorgehen sollte. Schnell wurden nationale Hilfsgesellschaften ins Leben gerufen, die sich – deutlich mit einem roten Kreuz markiert – um die Versorgung von Verwundeten auf Kriegsschauplätzen kümmerten.

Gustave Moynier war auch wesentlich an der Ausarbeitung der **Genfer Konvention** beteiligt, die 1864 auf einer diplomatischen Konferenz von zwölf europäischen Staaten unterzeichnet wurde. Die Konvention regelte vor allem den Umgang mit Verwundeten auf dem Feld. Die beiden **Haager Friedenskonferenzen** der Jahre 1899 und 1907 versuchten aufbauend auf den Ideen der Friedensbewegung eigentlich, ein international anerkanntes Schiedsgericht zu schaffen, das auf Basis eines verbindlichen Völkerrechts operieren sollte. Diese Bemühungen scheiterten aber vor allem am Widerstand des Deutschen Reichs. Allerdings wurde auf den Konferenzen die Haager Landkriegsordnung ausgearbeitet, die unter anderem eine klare **rechtliche Trennung zwischen Kombattanten und Zivilisten** vorsah und den Umgang mit Kriegsgefangenen regelte.

Der Einsatz für die Friedenserhaltung und für eine Reglementierung der Kriegsführung erreichte auch durch die 1901 erstmals erfolgte Verleihung des **FRIEDENSNOBELPREISES** eine größere Öffentlichkeit. Unter den Preisträgern der ersten Jahre waren Jean Henri Dunant (1901) und Bertha von Suttner (1905) ebenso wie das Internationale Ständige Friedensbüro (1910) und das Internationale Komitee vom Roten Kreuz (1917). Aber trotz der dadurch generierten medialen Aufmerksamkeit fand die Friedensbewegung am Vorabend des Ersten Weltkrieges vor allem in nationalistischen Kreisen wenig Gehör und wurde teilweise auch offen angefeindet – etwa vom 1912 gegründeten, nationalistisch-militaristisch geprägten **Deutschen Wehrverein**. Mitunter wurden einzelne Mitglieder der Bewegung für ihre Protestaktionen sogar des Hochverrats beschuldigt.

**FRIEDENSNOBELPREIS**
Gestiftet aus dem Vermögen des schwedischen Erfinders Alfred Nobel (1833–1896); nach Nobels Testament soll er jährlich an denjenigen verliehen werden, „der am meisten oder am besten auf die Verbrüderung der Völker und die Abschaffung oder Verminderung stehender Heere sowie das Abhalten oder die Förderung von Friedenskongressen hingewirkt hat".

## 10.3 | Der Erste Weltkrieg

### 10.3.1 | Krisen und Kriegsausbruch

Mit dem Ende der Ersten Marokkokrise 1906 und der Gründung der Triple Entente ein Jahr später hatten sich in Europa klare und nun zunehmend erstarrende politische Blöcke gebildet – die Entente-Mächte Großbritannien, Frankreich und Russland auf der einen Seite und der Zwei- bzw. Dreibund des Deutschen Reichs, Österreich-Ungarns und des unsicheren Partners Italien auf der anderen. Ein Interessensausgleich zwischen diesen Blöcken gestaltete sich immer schwieriger wie sich in einer Reihe von relativ kurz aufeinanderfolgenden internationalen Krisen zeigen sollte. Ein regionaler Schwerpunkt lag diesbezüglich in Südosteuropa, wo das strukturell angeschlagene Osmanische Reich in den letzten Jahrzehnten des 19. Jahrhunderts ein Herrschaftsvakuum schuf, das dortige Nationalbewegungen ebenso wie die Großmächte Österreich-Ungarn und Russland zu füllen versuchten (→ Kap. 5.4.2). Vor allem die Rolle Serbiens in der Region und die damit verbundene so genannte südslawische Frage stellten regelmäßig Konfliktquellen dar. Dabei ging es zentral um die Zusammenführung der Serben, Kroaten und Slowenen in einer vereinten südslawischen Nation. Die vor allem von serbischen Nationalisten und von Russland favorisierte **großserbische Idee** sah dafür die Schaffung eines eigenständigen Staates unter serbischer Führung vor. Ihr gegenüber stand das **austroslawische Modell**, das die Eingliederung Serbiens in die Habsburgermonarchie und die Einrichtung eines südslawischen Königreichs unter kroatischer Führung propagierte.

Die im späten 19. und frühen 20. Jahrhundert immer wieder aufbrechenden Konflikte auf dem Balkan wurden von diesen sich scharf gegenüberstehenden Interessen maßgeblich beeinflusst – so auch die so genannte **Bosnische Annexionskrise** von 1908/09. Um zu vermeiden, dass das national erstarkende Serbien Ansprüche auf das Gebiet stellt, annektierte Österreich-Ungarn im Jahr 1908 Bosnien-Herzegowina. Diese **Verletzung der Vereinbarungen des Berliner Kongresses von 1878** brachte insbesondere Russland in eine verzwickte diplomatische Lage. Einerseits sah dieses sich auch durch den einflussreicher werdenden **Panslawismus** Serbien verpflichtet, andererseits lehnten die Entente-Verbündeten eine militärische Unterstützung ab, da es bei dem Konflikt im Kern um serbische und nicht um russische Interessen ging. Am Ende schlug Russland die serbische Bitte um militärische Hilfe aus und Bosnien-Herzegowina blieb bei der Habsburgermonarchie. Die Krise belastete zwar das Verhältnis der *Entente*-Mächte ebenso wie die russisch-serbischen Beziehungen, diese Spannungen legten sich aber.

Auf lange Sicht verhärtete die Bosnische Annexionskrise weiter die Fronten zwischen Triple Entente und Dreibund – ebenso wie die **Zweite Marokkokrise von 1911** dies tat. Nach einer Rebellion gegen den Sultan besetzten französische Truppen im Mai 1911 die Städte Fès und Rabat im formal immer noch unabhängigen Sultanat Marokko. Das Deutsche Reich reagierte darauf mit der landläufig als **„Panthersprung"** bekannten Entsendung des Kanonenbootes **SMS** *Panther* nach Agadir. Ziel der Drohgebärde war es vor allem, die Demütigung aus der Ersten Marokkokrise vergessen zu machen und den Franzosen als Kompensation für ihr Vorgehen in Marokko Gebietszugeständnisse in Afrika südlich der Sahara abzuringen. Großbritannien stellte sich wieder an die Seite Frankreichs. Nochmals ließ sich eine kriegerische Auseinandersetzung vermeiden. Allerdings war auch der **Vertrag von Fès** für das Deutsche Reich nur ein bescheidener Erfolg. Als Gegenleistung für die **Anerkennung französischen Einflusses in Marokko** (das 1912 auch formal zur französischen Kolonie wurde) erhielt Deutschland einige afrikanische Gebiete von überschaubarem kolonialen Wert. Die deutschen Erwartungen wurden abermals enttäuscht. Auch die Zweite Marokkokrise zeigte nochmals deutlich, wie sehr das Deutsche Reich außenpolitisch mittlerweile isoliert war.

In den Jahren 1912 und 1913 vertieften sich die herrschenden Konfliktlinien in den **Balkankriegen** weiter. Das Osmanische Reich konnte nur noch mühsam die Kontrolle über seine verbleibenden Gebiete aufrechterhalten und wurde durch einen Krieg mit Italien weiter geschwächt. In dieser Situation wandten sich **Serbien, Bulgarien und Griechenland gemeinsam gegen die Osmanen** und drängten diese bis an den Bosporus zurück. Allerdings bereitete die Aufteilung der eroberten Gebiete unmittelbar Probleme. Serbien beanspruchte **Albanien** und damit einen **Zugang zur Adria**. Dies wollte die Habsburgermonarchie verhindern und geriet darüber abermals in Konflikt mit der serbischen Schutzmacht Russland. Schließlich führten Serbien und Bulgarien Krieg um die Aufteilung der mazedonischen Gebiete. Mit griechischer und rumänischer Hilfe konnten sich die Serben durchsetzen, was beinahe eine militärische Intervention der Habsburger auslöste. Nur mit Mühe konnte eine Ausweitung des Konflikts verhindert und die politische Neuordnung des Gebietes durchgesetzt werden. Das sollte aber nur von sehr kurzer Dauer sein.

Zusätzlich aufgeladen von imperialem Konkurrenzdruck, eskalierte der Konflikt um die Neuordnung Südosteuropas schließlich im Sommer 1914. Unmittelbarer Auslöser für die **Julikrise** war das **Attentat von Sarajewo**, dem der österreichisch-ungarische Thronfolger Franz Ferdinand und seine Gattin zum Opfer fielen. Am 28. Juni 1914 – dem 525.

**SMS** Abkürzung für Seiner Majestät Schiff.

Jahrestag der **SCHLACHT AUF DEM AMSELFELD** und damit einem symbolischen Datum für viele Serben – erschoss der serbische Nationalist Gavrilo Princip Erzherzog Franz Ferdinand und seine Frau während einer Parade in Sarajewo. Princip unterhielt Verbindungen zur **Schwarzen Hand**, einem serbisch-nationalistischen Geheimbund, der sich unter anderem mit gewaltsamen Mitteln für die Errichtung eines großserbischen Staates einsetzte. Aus österreichischer Sicht bot das Attentat die Chance, die serbischen Nationalisten ein für alle Mal in die Schranken zu weisen. Mit der expliziten Rückendeckung des deutschen Reiches wandte sich die Habsburgermonarchie in konfrontativem Ton an Serbien. In einem **am 23. Juli überstellten Ultimatum** forderte Wien das Ende der serbischen nationalistischen Politik. Die serbische Regierung ging aber nur zum Teil auf die verschiedenen Forderungen des Ultimatums ein. Österreich-Ungarn brach daraufhin die diplomatischen Beziehungen zu Serbien ab. Es begann mit einer **Teilmobilmachung**. Nachdem verschiedene Vermittlungsversuche – unter anderem des britischen Außenministers – gescheitert waren, **erklärte Österreich-Ungarn am 28. Juli 1914 Serbien den Krieg**. Russland reagierte zuerst mit einer Teilmobilmachung seiner Truppen und am **30. Juli mit der Generalmobilmachung**. Das heißt, die gesamten Truppen des Staates wurden mobilisiert und auf den Kampf vorbereitet. Daraufhin drängte der deutsche Generalstabschef **Helmuth von Moltke** (1848 – 1916) bei seinem Wiener Amtskollegen **Franz Conrad von Hötzendorf (1852 – 1925)** auf eine österreichische Generalmobilmachung, die tags darauf auch erfolgte. Deutschland stellte Russland ein Ultimatum zum Abbruch der Generalmobilmachung und forderte von Frankreich Neutralität im Fall eines deutsch-russischen Krieges. Nachdem beide Länder diesen Forderungen nicht nachkamen, **erklärte Deutschland zuerst Russland (1. August) und dann Frankreich (3. August) den Krieg**. Am 4. August trat Großbritannien – offiziell aufgrund der Verletzung der belgischen Neutralität durch das Deutsche Reich – in den Krieg ein. Damit hatte der **Erste Weltkrieg** begonnen.

### 10.3.2   Urkatastrophe des 20. Jahrhunderts?

Der amerikanische Historiker George F. Kennan identifizierte den Ersten Weltkrieg als **Urkatastrophe des 20. Jahrhunderts**. Kennan meint damit, dass in diesem Konflikt die folgenden großen Auseinandersetzungen – insbesondere der Zweite Weltkrieg und der Kalte Krieg – bereits angelegt gewesen seien. Diese Sichtweise bettet den Krieg in eine kontinuierliche historische Entwicklung ein. Sie zeigt die Bedeutung der in diesem Konflikt geschaffenen oder verstärkten Strukturen hinsichtlich der weiteren Entwicklung des Jahrhunderts auf. Damit gibt sie zum Beispiel dem Aufstieg des Nationalsozialismus oder dem Einschnitt des Zweiten

Weltkriegs eine Verlaufslinie und einen breiten historischen Kontext. Gleichzeitig aber birgt die Perspektive der Urkatastrophe die Gefahr, den Krieg von 1914 bis 1918 selbst lediglich als **Prolog der späteren Ereignisse** zu betrachten. Eine solche Reduktion kann aber weder den Ausbruch dieses Konflikts zufriedenstellend erklären, noch seiner zeitgenössischen Wahrnehmung gerecht werden.

Nichtsdestotrotz trug der Erste Weltkrieg in vielerlei Hinsicht zum Legen der politischen, militärischen, sozialen und wirtschaftlichen Grundlagen bei, auf denen sich die gesellschaftliche Entwicklung Europas und der Welt vollziehen sollte – inklusive der nachfolgenden Konflikte. So verfestigten sich durch das Ausmaß des Konflikts und die Art der Kriegsführung die **politisch-militärischen Blöcke** in Europa und Nordamerika. Schon am Anfang der Auseinandersetzung standen Generalmobilmachungen der beteiligten Armeen. Entgegen der Erwartung vor allem der Mittelmächte konnte der Krieg nicht schnell entschieden werden, sondern entwickelte sich vor allem an der **WESTFRONT** zu einem zermürbenden Stellungskrieg, zu einer **Materialschlacht**, in der von Seiten der Militärs auch von **MENSCHENMATERIAL** die Rede war. Der Krieg wurde mit aller Härte geführt. Neue Kriegstechnologien kamen zum Einsatz. Verbesserte **Artillerie und Maschinengewehre** sorgten lange für ein Einfrieren der Fronten im **Grabenkrieg**. Der **Panzer** wurde als brachiale Landwaffe entwickelt, um den Stellungskampf aufzubrechen. Die Truppen beschossen sich gegenseitig mit **Giftgasgranaten**. Auf dem Meer wurde (mit Unterbrechung) ein **uneingeschränkter U-Boot-Krieg** geführt, dem auch Passagier- und Handelsschiffe zum Opfer fielen.

Mit der Zeit entwickelte sich die Auseinandersetzung zum „TOTALEN KRIEG". Das heißt nicht nur die kämpfenden Truppen, sondern die gesamte Gesellschaft mit all ihren Ressourcen befand sich nun im Krieg. Das Kriegserlebnis durchdrang und prägte die beteiligten Gesellschaften wie bisher nie zuvor.

Auch die Frage nach der **Kriegsschuld** sollte nach Ende des Konflikts bedeutende Nachwirkungen haben. Nicht erst in der Nachkriegszeit haben Historiker und Öffentlichkeit damit begonnen, sich mit der Frage nach der Verantwortung für den Ersten Weltkrieg auseinanderzusetzen (→ Infokasten Fischer-Kontroverse). Der **Friedensvertrag von Versailles 1919** hielt nicht nur Gebietsverteilungen, Reparationszahlungen und dergleichen fest, sondern wies in **Artikel 231** Deutschland die Verantwortung für den Krieg zu. Das empfanden viele Deutsche als Demütigung. Die Oberste Heeresführung war seit Kriegsbeginn bemüht, die eigene Kriegserklärung als unvermeidliche Reaktion auf auswärtige Aggression und Einkreisung darzustellen. Die meisten Historiker und Politiker der Weimarer Republik folgten dieser Argumentation, ebenso wie die deutsche Öffentlichkeit. Die Überzeugung, dass Deutschland ungerechtfertigt die Schuld

**WESTFRONT** Deutsche Bezeichnung für die ca. 750 Kilometer lange Front auf hauptsächlich französischem und belgischem Gebiet.

**MENSCHENMATERIAL** Dehumanisierte Bezeichnung für Soldaten, die vor allem seit dem Ersten Weltkrieg im militärischen Sprachgebrauch Anwendung fand („Kriegs- und Menschenmaterial"); zum „Unwort des 20. Jahrhunderts" gewählt.

„TOTALER KRIEG" Der Begriff wurde auch in der nationalsozialistischen Propaganda aufgegriffen; zum Beispiel in der sog. Sportpalastrede von Joseph Goebbels am 18. Februar 1943: „Wollt ihr den totalen Krieg?"

**Fischer-Kontroverse**  ▶ Nach dem Zweiten Weltkrieg hielt die Geschichtswissenschaft in Deutschland lange an der alten These fest, dass Deutschland keine größere Schuld am Ausbruch des Ersten Weltkrieges treffen würde, als das auch für die anderen beteiligten Mächte der Fall wäre. Dieses Postulat wurde vom Historiker Fritz Fischer Ende der 1950er-Jahre erstmals direkt in Frage gestellt. Fischer argumentierte in mehreren Schriften, dass es zwischen der imperialen Weltmachtpolitik des Reiches und den deutschen Kriegszielen einen unmittelbaren Zusammenhang gegeben hätte. Das Deutsche Reich habe daher klar eine hegemoniale Stellung in Europa angestrebt und trage entsprechend Schuld am Kriegsausbruch. Diese und andere Thesen Fischers führten zu einer bis in die 1980er-Jahre hinein geführten Kontroverse, die nicht nur innerhalb der Geschichtswissenschaft geführt wurde, sondern auch immer wieder Politik und Öffentlichkeit beschäftigte. Die meisten etablierten Historiker standen Fischers Thesen kritisch gegenüber. Viele deutsche Politiker lehnten eine solche historische Kriegsschuld ab. Auf lange Sicht setzten sich Fischers Forschungsergebnisse in der Geschichtswissenschaft aber durch und führten vor allem seit den 1980er-Jahren zu einer Neubewertung der deutschen Politik vor und während des Krieges.

am Krieg zugewiesen würde, stellte einen in der zerrissenen Weimarer Republik seltenen gesellschaftsübergreifenden Konsens dar.

Diese so genannte **„Kriegsschuldlüge"** gehörte bald zum Standardrepertoire der nationalsozialistischen Propaganda – ebenso wie die **„Dolchstoß-legende"**. Letztere wurde unter anderem von der Obersten Heeresleitung in Umlauf gebracht und besagte, dass Teile der deutschen Zivilbevölkerung den kämpfenden Truppen in den Rücken gefallen seien, ihnen sinngemäß also den Dolchstoß versetzt hätten. Nur deshalb sei der Krieg verloren worden. Die Schuld an der Niederlage wurde dementsprechend der gegen Ende des Krieges aufkommenden Kriegsopposition, den Sozialdemokraten und den streikenden Arbeitern in die Schuhe geschoben. Die immer einflussreicher werdenden Nationalsozialisten hatten weder die Behauptung von der „Kriegsschuldlüge" noch die „Dolchstoßlegende" in die Welt gesetzt, verstanden es aber geschickt, diese für ihre eigenen Zwecke zu nutzen. Sie verbanden beide Thesen miteinander und luden sie antisemitisch auf. Auch das Judentum wäre am Dolchstoß zentral beteiligt gewesen. Sie nutzten diese Anschuldigungen, um das politische System der Weimarer Republik weiter zu destabilisieren. So wurden die Mythen um Kriegsschuld und Dolchstoß zu wichtigen propagandistischen Mitteln des Aufstiegs der Nationalsozialisten und der Vorbereitung auf einen weiteren großen Krieg.

Der Erste Weltkrieg wirkte indirekt auch in vielen sozioökonomischen Veränderungen nach. So konnte sich die **Weltwirtschaftskrise** der

1920er- und 1930er-Jahre unter anderem deshalb so schnell global ausbreiten, weil die Volkswirtschaften der Vereinigten Staaten von Amerika und der meisten europäischen Nationen durch erhebliche **Schuldenlasten** miteinander verbunden waren. Kriegsschulden aus dem Ersten Weltkrieg spielten in diesem Zusammenhang eine wichtige Rolle. Die Belastungen dieses totalen Konflikts wurden in vielen Ländern auch zu Katalysatoren gesellschaftlichen Umbruchs. Die russische **Oktoberrevolution** des Jahres 1917 als umfassendstes Beispiel für eine solche Umwälzung konnte in dieser Form nur aufgrund des Krieges stattfinden. Aber auch andere gesellschaftliche Veränderungen wie etwa die Durchsetzung des **Frauenwahlrechts** in vielen Ländern nach Kriegsende sind nur auf dem Hintergrund des Konflikts zu verstehen (→ Kap. 8.3.2).

Alleine diese kleine Auswahl an Beispielen macht deutlich, welchen historischen Einschnitt der Erste Weltkrieg darstellt – und zwar sowohl aus der Sicht der Zeitgenossen wie auch aus Retrospektive der Geschichtswissenschaft. Der Erste Weltkrieg ist eine **Epochenzäsur**. Mit ihm endet das „lange 19. Jahrhundert" und geht in das **Zeitalter der Extreme** (Eric Hobsbawm) über. Aber wo genau in diesen vier Jahren des Krieges ist der entscheidende Schnitt anzusetzen? Bei Kriegsausbruch? Beim ersten Einsatz von Giftgas? Bei Kriegseintritt der Vereinigten Staaten? Bei der Oktoberrevolution? Oder bei Kriegsende und Friedensvertrag? Eine solche genaue Grenzziehung zwischen den Epochen ist weder möglich noch wäre sie zweckdienlich. Ein Nachdenken über die Frage der Epochengrenze kann uns aber verdeutlichen, welche Elemente der Geschichte – zum Beispiel **Akteure, Strukturen oder Ideen** – wir als besonders wirkmächtig empfinden.

### Aufgaben zum Selbsttest

- Welche Epochengrenze bietet sich aus Ihrer Sicht besonders an, um das „lange 19. Jahrhundert" zu begrenzen?
- In welcher außenpolitischen Situation befand sich das Deutsche Reich kurz nach der Gründung 1871? Nennen Sie die Grundprämissen der darauf folgenden Außenpolitik unter Bismarck!
- Nehmen Sie Stellung zu dem Urteil, die Kriegserklärung 1914 sei im Deutschen Reich mit besonderer Begeisterung begrüßt worden! Welche Gründe wurden dafür in der Geschichtsschreibung angeführt?
- Welche wirtschaftlichen, gesellschaftlichen und politischen Entwicklungen führten zum Ersten Weltkrieg? Lassen sich zur gleichen Zeit auch gegenläufige Tendenzen feststellen?
- Diskutieren Sie den für den Ersten Weltkrieg zum Teil verwendeten Begriff „Urkatastrophe des 20. Jahrhunderts"! Welche Assoziationen ruft er hervor?

## Literatur

**Europäische Bündnisse und Rivalitäten**
Luigi Albertini, **The Origins of the War of 1914**, 3 Bde., London 1952–1957.
Winfried Baumgart, **Europäisches Konzert und nationale Bewegung. Internationale Beziehungen 1830–1878** (Handbuch der Geschichte der internationalen Beziehungen, Bd. 6), 2. Paderborn et al. 2007.
Konrad Canis, **Bismarcks Außenpolitik 1870 bis 1890. Aufstieg und Gefährdung** (Otto-von-Bismarck-Stiftung. Wissenschaftliche Reihe 6), 2. Aufl., Paderborn et al. 2008.
Lothar Gall (Hg.), **Regierung, Parlament und Öffentlichkeit im Zeitalter Bismarcks. Politikstile im Wandel** (Otto-von-Bismarck-Stiftung. Wissenschaftliche Reihe 5), Paderborn et al. 2003.
Klaus Hildebrand, **„Staatskunst und Kriegshandwerk". Akteure und System der europäischen Staatenwelt vor 1914** (Friedrichsruher Beiträge 24), Friedrichsruh 2005.
Klaus Hildebrand, **Deutsche Außenpolitik 1871–1918**, 3. Aufl., München 2008.
Andreas Hillgruber, **Bismarcks Außenpolitik** (Rombach-Wissenschaften, Reihe Historiae 3), 3. Auflage Freiburg i. Breisgau 1993.
Wolfgang J. Mommsen, **Großmachtstellung und Weltpolitik. Die Außenpolitik des Deutschen Reiches 1870 bis 1914**, Frankfurt a. Main/Berlin 1993.
Gerhard Ritter, **Staatskunst und Kriegshandwerk, Bd. 2: Die Hauptmächte Europas und das Wilhelminische Reich (1890–1914)**, 3. Aufl., München 1973.

**Kriegsausbruch und Pazifismus**
Wolfram Beyer, **Pazifismus und Antimilitarismus. Eine Einführung in die Ideengeschichte**, Stuttgart 2012.
Steffen Bruendel, **Volksgemeinschaft oder Volkstaat. Die „Ideen von 1914" und die Neuordnung Deutschlands im Ersten Weltkrieg**, Berlin 2003.
Jost Dülffer, **Regeln gegen den Krieg? Die Haager Friedenskonferenzen von 1899 und 1907 in der internationalen Politik**, Frankfurt am Main 1978.
Kurt Flasch, **Die geistige Mobilmachung. Die deutschen Intellektuellen und der Erste Weltkrieg**, Berlin 2000.
Karl Holl, **Pazifismus in Deutschland**, Frankfurt am Main 1988.
Georg Maag (Hg.), **Der Krimkrieg als erster europäischer Medienkrieg** (Kultur und Technik 14), Berlin 2010.
John F. Hutchinson, **Champions of Charity: War and the Rise of the Red Cross**, Boulder 1996.
Paul Laity, **The British Peace Movement, 1870–1914**, Oxford 2001.
Joachim Radkau, **Das Zeitalter der Nervosität. Deutschland zwischen Bismarck und Hitler**, München 1998.
Dieter Riesenberger, **Geschichte der Friedensbewegung in Deutschland. Von den Anfängen bis 1933**, Göttingen 1985.
Michael Stürmer, **Das ruhelose Reich. Deutschland 1866–1918**, München 1983.
Jeffrey Verhey, **Der „Geist von 1914" und die Erfindung der Volksgemeinschaft**, Hamburg 2000.

**Erster Weltkrieg**
Jeremy Black, **The Great War and the Making of the Modern World**, London 2011.
Volker Berghahn, **Der Erste Weltkrieg**, 4. Aufl., München 2009.
Christopher Clark, **The Sleepwalkers: How Europe Went to War in 1914**, London 2012.
Gerhard Hirschfeld/Gerd Krumeich/Irina Renz, **Enzyklopädie Erster Weltkrieg**, 3. Aufl., Paderborn et al. 2009.
Fritz Fischer, **Griff nach der Weltmacht. Die Kriegszielpolitik des kaiserlichen Deutschland 1914/1918**, 4. Aufl., Düsseldorf 1971.

**Literatur**

George F. Kennan, **Bismarcks europäisches System in der Auflösung. Die französisch-russische Annäherung 1875–1890**, Frankfurt a. Main/Berlin/Wien 1981.

Hans Mommsen (Hg.), **Der Erste Weltkrieg und die europäische Nachkriegsordnung. Sozialer Wandel und Formveränderung der Politik** (Industrielle Welt 60), Köln/Weimar/Wien 2000.

Wolfgang J. Mommsen, **Die Urkatastrophe Deutschlands. Der Erste Weltkrieg 1914–1918** (Gebhardt: Handbuch der deutschen Geschichte, Bd. 17). Stuttgart 2002.

Herfried Münkler, **Der Wandel des Krieges. Von der Symmetrie zur Asymmetrie**, Weilerswist 2006.

Hew Strachan, **The First World War, Bd. 1: To Arms**, Oxford 2001.

Jay Winter/Geoffrey Parker/Mary R. Habeck (Hg.): **Der Erste Weltkrieg und das 20. Jahrhundert**, Hamburg 2002.

## Ausgewählte Literatur

Luigi Albertini, **The Origins of the War of 1914**, 3 Bde., London 1952–1957.

Benedict R. Anderson, **Die Erfindung der Nation. Zur Karriere eines folgenreichen Konzepts** , 2. Aufl., Frankfurt a. Main / New York 2005.

Jörg Baberowski, **Autokratie und Justiz. Zum Verhältnis von Rechtsstaatlichkeit und Rückständigkeit im ausgehenden Zarenreich 1864–1914** (Studien zur europäischen Rechtsgeschichte 78), Frankfurt am Main 1996.

Franz J. Bauer, **Das „lange" 19. Jahrhundert (1789–1987). Profil einer Epoche**, Stuttgart 2004.

Christopher A. Bayly, **Die Geburt der modernen Welt. Eine Globalgeschichte 1780–1914**, Frankfurt a. Main / New York 2006.

Louis Bergeron / François Furet / Reinhart Koselleck, **Das Zeitalter der europäischen Revolutionen 1780–1848** (Fischer Weltgeschichte Band 26), Frankfurt a. Main 2003.

Wolfgang Benz, **Was ist Antisemitismus?**, München 2004.

Sebastian Conrad / Ulrike Freitag (Hg.), **Globalgeschichte. Theorien, Ansätze, Themen**, Frankfurt a. Main / New York 2007.

Gordon A. Craig, **Geschichte Europas 1815–1980**, München 1983.

Elisabeth Fehrenbach, **Verfassungsstaat und Nationsbildung, 1815–1871** (Enzyklopädie Deutscher Geschichte 22), München 2007.

Jörg Fisch, **Europa zwischen Wachstum und Gleichheit: 1815–1914**, Stuttgart 2002.

Ute Frevert, **Frauen-Geschichte zwischen bürgerlicher Verbesserung und neuer Weiblichkeit** (Edition Suhrkamp 1284 = N.F. 284: Neue Historische Bibliothek), Frankfurt a. Main 1986.

Lothar Gall, **Europa auf dem Weg in die Moderne 1850–1890** (Oldenbourg Grundriss der Geschichte 14), 5. Aufl., München 2009.

Lothar Gall, **Von der ständischen zur bürgerlichen Gesellschaft** (Enzyklopädie deutscher Geschichte 25), 2. Aufl., München 2012.

Alexa Geisthovel / Habbo Knoch (Hg.), **Orte der Moderne. Erfahrungswelten des 19. und 20. Jahrhunderts**, Frankfurt a. Main 2005.

Eric J. Hobsbawm, **Die Blütezeit des Kapitals. eine Kulturgeschichte der Jahre 1848–1875**, München 1977.

Eric J. Hobsbawm, **Europäische Revolutionen**, München 1978.

Eric J. Hobsbawm, **Das imperiale Zeitalter: 1875–1914**, Frankfurt a. Main / New York 1989.

Eric J. Hobsbawm, **Nationen und Nationalismus. Mythos und Realität seit 1780** , 3. Aufl., Frankfurt a. Main / New York 2005.

Lynn Hunt, **Symbole der Macht. Macht der Symbole. Die Französische Revolution und der Entwurf einer politischen Kultur**, Frankfurt a. Main 1989.

Hartmut Kaelble, **Industrialisierung und soziale Ungleichheit. Europa im 19. Jahrhundert. Eine Bilanz**, Göttingen 1983.

Jürgen Kocka, **Das lange 19. Jahrhundert. Arbeit, Nation und bürgerliche Gesellschaft** (Gebhardt: Handbuch der deutschen Geschichte, Bd. 13), 10. Aufl., Stuttgart 2002.

David S. Landes, **Der entfesselte Prometheus. Technologischer Wandel und industrielle Entwicklung in Westeuropa von 1750 bis zur Gegenwart**, Köln 1973.

Dieter Langewiesche, **Europa zwischen Restauration und Revolution 1815–1849** (Oldenbourg Grundriss der Geschichte 13), München 2007.

Wolfgang J. Mommsen, **Großmachtstellung und Weltpolitik. Die Außenpolitik des Deutschen Reiches 1870 bis 1914**, Frankfurt a. Main / Berlin 1993.

Thomas Nipperdey, **Deutsche Geschichte 1866–1918**, 2 Bde., 3. Aufl., München 1990–1992.

Thomas Nipperdey, **Deutsche Geschichte 1800–1866. Bürgerwelt und starker Staat**, 6. Aufl., München 1993.

Jürgen Osterhammel, **Die Verwandlung der Welt. Eine Geschichte des 19. Jahrhunderts**, München 2009.

Margrit Pernau, **Transnationale Geschichte**, Göttingen 2011.

Joachim Radkau, **Das Zeitalter der Nervosität. Deutschland zwischen Bismarck und Hitler**, München 1998.

Rolf Reichardt, **Das Blut der Freiheit. Französische Revolution und demokratische Kultur**, 2. Aufl., Frankfurt a. Main 1999.

Helmut Rumpler, **Geschichte Österreichs, Bd. 10: 1804–1914. Eine Chance für Mitteleuropa. Bürgerliche Emanzipation und Staatsverfall in der Habsburgermonarchie**, Wien 1997.

Wolfgang Schivelbusch, **Geschichte der Eisenbahnreise: Zur Industrialisierung von Raum und Zeit im 19. Jahrhundert**, 2. Aufl., Frankfurt a. Main 2002.

Viktoria Schmidt-Linsenhoff (Hg.), **Sklavin oder Bürgerin? Französische Revolution und neue Weiblichkeit 1760–1830**, Ausstellungskatalog, Marburg 1989.

Matthias Schulz, **Das 19. Jahrhundert (1789–1914)**, Stuttgart 2011.

Hagen Schulze, **Europäische Geschichte. Quellen und Materialien**, München 1994.

Hagen Schulze, **Phoenix Europa: die Moderne, von 1740 bis heute**, Berlin 1998.

Winfried Schulze, **Einführung in die neuere Geschichte**, Stuttgart 2002

Wolfram Siemann, **Metternich. Staatsmann zwischen Restauration und Moderne**, München 2010.

Gayatari C. Spivak, **The Rani of Simur**, in: Francis Barker et al. (Hg.), Europe and its Others, Bd. 1, Colchester 1985, S. 54–67.

Hew Strachan, **The First World War, Bd. 1: To Arms**, Oxford 2001.

Edward P. Thompson, **Plebeische Kultur und moralische Ökonomie. Aufsätze zur englischen Sozialgeschichte des 18. und 19. Jahrhunderts**, Berlin / Frankfurt a. Main / Wien 1980.

Edward P. Thompson, **Die Entstehung der englischen Arbeiterklasse** (aus d. Englischen übersetzt von Lotte Eidenbenz et al.) (Edition Suhrkamp 1170), Frankfurt a. Main 1987.

Jakob Vogel, **Nationen im Gleichschritt. Der Kult von ‚Nation in Waffen' in Deutschland und Frankreich, 1871–1914**, Göttingen 1997.

Michel Vovelle, **Die Französische Revolution. Soziale Bewegung und Umbruch der Mentalitäten**, Frankfurt a. Main 1993.

Eugen Weber, **Peasants into Frenchmen: The Modernization of Rural France, 1870–1914**, Stanford 1976.

Monika Wienfort, **Der Adel in der Moderne**, Göttingen 2006.

## Glossar

**ALLGEMEINES, GLEICHES, DIREKTES UND GEHEIMES WAHLRECHT** Jeder männliche erwachsene Staatsbürger darf wählen (ALLGEMEIN); jede Stimme hat das GLEICHE Gewicht; die Abgeordneten werden DIREKT gewählt, es gibt keine Zwischenebene wie z.B. Wahlmänner; die Wahl erfolgt GEHEIM.

**ANSIEDLUNGSRAYON** von franz. *rayon*, „Bezirk".

**ARMINIUS** (17 v. Chr. – 21. n. Chr.), germanischer Fürst; im Nationalismus „eingedeutscht" zu „Hermann dem Cherusker".

**ASSIGNATEN** Von der französischen Regierung 1790 ausgegebenes Papiergeld. Es handelte sich um zinstragende Schuldverschreibungen, die gegen die verstaatlichten Kirchengüter eingetauscht werden konnten. Sie wurden aber überwiegend als Zahlungsmittel verwendet und verloren rasch an Wert.

**AUFGEKLÄRTER ABSOLUTISMUS** Regierungsform, in der sich der Herrscher freiwillig an Gesetze binden und Untertanenrechte anerkennen. Als vorbildliche Maßnahmen eines aufgeklärten Monarchen gelten die Lockerung der Pressezensur, die Glaubensfreiheit und die Reform des Bildungswesens.

**AUSWÄRTIGES AMT** Die Verwaltung der deutschen Kolonien war ursprünglich im Auswärtigen Amt angesiedelt. Erst 1907 wurde mit dem Reichskolonialamt eine eigenständige Kolonialbehörde gegründet.

**AUTOKRATIE** von altgr. *autós*, „selbst" und *kratein*, „herrschen". Herrschaft, die aus sich selbst heraus legitimiert wird; Autokrat davon abgeleitet der Alleinherrscher.

**BARRIKADE** (aus d. Französischen „barrique" = Fass). Ein Schutzwall im Straßenkampf, der aus Gegenständen des Alltagslebens rasch zusammengestellt wird.

**BAUERNBEFREIUNG** Vollständige Beseitigung der persönlichen und wirtschaftlichen Abhängigkeit der Bauern von den Großgrundbesitzern.

**BERGPARTEI** (fr. La Montagne). Politische Gruppe im Nationalkonvent, die aus dem Jakobinerklub hervorging. Sie erhielt ihren Namen dadurch, dass ihre Mitglieder in der Nationalversammlung die höchsten Sitzreihen besetzten.

**BOLSCHEWIKI** russ. für „Mehrheitler".

**CAPE-TO-CAIRO** Der Kap-Kairo-Plan sah unter anderem eine durchgehende Eisenbahnverbindung zwischen diesen Punkten vor.

**CARBONARI** Ein Geheimbund, der sich in der napoleonischen Zeit in der Gegend von Neapel entwickelte mit dem Ziel, die politische Einigung der italienischen Staaten zu erreichen, ungeachtet der Wahl der Mittel. Zwischen 1815 und 1820 sollen der geheimen Organisation mehr als 600 000 Menschen angehört haben.

**CONSPICUOUS CONSUMPTION** Von Thorstein Veblen (1857 – 1929) entwickelte Bezeichnung für Statusgewinn und -erhalt durch zur Schau gestellten Konsum; häufig als Geltungskonsum übersetzt.

**DEKABRISTEN** von russ. *dekabr*, „Dezember".

**DEKOLONISIERUNG** Prozess der Unabhängigkeit von Gebieten unter (vormals) kolonialer Herrschaft.

**DEMAGOGIE** von altgr. *dēmos*, „Volk", und *agein*, „führen"; Volksverführung; die Demagogenverfolgung richtete sich v.a. gegen Hochschullehrer und andere Intellektuelle.

**DEMOKRATIE** von altrg. *dēmos*, „Volk", und *kratein*, „herrschen"; Volksherrschaft (vgl. Autokratie).

**DEUTSCHER KAISER** Diese im Vergleich zur Alternative „Kaiser von Deutschland" abgeschwächte Formulierung war ein Zugeständnis an die deutschen Fürsten.

**DIWANI** von pers. *dewan*, „Bündel von Blättern, Buch, Rechnungsbuch"; im Mogulreich das Recht, Steuern zu erheben.

**DUMA** von russ. *dumat*, „nachdenken".

**EINHEGUNGEN** Umwandlung von Gemeinde- und Ödland in privates Ackerland. Eine Bewegung von englischen Großgrundbesitzern, die der industriellen Revolution vorausging.

**ERETZ ISRAEL**, hebr. für „Land Israel"; biblische Bezeichnung für das Land der Juden bzw. Hebräer, die in der Diaspora als ritueller und identifikatorischer Bezugspunkt für die jüdischen Gemeinden eine große Rolle spielte und im Zionismus wieder aufgenommen wurde.

**ERINNERUNGSORT** franz. *lieu de mémoire*. Konzept des französischen Historikers Pierre Nora; Orte, Ereignisse, Gegenstände etc., die für das kollektive Gedächtnis einer Gruppe entscheidend sind.

**ERSTE SÜDSEEREISE** Cook führte insgesamt drei Fahrten in die Südsee an. Auf der letzten kam er 1779 auf Hawai'i ums Leben.

**ETHNIE** von altgr. *éthnos*, „Volk". In der deutschsprachigen Wissenschaft praktisch synonym zum Begriff „Volk", der aber zu stark mit Assoziationen aus der nationalsozialistischen Ideologie aufgeladen ist

**FILIPPO BUONAROTTI** (1761 – 1837) Italienischer Publizist und Politiker, Mitarbeiter der Zeitung *Gazzetta Universale* und Autor revolutionärer Flugschriften. Buonarotti sympathisierte mit den sozialistischen Ideen von Babeuf und war ein Vorkämpfer für die staatliche Einheit Italiens.

## Glossar

FISKUS von lat. *fiscus*, „Korb zur Auf-bewahrung von Geld"; bezeichnete ursprünglich das Staatsvermögen; verweist nun auf den Staat in seiner Funktion als Vermögensträger.

FÖDERALISMUS Politische Ordnung, die einzelnen Einheiten in vielen Belangen weitgehende Unabhängigkeit gewährt, sie aber in einem Bund vereint hält.

FREIMAURER Eine nach den Idealen von Toleranz und Brüderlichkeit begründete, geschlossene Männergesellschaft, organisiert in regional vernetzten Logen. Dort wurden philosophische und gesellschaftliche Themen diskutiert.

FRIEDENSNOBELPREIS Gestiftet aus dem Vermögen des schwedischen Erfinders Alfred Nobel (1833–1896); nach Nobels Testament soll er jährlich an denjenigen verliehen werden, „der am meisten oder am besten auf die Verbrüderung der Völker und die Abschaffung oder Verminderung stehender Heere sowie das Abhalten oder die Forderung von Friedenskongressen hingewirkt hat".

GENERALGOUVERNEUR UND VIZEKÖNIG von Indien von 1773 bis 1947 das Oberhaupt der britischen Verwaltung der Kolonie.

GENTRY ODER LANDED GENTRY bezeichnet den niederen englischen Adel (in Abgrenzung zum höheren Adel, der Nobility); der Begriff der Gentrifizierung leitet sich daraus ab.

GEORG FORSTER (1754–1794) Reiseschriftsteller, Journalist und Revolutionär, gilt als Begründer der wissenschaftlich fundierten Reiseliteratur. Von Januar bis März 1793 war er Redakteur der *Neuen Mainzer Zeitung*, auch *Der Volksfreund* genannt.

GERMANISIERUNG Flächendeckende Forderung und Durchsetzung deutscher Sprache und Kultur; im Nationalsozialismus rassistisch aufgeladen im Sinne einer „Blut-und-Boden"-Ideologie.

GEWALTENTEILUNG Prinzip der Verteilung der Staatsmacht unter den drei Organen, die in einer Demokratie für Gesetzgebung, Vollziehung und Rechtsprechung zuständig sind. Das Prinzip geht auf die Schrift *Vom Geist der Gesetze* (1748) von Montesquieu (1688–1755) zurück.

GLEICHGEWICHT DER KRÄFTE Politischer Zustand, in dem sich das Machtverhältnis zwischen Staaten gegenseitig ausgleicht, um Stabilität zu gewähren.

GOTTESGNADENTUM Form der monarchischen Herrschaftsbegründung, die ihre Legitimation auf den Willen und die Barmherzigkeit Gottes zurückführt.

GROSSE HUNGERSNOT engl. *Irish potato famine*; irisch *An Gorta Mór*. Verheerende Hungersnot (1845–1849), ausgelöst durch eine Serie von Kartoffelmissernten; nach Ansicht vieler Iren reagierte die britische Regierung kaum auf die Katastrophe und überließ die Insel ihrem Schicksal.

GROSSES SPIEL Der Begriff geht auf den darin verwickelten britischen Geheimdienstoffizier Arthur Conolly (1807–1842) zurück.

HEGEMONIE von altgr. *hēgemón*„ „Führer", Anführer"; Vorherrschaft eines einzelnen Akteurs bzw. einer einzelnen Institution.

HEILIGE LIGA Bezeichnung für mehrere Bündnisse europäischer Länder gegen Feinde der römisch-katholischen Kirche; hier Bündnis u. a. des Heiligen Römischen Reichs, Polen-Litauens und Venedigs gegen das Osmanische Reich.

HEILIGES RÖMISCHES REICH DEUTSCHER NATION Offizielle Bezeichnung für den Herrschaftsbereich der deutschen Könige und römischen Kaiser bis 1806. Wird auch als das Alte Reich bezeichnet. Ein vor- und übernationales Gebilde, das neben deutschsprachigen Gebieten auch Bevölkerungsgruppen aus Mittel-, Ost- und Südeuropa umschloss.

HOHE PFORTE Eingang zum Sultanspalast in Istanbul; metonymisch für den osmanischen Regierungssitz.

ÎLE BOURBON heute Reunion.

IMPERIALER ADEL *Noblesse d'Empire*.

INDISCHE HILFSTRUPPEN Abgeleitet aus dem Persischen auch als Sepoys bezeichnet.

INSUFFIZIENZ von lat. *insufficere*, „nicht ausreichen".

JANITSCHAREN Einflussreiche osmanische Elitetruppe, die auch die Leibwache des Sultans stellte.

JOSÉ DE SAN MARTIN (1778–1850) In Argentinien geborener südamerikanischer Unabhängigkeitskämpfer. Er wuchs in Europa auf und diente zwanzig Jahre in der spanischen Armee, bevor er nach Argentinien zurückkehrte und dort die Revolutionsarmee für den Befreiungskampf der spanischen Kolonien ausbildete.

KANTONISTEN Zum Heeresdienst Verpflichtete.

KOALITIONSFREIHEIT Das Recht, sich gewerkschaftlich zu organisieren.

KOLONIALAGITATION Das vor allem publizistische Drängen auf den Erwerb von Kolonien, in den 1870er- und 1880er-Jahren.

KONSERVATISMUS Politische Ideologie und Bewegung, die die Bewahrung der bestehenden oder die Wiederherstellung von früheren gesellschaftlichen Ordnungen zum Ziel hat.

KRANKER MANN AM BOSPORUS Ausspruch 1852 von Zar Nikolaus I. geprägt.

LANDSTÄNDISCHE VERFASSUNG Die Volksvertretung des jeweiligen Landes ist üblicherweise nach Ständen geordnet.

# Glossar

LAZARETT Ursprünglich Bezeichnung für ein Pestkrankenhaus; später speziell Militärkrankenhaus.

LEGITIMITÄT Rechtmäßigkeit der Herrschaft.

MAHDISTEN Anhänger von Muhammad Ahmad (1844–1885), der sich als Mahdi (arab. für „der Rechtgeleitete", von Allah gesandter Messias) bezeichnete und 1881 einen Aufstand gegen die ägyptische Herrschaft im Sudan anführte.

MAMELUKEN Herrscherdynastie, die seit 1270 in Ägypten die Macht hatte. 1517 wurde sie von den Osmanen unterworfen, ab dem 18. Jahrhundert machten sich die Gouverneure autonom und verfügten bis zur napoleonischen Invasion über die Macht in Ägypten.

MECHANISCHER WEBSTUHL Erfindung des „Power Loom" von Edmond Cartwright 1785.

MEHRHEITSWAHLRECHT Bestimmte Art der Repräsentantenwahl; in einem Wahlkreis zieht nur der Kandidat mit den meisten Stimmen ins Parlament ein; im Vereinigten Königreich als „first-past-the-post system" bekannt; heute gilt in Deutschland ein personalisiertes Verhältniswahlrecht; es gibt zwar Direktkandidaten, aber für die Verteilung der Parlamentssitze werden alle Stimmen gezahlt.

MEIJI-ZEIT japan. Für „aufgeklärte Herrschaft"; Bezeichnung für die Zeit von 1868–1912 in Japan; Phase schneller Modernisierung.

MENSCHENMATERIAL Dehumanisierte Bezeichnung für Soldaten, die vor allem seit dem Ersten Weltkrieg im militärischen Sprachgebrauch Anwendung fand („Kriegs- und Menschenmaterial"); zum „Unwort des 20. Jahrhunderts" gewählt.

MENSCHEWIKI, russ. für „Minderheitler".

METROPOLE von altgr. mētropolis, „Mutterstadt"; im Kolonialismus häufig als Kerngebiet des kolonisierenden Landes verstanden.

NATION von lat. natio, „Geburt, Abstammung".

NAVIGATION ACTS Reihe von Gesetzen des englischen Parlaments; u. a. durften Waren nach England nur auf englischenoder auf Schiffen des Warenherkunftslandes eingeführt werden; dies schaltete Zwischenhändler aus.

OKZITANIEN etwa das südliche Drittel Frankreichs; romanisch geprägter Sprachraum ohne politische Einheit.

OLYMPE DE GOUGES (1748–1793) Schriftstellerin, Frauenrechtlerin. Sie war Autorin etlicher Theaterstücke, verfasste eine Denkschrift gegen die Sklaverei, wurde ab 1789 für die Bürgerrechte der Frauen politisch aktiv.

PANSLAWISMUS Auch allslawische Bewegung; Ziel ist es, die slawischen Völker kulturell und politisch zu vereinen.

PARLAMENT von altfranz. parlement, „Unterredung".

PATRIACHAT von lat. pater, „Vater"; wörtlich „Vaterherrschaft"; bezeichnet soziale Ordnungen, die durch Väter bzw. Männer geprägt sind.

PERFIDES ALBION Albion ist eine alter Name für die britischen Inseln; „la perfide Albion" verwies im revolutionären und napoleonischen Frankreich auf die angeblich hinterhältige britische Außenpolitik; der Ausdruck wurde in Deutschland im späten 19. Jahrhundert mit zunehmender Konkurrenz zu Großbritannien populär.

PERSONALUNION Zwei oder mehr Länder werden vom selben Monarchen beherrscht, allerdings in rechtlich separaten Positionen und als getrennte Einheiten (vgl. Realunion).

PHILHELLENISMUS (aus d. Griechischen „Freundschaft zum Griechentum") Geistige Strömung des frühen 19. Jahrhunderts in Europa und Nordamerika, deren Anhänger sich als Bewahrer der Zivilisation der griechischen Antike betrachteten.

PLANTATION In diesem Zusammenhang „Pflanzung" oder „Ansiedlung", nicht – wie später im kolonialen Kontext – „Plantage".

PLATZ AN DER SONNE Diese Wendung geht auf Reichskanzler Bernhard von Bülow zurück, der 1897 in einer Reichstagssitzung sagte: „Mit einem Worte: wir wollen niemand in den Schatten stellen, aber wir verlangen auch unseren Platz an der Sonne."

POGROM russ. für „Zerstörung, Verwüstung.

POLYGLOTT von altgr. polýglottos „vielsprachig".

PRESBYTERIANISMUS Form der Kirchenordnung, die auf die Hugenotten zurückgeht, von John Knox (1514–1572) in Schottland umgesetzt.

PRIMOGENITUR UND MAJORAT Formen der Erbfolge, in welcher nur der Erstgeborene erbt; der Familienbesitz bleibt so in einer Hand.

PROTEKTORAT Schutzherrschaft.

PROTOINDUSTRIE Wörtlich „Vorindustrie"; Fertigung von Gütern in einem dezentralen System von häuslichen Werkstätten und Manufakturen.

REALPOLITIK Form von Politik, die sich v. a. an zu erreichenden Zielen orientiert und weniger an fixierten religiösen, ethischen oder ideologischen Werten.

REALUNION Zwei oder mehr Länder werden nicht nur vom selben Monarchen regiert, sondern ganz oder teilweise vereint; sie teilen dadurch gemeinsame Institutionen (vgl. Personalunion).

## Glossar

RENTENKAPITALISMUS Wirtschaftsform, in der Grundbesitz für einen Teil der Ernte verpachtet wird.

RISORGIMENTO ital. für „Wiederauferstehung".

RUSSIFIZIERUNG Flächendeckende Forderung und Durchsetzung russischer Sprache und Kultur.

SAINT DOMINGUE heute Haiti.

SATELLITENSTAAT Auch Vasallenstaat; kleinerer Staat, der von einem anderen gänzlich abhängig ist.

SATURIERT: von lat. *saturare*, „sättigen"; in politischer Hinsicht von Bismarck geprägter Ausdruck.

SCHLACHT AUF DEM AMSELFELD Im Jahr 1389 traf ein Koalitionsheer aus Serben und Bosniern mit dem osmanischen Heer auf dem Amselfeld bei Priština zusammen. Die Schlacht hatte keinen eindeutigen Sieger, brach aber auf lange Sicht den serbischen Widerstand gegen die Osmanen. Die Amselfeldschlacht wurde schnell zu einem nationalen Mythos der Serben, der am 15. Juni – dem Veitstag – gefeiert wird.

SEZESSION von lat. *Secessio*, „Abspaltung".

SIAMESISCH Königreich Siam auf dem Gebiet des heutigen Thailand.

SIMON BOLIVAR (1783–1830) In Caracas geborener Freiheitskämpfer südamerikanischer Länder. Reiste durch viele Länder Europas und war mit den politischen Institutionen und Ideen des Revolutionszeitalters vertraut. Er gehörte der kreolischen Elite an und wird heute in vielen Ländern Südamerikas als Nationalheld gefeiert.

SMS, Abkürzung für Seiner Majestät Schiff.

SOUVERÄNITÄT von lat. *superanus*, „überlegen". Das Recht zur ausschließlichen Selbstbestimmung.

SOWJET russ. für „Rat".

SPINNMASCHINE Erfindung der „Spinning Jenny" von James Hargreaves 1764.

STÄNDEVERTRETUNGEN Körperschaften, in denen Mitglieder der Stände ihre Interessen vertreten konnten. Auch hier bestimmte Geburt das Partizipationsrecht.

STEIN-HARDENBERG'SCHE REFORMEN Sammelbegriff für die preußischen Reformen im Staat, in der Verwaltung, Bildung und Wirtschaft. Ihre Hauptinitiatoren waren Karl Freiherr vom Stein und sein Nachfolger Karl August Freiherr von Hardenberg. Die Reformen waren eine Reaktion auf die Niederlage Preußens gegen Napoleon in der Schlacht bei Jena und Auerstedt im Jahre 1806.

SUBSISTENZÖKONOMIE Eine Wirtschaftsform, die in lokalen oder regionalen Einheiten auf Selbstversorgung ausgerichtet ist.

SUFFRAGETTEN vom engl. *suffrage* für „Wahlrecht".

SURVIVAL OF THE FITTEST Häufig falsch übersetzt als „Überleben des Stärksten"; tatsächlich aber geht es um die optimale Anpassung an die Umwelt.

TANZIMAT osman. für „Neuordnung".

TELEOLOGIE von altgr. *télos*, „Ziel, Ende" und *lógos*, „Lehre". Der Glaube, dass sich die Dinge auf ein bestimmtes Ziel hin entwickeln und dabei einem höheren Zweck dienen.

THEORIE DER ABSOLUTEN KOSTENVORTEILE Die vom Ökonomen Adam Smith 1776 entwickelte Theorie besagt, dass Außenhandel und Arbeitsteilung allen daran beteiligten Ländern Vorteile bringen. Jedes Land soll sich auf die Herstellung derjenigen Güter spezialisieren, die es kostengünstiger produzieren kann als andere Länder, bei denen es also einen Kostenvorteil hat.

TOTALER KRIEG Der Begriff wurde auch in der nationalsozialistischen Propaganda aufgegriffen; zum Beispiel in der sog. Sportpalastrede von Joseph Goebbels am 18. Februar 1943: „Wollt ihr den totalen Krieg?"

TRANSATLANTISCHER DREIECKSHANDEL Schematisch vereinfachter Handelskreislauf, der v. a. im 17. und 18. Jahrhundert Europa, Afrika und Amerika verband; europäische Händler verschifften Sklaven von Afrika nach Amerika; von dort wurden Rohstoffe wie Zucker und Baumwolle nach Europa gebracht; verarbeitete Waren und Waffen gingen von Europa nach Afrika.

TRIUMVIRAT von lat. *tres viri*, „drei Männer". Seit dem ersten Triumvirat um Gaius Iulius Caesar allgemein für Leitungsgremium aus drei (männlichen) Mitgliedern.

UNGLEICHE VERTRÄGE Zu den so genannten Ungleichen Verträgen zählen noch eine ganze Reihe weiterer Abkommen zwischen europäischen und asiatischen Ländern, die unter unausgeglichenen Machtverhältnissen zustande gekommen sind.

VARUSSCHLACHT Auch Schlacht im Teutoburger Wald 9 n. Chr.; ein germanisches Heer unter Arminius schlägt die römischen Truppen unter Publius Quinctilius Varus.

VERBRANNTE ERDE Kriegstaktik, die systematisch Infrastruktur und zivile Ressourcen des Feindes zerstört, damit die Zivilbevölkerung hart getroffen wird; häufig kommt es in der Folge zu Hungersnöten und Seuchen.

VERNICHTUNGSKRIEG Ein Vernichtungskrieg zielt nicht auf die militärische Durchsetzung eines begrenzten Kriegsziels, sondern auf die vollständige Vernichtung bzw. Vertreibung eines anderen Staates, Volkes oder einer ethnischen Gruppe.

## Glossar

VORDERÖSTERREICH Sammelbegriff für die habsburgischen Besitzungen westlich von Tirol und Bayern.

VORFRIEDE Auch Präliminarfriede; Schluss eines vorläufigen Friedens vor der Aushandlung des eigentlichen Friedensvertrags.

VORPARLAMENT Nicht durch gewählte Abgeordnete besetzt, sondern durch Abgesandte aus den Landesparlamenten.

WESTFRONT Deutsche Bezeichnung für die ca. 750 Kilometer lange Front auf hauptsächlich französischem und belgischem Gebiet.

WIENER SECESSION Künstlervereinigung, die 1897 als Abspaltung vom Wiener Künstlerhaus gegründet wurde.

WIRTSCHAFTSSEKTOREN 1. Agrarsektor, 2. Industriesektor, 3. Dienstleistungssektor; mittlerweile wird auch oft vom Informationssektor als 4. Sektor gesprochen.

WOHLWOLLENDE NEUTRALITÄT
In vielen Bündnisverträgen bewusst offen definierter Begriff; bedeutet üblicherweise, dass der Bündnispartner nicht aktiv in Kriegshandlungen eingreift (neutral), ansonsten aber jede Unterstützung gewährt (wohlwollend); nach späteren Definitionen von Neutralität (z. B. nach den Haager Konventionen) stellt wohlwollende Neutralität einen Neutralitätsbruch dar.

ZENSUSWAHL Die Bindung des Wahlrechts an das Steueraufkommen der Bürger.

ZENSUSWAHLRECHT Wahlberechtigt sind nur Bürger, die über ein Mindestmaß an finanziellen Mitteln verfügen; gemessen wird üblicherweise nach Steueraufkommen, nach Vermögen oder nach Grundbesitz.

ZOLLVEREIN Der Zollverein war ein Zusammenschluss von Staaten des Deutschen Bundes unter der Leitung Preußens. Sein Ziel war die Schaffung eines wirtschaftlichen Binnenmarktes, damit sich die deutsche Produktion gegen die überlegene englische Konkurrenz behaupten konnte.

## Register

# Register

## Register

# Register

## Register

## Bildnachweis

Umschlagmotiv: Eugène Delacroix,
Kunstmuseum Louvre-Lens,
Foto: akg – images/Erich Lessing
Abb. 1: bpk, Stiftung Preußische Schlösser
und Gärten, Berlin-Brandenburg,
Wolfgang Pfauder
Abb. 2: bpk
Abb. 3: bpk, British Library Board,
Robana
Abb. 4: Stuttgarter Staatsgalerie
Abb. 5: Kupferstich J. Wagner, 1794;
Leipzig, Museum für Geschichte der
Stadt
Abb. 6: Paris, Bibliothèque Nationale,
Cabinet des Estampes
Abb. 7: Paris, Bibliothèque Nationale,
Cabinet des Estampes, Collection De
Vinck, 2787
Abb. 8: Paris, Musée Carnavalet
Abb. 9: Réunion des Musées Nationaux
Abb. 10: SchreiberVis, Bickenbach
Abb. 11: anonyme Radierung, 1792/93;
Paris, Bibliothèque Nationale, Collection
De Vinck 5010
Abb. 12: bpk, Hamburger Kunsthalle,
Hanne Moschkowitz
Abb. 13: anonyme Radierung, 1792/93;
Paris, Bibliothèque Nationale, Collection
Hennin, No. 12215
Abb. 14: Dresden, Staatliche Kunstsamm-
lungen
Abb. 15: Radierung 1789, BN, De Vinck
2800. 2803

Abb. 16: kolorierter Druck nach einer
Zeichnung von Pierre Thomas Le Clerc,
1793, Paris, Musée Carnavalet
Abb. 17: Radierung von Michel Webert,
1792. (Paris, Bibliothèque Nationale,
De Vinck, No. 533)
Abb. 18: Kunstsammlung der Veste
Coburg
Abb. 19: H. Laas, 1880, Bibliothèque
Nationale, Estampes, QB1, M120653
Abb. 20: aus: H.J. Lüsebrink/R. Reichardt,
Die »Bastille«. Zur Symbolgeschichte
von Herrschaft und Freiheit. Frankfurt,
1990, S. 257
Abb. 21: Warschau, Muzeum Naradowe
Abb. 22: bpk, Kupferstichkabinett, SMB,
Jörg P. Anders
Abb. 23: aus: Obskuranten Almanach auf
das Jahr 1799, hg. von Andreas Georg
Friedrich Rebmann
Abb. 24: Foto: GDKE LMMz, Ursula
Rudischer
Abb. 25: Library of Congress,
LC-USZ62-45189
Abb. 26: ullstein bild – AKG
Abb. 27: ullstein bild – The Granger
Collection
Abb. 28: ullstein bild – Photo 12
Abb. 29: bpk, Lutz Braun
Abb. 30: wikimedia
Abb. 31: bpk
Abb. 32: anonyme Lithographie, 1848;
Historisches Museum Frankfurt

Abb. 33: Emmanuel Magne, Le Puy-en-
Velay, Musée Crozatier
Abb. 34: ullstein bild – Heritage Images,
Stapleton Historical Collection
Abb. 35: Karikatur, 1823; British Museum
Abb. 36: ullstein bild – Archiv Gerstenberg
Abb. 37: Punch, 1877
Abb. 38: akg, North Wind Picture Archives
Abb. 39: The Norman B. Leventhal Map
Center, Boston Public Library
Abb. 40: Adalbert von Rößler († 1922)
Abb. 41: ullstein bild – The Granger
Collection
Abb. 42: ullstein bild
Abb. 43: Foto William Kilburnm 1848;
Original in Windsor Castle
Abb. 44: ullstein bild – The Granger
Collection
Abb. 45: bpk , Museum für Islamische
Kunst, SMB, Georg Niedermeiser
Abb. 46: picture alliance/AKG
Abb. 47: ullstein bild – Heritage Images,
Ann Ronan Pictures
Abb. 48: La Libre Parole, 1893
Abb. 49: Cairo Punch, 1912
Abb. 50: Bundesarchiv,
Bild 146-1994-022-19A,
Fotograf: Oscar Tellgmann
Abb. 51: Library of Congress,
LC-USZC4-9217